Die beiden Begriffe Talmud und Thora, aus dem Hebräischen von zwei verschiedenen, jedoch sinnverwandten Wurzeln abgeleitet, lassen sich am treffendsten mit dem Wort ›Lehre‹ übersetzen. Während die Thora das mosaische Gesetz, also die fünf Bücher Mose, die sogenannte schriftliche Lehre bezeichnet, ist der Talmud die rabbinische Auslegung des mosaischen Gesetzes, die mündliche Lehre – ein riesiges Sammelwerk aus der Wende vom Altertum zum Mittelalter. Schauplatz ist das Land Israel der spätrömischen Kaiserzeit. Hunderte von Geschichten sind hier versammelt. Religiöses und menschliches Wissen – Erkenntnisse vieler Generationen von Schriftgelehrten, all dies spricht zu uns aus dem Talmud.

Die Sprache ist knapp, die Andeutung genügt. Die Geschichten aus dem Talmud sind Exempel, einer besonderen literarischen Kurzform zugehörig, wie Spruch und Ausspruch, Anekdote und Scherzwort, Rätsel und Gleichnis. In dieser Beschränkung zeigt sich die Meisterschaft.

Emanuel bin Gorion, der Herausgeber und Übersetzer der *Geschichten aus dem Talmud,* hat aus diesen Schätzen mehr als ein halbes Tausend Geschichten ausgewählt und zu einem Lesebuch vereinigt.

insel taschenbuch 860

Geschichten aus dem Talmud

GESCHICHTEN AUS DEM TALMUD

Herausgegeben und
übertragen
von Emanuel bin Gorion

Insel Verlag

Umschlagabbildung:
Darmstädter Haggadah, um 1420/30

insel taschenbuch 860
Erste Auflage 1985

Vertrieb durch den Suhrkamp Taschenbuch Verlag
Umschlag nach Entwürfen von Willy Fleckhaus
Druck: Nomos Verlagsgesellschaft, Baden-Baden
Printed in Germany

1 2 3 4 5 6 - 90 89 88 87 86 85

Geschichten aus dem Talmud

Einführung

Von zwei verschiedenen, jedoch sinnverwandten Wurzeln sind im Hebräischen die Worte *Tora* und *Talmud* abgeleitet, die beide am treffendsten als ›Lehre‹ zu übersetzen sind; wobei die Tora das mosaische Gesetz, die fünf Bücher Mose, die sogenannte *schriftliche Lehre* bezeichnet, der Talmud wiederum die rabbinische Auslegung des mosaischen Gesetzes, die sogenannte *mündliche Lehre.* Wenn man die Grundschrift der Tora um das Jahr 500 v. Chr. ansetzen darf, während der Zeitpunkt der endgültigen Redaktion des Talmuds allgemein für das Jahr 500 n. Chr. angenommen ist, so würde der zeitliche Abstand zwischen beiden Werken ein volles Jahrtausend ausmachen; tatsächlich handelt es sich um zwei nicht nur zeitlich, sondern wesensmäßig voneinander geschiedene Welten, die aber für den glaubenstreuen Juden einander wechselseitig ergänzen und die eine, ungeteilte, zweigesichtige, doch eindeutige, Lehre ausmachen. Für ihn, für den gläubigen Juden, schließt sogar die ›mündliche‹ unmittelbar an die ›schriftliche‹ Lehre an — beide wurden, laut rabbinischer Auffassung, dem Meister Mose gleichzeitig auf dem Sinai gegeben —; wobei die weiteren Bücher der hebräischen Bibel, vom Buche Josua bis zu den Büchern der Chronik, Propheten und Hagiographen, als für das Gesetz als solches nicht verbindlich, sozusagen übersprungen werden; ja, auch innerhalb der Tora selbst, die mit der Weltschöpfung anhebt, wird die wahre Verbindlichkeit erst den Büchern und Kapiteln zuerkannt, die das eigentliche, mit dem Namen Mose unmittelbar verknüpfte, Religionsgesetz enthalten.

In der Tora Moses heißt es: »Ihr sollt nichts dazutun, noch davontun.« Um diesem Gebot nicht zuwiderzuhandeln, wurde, wie die rabbinische Überlieferung lehrt, das Religionsgesetz jahrhundertelang mündlich tradiert, und die Aufzeichnung des immer mehr anschwellenden Stoffes erfolgte erst nach dem Ausgang des Altertums, als die jüdische nationale Selbständigkeit, die sich zur Zeit des zweiten Tempels erneuert hatte, mit dem zweiten Falle Jerusalems verloren war und die beginnende Zerstreuung einer neuen, diesmal geistigen, Burg bedurfte. So wurde letztlich auch die ›mündliche‹ Lehre zu einer ›schriftlichen‹ und, bei ihrem den der Tora, ja sogar den der gesamten hebräischen Bibel um ein Vielfaches übertreffenden Umfange, recht eigentlich zu einem Schrifttum, welches wir, indem wir die Bezeichnung ›Talmud‹ gleichsam als Stichwort benutzen, mit einem allgemeinen Namen als das talmudische bezeichnen können.

Das talmudische Schrifttum umfaßt, über den Talmud als solchen hinaus, noch eine zweite Schriftenreihe, mit dem Namen *Midrasch.* Der Talmud ist in der Hauptsache Gesetz und Gesetzeserklärung, der Midrasch in der Hauptsache Schrift und Schriftauslegung. Beide zusammen stellen sich als das Kollektiv-Werk mehrerer Generationen von Schriftgelehrten dar und haben zahlreiche Passagen gemeinsam.

Der Talmud selbst besteht aus einer Grundschrift, der Mischna (eigentlich: Wiederholung, übertragen: Lehre), und deren weitschichtigem Kommentar, der den Namen Gemara (wörtlich: Vollendung) führt. Neben der Mischna, die kanonisch ist, existiert noch ein außerkanonisches Parallel-Werk mit dem Namen Tossefta (etwa: Hinzufügung). Die Gemara ist ebenfalls in zwei Rezensionen überliefert: der palästinensischen, dem sogenannten Jerusalemischen Talmud, der im allgemeinen die ältere und prägnantere Fassung bewahrt hat, aber kein kanonisches Ansehen genießt, und der babylonischen, dem sogenannten Babylonischen Talmud, der der jüngere und ausführlichere ist und an Verbindlichkeit der Tora gleichgeachtet wird. Die Redaktion der Mischna wird für die Mitte des 2. Jahrhunderts angenommen; sie ist (wie auch die Tossefta) hebräisch abgefaßt, und als ihr Redaktor gilt Rabbi Juda ha-Nassi (d. i. der Fürst [des Lehrhauses]). Die Sprache der Gemara wiederum ist, in der Hauptsache, eine Schwestersprache des Hebräischen, die um die Zeitenwende zur Umgangssprache der Judenheit in Israel wie im Orient geworden war: das Aramäische. Die Schriftgelehrten der Mischna-Epoche heißen Tannaiten (hebr. Tanna'im, d. i. Lehrer), die der Gemara Amoräer (hebr. Amora'im, d. i. Sprecher). Die Mischna (ebenso die Tossefta), und in ihrem Gefolge der gesamte Talmud, ist nach Themen angeordnet; es sind ihrer sechs Haupt-›Ordnungen‹ (von denen z. B. die eine alle Fest- und Feiertage mit den zugehörigen Bestimmungen umfaßt, eine andere alle auf das Frauen- und Eherecht bezüglichen Satzungen, Anordnungen und Gebräuche usw.), die ihrerseits in Traktate (insgesamt über sechzig) unterteilt sind, von denen jeder einzelne den Umfang eines Buches hat. Da nun die Gemara die Diskussionen über jedes in der Mischna aufgeführte Einzelgesetz vereinigt und die Diskussion – mündliche Lehre kat'exochen – nicht selten vom eigentlichen Thema abschweift, behandelt der Talmud letztlich alle Gegenstände des täglichen Lebens, des profanen nicht minder als des religiösen, und sprengt faktisch die Sachanordnung, nach der er eingeteilt ist. Da wiederum von diesem sozusagen beiläufig beigebrachten Material sich manches unschwer mit mehreren der in der Mischna kodifizierten Einzelgesetze verbinden läßt, ist der Talmud auch reich an Wiederholungen, zum Teil sogar wortwörtlichen, von Äußerungen, Meinungen und Beispielen.

Der Midrasch (wörtlich etwa: Predigt, Auslegung) folgt, im Gegensatz zum Talmud, der Anordnung der biblischen Bücher. So besteht der klassische Midrasch zu den fünf Büchern Mose, der sogenannte Midrasch rabba (d. i. der große), aus homiletischem Stoffe, der an die einzelnen Verse der Tora, nach ihrer Reihenfolge im heiligen Urtext, anknüpft oder sie verdeutlicht. Im Midrasch sind die hebräisch-tannaitische und die aramäisch-amoräische Schicht nicht mehr voneinander geschieden; wiederum, da es sich im Grunde, wie gesagt, um ein einziges Schrifttum handelt, sind der Wiederholungen viele, Talmudisches kehrt im Midrasch, Midraschisches im Talmud wieder, aber wesentlich ist vor allem die wechselseitige Ergänzung beider Komplexe, da nämlich sowohl der Talmud als auch der Midrasch – und das bei ihrem vergleichsweise riesigen Umfange – nur unvollständig überliefert sind. Talmud und Midrasch haben mit der Bibel wie mit vielen anonymen Sammelbüchern der alten Welt und des Mittelalters das gemeinsam, daß sie, letztlich, fragmentarisch sind.

Neben der literarhistorischen (wie auch gattungsmäßigen) Unterscheidung zwischen Talmud und Midrasch, der genealogisch-chronologischen zwischen den überlieferten Worten der Tannaiten und denen der Amoräer, der sprachlichen – zwischen der hebräischen und der aramäischen Schicht im talmudischen Schrifttum: erweist sich der Gesamtstoff als solcher als zweien, scheinbar einander entgegengesetzten Gebieten zugehörig, die gemeinhin mit den Termini Halacha (etwa: Wandel) und Aggada (etwa: Aussage oder auch: Sage) bezeichnet und voneinander abgegrenzt werden. Bekannt ist die Heinesche Charakterisierung der beiden (im ›Juda ben Halevy‹-Gedicht des

›Romanzero‹, in welchem er die Halacha mit einer ›Fechtschul'‹ vergleicht, die Aggada wiederum mit einem ›Garten, hochphantastisch‹). Die Halacha, die etwa neun Zehntel des Talmuds ausmacht (im Midrasch ist das wechselseitige Zahlenverhältnis gewissermaßen umgekehrt), ist das eigentliche Anliegen des Talmuds und schließt als solche Gesetz und Gebot, Recht und Brauch ein, sozusagen die exakte wie die angewandte Lehre; Aggada wiederum, weniger fest umrissen, ist alles, was unter den Begriff des Erzählerischen fällt, als Geschichte und Sage, Legende und Märchen, Fabel und Parabel, Gleichnis und Spruch. Nicht selten gehen Halacha und Aggada unvermittelt ineinander über, zuzeiten fällt auch die genaue Distinktion zwischen den beiden nicht leicht: wenn etwa die jeweils behandelte Satzung durch ein Beispiel aus dem Leben erläutert wird und der praktische Schulfall zugleich eine vom unmittelbaren religionsgesetzlichen Anlaß unabhängige, vom Eigenrecht der Pointe lebende Anekdote wird. Wenn, wie dies schon im Mittelalter versucht wurde, die Aggada aus dem Talmud ausgeschieden und dieser zu einem rein ›halachischen‹ Kompendium komprimiert wird, bleibt, zugleich mit seiner ursprünglichen Anordnung, das Wesen des Riesenwerkes bewahrt; während die ausgeschiedene Aggada sich zu keinem einheitlichen Gebilde mehr fügen will, es sei denn, man ordne sie von Grund auf neu. Der aggadische Stoff, im Meer der Halacha fast verloren, erfordert geradezu eine neue Systematisierung und Herausgabe in einer Reihe inhaltlich oder gattungsmäßig voneinander unterschiedener und zugleich nach einem inneren Prinzip angeordneter oder anzuordnender Sammlungen, damit, was in ihr Bleibendes – der Weltliteratur Zuzuzählendes – verborgen war, offenbart und ins rechte Licht gesetzt werden kann.

Ein wesentliches Teilgebiet der talmudischen Aggada –

Schöpfungsmythos, Vätersagen und Bibel-Paraphrase – bildet den Grundstock zu Micha Josef bin Gorions bereits klassisch gewordener Sammlung der ›Sagen der Juden‹. Ein anderes: die bunte Welt der talmudisch-midraschischen Exempla zu belegen und zu verdeutlichen, ist mit der vorliegenden Sammlung unternommen – meines Wissens der erste Versuch dieser Art, der, mit seinen mehr als sechshundert Stücken, über eine bloße Auswahl hinausgeht; obzwar, wie sogleich zu bemerken ist, die Zahl der talmudischen Exempla – das talmudisch-midraschische Schrifttum freilich im weitesten Sinne genommen – auf ein Vielfaches veranschlagt werden darf.

Charakteristisch für den Stil des Talmuds als Ganzes, und ebenso für den der talmudischen Exempla, ist seine Knappheit und Prägnanz. Anders als das biblische Hebräisch, in welchem, wenn man so sagen darf, Einfältigkeit des Ausdrucks und erhabenes Pathos einander verschwistert sind, kein Wort zu viel, aber auch keines zu wenig ist, dazu, durch den ›parallelismus membrorum‹ in der biblischen Poesie, fast jeder Gedanke, oder jedes Bild, mehrmals abgewandelt wird, ist das talmudische Hebräisch und das diesem auch wesensverwandte Aramäisch (faktisch hat eben das Aramäische auf das Hebräische eingewirkt und es verwandelt) eine völlig unpathetische Sprache, sparsam und sachlich im Ausdruck, unmittelbar, treffsicher und lapidar. Zuweilen will es gar scheinen, als wären die Geschichten des Talmuds mit voller Absicht auf ein denkbares Mindestmaß von Wörtern und Wendungen reduziert, welches vielleicht nicht viel mehr als eine Gedächtnisstütze darstellen sollte, um die nackte Handlung für den künftigen Wiedererzähler zu bewahren; aber eben dieser unverwechselbare Kurzstil, der der Interpretation und Ausschmückung Tür und Tor öffnet, macht – auch im künstlerischen Sinne – ihren besonderen Reiz, um nicht zu sagen: ihr Wesen, aus. Auch wo Volksmotive anklingen oder gar aus der Volksliteratur anderer Kulturen Bekanntes abgewandelt erscheint, handelt es sich hier keineswegs um Volksliteratur. Die Sätze des Talmuds sind, nicht minder als die Verse der Bibel, wenn auch in einer gänzlich anderen Art und Weise, *geformt*, das Werk als solches ist der Literatur zuzurechnen, und seine Bezeichnung als ›mündliche Lehre‹ involviert keineswegs eine Freiheit des Ausdrucks, dieser ist vielmehr, und sogar im höchsten Maße, stilisiert.

Wir kommen nunmehr von der Form zum Inhalt und von diesem zum Geist. Das talmudische Judentum ist von dem biblischen grund- und wesensverschieden. An die Stelle des Tempels trat das Lehrhaus, an die des Opfers das Gebet; Rang und Bedeutung der Ältesten und Propheten im biblischen, der Priester und Hohenpriester im jüdisch-hellenistischen Zeitraum nehmen nunmehr die Rabbinen und Exilarchen ein. Das Land Israel, erweitert um das jenseits des Stromes gelegene Babel, bleibt weiterhin äußerer Schauplatz der Geschehnisse; diese aber sind fast durchweg inneren Charakters. Man erinnert sich noch der biblischen Helden und Ereignisse, aber ihr Nationales ist ins Geistliche umgedeutet, die Tat wird als Wort, Kraft und Mut als Glaube verstanden. Von den geschichtlichen Personen – wie den Königen aus dem Hause der Hasmonäer und Herodianer –, die die Epoche des zweiten Tempels bezeichnen, sind nur noch Spuren verblieben (und wären uns nicht die Schriften des Flavius Josephus, die diese Epoche festgehalten und verewigt haben, überliefert – aus den talmudischen Fragmenten und Deutungen ließe sie sich nicht mehr rekonstruieren); allein der Katastrophe der Tempelzerstörung wird wieder und wieder gedacht, wobei eben in dieser schmerzlichen Erinnerung wie auch in der messianischen Hoffnung, als welche einander wechselseitig bedingen, das nationale Erbe verkapselt erscheint, nachdem die Religion und das Religionsgesetz ihre Alleinherrschaft angetreten haben.

Der Talmud ist ahistorisch, um nicht zu sagen: antihistorisch. Auch der fremde König oder Kaiser, wenn auch zuweilen mit seinem Eigennamen angeführt, ist nur noch ein Symbol äußerer Macht, die allein in geistigem Ringen überwunden werden kann. Ähnliches gilt, mutatis mutandis, von den Lebensläufen und der Geschlechterfolge der Talmudweisen selbst, die gleichzeitig Tradenten des talmudischen Gesetzesstoffes und die handelnden Personen der talmudischen Geschichten sind. Die Zahl der im Talmud namentlich angeführten Tannaiten und Amoräer beträgt mehrere tausend; aber selbst die Gezählten unter ihnen, deren Namen in die Geistesgeschichte eingegangen sind, wie Hillel, Akiwa, Gam(a)-liel, der oben genannte Juda ha-Nassi, tragen fast keine individuellen Züge und leben mehr als Träger der Lehre, die jeder Individualität übergeordnet ist. Und da der Talmud zugleich die einzige Quelle für das Wissen um Leben und Werk der in ihm auftretenden oder zitierten Weisen und Lehrer darstellt, wirken auf uns selbst die Angehörigen verschiedener Zeitalter, als wären sie allesamt einer einzigen Epoche zuzuzählen, wie sie denn auch einem einzigen Ideal gedient haben. Die Lehre steht über dem Lehrer. Aber Satzung und Gesetz entwickeln sich vornehmlich aus der Diskussion, aus Rede und Gegenrede, und so erscheinen uns die Rabbinen jeweils auch als Personifikationen der verschiedenen miteinander ringenden Lehrmeinungen bzw. Auslegungsregeln – quasi als ›dramatis personae‹ in halachischen Dialogen. Immer wieder wird die Grundlage für die ›mündliche‹ Lehre in der schriftlichen, der biblischen, gesucht, und wenn sie dort, wie zumeist, nicht ausgesprochen ist, aus dieser künstlich erschlossen. Der Spitzfindigkeit ist weder Grenze noch Ziel gesetzt; der Talmudismus, als Weg und Richtung, ist der Kasuistik, und also der Scholastik, art- und wesensähnlich. Wir sprechen über dergleichen gelegentlich, aburteilend, als von Haarspalterei; aber für den Gläubigen ist keines der Glaubenselemente an sich klein oder groß; auch das Geringste ist Lehre, die gelernt werden muß.

Die talmudische Welt erscheint uns, auf den ersten Blick, partikularistisch; das Universale ist in ihr tief verborgen und bricht nur zuzeiten, aber überwältigend, hervor. Daß vieles zeitgebunden ist, manches als konstruiert oder gar abstrus nicht nur anmutet, soll keineswegs abgeleugnet werden; aber auch dem Zeitgebundenen oder scheinbar Widersinnigen können wir (wie übrigens nicht nur in diesem Zusammenhang oder Betracht) erst dann wahrhaft gerecht werden, wenn wir ›Zeit‹ und ›Ewigkeit‹ als gemeinsam gelebt, erlebt, bewahrt und miteinander verbunden wissen, erkennbar, aber ungeschieden, wie die Goldader im Gestein.

Die talmudischen Geschichten bezeugen und atmen eine Lebensnähe, die das theologische Moment, das scheinbar in ihnen vorherrscht, unausgesprochen als sekundär erweist. Alle Charakterzüge treten hier, ebenso unabsichtlich wie die Lebensäußerungen als solche, unverhüllt zutage, und in dieser Hinsicht sind die handelnden Rabbinen – gewissermaßen der Rolle entsprechend, die Lessing den verschiedenen stereotypen Vertretern der Fauna in der Tierfabel zuweist – jeweils Träger der verschiedenen menschlichen Eigenschaften, die wir als solche nur zu erkennen vermögen, wenn sie lebendige Gestalt angenommen haben.

Das unmittelbare, direkte Verhältnis zur Realität, zum Irdischen selbst in aller seiner Tagtäglichkeit, schließt keineswegs die Neigung zum Irrealen, Phantastischen, Mystischen und Transzendenten aus. Ja, der zuweilen unvermittelte Übergang von der wirklichen zur Traumwelt oder, anders gesagt, die Darstellung auch des Überwirklichen mit den Mitteln der Wirklichkeit ist für das talmudische Exempel nicht weniger bezeichnend, als sie es etwa in den Bagdader bzw. Kairenser Märchen-Novellen aus 1001 Nacht ist. Ähnliches gilt von der Wechselbeziehung zwischen Glauben und Aberglauben. Im Talmud, der um so vieles jünger ist als die Bibel, ist nicht wenig von den quasi ›heidnischen‹ Volksvorstellungen wiederzufinden, die bereits der Tora und gar erst den Propheten als überwunden galten. In diesem Sinne erweisen sich die Rabbinen, die, losgelöst vom Volke, sich oft über den einfachen Mann erhaben dünkten und auch, objektiv genommen, einem Gelehrtenadel angehörten, dessen Stand verpflichtete, mehr als einmal in Vorstellungen befangen, die der ›reinen‹ Lehre im Grunde widersprechen sollten; aber auch dieses, eben daß der Widerspruch kaum oder gar nicht empfunden wird, bekundet wiederum die immer wieder zu betonende Lebensnähe des Talmuds. Die abstrakte Welt des Schriftgelehrten ist keineswegs gelöst von der konkreten des Bürgers, des Menschen; sie wird vielleicht erst aus dieser heraus verständlich und faßbar.

Die talmudischen Exempla sind in der Hauptsache Selbstzeugnisse des Schriftgelehrten über die ihm eigene Welt. Die Halacha, das Religionsgesetz, die ›Lehre‹, bildet den Rahmen oder den Ausgangspunkt; das Ziel wiederum ist Lehre im menschlichen, im ethischen Verstande. Die Handlung ist nicht immer als solche ausgeführt; oft ist das Beispielhafte auf ein bestimmtes Verhalten des Helden oder auf einen bemerkens- oder beherzigenswerten Ausspruch reduziert, ähnlich der Relation, die in der Fabelliteratur zwischen der eigentlichen Fabel und der Moral besteht, als welche nicht notwendig einander bedingen und gelegentlich auch voneinander unabhängig auftreten. Die einzelnen Gattungen lassen sich nicht immer voneinander abgrenzen. Innerhalb der allgemein verwendeten Kurzform begegnen wir Geschichten, die — wie Anekdoten, Fabeln oder Rätsel — ausführlich gar nicht gedacht werden können. Daneben stehen erzählende Stoffe, deren Handlung sozusagen nur in nuce wiedergegeben ist; oder es erscheint ein Einzel-Motiv statt einer Motiv-Reihe, und das eigentliche Thema wird nur angeschlagen, doch keineswegs ausgeführt oder gar erschöpft. Dafür besteht weithin eine Gemeinsamkeit in der Auffassung, von der die Mehrzahl der Geschichten getragen sind, sie ergänzen einander und fügen sich ungewollt in einen größeren Zusammenhang. Das Resultat ist ein Mosaik, in dem jedes Teilchen sein Eigenantlitz trägt, doch die eigentliche Wirkung ergibt sich erst aus der Gesamtschau.

Bei der vorliegenden Sammlung handelt es sich, wie gesagt, nicht so sehr um eine Auswahl des Schönsten oder Bezeichnenden (ohne den Wert des hier Beigebrachten zu beeinträchtigen, muß gesagt werden, daß das Material, das außerhalb dieser Sammlung geblieben ist, dem hier Gebotenen kaum nachstehen dürfte) als um einen nach Möglichkeit vielseitigen Beleg für eine spezifische literarische Form und eine, eben in dieser Form sich ausdrükkende, dem abendländischen Leser bisher weithin unbekannt gebliebene Geisteshaltung und Glaubenswelt. Der Herausgeber hat die einzelnen Geschichten aus dem, letztlich zufälligen, Zusammenhang der jeweiligen Gesetzes-Interpretationen und -Dispute gelöst und, indem

Verwandtes nebeneinanderzustellen versucht wurde, wiederum zu Zyklen, und diese zu Büchern, vereinigt.

Eine buchstabengetreue Übersetzung war nicht beabsichtigt, wäre aber auch nicht möglich gewesen. Die Originale sind, fast ausnahmslos, dermaßen knapp gehalten, daß zur Wiedergabe fast jeden im Urtext gebrauchten Einzelwortes mindestens die doppelte, wenn nicht eine vielfache Zahl von Wörtern der Übertragungssprache erforderlich ist. Zur Verdeutlichung diene ein Leitsatz, aus dem Mischna-Traktat der ›Sprüche der Väter‹, der dem Hillel zugeschrieben wird: *im ejn ani li mi li,* wortwörtlich: ›wenn nicht ich mir, wer mir‹, was aber in der Übersetzung, um verständlich zu sein, umschrieben werden muß, weil es nämlich besagen soll: »Wenn nicht ich es bin, der für mich eintritt, wer anders träte denn für mich ein«, und wenn wir hier, statt der sechs Wörter des Originals, nicht weniger als sechzehn in der Übersetzung gebraucht haben, sind wir durchaus im Rahmen der Vorlage geblieben und vielleicht immer noch nicht ausführlich genug gewesen ... Gelegentlich mußte auch der als verbindlich geltende traditionelle Kommentar hinzugezogen und hineingearbeitet werden, manchmal waren auch Umstellungen nötig, doch ist nichts hinzugefügt, was nicht vom Original her bedingt war. Nur eines: der Urtext weist keine Satzzeichen auf, es gibt keine Unterteilung in Sätze, geschweige in Absätze, die Geschichten als solche heben sich aus dem Kontext nicht heraus, und es gibt natürlich keine Überschriften. Die Überschriften also, die vom Herausgeber stammen, sind im Grunde die einzige Freiheit, die er sich erlaubt hat.

Das Manuskript wurde von mir zum größeren Teil noch in den Jahren 1936 und 1937, in Gemeinschaft mit meiner Mutter Rahel bin Gorion, der Übersetzerin des ›Born Judas‹ und der ›Sagen der Juden‹, ausgearbeitet.

Die Idee als solche ging auf meinen Vater, Micha Josef bin Gorion, zurück, der neben den beiden editorischen Hauptwerken noch den Plan zu einer Sammlung der talmudischen Exempla hinterlassen hat, zu dessen Ausführung er aber nicht mehr gekommen ist. Bleibender Dank gebührt Lambert Schneider, dem unerschrokkenen Leiter des Schocken Verlages in der Verfolgungszeit, der die Arbeit an diesem Werk in den Verlagsplan aufgenommen und tatkräftig gefördert hatte, bis die drohende Zwangsschließung der jüdischen Buchverlage in Deutschland ihn nötigte, den Auftrag schweren Herzens zurückzuziehen.
Mit der Erneuerung des ›Born Judas‹ und der ›Sagen der Juden‹, die zwei Jahrzehnte nach ihrer Stillegung wieder möglich wurde, ist nunmehr auch die Zeit für die ›Geschichten aus dem Talmud‹ gekommen, die hiermit zum ersten Male als geschlossene Sammlung der Öffentlichkeit vorgelegt werden.

Tel Aviv, 30. Dezember 1965 Emanuel bin Gorion

Zur Neuausgabe der *Geschichten aus dem Talmud*

Der ungekürzten Ausgabe dieses Werkes als Taschenbuch möchte ich jenes geflügelte Doppelwort mit auf den Weg geben, welches Karl Gutzkow im ›Uriel Acosta‹ (1847) der von ihm erfundenen Figur des *Ben-Akiba* in den Mund gelegt hat: ›In unserm Talmud kann man jedes lesen – Und alles ist schon einmal dagewesen.‹ Beide Aussprüche, in einen zusammengezogen, dürften, bescheidener formuliert und im Hinblick auf dieses Buch, etwa wie folgt abzuwandeln sein: Im Talmud ist vieles, auch Überraschendes, wieder aufzufinden von dem, was einmal war, oft vergessen wurde und immer sein wird.

Holon, Israel, 30. November 1984

Emanuel bin Gorion

Erstes Buch

Aus den Tagen des zweiten Tempels

Feiertage

1. *Das Lichtwunder.* Am 25. Kislew* beginnen die Tage des Festes der Tempelweihe, es sind ihrer acht, und es ist untersagt, an ihnen zu trauern oder zu fasten.

Als nämlich die Griechen in den Tempel eindrangen, verunreinigten sie alles Öl, das im Tempel war; als wiederum das Königtum des Hasmonäerhauses stark ward und den Sieg davontrug, ließ man eifrig nachforschen und entdeckte einen einzigen Krug Öl, der unversehrt geblieben war und das Siegel des Hohenpriesters trug. Dieser Krug enthielt nur so viel Öl, um die Lichter einen einzigen Tag lang zu speisen. Da geschah ein Wunder, und sie vermochten von diesem Öl acht Tage lang die Lichter brennen zu lassen.

Das Jahr darauf wurden diese Tage zu Festtagen bestimmt, die alljährlich mit Lob und Dank begangen werden.

2. *Der 28. Adar.* Am achtundzwanzigsten Adar* kam den Juden die gute Botschaft zu, daß sie fürderhin der Tora nicht beraubt werden sollten. Eines Tages nämlich war ein schlimmes Gesetz erlassen worden: Die Juden sollten sich nicht mehr mit der Tora befassen, ihre Knaben nicht beschneiden, den Sabbat nicht halten. Was taten Juda ben Schammua und seine Genossen? Sie begaben sich, Rat zu holen, zu einer edlen Römerin, in deren Hause gerade die Großen der Stadt versammelt waren, und die empfahl ihnen folgendes: Stellt euch in der Nacht vor dem Hause auf und schreit mit lauter Stimme!

Also schieden sie von ihr und schrien in der Nacht auf der Gasse: Beim Himmel! Sind wir nicht allzumal Brüder, Söhne eines und desselben Vaters und Kinder einer und derselben Mutter? Worin sind wir anders als die anderen Völker und Zungen, daß ihr wider uns so harte Gesetze erlaßt?
Sogleich hoben die Römer die bösen Bestimmungen auf; die Juden aber machten den Tag zu einem Feiertage.

Die Nikanor-Tore

Die Tore des zweiten Tempels wurden später allesamt durch goldene ersetzt, nur die Tore des Nikanor nahm man davon aus, des Wunders wegen, das sich mit ihnen ereignet hatte.
Wie war die Begebenheit? Als Nikanor die beiden Tore aus Alexandrien geholt hatte und damit nach dem Heiligen Lande segelte, erhob sich ein Sturm, und das Schiff drohte zu versinken. Da nahmen die Schiffer das eine Tor und warfen es in die Flut, aber das Meer hörte nicht auf zu toben. Nun wollten sie auch das andere Tor ins Meer werfen. Doch Nikanor erhob sich, umklammerte das Tor und sprach: Wenn ihr auch dieses versenken wollt, so versenkt mich mit! In diesem Augenblick stand das Meer stille von seinem Wüten. Da grämte Nikanor sich bitter darüber, daß er sein Leben nicht schon an das erste Tor gewagt hatte.
Als aber das Schiff in den Hafen von Jaffa einlief, kam unter dem Schiffsleib die verloren geglaubte Tür hervor und erschien auf der Oberfläche des Wassers. Andere erzählen, ein Meerungeheuer habe die Tür verschlungen und, als Nikanor zu Jaffa landete, sie wieder ans Ufer gespien.

Zwei Frauen

1. *Mirjam aus dem Hause Bilga.* Mirjam, aus dem Priesterhause Bilga, wurde ihrem Glauben abtrünnig und heiratete einen Obersten im Heere der griechischen Könige. Als die Griechen in den Tempel eindrangen, gab sie mit ihrem Schuh dem Altar einen Tritt und rief aus: Wolf, der du bist! Wie lange noch denkst du das Gut der Kinder Israel zu verzehren und stehst ihnen nicht bei in der Zeit der Not?
Die Weisen vernahmen davon, und – nach gewonnenem Siege – straften sie das ganze Haus Bilga, eine der Priesterwachen im Tempel.

2. *Die Tochter Mattitjahus.* Die Könige Griechenlands ließen Aufseher in den Städten Judas zurück, und diese sollten die Bräute schänden, ehe sie ihren Männern vermählt würden; die Männer sollten sich ihrer Weiber nicht erfreuen. So wollte kein Mann ein Weib freien, der Aufseher wegen. Hernach begann man, im geheimen zu heiraten.
Nun hatte Mattitjahu, der Sohn des Hohenpriesters Jochanan des Hasmonäers, eine einzige Tochter. Als der Tag der Hochzeit kam, erschien der Aufseher, um sie zu beflecken. Allein man ließ diese Tat nicht zu; Mattitjahu und seine Söhne gerieten in Eifer, und sie siegten über die Griechen. Jene fielen in ihre Hand und wurden vernichtet. Der Tag, an dem das Joch abgeworfen wurde, wurde zu einem Feiertage erhoben.

Simeon ben Schetach und der König Jannai

1. *Die Flucht.* In den Tagen des Simeon ben Schetach zogen dreihundert Nasiräer* gen Jerusalem, die zusammen

neunhundert Opfertiere darzubringen hatten. Für hundertundfünfzig der Nasiräer fand der Meister eine Möglichkeit, von Gesetzes wegen ihr Gelübde zu lösen, aber für die anderen hundertfünfzig fand er keinen Ausweg. Da begab er sich zum König Jannai und sprach: Dreihundert Nasiräer sind gekommen, die müssen neunhundert Opfertiere darbringen und haben nicht, womit ihr Gelübde einzulösen; also gib du die Hälfte aus deinem Besitz, und ich gebe aus dem meinen die andere Hälfte, daß sie hinziehen und opfern mögen. Der König spendete die Hälfte der Opfertiere, die von ihm verlangt worden war, und die Nasiräer, denen das Gelübde nicht aufgelöst war, brachten sie dar. Da aber begaben sich etwelche Leute zum König Jannai, redeten übel von Simeon ben Schetach und sprachen: Der König soll wissen, daß alles, was da geopfert wurde, von seiner, des Königs, Spende herrührt; Simeon ben Schetach hat aus eigenem nichts hinzugegeben. Als der König das vernahm, ergrimmte er über den Meister; und wie das Simeon zu Ohren kam, ergriff er die Flucht.

2. *Die Rückkehr.* Nach Tagen erschienen einige Edelleute aus dem Königreich Persien bei Hofe und saßen an des Königs Jannai Tisch. Wie sie so speisten, sprachen sie: Wir erinnern uns, daß hier einmal ein Greis gewesen ist, der uns Worte der Lehre gesagt hat. Da wandte sich der König an Sulamith, die die Schwester des Meisters und die Gemahlin Jannais war, und sagte: Sende nach ihm, und er komme! Sie erwiderte: Gib mir dein Wort und sende ihm deinen Ring zum Zeichen; dann wird er erscheinen. Und der König gab der Königin sein Wort, sandte durch sie den Ring, und der Meister erschien. Sobald er aber erschienen war, setzte er sich zwischen König und Königin an den Tisch.

Jannai fragte: Warum bist du damals geflohen? Simeon antwortete: Weil ich gehört hatte, daß du mir zürntest, und Furcht hatte, du könntest mich töten; so flüchtete ich und handelte gemäß dem Spruch des Propheten: »Verbirg dich einen kleinen Augenblick, bis daß der Zorn vergehe.«* Jannai fragte weiter: Und warum hast du mich betrogen? Simeon antwortete: Bewahre, daß ich das getan hätte! Aber so verstand ich es, als ich sagte, jeder von uns solle die Hälfte der Opfertiere übernehmen: du vermittels deiner Schätze und ich vermittels meiner Kenntnis des Gesetzes. Wie auch der Prediger sagt: »Denn wie Weisheit beschirmt, so beschirmt Geld.«* Wieder fragte der König: Warum hast du es mir verschwiegen? Der Meister erwiderte: Hätte ichs dir gesagt, du hättest nichts gegeben.
Jetzt fragte Jannai den Weisen: Wieso wagtest du, Platz zu nehmen zwischen König und Königin? Er erwiderte: Der Sohn Sirachs hat von der Tora gesagt: Halte sie hoch, »so wird sie dich erhöhen und dich lassen sitzen zwischen Fürsten«*. Da sprach der König: Schau, welche Ehren ich dir zukommen lasse! Simeon erwiderte: Nicht du, die Tora ists, die mich Ehre erfahren läßt!
Indes gebot Jannai: Man fülle dem Lehrer den Becher, daß er den Segen spreche. Da sagte Simeon: Wie soll ich mich ausdrücken? Ich sage: gelobt sei er, von dessen Speise Jannai genossen hat! Da fuhr Jannai auf: So weit treibst du deinen Starrsinn? Mein Lebtag habe ich nicht gehört, daß der Name Jannai im Segenspruche genannt wird! Simeon sagte darauf: Was hätte ich denn sagen sollen? Etwa: gelobt der, von dessen Eigen wir gespeist haben? Habe ich doch nicht mitgespeist! Da gab Jannai Befehl, dem Meister Speise vorzusetzen. Und der, nachdem er sein Mahl beendet hatte, rief aus: Gelobt der Herr, von dessen Teil wir genossen haben!

Der Opferdienst im Kriege

Zu der Zeit, da das Haus der Hasmonäer seinen Bruderkrieg führte, war Hyrkanos drinnen in Jerusalem und Aristobulos draußen. Tag um Tag ließen die Belagerten einen Korb voller Denare zu den Belagerern herab, und diese gaben ihnen dafür auf demselben Wege Opfertiere für das immerwährende Opfer hinauf.

Da war im Heere des Aristobulos ein Greis, der in der Weisheit der Griechen unterrichtet war; der sprach zu den Soldaten: Solange die da oben den Opferdienst beobachten können, werdet ihr sie nicht bezwingen. Als nun die Belagerten am nächsten Tage, wie gewohnt, den Korb mit den Denaren herunterließen, taten die Belagerer einen Eber hinein und ließen sie diesen hinaufziehen; auf der halben Höhe aber des Walles angelangt, stieß das Tier seine Klauen in das Mauerwerk, und das ganze Land Israel, vierhundert Meilen im Geviert, erbebte.

In dieser Stunde wurden zwei Sätze angeordnet: Verflucht, wer da Schweine großzieht! Verflucht, wer seinen Sohn die Weisheit der Griechen lehrt!

Von Herodes' Untaten und Taten

1. *Herodes und Mariamne.* Herodes, der Knecht des Hauses der Hasmonäer, erhob seine Augen zu Mariamne, der Königstochter. Eines Tages hörte er eine Stimme, die rief: Welcher Knecht die Stunde nutzt und sich jetzt wider seinen Herrn erhebt, dem wird es glücken. Da machte Herodes sich auf, tötete das ganze Geschlecht der Hasmonäer und ließ nur dieses eine Mädchen am Leben.

Wie die Jungfrau aber sah, daß Herodes sie zu seiner Gattin machen wollte, stieg sie auf das Dach des Palastes und rief mit lauter Stimme: Wenn jetzt einer kommt und sagt, er sei ein Abkömmling des Hauses der Hasmonäer,

so wißt, daß er lügt; er ist ein Sklave. Von allen Hasmonäern ist nur eine einzige Tochter übriggeblieben, und die stürzt sich jetzt vom Dach auf die Erde.
Herodes legte die Leiche des Mädchens in Honig für sieben Jahre. Manche sagen, er sei zu ihr eingegangen, um seine Lust zu stillen. Andre sagen, er hätte sich an ihrem Leichnam nicht vergangen und ihren Leib nur darum aufbewahrt, damit es von ihm heiße, er habe die Königstochter zum Weibe.

2. *Herodes und Bawa ben Buta.* Herodes sagte sich: Die Rabbinen sind es, die sich auf den Vers: »Du sollst aber aus deinen Brüdern* einen zum König über dich setzen«* — berufen. Und er erhob sich wider die Rabbinen und tötete sie allesamt, bis auf einen, Bawa ben Buta, den er als Ratgeber brauchen wollte; doch ließ er diesem zuvor eine Krone aus Igelhaut auf die Stirne setzen, und die Stacheln stachen dem Meister die Augen aus.
Eines Tages suchte Herodes ihn auf und setzte sich unerkannt vor dem Blinden nieder. Um ihn zu versuchen, fragte er ihn: Hat der Meister gesehen, was dieser böse Knecht* verbrochen hat? Bawa ben Buta erwiderte: Was soll ich ihm denn antun? Herodes sagte: Der Meister spreche einen Fluch über ihn aus. Darauf sagte Bawa ben Buta: Es steht geschrieben: »Fluche dem König nicht in deinem Herzen.«*
Herodes sprach weiter: Aber er ist ja gar kein König! Der Blinde antwortete: Auch wenn er nur ein Oberster ist, so steht doch geschrieben: »Den Obersten in deinem Volke sollst du nicht lästern.«* Wieder sprach Herodes: Das würde gelten von einem, der so handelte wie einer »in deinem Volke«; dieser Mann aber handelt ja nicht wie einer aus deinem Volke! Bawa ben Buta erwiderte: Gleichviel; ich fürchte ihn.

Nun sagte Herodes: Hier ist doch kein Dritter, der es weitersagen könnte; nur wir beide, ich und du, sind hier. Aber Bawa ben Buta antwortete mit dem Schriftvers: »Die Vögel des Himmels führen die Stimme fort, und die Fittiche haben, sagens weiter!«* Da gestand ihm der Besucher, wer er war.

3. Der Neubau des Tempels. Herodes sagte zu Bawa ben Buta: Hätte ich geahnt, daß die Rabbinen so vorsichtige Leute sind, ich hätte sie nicht umbringen lassen. Gibt es nun für einen, der das getan hat, einen Weg, es wiedergutzumachen? Der Meister erwiderte: Wer das getan hat, hat gleichsam ausgelöscht, was das Licht der Welt war; so gehe er denn hin und wirke für das Licht der Welt.* Andere sagen, er habe so zu Herodes gesprochen: Jener Mann hat das Auge der Welt geblendet; so wirke er nun für das Auge der Welt!

Herodes verstand den Wink, sagte aber: Ich fürchte die Römer. Da riet ihm Bawa ben Buta: Sende einen Boten zu ihnen; der braucht ein ganzes Jahr, bis er angelangt ist, verweilt ein weiteres Jahr an Ort und Stelle, und bis zu seiner Rückkehr vergeht ein drittes Jahr; in der Zwischenzeit hast du den Bau, der heute steht, niedergerissen und einen neuen an seiner Stelle errichtet.

Und Herodes verfuhr genau nach diesem Rate. Als endlich die Antwort aus Rom angelangt war, war der Wortlaut wie folgt: Hast du den Tempel noch nicht niedergerissen, so laß ihn, wie er ist; hast du ihn niedergerissen, so baue ihn nicht wieder auf. Hast du ihn aber niedergerissen und wieder aufgebaut, so wisse: das ist ein schlechter Knecht, der erst handelt und danach fragt. – Und noch hieß es in der Antwort: Du prahlst mit deinen Waffen, aber dein Stammbuch ist bei uns verwahrt, und da steht geschrieben: Herodes ist weder ein König noch eines Königs Sproß; er ist als Sklave geboren und hat sich selbst zum Freigelassenen gemacht!

4. *Wie Meereswellen.* Man erzählt: Wer den Tempelbau des Herodes nicht gesehen hat, der hat sein Lebtag kein schönes Bauwerk gesehen!
Woraus hat Herodes den Tempel gebaut? Aus grünem und weißem Marmor, und, wie manche sagen, dazu noch aus bläulichem Marmor; immer abwechselnd eine Reihe hervorstehend und eine Reihe eingezogen, damit der Mörtel auch haftete.
Dazu gedachte er noch das Ganze mit Gold zu überziehen, aber die Werkmeister rieten ihm davon ab. Sie sagten: Wie der Bau jetzt ist, ist er am schönsten; er schaut aus wie Meereswellen

Das Passah-Fest in Jerusalem

1. *Die Seder-Nacht**. Wie war es mit der Seder-Nacht in Jerusalem? Die einen sagen, man nahm die Mahlzeit zu ebener Erde ein und rezitierte die Loblieder auf dem Dach des Hauses; andere sagen, man habe die ganze Feier auf dem Dach begangen.
Es gibt einen Ausspruch: Vom Passah-Opfer nur ein Stückchen wie eine Olive so klein; beim Loblied ein Preisen so mächtig, daß das Dach birst! Hatten nämlich so viele Personen Anteil an einem Opfertier, daß auf den einzelnen nur ein olivengroßes Stückchen kam, so klangen ihre Stimmen vereint beim Preisliede so gewaltig, daß das Dach, auf dem sie saßen, erbebte.

2. *Das Passah der dichten Scharen.* Der König Agrippa begehrte einst zu sehen, wie groß wohl die Menge der Kinder Israel sei*, und so sprach er zu dem Hohenprie-

ster: Laß nachzählen, wie viele Opferlämmer zum Passah dargebracht werden. Da nahm dieser von jedem Opfertier eine Niere, und es wurden ihrer im ganzen zwölfmal hunderttausend gezählt, das sind allein doppelt so viele, wie einst aus Ägypten ausgezogen waren. Und nun gab es kein Passahlamm, an dem nicht mindestens zehn Leute Anteil hatten!
Jenes Fest nannte man hernach das Passah der dichten Scharen; so viel Volks war damals in Jerusalem zusammengekommen!

Opfergaben

1. *Zwei Turteltauben und tausend Opfertiere.* Der König Agrippa wollte eines Tages tausend Opfertiere darbringen. Da ließ er zum Hohenpriester senden und ihm sagen: Heute soll keiner opfern dürfen außer mir! Indes kam ein armer Mann, der hatte zwei Turteltauben in der Hand und sprach zu dem Priester: Bringe diese für mich dar! Der Priester erwiderte: Der König hat befohlen, daß heute kein anderer opfern darf, nur er allein. Der Arme sagte darauf: Mein Herr und Hoherpriester! Vier Turteltauben fange ich täglich; zwei bringe ich als Opfer dar, und von den zwei anderen ernähre ich mich. Läßt du mich also nicht opfern, so schneidest du mir meinen Unterhalt ab. Da nahm der Priester die Opfertiere entgegen und brachte sie dar.
Indes wurde dem König Agrippa im Traume gesagt: Das Opfer des Armen ist dem deinen zuvorgekommen! Der König sandte abermals zum Hohenpriester und ließ ihm sagen: Habe ich dir nicht geboten, es solle an diesem Tage keiner opfern außer mir? Der Priester erzählte ihm die Begebenheit und fragte: Hätte ich das Opfer des Armen nicht annehmen sollen? Agrippa erwiderte: Du hast recht gehandelt.

2. *Die Opfergabe der armen Frau.* Zur Zeit des Tempels brachte einmal ein armes Weib eine Handvoll Semmelmehl als Opfergabe. Da schmähte der Priester sie und rief: Seht an, was diese da darbringen will! Kann man so etwas als Speise genießen? Darf man so etwas als Gabe verwenden?
Aber im Traume der Nacht wurde dem Priester gesagt: Verachte dieses Weib nicht! Vor Gott gilt es so, als hätte sie ihre Seele dargebracht.

Auf unterirdischen Wegen

Nekai war Bethausdiener zu Migdal Zewaja, einem Orte, der mehr als eine Tagereise von Jerusalem entfernt ist; an jedem Rüsttag zum Sabbat machte er die Kerzen zurecht, begab sich dann in den Tempel zu Jerusalem, kehrte zurück und steckte die Lichter an. Andere erzählen, er sei ein Kinderlehrer gewesen, habe sich jeden Sabbat-Vorabend in den Tempel begeben, wo er den Wochenabschnitt* erklärte, und sei noch rechtzeitig in sein Haus gekommen, wo er den heiligen Tag verbrachte.
Von den Mädchen zu Ludd wird berichtet, sie pflegten den Teig zu rühren, nach Jerusalem zum Gebet hinaufzuziehen und wieder daheim zu sein, noch bevor der Teig angegangen war. Von den Töchtern der Stadt Sepphoris heißt es, daß sie den Sabbat im Heiligtum zu Jerusalem verbrachten, und gleichwohl am Morgen des ersten Werktages keiner so früh im Garten stand wie sie, um die Feigen zu pflücken, bevor die Sonne aufginge.
Es war einmal ein Ackersmann im Lande Israel, der pflügte mit einer Kuh, die sich plötzlich vom Joch befreite und ihm davonlief; er rannte ihr nach, aber sie ließ sich nicht fangen, und ehe er sichs versah, war er im Lande Babel. Die Leute daselbst fragten ihn: Wann bist

du aufgebrochen? Er sagte: Heute. Sie fragten: Welchen Weg bist du gezogen? Laß ihn uns sehen. Er wollte ihnen die Straße zeigen, konnte sie aber nicht mehr entdecken.
Was war geschehen? Auf unterirdischen Gängen waren sie alle gegangen, auf Höhlenwegen, die seither verborgen sind.

Von den Hohenpriestern

1. *Das lange Gebet.* In der äußeren Tempelkammer am Versöhnungstage allein gelassen, sprach der Hohepriester ein Gebet; das Gebet war kurz, damit das Volk nicht um ihn bange, weil er so lange im Tempel säumte.
Es war einmal ein Hoherpriester, der verweilte, allein gelassen, eine geraume Zeit im Gebete. Da beschlossen die Priester, seine Brüder, nach ihm zu sehen; sie waren gerade auf dem Wege zu ihm, als er zu ihnen herauskam. Sie fragten ihn: Warum hast du dein Gebet so lange ausgedehnt? Er erwiderte ihnen: Kränkt es euch, daß ich für euer Wohl gebetet habe und für das Wohl dieses Hauses, daß es nicht zerstört werde?
Darauf sagten sie zu ihm: Laß das aber bei dir nicht zur Gewohnheit werden, denn nicht ohne Grund ist uns gelehrt worden: Der Hohepriester säume nicht zu lange im Gebet, denn das Volk soll seinetwegen sich nicht zu ängstigen brauchen.

2. *Der Stellvertreter.* Einst widerfuhr dem Hohenpriester am Versöhnungstag ein nächtliches Geschehen; da trat Joseph ben Ellem für ihn ein und versah für den Tag das hohenpriesterliche Amt. Als er die Opferstatt verließ, fragte er den König: Mein Herr und König, wer hat den Farren und den Bock des Versöhnungstages dargebracht — ich oder der Hohepriester? Der König ver-

stand, was diese Frage besagen sollte, und so gab er zur Antwort: Du Sohn Ellems, ist es dir nicht genug, daß du eine Stunde hast Dienst tun dürfen vor dem, der da durch sein Wort die Erde geschaffen hat?
Da begriff Joseph ben Ellem, daß er von Stund an wieder seiner Würde entsetzt war.

3. *Die Mutter der Hohenpriester.* Der Hohepriester Ismael, Sohn der Kimchit, unterhielt sich einst, es war Versöhnungstag, auf der Gasse mit einem Araber; da spritzte etwas Speichel aus dessen Mund auf sein Gewand, er wurde unrein, und sein Bruder Jeschewaw verrichtete den Dienst an seiner Statt. Also erlebte es ihre Mutter Kimchit, daß an einem Tage zwei ihrer Söhne Hohepriester waren.
Man erzählt: Sieben Söhne hatte die Kimchit, und alle wurden sie Hohepriester. Die Weisen fragten sie: Was hast du Gutes getan, daß dir solches zuteil geworden ist? Sie erwiderte: Nie haben, seit ich lebe, die Wände meines Hauses die Flechten meines Haares gesehen.*

Der Tod Simeons des Gerechten

1. *Das Vorzeichen.* In dem Jahre, da der Hohepriester Simeon der Gerechte* sterben sollte, hatte er den Seinen vorausgesagt: In diesem Jahre wird der Hohepriester sterben. Da fragten sie ihn: Woher weißt du das? Er erwiderte ihnen: Alljährlich, am Versöhnungstag, pflegte sich mir im Tempel ein Greis zu gesellen, der trug weiße Kleider und war mit einem weißen Tuch verhüllt; jedesmal ging er mit mir in das Heiligtum und verließ es mit mir. Dieses Jahr aber hat sich ein Greis zu mir getan, der war schwarz gekleidet und schwarz verhüllt; er trat mit mir ein, ging aber nicht mit hinaus.

Nach dem Ende des Festes* war der Gerechte sieben Tage lang krank; dann starb er. Seit jenem Tage nahmen die Priester davon Abstand, beim Segen den unverstellten Namen Gottes* auszusprechen.

2. *Die Folgen.* All die vierzig Jahre lang, die Simeon der Gerechte des Hohenpriesteramtes waltete, fiel das Los, welches den Sündenbock* von dem Gott darzubringenden Bock unterschied, allemal auf das Opfertier, das rechts stand; nach seinem Tode fiel es einmal nach rechts, einmal nach links, wie es gerade traf. Der Karmesinstreifen* war zu seiner Zeit immer wieder weiß geworden, hernach wurde er manchmal weiß, manchmal auch nicht. Die der Westseite des Tempels zugekehrte Leuchte, an der der Priester die anderen Leuchten entzündete, brannte, solange Simeon lebte, Tag und Nacht, nach seinem Tode aber hielt sie diese Zeit nur manchmal, und manchmal erlosch sie. Der Holzstoß loderte zu seiner Zeit so mächtig, daß man nicht nachzulegen brauchte und die Priester sich mit zwei Scheiten Holz begnügen konnten, um dem Gebote des Holztragens gerecht zu werden; hernach war das Feuer zu Tagen stark, zu Tagen minder stark, und so blieb es den Priestern nicht erspart, den ganzen Tag lang frisches Holz auf den Holzstoß schichten zu müssen. Da Simeon Hoherpriester war, lag ein Segen über der Gersten-Erstlingsgabe, den beiden Opferbroten und dem Schaubrot*; auf jeden Priester kam ein Stückchen wie eine Olive groß, und er aß und ward satt und ließ gar noch übrig. Nach Simeons Tode lag ein Fluch über der Gersten-Erstlingsgabe, den zwei Opferbroten und dem Schaubrot, und auf jeden Priester kam nur noch ein erbsengroßer Bissen, so daß die Mäßigen überhaupt ihre Hände davon ließen, die Freßgierigen freilich zulangten und aßen ...

Dazu erzählt man einen Fall: Ein Priester nahm einmal seinen und seiner Genossen Anteil; da belegte man ihn mit dem Spitznamen ›Erbsenschlucker‹, der ihm bis zum Tage seines Todes blieb.

Issachar aus Kefar Barkai

Der Vorhof des Tempels stieß einmal einen Schrei aus: Verlasse den Ort, Issachar aus Kefar Barkai, der du nur dich selber liebst und die Heiligtümer des Himmels entweihst. Der Hohepriester Issachar aus Kefar Barkai pflegte nämlich, wenn er den Opferdienst verrichtete, seine Hände mit Seide zu umwickeln.
Wie war sein Ende? Eines Tages stritten der König und die Königin miteinander. Der König sprach: Besser ist der Bock. Die Königin sprach: Besser ist das Lamm. Schließlich sagten sie: Wer kann das leichter entscheiden als der Hohepriester, der ja Tag um Tag Opfer darzubringen hat. Als aber Issachar vor ihnen erschien, machte er eine spöttische Bewegung mit der Hand und sprach: Wäre der Bock besser, so wäre doch er zum täglichen Opfer bestimmt worden, und nicht das Lamm! Da sprach der König: Weil dieser da keine Achtung vor der königlichen Gewalt hat, werde ihm die rechte Hand abgehauen. Issachar zahlte dem Scharfrichter einen Betrag, und der hieb statt der Rechten die Linke ab. Als aber der König davon erfuhr, ließ er ihm auch noch die rechte Hand abschneiden.
Dazu hat Raw Joseph gesagt: Gelobt der Barmherzige, der dem Issachar aus Kefar Barkai die Sünde noch in diesem Leben vergolten hat, so daß ihm, dem Hohenpriester, das künftige Leben ungeschmälert verblieb.

Erste Geschichte: Das Schisma. Antigonus aus Socho hat gelehrt: »Seid nicht den Knechten gleich, die ihrem Meister dienen, weil sie dafür Lohn erwarten; seid vielmehr wie Knechte, die dem Meister dienen, ohne Lohn zu erwarten.«*

Der Meister Antigonus hatte zwei Jünger, die seine Worte an ihre Jünger weitergaben, und diese lehrten sie wiederum ihren Jüngern. Die aber deutelten an dem Satze herum und sprachen: Wie konnten unsere Ahnen solche Worte sagen? Ists möglich, daß ein Werkmann den ganzen Tag schaffe und nicht abends seinen Lohn erhielte? Wären unsere Väter dessen gewiß gewesen, daß es eine künftige Welt gibt und eine Auferstehung der Toten – sie hätten so nicht gesprochen.

Also lösten sie sich von der mündlichen Lehre los und begründeten zwei Schulen, die der Sadduzäer und die der Boethosäer, die eine nach Zadok, die andre nach Boethos genannt. Wer aber zu den Ihren zählte, der gebrauchte zeitlebens nur silberne und goldene Geräte, und das nicht aus Übermut, sondern weil sie sagten: Den Pharisäern ward eine Überlieferung zuteil, nach der sie auf dieser Welt sich abplagen müssen und in der künftigen nichts dafür erhalten ...

Zweite Geschichte: Auf den Spuren der Söhne Aarons. »Nachdem die zwei Söhne Aarons gestorben waren, da sie vor dem Herrn opferten, sprach der Herr zu Mose: Sage deinem Bruder Aaron, daß er nicht zu aller Zeit in das inwendige Heiligtum gehe hinter den Vorhang vor die Deckplatte, die auf der Lade ist – damit er nicht sterbe; denn ich will in einer Wolke erscheinen auf der Deckplatte.«*

So aber verfuhren die Sadduzäer: daß sie das Räucherwerk außen herrichteten und innen darbrachten.
Es war einmal ein Sadduzäer, der bereitete das Räucherwerk außerhalb des inwendigen Heiligtums vor und räucherte drinnen; als er danach das Heiligtum verließ, war er voller Freude. Da trat ihm sein Vater entgegen und sprach: Mein Sohn, wenn wir auch Sadduzäer sind, so haben wir uns doch vor den Pharisäern in acht zu nehmen. Der Sohn erwiderte: Mein Lebtag grämte ich mich über den Satz: »Ich will in einer Wolke erscheinen über der Deckplatte«, denn ich dachte: Wann einmal wird es an mich kommen, daß ich das erfüllen kann und in der Rauchwolke des Räucherwerkes Er erscheinen könne! ... Nun es an mich gekommen ist, soll ich es nicht ausführen?
Man erzählt: Es vergingen nur wenige Tage, und dieser Mann starb. Einige erzählen, gleich nachdem er das Heiligtum verlassen, habe Gott ihn geschlagen.

Dritte Geschichte: Der Neumondsegen. Vorzeiten schenkte man jedem Glauben, der da bekundete, er habe den Neumond gesehen*; aber einmal verdarben es die Boethosäer, und seither nimmt man das Zeugnis nur von solchen entgegen, die man kennt.
Eines Tages nämlich gedachten die Boethosäer, die Weisen irrezuführen. Sie dingten um vierhundert Sus* zwei Männer, von denen gehörte der eine ihrer Gemeinschaft an, der andere – ohne daß sie es wußten – der unsrigen. Der eine legte sein Zeugnis ab und ging wieder seines Weges. Als der andere erschien, wurde er von den Weisen gefragt: Wie hast du den Mond gesehen? Erzähle es uns. Und der Mann sprach: Ich war auf die Anhöhe von Adummim hinaufgestiegen und erblickte da den Mond, wie er zwischen zwei Felsen ruhte; sein Haupt war wie

das eines Kalbes, die Ohren glichen Ziegenohren, die Hörner waren wie ein Hirschgeweih, und der Schweif lag ihm zwischen den Hüften; ich schaute ihn an, Schrekken erfaßte mich, und ich fiel rücklings nieder. Glaubt ihr mir aber nicht, so seht hier die zweihundert Sus, die in mein Tuch eingebunden sind ...

Sie fragten ihn: Wer hat dich angestiftet? Der Mann erwiderte: Ich hörte, daß die Boethosäer die Weisen betrügen wollten, und dachte mir, lieber will ich der Bote sein, sonst möchten unredliche Leute das Zeugnis ablegen und die Weisen hinters Licht geführt werden.

Da sprachen sie zu ihm: Die zweihundert Sus seien dir als Geschenk verehrt; wer dich aber gedungen hat, den spanne man auf einen Pfahl. Und von dem Tage an wurde bestimmt: Zeugnis über den Neumond nimmt man nur von solchen entgegen, die man kennt!

Das Haus Garmo

Die Angehörigen des Priesterhauses Garmo verstanden sich auf die Herstellung der Schaubrote* für den Tempel, aber sie wollten ihre Kunst keinen anderen lehren. Da ließen die Weisen aus Alexandrien in Ägypten besonders geschickte Bäcker nach Jerusalem kommen; doch zeigte es sich, daß sie wohl zu backen wußten wie jene, aber nicht in derselben Weise das Brot aus dem Ofen herauszuziehen, ohne es zu zerbrechen. Es war so, daß die Alexandriner den Ofen von außen heizten und von außen buken, indes jene den Ofen von innen geheizt und das Brot innen hatten backen lassen; darum auch wurden die Brote der Alexandriner schimmlig, während auf denen des Hauses Garmo sich niemals Schimmel angesetzt hatte.

Angesichts dieser Erfahrung sprachen die Weisen: Alle

Fertigkeiten, die Gott verliehen hat, hat er um seiner Ehre willen geschaffen – und gedachten, die vom Hause Garmo wieder in ihr Amt einzusetzen. Sie sandten nach ihnen, doch die erschienen nicht; sie verdoppelten ihren Lohn, und sie übernahmen die Arbeit von neuem.
Danach fragten die Weisen sie: Aus welcher Ursache wollt ihr das Geheimnis eurer Kunst nicht weitergeben? Sie erwiderten: Von unseren Ahnen ist uns überliefert, daß dieser Tempel einst fallen wird; würde also ein Unwürdiger die Kunst von uns lernen, sie könnte hernach zur Zierde eines Götzendienstes mißbraucht werden.
Einen Brauch hatten sie, den rechnete man ihnen hoch an: Nie sah man einen von ihnen und ihren Angehörigen Feinbrot essen. Sie versagten es sich, damit man ihnen nicht nachrede, sie genössen vom geweihten Schaubrot. So wollten sie erfüllen, was da geschrieben steht: »Ihr sollt unschuldig sein vor dem Herrn und vor Israel.«*

Das Haus Awtinas

1. Die Angehörigen des Priesterhauses Awtinas verstanden sich auf die Zubereitung des Räucherwerks, aber sie wollten ihre Kunst nicht weiterlehren. Da ließen die Weisen statt ihrer nach sachkundigen Meistern aus der Stadt Alexandrien in Ägypten senden; die kamen vor sie, allein sie wußten wohl, das Räucherwerk zu mengen, doch vermochten sie nicht, den Rauch aufsteigen zu lassen wie jene: bei diesen nämlich erhob sich eine Rauchsäule, senkrecht wie ein Stock, bei den anderen aber teilte sich der Rauch und drang nach allen Seiten. Nunmehr sprachen die Weisen: Alles, was der Herr erschaffen hat, auch alle Fertigkeiten, hat er nur um seiner Ehre willen erschaffen. Sie wollten also das Haus Awtinas wieder in das Amt einsetzen und suchten nach den Männern, doch

die kamen nicht; da verdoppelten sie ihnen ihren Lohn, und sie kehrten zu ihrer Arbeit zurück.
Die Weisen fragten sie: Aus welchem Grunde wollt ihr eure Kunst nicht weitergeben? Sie erwiderten: Von unseren Ahnen ist uns überliefert, daß der Tempel einst zerstört werden wird; darum haben sie uns dies geboten, damit die Kunst nicht, wenn ein Unwürdiger sie erlangt, zu Götzendienst mißbraucht werden könne.
Einen Brauch hatten sie, um dessentwillen man ihrer rühmlich gedenkt: Wenn ein Mädchen aus ihrem Hause Braut wurde, so vermied sie es streng, wohlriechende Essenzen zu benutzen; ebenso, wenn einer aus ihrer Mitte ein fremdes Mädchen freite, so wurde dieselbe Bedingung zuvor mit ihr ausgemacht: man sollte ihnen nicht nachreden, sie vergriffen sich an der Spezerei, die für den Tempel bestimmt war, um wohlriechend zu werden, und es sollte erfüllt werden, was da geschrieben steht: »Ihr sollt unschuldig sein vor dem Herrn und vor Israel.«*

2. Das Haus Awtinas wurde getadelt, weil seine Angehörigen ihre Kunst nicht weiterlehren wollten. Rabbi Ismael erzählt: Einmal, auf einer Reise, begegnete ich einem der Kindeskinder dieses Hauses. Da sprach ich zu ihm: Deine Ahnen gedachten ihre eigene Ehre zu vermehren, indem sie der des Schöpfers Eintrag taten; nun seht: die Ehre des Schöpfers ist geblieben, wie sie war, aber die eure ist minder geworden.
Rabbi Ismael ben Loga erzählte dem Rabbi Akiwa: Einmal ging ich gemeinsam mit einem Abkömmling des Hauses Awtinas auf ein Feld, um Kräuter zu sammeln. Da sah ich ihn lachen und weinen zu gleicher Zeit. Ich fragte ihn: Warum weinst du? Er erwiderte: Ich mußte mich daran erinnern, wie angesehen einst meine Väter

waren. Ich fragte ihn weiter: Und warum lächelst du? Er gab zur Antwort: Weil Gott der Herr uns dereinst unser Ansehen wiedergeben wird. Ich fragte ihn schließlich: Und was hat dir das alles in den Sinn zurückgerufen? Er sagte: Ich sehe hier das Kräutlein, das den Rauch nach oben treibt. Ich bat ihn: Weise es mir! Er sprach: Uns bindet ein Eid, es keinem Menschen zu zeigen.

Rabbi Jochanan ben Nuri erzählt: Einst traf ich einen alten Mann, der hielt eine Buchrolle in der Hand. Ich fragte ihn: Welcher Abkunft bist du? Er antwortete: Ich entstamme dem Hause Awtinas. Ich fragte ihn: Was hältst du da in der Hand? Er erwiderte: Es ist das Kräuterbuch. Ich bat ihn: Laß es mich lesen. Darauf sagte er: Rabbi, die Männer in meines Vaters Hause sind vordem zurückhaltend gewesen und haben diese Rolle immer nur einem der ihren in die Hand gegeben; heute, da sie kein Vertrauen mehr verdienen, sollst du sie haben und ihrer hüten! – Als ich, so erzählt Rabbi Jochanan ben Nuri weiter, die Begebenheit Rabbi Akiwa berichtete, da entströmten seinen Augen Tränen, und er sagte: Inskünftig laßt uns nicht mehr Übles von ihnen reden.

Wundertäter

Der Wundermann Choni

1. *Der Kreiszieher.* Eines Jahres war schon der größte Teil des Monats Adar* verflossen, ohne daß Regen niedergegangen war. Da sandte man zu Choni, den man den Kreiszieher nennt, und ließ ihm sagen: Bete, daß Regen komme! – Und Choni betete, aber kein Regen kam.

Was tat Choni? Er zog rings um sich einen Kreis, stellte sich in dessen Mitte und sprach vor dem Herrn: Herr der Welt! Deine Kinder setzen ihre Hoffnung auf mich, der ich dir so nahe gelte wie ein Hausgenosse; so schwöre ich denn bei deinem großen Namen, daß ich von dieser Stätte nicht weiche, ehe du dich nicht deiner Kinder erbarmt hast.

Sogleich nach diesen Worten begann es zu tröpfeln. Da sprachen Chonis Jünger zu ihm: Meister, daß wir nur nicht des Todes sind, da wir dir zugeschaut haben; scheint es uns doch, als ob vom Himmel nur darum Tropfen fallen, damit du deines Schwures ledig werdest. Darauf sprach Choni vor Gott: Nicht um einen solchen Regen habe ich gebeten, sondern um einen, dessen Wasser die Brunnen, Gruben und Höhlen fülle!

Auf der Stelle ergoß sich ein Platzregen, jeder Tropfe so groß, daß er ein ganzes Faß hätte füllen können. Wiederum sprachen die Jünger zu Choni: Meister, daß wir nur nicht sterben müssen, weil wir dabeigewesen sind; dünkt uns doch, daß diese Sturmflut nur darum niedergeht, damit die Welt zerstört werde! Wieder sprach Choni vor dem Herrn: Nicht um einen zornigen

Regen habe ich gebeten, sondern um einen, wie er erwünscht ist, der da Segen spendet und wohltätig ist. – Und nun erst kam der rechte Regen.

Als es aber so weit war, daß alles Volk auf den Tempelberg hinaufziehen mußte vor der Fülle des Regens, wandten sich die Menschen abermals an Choni und sagten ihm: Meister, so wie du gebeten hast, daß der Regen niedergehe, so bitte du jetzt darum, daß der Regen aufhöre!

Choni antwortete ihnen: Mir ist überliefert, daß man kein Gebet spreche gegen die Überfülle des Segens; gleichwohl bringt mir einen Stier, den ich als Dankopfer darbringen kann. Also brachten sie ihm den Opferstier, er stützte seine beiden Hände auf ihn und sprach also vor dem Herrn: Herr der Welt! Dein Volk Israel, das du aus Ägypten geführt hast, vermag weder die Fülle des Segens noch die Fülle der Heimsuchung zu ertragen; zürnest du ihnen, so können sie nicht bestehen, und ebenso nicht, wenn du ihnen zu viel des Guten spendest; so sei es denn dein Wille, daß der Regen ende und die Welt wieder aufatmen kann! – Sogleich erhob sich ein Wind, die Wolken zerstreuten sich, die Sonne schien wieder, und alles Volk begab sich aufs Feld und sammelte Schwämme und Morcheln ein.

Als Simeon, der Sohn Schetachs, von dem allen erfuhr, ließ er zu ihm senden und ihm sagen: Wärest du nicht Choni, ich belegte dich mit dem Banne; aber was soll ich mit dir tun, der du mit Gott so vertraut sprichst wie ein Sohn mit seinem Vater, und dem der Herr seinen Willen tut wie der Vater seinem Sohne!

2. *Der Siebenschläfer.* Der Wundertäter Choni, den man den Kreiszieher nennt, sah einmal einem Manne zu, der einen Johannisbrotbaum pflanzte. Er fragte ihn: Nach

wie vielen Jahren trägt der Baum Früchte? Der Mann erwiderte: Nach siebzig Jahren. Der Kreiszieher sagte: Bist du gewiß, daß du noch siebzig Jahre lebst? Der Mann erwiderte: Ich habe Johannisbrotbäume auf der Welt vorgefunden; meine Väter haben sie für mich gepflanzt, also pflanze auch ich für die, die nach mir kommen werden.
Choni setzte sich nieder, aß sein Stück Brot und schlief ein; eine Felsengrotte umgab ihn, kein Auge konnte ihn sehen, und sein Schlaf währte siebzig Jahre. Danach erwachte er und richtete sich auf; er erblickte einen Mann, der las die Früchte unter dem Johannisbrotbaum auf. Er fragte ihn: Bist du es, der diesen Baum gepflanzt hat? Der Mann erwiderte: Ich bin seines Sohnes Sohn. Da sprach Choni: Also habe ich siebzig Jahre geschlafen.
Der Wundermann ging weiter und sah, daß seine Eselin ihm inzwischen Herden auf Herden geworfen hatte. Er kam in sein Haus und fragte: Lebt der Sohn Chonis, des Kreisziehers, noch? Er erhielt zur Antwort: Der ist nicht mehr auf der Welt, wohl aber lebt der Sohnessohn Chonis. Da sprach er zu ihnen: Ich bin Choni, der Kreiszieher! – Sie aber glaubten ihm nicht.
Hierauf begab sich Choni ins Lehrhaus und hörte, wie die Schriftgelehrten zueinander sprachen: Heute sind alle Lehrsätze so klar wie zur Zeit Chonis des Kreisziehers. – Zu seiner Zeit nämlich pflegte Choni, wenn er ins Lehrhaus eintrat, alle Fragen, die die Gelehrtenjünger hatten, aufzulösen. – Nunmehr sprach der Ankömmling: Ich bin der, dessen Namen ihr nennt! Sie aber glaubten ihm nicht und erwiesen ihm nicht die gebührende Ehre, so daß sein Gemüt zage wurde.
Er betete um den Tod und verschied.

Nakdimon, der Sohn Gorions, und der Heide

Einmal, da ganz Israel zur Festfeier* nach Jerusalem gepilgert war, mangelte es dem Volke an Wasser. Da begab sich Nakdimon, der Sohn Gorions, zu einem vornehmen Römer, der zu Jerusalem wohnte, und sprach zu ihm: Leihe mir das Wasser von zwölf Zisternen für die Wallfahrer, und ich erstatte dir die Wassermenge wieder; wenn ich es aber nicht vermag, so erhältst du zwölf Talente von mir. Und sie machten eine bestimmte Frist aus.

Der Verfallstag kam heran, doch war in der Zeit kein Regen gefallen. Am Morgen des Tages, an dem die Frist ablief, ließ der Römer dem Weisen eine Botschaft senden: Erstatte mir das Wasser oder zahle den Betrag, den ich bei dir guthabe. Der Meister ließ ihm als Antwort sagen: Noch ist der Tag nicht zu Ende. Zu Mittag wieder und abermals zur Vesperzeit mahnte ihn der Römer von neuem, und der Lehrer antwortete mit denselben Worten. Da spottete der Mächtige des Juden und sprach: Jawohl, das ganze Jahr über hat es nicht geregnet, aber gerade heute wird ein Regen niedergehen?! Und er begab sich frohgemut ins Badehaus.

Während aber jener noch im Badehaus weilte, trat Nakdimon voller Trauer in den Tempel ein, verhüllte sich und stellte sich hin zum Gebet. Er sprach vor Gott: Herr der Welt! Es ist dir offenbar und bekannt, daß ich dies nicht mir oder meinem Vaterhause zulieb, sondern dir zu Ehren getan habe: damit nämlich Wasser da sei für die Pilger. Sogleich stiegen Wolken am Himmel auf, und Regen stürzte herab; die Zisternen füllten sich bis an den Rand und flossen über von Wasser.

Der Römer verließ das Badehaus und Nakdimon den Tempel. Sie begegneten einander, und nun war es Nakdimon, der sprach: Erstatte mir das Wasser, das ich bei dir guthabe ... Der Römer antwortete: Ich weiß, dein Gott hat nur dir zuliebe die Naturkräfte in Aufruhr gebracht, aber noch darf ich meinen Mund wider dich auftun und das Geld von dir fordern; ist doch die Sonne schon untergegangen, das Wasser also für alle Fälle mein.

Da kehrte Nakdimon nochmals in den Tempel zurück, verhüllte sich und stellte sich hin zum Gebet. Er sprach vor Gott: Tu kund, daß du Lieblinge hast in deiner Welt!

Sogleich zerstreuten sich die Wolken, und die Sonne schien wieder.

Die Heimsuchung

Ein Totschlag vor dem Tempel

Vormals hatte jeder Priester, der des Morgens die Fettasche* vom Altar abheben wollte, das Recht, das zu tun; waren ihrer mehrere, so liefen sie den Aufstieg zum Altar um die Wette empor, und der, der früher anlangte als sein Genosse, der hatte gesiegt und durfte die Asche nehmen. Später aber ordnete der Gerichtshof an, man habe um diese Ehre zu losen.

Einmal nämlich waren zwei Priester in gleichem Abstand vom Altar entfernt und rannten von beiden Seiten einander entgegen, auf den Altar zu; als sie aber einander erreicht hatten, drängte sich der eine in das Lauffeld seines Genossen, um ihn zu überholen, und dieser zog sein Messer und stach es dem Nebenbuhler ins Herz.

Im Angesicht dieser Tat stellte Rabbi Zadok sich auf die Stufen der Vorhalle und sprach: Meine Brüder vom Hause Israel, hört mich an! Es steht geschrieben: »Wenn man einen Erschlagenen findet im Lande und weiß nicht, wer ihn erschlagen hat, so sollen deine Ältesten und Richter hinausgehen und von dem Erschlagenen messen bis an die Städte, die umher liegen; welche Stadt nun die nächste ist, deren Älteste sollen eine junge Kuh von den Rindern nehmen, sie hinabführen in einen kiesigen Grund, ihr daselbst den Hals brechen und sprechen: Unsre Hände haben dies Blut nicht vergossen!«* Wir aber hier, für wen haben wir dies Sühnopfer darzubringen: für die Stadt Jerusalem, für den Tempel?!

Da brach das ganze Volk in ein Weinen aus.

Der verborgene Toraschrein

Rabbi Elieser lehrt: Nach der Zerstörung des ersten Tempels wurde die Bundeslade nach Babel weggeführt. Rabbi Juda ben Lakisch wiederum überliefert: Die Bundeslade wurde an der Stelle verborgen, wo ihr Standort gewesen war, wie es auch heißt: »Sie waren daselbst bis auf diesen Tag.«*

Einst machte sich ein Priester in der Tempelkammer, in welcher das Holz für den Brandstoß aufgestapelt war, mit seiner Axt zu schaffen; da bemerkte er, daß eine der Platten des Fußbodens anders aussah als die anderen, und ging hin, es seinem Gefährten zu sagen. Er hatte aber noch nicht zu Ende erzählt, als seine Seele entfloh. Nunmehr wurde es allen zur Gewißheit, daß die Bundeslade unter dieser Kammer verborgen war.

Die Priester, an denen irgendein Fehl war, so daß sie den Opferdienst nicht verrichten konnten, pflegten in der Holzkammer das wurmstichige Holz auszulesen, welches zum Brandstoß nicht verwandt werden durfte. Einst waren daselbst ihrer zwei mit dieser Arbeit beschäftigt, und dem einen glitt die Axt aus der Hand und schlug auf die bewußte Stelle auf. Sogleich schlug eine Flamme heraus, die den Mann verbrannte.

Tränen

Ein Geselle, der das Tischlerhandwerk erlernt hatte, erhob seine Augen zu dem Weibe seines Meisters. Einmal war sein Meister genötigt, Geld zu leihen, und da sagte ihm der ehemalige Geselle: Sende dein Weib zu mir, ich werde ihr den Betrag für dich geben. Also schickte der Tischler die Frau, daß sie das Geld bei ihm hole, und jener behielt sie drei Tage bei sich. Da machte sich der

Meister auf, erschien bei ihm und sprach: Wo ist mein Weib, das ich zu dir gesandt habe? Der Ungetreue erwiderte: Ich habe sie sogleich verabschiedet, doch kam mir zu Ohren, daß lose Buben unterwegs ihren Mutwillen mit ihr getrieben haben. Der Meister fragte darauf: Was soll ich jetzt tun? Der andere sagte: Höre auf meinen Rat und schreibe ihr den Scheidebrief. Der Tischler sagte: Ihr Heiratsgut ist aber sehr groß. Der Böse antwortete: Ich borge dir auch dieses Geld, aber laß dich scheiden.

So trennte sich der Tischler von seiner Ehefrau, und der, der früher sein Geselle gewesen war, ging hin und führte sie heim. Als aber die Leihfrist verstrichen war, vermochte der Tischler seine Schuld nicht einzulösen. Da sprach der Gläubiger: Diene mir deine Schuld ab! — Während nun das Paar gemeinsam beim Mahle saß, stand der Arme vor ihnen, füllte ihnen die Becher, und die Tränen rannen aus seinen Augen und fielen in den Wein.

... In dieser Stunde wurde das Schicksal Jerusalems besiegelt.

Kamza und Bar-Kamza

1. *Die Demütigung.* Weil Kamza mit Bar-Kamza verwechselt wurde, mußte Jerusalem untergehen.

Es war einmal ein Mann, der hatte einen Freund mit Namen Kamza und einen Feind mit Namen Bar-Kamza. Eines Tages veranstaltete er ein Mahl und sprach zu seinem Diener: Lade den Kamza ein. Der aber lud statt dessen den Bar-Kamza. Als der Hausherr erschien, sah er unter den Gästen Bar-Kamza sitzen und sprach zu ihm: Du bist doch mein Feind! Was suchst du hier? Hebe dich hinweg! Bar-Kamza erwiderte: Da es sich nun einmal so gefügt hat, daß ich hergekommen bin, so laß mich bleiben; ich werde dir den Betrag dessen ersetzen, was

ich hier verzehre und trinke. Der Hausherr sprach dagegen: Nein! Bar-Kamza bot ihm eine Summe, gut das halbe, und danach eine, gut das ganze Festmahl davon zu bestreiten; der Hausherr schlug ihm beides ab, zerrte ihn von seinem Sitz und warf ihn hinaus.
Da sprach Bar-Kamza bei sich: Unter den Gästen waren Gesetzeslehrer, und auch diese haben dem Mann nicht gewehrt; also dünkt ihnen wohl sein Tun gerecht. Nun, ich werde zu den Römern gehen und sie verleumden.

2. *Der Verrat.* Bar-Kamza begab sich zum römischen Kaiser und sagte zu ihm: Die Juden haben sich wider dich empört. Der Kaiser antwortete: Wer beweist mir das? Da sagte Bar-Kamza: Sende ihnen ein Opfertier; du wirst sehen, sie werden es nicht darbringen. Da schickte der Kaiser durch Bar-Kamza den Juden eine dreijährige Kuh als Opfertier, und der Bote fügte dem jungen Rind unterwegs eine kleine Verletzung zu; wie einige sagen: an der oberen Lefze, wie andere sagen: an einem Häutchen im Auge – ein Fehl, der bei den Römern nicht, wohl aber bei den Juden das Opfertier untauglich macht. Die Rabbinen neigten gleichwohl der Meinung zu, man solle das Opfer annehmen, um mit der Obrigkeit weiter in Frieden zu leben, aber Rabbi Sacharja ben Awkolas sprach dagegen: Man wird künftig von uns sagen, wir brächten opferuntaugliche Tiere als Opfer dar. Dann kam der Ratschlag auf, den Boten umzubringen, damit er sie nicht verriete, aber wieder sprach Rabbi Sacharja ben Awkolas dagegen: Man wird sagen, bei den Juden werde getötet, wer nur einem Opfertier einen Fehl beibringt!
Die Sanftmut des Sacharja ben Awkolas hat also dazu geführt, daß unser Haus zerstört, unser Tempel verbrannt und wir selbst aus unserem Lande vertrieben wurden!

Von den Ursachen der Zerstörung

Um eines Hahnes und einer Henne willen wurde der Königsberg* verwüstet. Daselbst stand eine Stadt, in der es Brauch war, einem Brautpaar einen Hahn und eine Henne voranzutragen; das sollte heißen: Seid fruchtbar und mehret euch. Eines Tages kam eine Schar von Römern an einem Hochzeitzuge vorbei und raubte den Hahn und die Henne. Da fielen die Hochzeitgäste über die Soldaten her und schlugen sie. Die entrannen, traten vor den Kaiser und sagten ihm an: Die Juden haben sich wider dich empört!

Wegen des Fußes einer Sänfte mußte Bethar* fallen. Dort hatte der folgende Brauch bestanden: Wenn ein Knabe geboren wurde, pflanzte man eine Zeder, und wenn ein Mädchen geboren wurde – eine Zypresse; bei der Hochzeit fällte man die beiden Bäume und fertigte aus ihrem Holze den Traubaldachin. Eines Tages fuhr die Tochter des Kaisers vorüber, und der Fuß ihrer Sänfte zerbrach. Da fällten ihre Begleiter eine Zeder und machten damit die Sänfte wieder heil. Nunmehr fielen die Einwohner über die Römer her und schlugen sie. Die entrannen, traten vor den Kaiser und sagten ihm an: Die Juden sind wider dich aufgestanden!

Josse Meschitta

Als die Feinde Israels daran waren, in den Tempel einzudringen, sagten sie: Einer aus ihrer, der Juden, Mitte dringe als erster ein. Damals befand sich Josse Meschitta unter ihnen, und sie trugen ihm auf: Begib dich ins Heiligtum, und was du herausbringst, das gehört dir. Also ging er in den Tempel und holte von da einen goldenen Leuchter heraus. Da sagten sie zu ihm: Einer, der kein

Priester ist, hat keine Verwendung für so ein Gerät; begib dich also ein zweites Mal in den Tempel, und was du dorther bringst, soll dein sein. Er aber weigerte sich, ihnen den Willen zu tun. Sie boten ihm den Steuerertrag von drei Jahren, doch er nahm es nicht mehr auf sich, den Auftrag auszuführen. Er sprach: Nicht genug, daß ich meinen Schöpfer einmal erzürnt habe, soll ich ihn noch ein zweites Mal erzürnen?!

Was taten sie? Sie spannten ihn in einen Block, wie ihn Zimmerleute brauchen, und begannen ihn bei lebendigem Leibe zu zersägen. Er aber schrie nur immer wieder das eine: Weh und wehe, daß ich meinen Schöpfer erzürnt habe!

Die Tochter des Boethos

Erste Geschichte: Martha. Die Empörer zu Jerusalem hatten die Kornspeicher verbrannt, und Hungersnot begann zu herrschen. Damals lebte in der Stadt ein Weib namens Martha, Tochter des Boethos, die war die reichste Frau in Jerusalem. Sie gab ihrem Diener den Auftrag: Geh, hole mir Semmelmehl! Bis er aber den Laden erreicht hatte, war das Mehl ausgegangen. Da ging er zu seiner Herrin zurück und meldete: Semmelmehl gibt es nicht mehr, aber weißes Mehl gibt es. Sie erwiderte: Bringe mir dieses. Während er aber noch auf dem Wege war, wurde auch dieses Mehl verkauft. Er kehrte um und sprach: Weißes Mehl ist nicht mehr da, wohl aber Mittelmehl. Sie antwortete: Hole davon. Er war noch unterwegs, als auch dieser Vorrat erschöpft wurde. Da machte er kehrt und sagte ihr: Mittelmehl gibt es nicht mehr zu kaufen, man hat nur noch Gerstenmehl. Sie sprach: So verschaffe mir das. Bis daß er jedoch zu dem Verkäufer gekommen war, hatte der auch das Gerstenmehl verkauft.

Martha hatte gerade ihre Schuhe abgelegt, doch sprach

sie: Ich will auf die Straße gehen und schauen, ob ich etwas zu essen finde. Nun war sie, wie es in der Schrift heißt, »so zart und verzärtelt, daß sie nie versucht hatte, ihre Fußsohle auf den Boden zu setzen«*; sie trat mit bloßem Fuße auf Unrat, und das war ihr Tod.
Als sie verscheiden sollte, ließ sie all ihr Gold und Silber nehmen und auf die Straße werfen. Sie sprach dabei: Was frommt mir das?

Zweite Geschichte: Mirjam. Mirjam, die Tochter des Boethos, wurde die Frau des Hohenpriesters Josua ben Gamla. Als sie einmal am Versöhnungsfest zuschauen wollte, wie er im Tempel vortrüge, wurden Teppiche von der Tür ihres Hauses bis zum Tore des Tempels gelegt, damit sie nicht mit dem bloßen Fuß auf die Erde träte. Und als Josua, ihr Mann, gestorben war, setzten ihr die Weisen eine tägliche Gabe von zweihundert Maß Wein aus.
Dieselbe Mirjam, Tochter des Boethos, geriet hernach in Gefangenschaft. Nachdem man sie zu Akko wieder ausgelöst hatte, kaufte man ihr ein Hemd, und sie wusch es im Meere; eine Woge kam und schwemmte es weg. Man kaufte ihr ein zweites, sie wusch es wieder in der See, und abermals trug eine Welle es mit sich fort. Man wollte ihr ein drittes kaufen, aber sie wehrte ab mit den Worten: Lasset den Gläubiger seine Schuld einfordern! – Wie sie nun das Unglück, das über sie hereingebrochen war, gerecht hieß, winkte der Heilige, gelobt sei er, dem Meere, und es gab ihr ihre Kleider zurück.

Der zerbrochene Wasserkrug

Man erzählt von einem vornehmen Jerusalemiter, der, in den Tagen der Belagerung, zu seinem Diener sagte: Geh, bring mir Wasser! Und er harrte auf dem Dache der Rück-

kehr des Knaben. Der kam heim und sprach: Ich konnte kein Wasser finden. Da sagte der Hausherr: Zerbrich den Wasserkrug vor meinen Augen. Der Knabe zerschlug den Krug, und der Edle warf sich vom Dache herunter; seine zerschmetterten Gebeine vermischten sich mit den Scherben des Kruges.
So heißt es in den Klageliedern: »Die edlen Kinder Zions, dem Golde gleich geachtet – wie sind sie nun den irdenen Töpfen gleich, die ein Töpfer macht!«*

Die Tochter Nakdimons

Einstmals ging Jochanan ben Sakkai durch die Straßen Jerusalems, und seine Jünger gingen hinter ihm her. Da sahen sie ein Mädchen, das Körner suchte unter den Hufen der Zugtiere der Araber. Rabban Jochanan sprach: Tochter, wes bist du? Sie sprach: Rabbi, warte nur, ich will es dir sagen. Alsbald bedeckte sie sich mit ihrem Haar und setzte sich vor ihn hin und sprach: Ich bin die Tochter Nakdimons. – Das war aber einer der drei reichsten Männer Jerusalems gewesen. – Da sprach er: Tochter, wo ist der Reichtum deines Vaters hin? Sie erwiderte: Wie sagen doch die Weisen: »Das Salz des Geldes ist die Wohltätigkeit«*; wer die nicht übt, kann es nicht bewahren. Da fragte er weiter: Und deines Schwähers Reichtum, wo ist der hin? Sie erwiderte: Der Vergeuder hat auch den vergeudet.
In dieser Stunde sprach der Meister zu seinen Schülern: Beim heiligen Dienst! Ich habe ihre Eheurkunde mitunterzeichnet, und die lautete auf viele Tausende von Golddinaren tyrischer Münze. Der Vater dieses Weibes betrat nicht eher das Lehrhaus, als bis die Straße dorthin mit Seidenteppichen belegt worden war; und war er nur ein einziges Mal darüber geschritten, so durften die Armen sie sich nehmen. All mein Leben lang forschte ich nach dem

Sinn des Verses: »Weißt du es nicht, du Schönste unter den Weibern, so geh hinaus und tritt in die Fußtapfen der Schafe«*; aber nun verstehe ich den Satz: Die Schönste in Israel ist der Gnade des fremden Viehs überantwortet.
Was tat alsdann der Gerechte? Er stieg von seinem Reittier und setzte das Weib darauf; zuvor aber ließ er sie sich waschen und zog ihr Kleider von Seide und köstlicher Leinwand an. Dann führte er sie in sein Haus und richtete ihr eine schöne Hochzeit aus; er vermählte sie mit seinem würdigsten Schüler.

Das Haus des Wohltäters

Ulla und Raw Chisda waren einmal unterwegs und kamen an der Pforte des Hauses vorbei, das dem Raw Chana bar Chanilai gehört hatte. Da stieß Raw Chisda einen schweren Seufzer aus. Ulla fragte: Warum seufzest du? Haben doch die Weisen gesagt, das Seufzen zerbreche des Menschen halben Leib, wenn nicht den ganzen.
Raw Chisda antwortete: Wie soll ich nicht seufzen, wo doch einst in diesem Hause sechzig Bäcker am Tage und sechzig Bäcker in der Nacht buken für jeden, der das Brot nötig hatte; wo der Hausherr die Hand überhaupt nicht aus dem Geldbeutel nahm, denn er dachte, ein armer Mann vornehmer Herkunft, der zu ihm unverhofft käme, könnte von Scham erfaßt werden, wenn der Wirt erst zum Beutel langen müßte; wo des ferneren vier Tore offenstanden, nach allen vier Himmelsrichtungen hin, und jeder, der hungrig eintrat, gesättigt wieder herauskam; von wo aus in den Jahren des Mangels Weizen und Gerste ins Freie geschüttet wurden, also daß jeder, der sich schämte, am hellen Tage davon zu nehmen, in der Nacht herzukommen und sich sein Teil nehmen konnte. Alles das liegt nun in Trümmern da, und ich sollte nicht seufzen?

Ulla sprach: Ein Meister hat gesagt: Seit dem Tage, da der Tempel zerstört ward, wurde auch den Häusern der Reichen das Urteil gesprochen, daß sie verfallen sollten. – Er sah, daß Raw Chisda noch immer nicht ruhigen Sinnes wurde, und sprach: Es müßte dem Knecht genügen, daß er leiden muß wie sein Herr.

Die Herrentochter in der Knechtschaft

Eine Jungfrau war mit ihren zehn Mägden in Gefangenschaft geraten. Sie kam zu einem Griechen ins Haus und wurde bei ihm groß. Eines Tages gab er ihr einen Krug und sprach zu ihr: Geh, hole mir Wasser!
Alsbald erhob sich eine von ihren Mägden und nahm ihr den Krug aus der Hand.
Da sprach ihr Herr: Was soll das? Die Magd erwiderte: Bei deinem Haupt, o Herr, ich war eine der fünfhundert Mägde dieser Jungfrau, und sie soll nun Wasser schöpfen!

Zofnat, die Tochter Peniels

Zofnat war die Tochter des Hohenpriesters Peniel, der im Allerheiligsten Dienst tat. Alle Welt suchte sie zu sehen, so schön war sie.
Da geriet sie in Gefangenschaft, und ihr Herr trieb seinen Mutwillen an ihr die ganze Nacht. Am anderen Morgen zog er ihr sieben Hemden an und führte sie hinaus, um sie zu verkaufen. Da kam ein Mann, der überaus scheußlich anzusehen war, und sprach zu dem Herrn der Zofnat: Zeige mir ihren Leib. Jener erwiderte: Narr, du kannst sie kaufen; du findest ihresgleichen nicht auf der ganzen Welt. Der Mann aber sprach: Dennoch will ich sie sehen. Da zog der Herr Zofnats ihr nacheinander sechs Hemden aus. Das siebente aber riß sie sich selbst vom

Leibe, warf sich in den Staub und rief: Herr der Welt! Willst du dich unser nicht erbarmen, so erbarme dich doch deines mächtigen Namens!
Über sie klagt der Prophet: »O Tochter meines Volkes, zieh Säcke an und lege dich in die Asche; trage Leid wie um einen einzigen Sohn und klage bitterlich!«*

Bruder und Schwester

Der Sohn und die Tochter des Hohenpriesters Ismael ben Elisa gerieten in Gefangenschaft, und jedes kam an einen andern Herrn. Einmal trafen die beiden Römer zusammen. Der eine sprach: Ich habe einen Sklaven, der seinesgleichen an Schönheit nicht hat. Der andere sprach: Ich habe eine Sklavin, die ihresgleichen an Schönheit nicht hat. Da sagten sie: Wohlan, laßt uns die beiden miteinander vermählen, und ihre Kinder wollen wir unter uns teilen.
Und die zwei Herren nahmen ihre beiden Gefangenen und sperrten sie für eine Nacht in eine Kammer. Der Jüngling saß in der einen Ecke des Raumes, die Jungfrau in der anderen. Er sprach bei sich: Ich bin ein Priester und eines Hohenpriesters Sohn; soll ich eine Sklavin zum Weibe nehmen? Sie sprach bei sich: Ich bin glorreicher Priester Kind; soll ich eines Sklaven Weib werden? Also weinten die beiden die ganze Nacht. Als der Morgen anbrach, erkannten sie einander, fielen sich um den Hals und vergossen Tränen.
Sie weinten so lange, bis ihre Seele verging.

Gottes Zorn

Eine Jungfrau geriet in Gefangenschaft; ein Grieche wurde ihr Herr, und sie wuchs in seinem Hause auf. Da kam in der Nacht der Traumengel zu dem Manne und gebot: Das

Mägdlein soll aus deinem Hause ziehen! Aber das Weib des Mannes sprach: Laß sie nicht fort. Da kam abermals der Traumengel und sagte: Stößt du das Mädchen nicht aus deinem Hause, so töte ich dich. Nun faßte sich der Mann ein Herz und schickte sie fort. Aber er ging ihr nach, denn er sprach bei sich: Ich will sehen, wie das endet.

Die Jungfrau zog ihres Weges, sie wurde durstig und stieg in einen Brunnen hinab zu trinken. Als sie sich aber mit der Hand an der Brunnenwand hielt, kam auf einmal eine Schlange heraus und biß sie zu Tode. Und der Leichnam des Mädchens schwamm auf dem Wasser.

Der Grieche stieg hinunter, holte sie herauf und begrub sie. Alsdann sprach er zu seinem Weibe: Siehst du wohl, es ist nicht anders, als daß der himmlische Vater diesem seinem Volke zürnt.

Unter den römischen Herrschern

Jochanan ben Sakkai vor Vespasian

1. *›Wai‹ und ›Wa‹.* Dreieinhalb Jahre lang belagerte Vespasian die Stadt Jerusalem. In seinem Heere waren vier Fürsten: der von Arabien, der von Afrika, der von Alexandrien und der von Palästina. Zu Jerusalem waren damals drei hochmögende Männer: Nakdimon ben Gorion, Ben Zizit ha-Kesset, Ben Kalba Sawua – jeder so reich, daß er allein imstande gewesen wäre, die ganze Stadt zehn Jahre lang zu ernähren. Aufseher über alle diese Vorräte war Ben Battiach, ein Schwestersohn des Rabban Jochanan ben Sakkai, auch Abba Sikkara, Führer der Messerstecher*, genannt, und der ließ die sämtlichen Speicher in Flammen aufgehen. Der Rabbi hörte davon und stieß einen Weheruf aus. Die Rotte meldete das dem Ben Battiach: Dein Oheim hat ›Wai‹ gerufen!
Ben Battiach ließ den Rabbi vor sich kommen und fragte ihn: Worüber riefest du ›Wai‹? Rabban Jochanan ben Sakkai antwortete: Ich rief nicht ›Wai‹, sondern ›Wa‹, ich habe keinen Weheruf ausgestoßen, sondern einen Freudenruf. Du hast die Getreidespeicher angezündet, und nun endlich werden die Männer sich in den Krieg begeben, was sie versäumten, solange es den reichen Vorrat noch gab.
Indem er so sein ›Wai‹ in ›Wa‹ verwandelte, entrann der Rabbi für diesmal dem Verderben.

2. *Bogen und Pfeil.* Als Vespasian sich anschickte, Jerusalem zu erobern, ließ er den Juden sagen: Warum treibt ihr mich dazu, die Stadt zu zerstören und den Tempel zu verbrennen? Will ich doch von euch nur, daß ihr mir

einen Bogen oder einen Pfeil ausliefert, und ich werde wieder meiner Wege ziehen. Sie aber antworteten: Wie wir gegen deine zwei Vorgänger ausgezogen sind und sie umgebracht haben, also werden wir uns auch wider dich erheben und dich töten.

Jochanan ben Sakkai hörte das, berief die Männer der Stadt zusammen und sprach zu ihnen: Warum wollt ihr den Untergang Jerusalems? Seht, der Römer begehrt von euch nur Bogen oder Pfeil. Sie aber antworteten ihm, wie sie Vespasian geantwortet hatten.

Es waren in der Stadt dem Vespasian ergebene Leute, die pflegten, was sie an Gerüchten hörten, auf Pfeilen aus der Stadt herauszuschießen; auf einer dieser Botschaften stand geschrieben: Rabban Jochanan ben Sakkai ist ein Freund des Römers.

3. Die Flucht aus Jerusalem. Nach drei Tagen begab sich Rabban Jochanan ben Sakkai auf die Gasse. Da sah er die Menschen Stroh sieden und die Brühe trinken. Er sprach: Männer, die Stroh sieden und die Brühe trinken, wollen den Heeren eines Vespasian widerstehen? Es gibt jetzt nur eines: ich muß fort von hier.

Er ließ nach Ben Battiach senden und sprach zu ihm: Ersinne eine List, wie ich die Stadt verlassen kann; vielleicht, daß uns dadurch in etwas geholfen werden kann. Der Gefragte erwiderte: Sprenge aus, du seiest krank; bewirke, daß die Menschen kommen, um sich nach deinem Wohle zu erkundigen; und schaffe etwas herbei, was einen Verwesungsgeruch ausströmt, so daß man denkt, du seiest gestorben; aber wehre allen den Zutritt, außer deinen Schülern, die Leute würden sonst merken, daß dein Leib leicht ist, denn das wissen alle, daß ein Leichnam schwerer ist als der Körper eines lebenden Menschen.

Also tat er; die Schüler zimmerten eine Lade, in die der

Rabbi sich legte, und trugen den Schrein; Rabbi Elieser faßte das Kopfende und Rabbi Josua das Fußende, dem Zuge voran schritt Ben Battiach, und bei Sonnenuntergang erreichten sie das Stadttor. Die Wächter fragten: Was tragt ihr? Sie erwiderten: Einen Toten haben wir im Sarge, und ihr wißt, daß kein Leichnam in Jerusalem über Nacht bleiben darf. Da wollten die Wächter in die Sänfte stechen, aber Ben Battiach sprach: Wollt ihr, daß die Leute reden: Diese Jünger hatten einen Meister und ließen es geschehen, daß man seinen Leichnam durchbohre?
Also schritten sie ungehindert durch das Tor, trugen den Rabbi auf den Friedhof, setzten ihn dort ab und kehrten in die Stadt zurück.

4. *Die Weissagung.* Rabban Jochanan ben Sakkai verließ die Grabeshöhle und begab sich zu der Streitmacht Vespasians. Hier fragte er: Wo ist der Kaiser? Die Soldaten meldeten dem Vespasian: Ein Jude ist gekommen, der dich begrüßen will. Vespasian befahl: Er trete ein. Der Rabbi erschien vor Vespasian und begrüßte ihn: Friede sei mit dir, Kaiser! Friede sei, Kaiser, mit dir! Vespasian antwortete: Mit diesem Gruß hast du zwei Todsünden begangen; erstens, bin ich nicht Kaiser; und zweitens, wenn ich es wäre, warum bist du erst jetzt zu mir gekommen?! Der Rabbi sprach: Die wilden Leute bei uns haben mich nicht zu dir kommen lassen, aber Kaiser wirst du sein, selbst wenn du es jetzt noch nicht bist: denn nur einer, der Herrscher ist, vermag diese Stadt zu zerstören, wie denn geschrieben steht: »Der Libanon wird durch den Mächtigen fallen.«*
Nun war der Meister ein Gefangener, man griff ihn und setzte ihn in den innersten von sieben Räumen, von denen einer den anderen umgab, und dort war es stockdunkel. Dann fragten die Römer den Lehrer: Welche

Tagesstunde haben wir jetzt? Er aber sagte es ihnen genau an, denn er wußte es in seiner Weisheit.

5. *Die Erfüllung.* Drei Tage danach badete Vespasian zu Gafna, und als er das Bad beendet und gerade einen Schuh angezogen hatte, langte die Botschaft an, daß Nero gestorben sei und die Römer ihn, Vespasian, zum Kaiser ausgerufen hätten. Er wollte nun noch den anderen Stiefel überziehen, aber der Fuß ging nicht mehr hinein; er wollte den ersten wieder ausziehen, aber der Schuh ging nicht mehr vom Fuße. Da ließ er Rabban Jochanan ben Sakkai kommen und sprach zu ihm: Vermagst du mir nicht zu erklären, warum ich bisher Tag um Tag meine Schuhe anziehen konnte, diesmal aber nur einer sich anziehen ließ und der andere nicht mehr paßt? Der Rabbi erwiderte: Du hast eine gute Nachricht erhalten, und von einer solchen heißt es: »Frohe Botschaft gibt Mark dem Gebein.«* Der Kaiser fragte: Was soll ich tun, um den zweiten Schuh anzubekommen? Der Rabbi sagte: Laß einen Menschen, den du hassest oder der vor dir schuldig geworden ist, an dir vorübergehen, und dein Fuß wird sogleich wieder dünner werden: »Betrübter Mut vertrocknet das Gebein.«*
Nunmehr sprach der Kaiser zu dem Rabbi: Ich ziehe jetzt fort und sende einen anderen an meiner Stelle; bitte mich um eine Gnade, ich will sie dir gewähren.

6. *Die Stiftung Jawnes.* Vespasian sprach zu dem Meister: Du bist Jochanan ben Sakkai; erbitte dir von mir, was du willst. Der Rabbi erwiderte: So bitte ich dich allein darum, daß du mir die Stadt Jawne* überlassest; dort will ich meine Schüler unterweisen, die Gebete festsetzen und unseren Glauben pflegen. Vespasian sprach: Zieh hin und tu deine Tat!

Ein Weiser sagte dazu: »Er hat die Weisen rückwärts gewendet und hat ihre Einsicht in Torheit verwandelt«*; hätte Jochanan ben Sakkai doch lieber darum bitten sollen, daß der Römer Jerusalems schone! Aber der Rabbi dachte, das Ganze würde er ihm doch nicht schenken, und damit wäre auch die kleinste Rettung verloren.
Andere erzählen, Rabban Jochanan hätte wirklich gesagt: Ich richte an dich die Bitte, daß du von dieser Stadt ablassest und zurück deiner Straße ziehest. Darauf antwortete Vespasian: Haben die Römer mich darum zum Kaiser gemacht, daß ich Jerusalems schonen sollte?! Bitte um etwas anderes, und ich werde es dir gewähren.

Pangar

1. Das Gleichnis vom Turm und von der Schlange. Die Römer begannen, dem Rabban Jochanan ben Sakkai Gleichnisfragen vorzulegen. So fragten sie ihn: Wie verfährt man mit einem Faß, in dem eine Schlange sich eingenistet hat? Er erwiderte: Man holt einen Schlangenbeschwörer, der die Schlange bannt, und bewahrt das Faß. Aber Pangar, der Fürst von Arabien im Heere Vespasians, sagte dazu: Nein, man tötet die Schlange und zerschlägt das Faß!
Sie fragten weiter: Wie verfährt man mit einem Turm, in dem eine Schlange ihren Schlupfwinkel hat? Der Rabbi gab zur Antwort: Man bringt einen Zauberer herbei, der das Reptil bespricht, und erhält den Turm. Wieder sagte Pangar: Man schlägt die Schlange tot und brennt den Turm nieder!
Da sagte der Rabbi zu Pangar: Wem tun die Nachbarn Böses an? Eben ihren Nachbarn. Solltest du nicht lieber unser Fürsprecher sein als unser Ankläger?
Pangar sagte darauf: Ich wollte nur euer Heil. Solange

der Tempel steht, werden die Reiche euch feindlich bleiben; ist er aber zerstört, wird kein Volk mehr mit euch Krieg führen.
Rabban Jochanan antwortete: Dein Herz weiß es am besten, ob du ein Schutzdach flechten wolltest oder Listen spinnen!

2. *Die Westwand.* Als Vespasian Jerusalem erobert hatte, verteilte er die vier Mauern der Stadt an die vier fremden Herzöge in seinem Heer, daß sie sie zerstörten; dabei fiel dem Pangar die Westmauer* zu, über die im Himmel beschlossen worden war, sie sollte in Ewigkeit nicht vernichtet werden, weil die Gottheit im Westen wohnt.
Die drei anderen Herzöge schleiften die ihnen übereigneten Mauern; Pangar ließ die Westwand stehen. Man brachte ihn vor den Feldherrn, und der fragte ihn: Warum hast du deinen Teil zu zerstören versäumt? Pangar erwiderte: Bei deinem Leben! Ich tat es nur zum Ruhme eures Reiches. Hätte ich die Mauer geschleift, so wüßte in Zukunft niemand mehr, was das für eine Stadt war, die du bezwungen hast. Aber jetzt, wenn die Menschen dieses Mauerstück sehen, werden sie sagen: Schaut, wie mächtig ist Vespasian gewesen, daß er diese Stadt hat zerstören können!
Vespasian sagte: Laß es genug sein, du hast wohl gesprochen. Weil du aber meinem königlichen Befehl zuwidergehandelt hast, so steige auf das Dach und stürze dich von da hinunter; kommst du davon, so schenke ich dir das Leben, kommst du aber um, so hattest du den Tod verwirkt.
Pangar stürzte sich vom Dache herunter und starb. So ging an ihm der Fluch in Erfüllung, den Jochanan ben Sakkai über ihn ausgesprochen hatte.

Rabbi Zadoks Rettung und Heilung

Vierzig Jahre lang verharrte Rabbi Zadok im Fasten, um Jerusalem vor der Zerstörung zu bewahren. Man erzählt, daß er, wenn er sein Fasten brach, eine getrocknete Feige aussog und die saftlose Frucht fortwarf; dabei konnte man von außen sehen, wie sein Schlund sich bewegte. Wie man sagt, starb Martha, die Tochter des Boethos, daran, daß sie eine dieser ausgepreßten Feigen aß: der Ekel überwältigte sie.

Als Vespasian Jerusalem erobert hatte, sprach er zu Rabban Jochanan ben Sakkai: Hast du in der Stadt einen Freund oder Verwandten, so sende nach ihm und hole ihn her, bevor meine Krieger in die Stadt eindringen. Rabban Jochanan schickte Rabbi Elieser und Rabbi Josua aus, die sollten Rabbi Zadok zu ihm bringen. Es war am Stadttor, wo die Boten den Rabbi erreichten, sie geleiteten ihn zu Rabban Jochanan, und der erhob sich von seinem Sitz. Vespasian sprach: Vor diesem gebrechlichen Greise stehst du auf? Jochanan erwiderte: Bei deinem Leben! Hätten wir noch einen einzigen Mann gehabt, der ihm gliche, du hättest auch mit der doppelten Anzahl von Kriegern die Stadt nicht bezwingen können. Vespasian fragte weiter: Warum ist er aber so schwächlich? Jochanan antwortete: Das kommt von den vielen Fasten und Kasteiungen, die er sich auferlegt hat.

Der Kaiser ließ Ärzte holen, die begannen dem Entkräfteten allmählich Trank einzuflößen und brockenweise Speise einzugeben. Am ersten Tage ließen sie ihn Wasser trinken, in welchem Kleie geweicht war; am zweiten Wasser mit Schrot; am dritten Wasser mit Mehl; so dehnten sich allmählich seine Eingeweide.

In die Tiefen des Meeres

Vespasian belud drei Schiffe mit Männern und Frauen aus den vornehmsten Geschlechtern Jerusalems; die sollten in die Schandhäuser Roms gebracht werden. Die Gefangenen dachten: Nicht genug damit, daß wir den Herrn in seinem Heiligtum erzürnten, sollen wir uns noch außerhalb seines Landes gegen ihn vergehen müssen.
Die Männer fragten die Frauen: Geht ihr willig dorthin, wohin man euch führen will? Die Frauen erwiderten: Nein. Da sprachen die Männer bei sich: Wenn die, die von Natur so geschaffen sind, sich der Wollust entschlagen, um wieviel mehr müssen wir uns weigern, die man wider die Natur zur Wollust zwingen will! Doch sagt an: Wenn wir uns jetzt ins Meer stürzen, werden wir das ewige Leben haben?! – Sogleich erleuchtete der Heilige, gelobt sei er, ihr Auge, daß ihnen der Vers in den Sinn kam: »Aus der Tiefe des Meeres will ich sie holen.«*
Die Gefangenen auf dem ersten Schiffe erhoben sich, riefen aus: »Wenn wir des Namens unsres Gottes vergessen hätten ...«* – und stürzten sich ins Meer. Die Gefangenen auf dem zweiten Schiffe erhoben sich und riefen aus: »Um deinetwillen werden wir täglich erwürgt ...«* – und stürzten sich ins Meer. Die dritte Reihe der Gefangenen erhob sich und rief aus: »Gott aber wird dies ergründen; kennt er doch unseres Herzens Grund«* – und stürzte sich ins Meer.
Da wehklagte der Heilige Geist und rief: »Um diese ists, daß ich weine.«*

Titus

Titus schmähte und lästerte den Höchsten. Was tat er? Er nahm eine Hure, führte sie an der Hand in das Allerheiligste des Tempels, breitete hier eine Torarolle als Lager aus und verging sich auf diesem Pfühle mit ihr. Er zog sein Schwert und zerschnitt den Tempelvorhang; da geschah ein Wunder, und Blut strömte heraus. Dann rollte Titus den Vorhang zusammen und machte eine Art Tasche daraus, in die er alle Geräte des Heiligtums legte; er trug sie so aufs Schiff, um nach seiner Stadt zurückzusegeln und damit zu prahlen.

Da erhob sich gegen ihn ein Sturm auf dem Meere und drohte ihn untergehen zu lassen. Aber Titus sprach: Mich dünkt, der Gott dieser Leute vermag seine Macht nur auf dem Wasser darzutun; als Pharao auftrat, ertränkte er ihn im Meere, und als Sissera aufkam, schwemmte der Strom seine Reiter hinweg*; also hat er sich jetzt auch gegen mich erhoben und will mich ertrinken lassen. Ist er in Wahrheit ein Held, so steige er ans Land und führe dort mit mir Krieg! – Sogleich ließ sich eine Stimme vernehmen, die rief: Frevler du und Frevlers Sohn, Sprosse Esaus, der ein Frevler war – ein winziges Geschöpf, Mücke geheißen, lebt für mich in der Welt; steige nur ans Land und versuche dich mit ihr zu messen!

Sobald Titus an Land gegangen war, kam eine Mücke geflogen und drang in seine Nase ein; von hier aus bohrte sie sich in sein Gehirn und blieb da sieben Jahre. Rabbi Pinehas ben Aruwa erzählt: Ich war zu der Zeit unter den Großen Roms, und als Titus gestorben war, öffnete man seine Hirnschale; da fand man eine Mücke, die hatte die Größe einer Schwalbe erreicht und ein Gewicht von zwei Sela.* Andere sagen: Sie war wie eine Taube, die bereits ein Jahr alt ist, und wog zwei Pfund.

Noch wird berichtet, daß Titus einmal an einer Schmiede vorbeikam und die Mücke, auf den Hall des Hammerschlags hin, aufhörte in seinem Schädel zu sumsen. Da sprach er bei sich: Nun habe ich ein Heilmittel gefunden! Und er ließ täglich einen Schmied vor sich kommen, der hämmern mußte. War der Mann Samaritaner, so zahlte er ihm vier Sus; war es aber ein Jude, so sagte er zu ihm: Lohns genug für dich, daß du deinen Feind in einer solchen Lage siehst! Das ging so dreißig Tage lang. Da aber hatte sich die Mücke an das Geräusch gewöhnt und achtete es nicht mehr . . .

Das Gemetzel Trajans

Das Weib Trajans, dessen Gebeine zermalmt werden mögen, gebar einen Knaben. Das war am Vorabend des neunten Aw*, des Tages der Tempelzerstörung, und ganz Israel beging den Tag als Tag der Trübsal. Zu Chanukka* aber starb der Knabe, und ganz Israel war unschlüssig, ob man gleichwohl Lichter anzünden solle oder nicht, bis man schließlich entschied: Wir zünden die Chanukka-Kerzen an, und komme über uns, was da kommen mag! Da verleumdete man die Juden vor Trajans Weib: Als du den Knaben gebarst, da trauerten die Juden; nun er gestorben ist, zünden sie Freudenkerzen an!
Trajans Weib schrieb ihrem Manne den folgenden Brief: Bevor du die Barbaren niedertrittst, tritt diese Juden nieder, die sich wider dich erhoben haben! Also bestieg Trajan ein Schiff und gedachte, in zehn Tagen anzulangen, und ein günstiger Wind trieb das Fahrzeug im Verlaufe von fünf Tagen ans Ziel. Trajan traf die Weisen Israels, wie sie gerade den Vers auslegten: »Der Herr wird ein Volk wider dich schicken von ferne, von der Welt Ende, wie ein Adler fliegt.«* Da sprach er zu ihnen: Dieser Adler bin ich; ich meinte, ich würde zehn Tage brauchen, und der Wind führte mich in fünf Tagen hierher. — Und er ließ sie von seinen Legionen umringen, die sie töteten.
Dann sprach er zu den Weibern: Seid meinen Kriegern zu

Willen, sonst tue ich an euch, wie ich an euren Männern getan habe. Sie erwiderten: Handle an den Niederen, wie du an den Oberen gehandelt hast! Also gebot er seinen Soldaten, sie schlossen sie ein und brachten sie um. Das Blut der Weiber mischte sich mit dem Blute der Männer, und der Bach des Blutes brach sich eine Bahn und strömte in den Fluß, der das Blut bis nach Zypern trug.

Luljanos und Pappos

Als Trajan die beiden Brüder Luljanos und Pappos aus Laodicea zum Tode führte, sprach er zu ihnen: Ihr seid nicht vom Volke des Chananja, Mischael und Asarja*; denn, wäret ihr eines Stammes mit jenen, so wäre euer Gott gekommen und hätte euch aus meiner Hand befreit. Die zwei Gerechten erwiderten: Chananja, Mischael und Asarja waren Heilige, und wiederum ward der König Nebukadnezar für würdig befunden, daß durch ihn ein Wunder vollbracht werde. Du aber, gottloser König, bist es nicht wert, Mittler eines Wunders zu sein; wir wiederum sollen den Tod dem Himmel zu Ehren erleiden. Bist nicht du unser Henker, so hat der Herr andere Verderber genug, als da sind Bären, Löwen, Schlangen, Ottern und Skorpione, die da alle uns zu töten vermögen. Aber nicht allein das, sondern der Herr gedenkt, unser Blut von dir noch einzufordern.
Man erzählt, der Römer hatte noch nicht die Richtstätte verlassen, als zwei Räte aus Rom erschienen und ihm die Hirnschale mit Holzkloben und Stöcken einschlugen.

Der Opfertod des edlen Römers

Als der gottlose Turnus Rufus den Tempel zerstört hatte, wurde über Rabban Gamliel das Todesurteil gefällt. Da begab sich ein römischer Edler ins Lehrhaus und rief: Der Mann mit der großen Nase* wird gesucht! Der Mann mit der großen Nase wird gesucht! Rabban Gamliel vernahm den Warnungsruf und hielt sich verborgen. Der römische Edle aber suchte ihn insgeheim auf und sagte ihm: Wenn ich dich rette, wirst du mir da das künftige Leben zuteil werden lassen? Rabban Gamliel erwiderte: Ich will es. Der Römer sprach: Schwöre es mir. Rabban Gamliel schwor es ihm zu.

Der Römer stieg auf das Dach des Hauses, stürzte sich von da hinunter und war tot. Nun war es aber so, daß, wenn die römischen Edlen ein Urteil gefällt hatten und einer von ihnen vor der Vollstreckung starb, sie ihren Richtspruch aufheben mußten.

In diesem Augenblick ließ sich eine Stimme vom Himmel vernehmen: Dieser Edle ist des künftigen Lebens teilhaftig!

Vom dritten Tempel

1. Hadrians Erlaß und seine Aufhebung. In den Tagen des Rabbi Josua ben Chananja verordnete die römische Obrigkeit, daß der Tempel wieder aufgebaut werde. Damals stellten Pappos und Lulianos Tische längs der Straße auf, die von Akko nach Antiochien führte, und spendeten den Pilgern aus der Zerstreuung Silber, Gold und alles, wessen sie bedurften.

Da traten die Kutäer* vor den Kaiser und sprachen: Wisse, wenn diese Stadt gebaut wird und ihre Mauern wiederhergestellt werden, so lassen die Bewohner davon ab, dir Schoß, Zoll und jährlichen Zins zu entrichten. Der Kaiser erwiderte: Was soll ich tun, wo ich ihnen doch schon die Erlaubnis gewährt habe? Sie rieten: Sende ihnen einen zweiten Befehl: sie sollen die Stadt von ihrem Grund verrücken oder den Grund selbst um

fünf Ellen höher oder niedriger machen, als er ist. Dann werden sie von selbst mit Bauen aufhören.
Die ganze Gemeinschaft der Juden war damals in dem Tal von Bet-Rimmon versammelt. Das Schreiben des Kaisers traf ein, und alles Volk begann zu weinen.

2. *Die Fabel vom Löwen und Rebhuhn.* Die Juden gedachten, sich gegen die Römer zu empören. Da sprachen die Weisen: Möge ein verständiger Mann auftreten und die Menge besänftigen. Und sie sagten: Rabbi Josua ben Chananja soll den Gang unternehmen, denn er ist das Haupt aller Lehrer in der Gesetzeskunde.
Also trat Rabbi Josua vor das Volk und predigte wie folgt: Ein Löwe zog einst auf Raub aus, zerriß ein Opfer, und ein Knochen blieb ihm im Halse stecken. Da verkündete er: Wer mir den Knochen herauszieht, dem gebe ich eine Belohnung. Nun kam das ägyptische Rebhuhn herbei, als welches einen langen Hals hat; so fuhr es mit Kopf und Hals in den Rachen des Löwen und holte den Knochen heraus. Dann sprach es: Gib mir meinen Lohn. Der Löwe antwortete: Geh fort und lache vor Freuden; du bist heil in den Rachen des Löwen geraten und heil wieder herausgekommen!
Ebenso, sprach der Rabbi, ergeht es uns: seien wir zufrieden damit, daß wir unversehrt mit jenem Volke aneinandergeraten und heil wieder davongekommen sind!

Haß sucht Ursache

Einst schritt ein Jude vor Hadrian vorbei und entbot dem Kaiser seinen Gruß. Der Kaiser fragte: Was bist du für einer? Der Gefragte erwiderte: Ich bin ein Jude. Da sagte der Kaiser: Ein Jude wagt es, an Hadrian vorbeizugehen

und zu grüßen?! Und er gebot seinen Schergen: Auf, schlagt ihm den Kopf ab!
Ein zweiter Jude ging vorüber; er sah, was mit dem ersten geschehen war, und grüßte nicht. Der Kaiser fragte ihn: Was bist du? – Ein Jude. – Ein Jude wagt es, an Hadrian vorbeizugehen und nicht zu grüßen?! Und der Kaiser befahl, ihn ebenfalls zu köpfen.
Jetzt sprachen die Räte zu dem Kaiser: Wir verstehen nicht, was das für Taten sind, die du tust: den, der dich grüßt, lässest du töten, und den, der dich nicht grüßt, läßt du gleichfalls töten?! Hadrian erwiderte: Wollt ihr mir etwa raten, wie ich meine Feinde töten soll?

Hadrian und der Lebensmüde

Ein Mann namens Imikantron schrieb an den Kaiser Hadrian den folgenden Brief: Hassest du die Beschnittenen, so halte dich an die Ismaeliter*; hassest du die Sabbathüter, so halte dich an die Samaritaner*. Aber nein: du hassest nur dieses Volk, Israel; und das wird der Gott dieses Volkes dir heimzahlen.
Da machte Hadrian bekannt: Wer diesen Brief geschrieben habe, solle sich melden; der Kaiser habe ihm ein Wort zu sagen. Es begab sich auch einer vor den Herrscher und gestand: Ich bin es gewesen. Der Kaiser befahl, dem Manne den Kopf abzuschlagen, fragte ihn aber vorher: Warum hast du dich selbst bezichtigt? Der Mann erwiderte: Der Verurteilte wird von drei bösen Plagen befreit: von seinem eigenen Leibe, der jeden Morgen und jeden Abend seine Nahrung fordert, während der Mensch nicht weiß, woher ihn zu befriedigen; desgleichen von seinem Weibe und, letztlich, von seinen Kindern, die dasselbe heischen.
Nunmehr sprach Hadrian: Weil der Mann ein so jämmerliches Leben hat, laßt ihn laufen!

Kein Feuer am Sabbat

Hadrian, dessen Gebeine zermalmt werden mögen, sagte einst zu Rabbi Josua ben Chananja: Ich bin mehr als euer Meister Mose. Der Rabbi fragte: Wieso? Hadrian erwiderte: Weil ich lebe und er tot ist, und es heißt: »Besser ein lebender Hund als ein toter Löwe.«* Da sagte der Rabbi: Vermagst du, einen Befehl durchzuführen, wonach während dreier Tage kein Bürger ein Feuer anmache? Hadrian erwiderte: Ich bin es imstande. Und er erließ das Verbot.

Am Abend desselben Tages stiegen sie beide auf das Dach des Palastes. Da sah der Rabbi einen Rauch von ferne aufsteigen. Er fragte den Kaiser: Was ist das für ein Rauch? Der Kaiser antwortete: Einer meiner Fürsten ist krank, und der Arzt hat ihn besucht und ihm gesagt: Du wirst nicht eher gesunden, als bis du einen heißen Trank zu dir genommen hast.

Nunmehr sprach der Rabbi: Dein Geist schwinde! Dein Befehl ward noch zu deinen Lebzeiten zunichte. Mose aber – seitdem er die Satzung erließ: »Ihr sollt kein Feuer anzünden am Sabbattag in allen euren Wohnungen«*, hat noch kein Jude an diesem Tage ein Feuer angezündet. Von Moses Tagen an bis auf unsere Zeit blieb sein Befehl in Kraft. Meinst du noch immer, daß du mehr vermagst als er?

Kaiser Hadrian und der Feigenzüchter

Der Kaiser Hadrian – seine Gebeine mögen zermalmt werden – ging einst durch die Gassen von Tiberias und sah einen Alten Ackerfurchen ziehen, um Setzlinge von Feigen einzupflanzen. Da sprach er zu dem Manne: Alter Mann! Hättest du das in deiner Jugend getan, du brauchtest das nicht mehr im Alter zu tun. Der Greis erwiderte: Ich habe als Jüngling gepflanzt und pflanze auch noch als alter Mann; was des Herrn Wille mit mir ist, das möge geschehen! Hadrian fragte weiter: Wie alt bist du heute? Der Greis antwortete: Ich bin hundert Jahre alt. Nunmehr sprach Hadrian: Bei deinem Leben! Wenn es dir noch vergönnt sein sollte, die Früchte von diesen Setzlingen zu essen, so tu mir das kund.

Nach Jahr und Tag war es so weit, daß der Mann Feigen ernten konnte. Da sprach er bei sich: Es ist an der Zeit, daß ich dem Kaiser davon Mitteilung mache. Was tat er? Er füllte einen Korb mit Feigen, machte sich auf den Weg und kam bis an die Pforte des Palastes. Hier fragte man ihn: Was bringst du? Er erwiderte: Laßt mich vor den Kaiser. Auch der Kaiser fragte ihn: Was treibst du? Da sagte der Mann: Ich bin jener Greis, den du Furchen ziehen und Setzlinge pflanzen sahst und zu dem du sagtest: Wenn du es noch erlebst, von ihren Früchten zu genießen, so laß mich das wissen. Siehe, mir war es gegeben, mich an den Früchten zu erfreuen; die Feigen hier sind von den Bäumen, die ich gepflanzt habe. Nunmehr sprach der Kaiser: Ich gebiete, daß man diesen auf einen goldenen Sessel setze; des ferneren, daß man seinen Korb von Feigen leere und mit Gold fülle. Die Höflinge fragten den Kaiser: So viel Ehre tust du einem Juden an? Hadrian gab zur Antwort: Sein Schöpfer ist es, der ihm Ehre zukommen läßt, nicht ich.

Der Greis aber hatte einen Nachbarn, der hatte eine böse Frau. Dieses Weib sprach zu ihrem Manne: Du törichter Mensch! Siehe, dieser Kaiser ist ein Liebhaber von Feigen und tauscht sie für Gold ein. Also füllte der Mann einen Sack mit Feigen und kam damit vor das Tor des Schlosses. Die Türhüter fragten ihn nach seinem Begehren, er sagte es ihnen, und sie meldeten es dem Kaiser. Da sprach Hadrian: Hiermit gebiete ich, daß man diesen Menschen an das Tor stelle, und jeder, der da eintritt oder herausgeht, werfe ihm eine Feige ins Gesicht!

Am Abend ließen sie ihn ziehen, er kehrte heim zu seiner Frau und sagte zu ihr: All diese Ehre verdanke ich dir! Sie gab zur Antwort: Preise lieber deine Mutter, daß das Feigen gewesen sind und keine Pampelmusen, daß das weiches Obst war und keine unreife Frucht!

Bar Kochbas Ende

1. *Der Verrat.* Dreieinhalb Jahre lang belagerte Hadrian die Festung Bethar, und die ganze Zeit über saß Rabbi Eleasar aus Modiin in Sack und Asche da und betete Tag für Tag zu Gott: Herr der Welt! Sitze heute nicht zu Gericht über uns! Sitze heute nicht zu Gericht über uns!
Hadrian gedachte schon abzuziehen, da sprach ein Kutäer* zu ihm: Bleibe hier, ich weiß ein Mittel ins Werk zu setzen, daß die Stadt in deine Hände fällt.
Der Kutäer schlich sich durch einen Kanal in die Stadt und fand hier Rabbi Eleasar aus Modiin im Gebete; da tat er so, als flüstere er dem Rabbi etwas ins Ohr. Die Leute der Stadt beobachteten ihn dabei, führten ihn vor Ben Kosewa* und sprachen: Wir haben diesen Greis dabei ertappt, wie er deinem Oheim etwas anvertraute. Ben Kosewa fragte den Kutäer: Was hast du dem Rabbi gesagt, und was hat der Rabbi dir gesagt? Der Alte antwortete: Wenn ich es dir sage, tötet mich der Kaiser, und wenn ich es dir nicht sage, tötest du mich! Doch ist mir lieber, der Kaiser töte mich als du. Höre denn: der Rabbi hat mir gesagt: Ich will euch die Stadt ausliefern.
Ben Kosewa ging zu Rabbi Eleasar und fragte ihn: Was hat dieser Kutäer dir gesagt? Der Rabbi erwiderte: Er hat mir nichts gesagt. – Und was hast du ihm geantwortet? – Ich habe ihm nichts geantwortet. – Da versetzte Ben Kosewa ihm einen Tritt und tötete ihn.
Sogleich ließ eine Stimme vom Himmel sich vernehmen,

die rief: »Weh über die gottlosen Hirten, die die Herde verlassen! Das Schwert komme auf ihren Arm und auf ihr rechtes Auge! Der Arm müsse verdorren, das rechte Auge dunkel werden!«* Du hast den Rabbi Eleasar aus Modiin getötet, der der Arm ganz Israels war und ihr rechtes Auge; darum soll der Arm seines Mörders verdorren und sein rechtes Auge dunkel werden!
Zu derselben Stunde fiel Bethar, und Ben Kosewa wurde erschlagen.

2. *Nach dem Tode.* Man brachte das Haupt Ben Kosewas vor Hadrian. Der Kaiser fragte: Wer hat diesen Mann getötet? Ein Kutäer antwortete: Ich habe ihn erschlagen. Da sprach der Kaiser: Man zeige mir sein Glied. Man brachte das Glied des Toten und fand eine Schlange, die sich darum geringelt hatte. Nunmehr sprach Hadrian: Hätte Gott diesen nicht getötet, wer hätte ihn töten können?
Und er rief über ihn den Vers aus: »Ists nicht so, daß ihr Fels sie verkauft und der Herr sie preisgegeben hat!«*

Diokles und Diokletian

Diokles, der spätere Kaiser Diokletian, war erst Schweinehirt zu Tiberias; da pflegten ihn die Jünger des Patriarchen Juda ha-Nassi durch Schläge zu mißhandeln. Als er Kaiser geworden war, begab er sich nach Panias* und schickte den Rabbinen einen schriftlichen Befehl, sie sollten gleich nach Sabbatausgang bei ihm erscheinen; dem Überbringer aber gebot er: Händige ihnen den Brief nicht vor Freitagabend aus, sondern erst unmittelbar vor Sonnenuntergang. Also meldete sich der Bote bei den Rabbinen am Vorabend des Sabbats mit Sonnenuntergang.
Indes begaben sich Rabbi Juda ha-Nassi und Rabbi Sa-

muel ben Nachman zu den warmen Quellen in Tiberias, um zu baden. Hier erschien ihnen ein Dämon, der hieß Arganta. Der Patriarch wollte den Geist ausschelten, daß er sich verzöge, aber Rabbi Samuel ben Nachman sprach: Laß ab von ihm; er hat sich uns gezeigt, um Wunder zu wirken. Jetzt stellte der Dämon die Frage: Was ist euch widerfahren? Sie erzählten ihm von dem Befehl des Kaisers, und er sagte: Badet weiter! Euer Schöpfer wird an euch ein Zeichen tun.

Zu Sabbatausgang erschien er wieder, lud sie sich auf und führte sie geschwind nach Panias. Die Diener Diokletians sagten ihrem Herrscher: Die Rabbinen sind draußen. Der Kaiser erwiderte: Sie sollen mein Angesicht nicht sehen, bis sie sich hier gewaschen haben. Das Bad im Badehause hatte er aber sieben Tage und sieben Nächte lang heizen lassen. Doch wieder erschien der Geist vor den beiden und stieg vor ihnen in das Bad, damit sie nicht verbrüht würden.

Endlich standen sie vor dem Kaiser. Der sprach: Weil euer Schöpfer an euch Wunder tut, glaubt ihr, einen Herrscher schmählich behandeln zu dürfen? Sie antworteten: Diokles, den Schweinehirten, haben wir geringgeachtet, Diokletianos den Kaiser aber achten wir nach Gebühr. Der Kaiser sagte darauf: Und doch solltet ihr Scheu tragen, auch nur den Niedrigsten zu beleidigen, er sei ein Römer oder selbst ein Feueranbeter.

Märtyrer

Zwei Glaubenszeugen

1. Die Weissagung Samuels des Kleinen. Als der erste Tempel zerstört wurde, da wurde dem Hause Davids das Herrschertum genommen, die Urim und Tummim* verloren ihre Macht, und es gab keine Städte mit Vorstädten mehr für die Priester. Als Haggai, Sacharja und Maleachi, die letzten der Propheten, heimgegangen waren, da war auch der Heilige Geist von Israel dahingegangen. Doch war noch der Schall der himmlischen Stimme da, durch den Israel Weissagungen empfing.

Einst versammelten sich die Weisen im Hause Gurjo in der Stadt Jericho, da vernahmen sie eine Stimme vom Himmel, die sprach: Unter euch ist einer, würdig, daß der Heilige Geist über ihn gerate; allein das Zeitalter ist dessen nicht würdig. Da richteten alle ihren Blick auf den weisen Hillel*. Und als er gestorben war, riefen sie über ihn aus: O um den Demütigen, o um den Frommen, der ein wahrer Schüler Esras* war!

Ein andermal saßen die Weisen in der Stadt Jawne beisammen, da ließ sich der Hall der Stimme also vernehmen: Einer unter euch könnte des Heiligen Geistes Träger sein, aber das Geschlecht ist es nicht wert. Da richteten sich die Blicke aller auf Samuel den Kleinen. Und als er verstarb, hielten sie ihm den Nachruf: Ein Demütiger ist dahin, ein Frommer ist dahin, ein wahrer Schüler Hillels! — Aber Samuel selbst, zur Stunde, da er starb, sprach die folgende Weissagung aus: *Simeon* und *Ismael** werden durchs Schwert fallen, und ihre Gefährten werden den

Tod erleiden, und alles Volk wird geplündert werden, und schwere Not wird kommen nach alledem.
Er verkündete aber diese Worte in aramäischer Sprache.

2. *Schuld und Sühne.* »So du den Fremdling, die Witwe und Waise peinigst und quälst und sie zu mir aufschreien und klagen, so will ich ihr Jammern erhören und vernehmen.«*
Als Rabbi Ismael und Rabbi Simeon zur Hinrichtung geführt wurden, sprach Simeon zu Ismael: Rabbi, meine Seele ist am Vergehen, denn ich weiß nicht, wofür ich den Tod erleiden muß. Da erwiderte ihm sein Gefährte: Ist es denn niemals vorgekommen, daß dich einer in Dingen der Rechtsprechung oder der Gebote um Rat gefragt hat, du aber hast ihn warten lassen und dir Zeit genommen, erst deinen Becher zu leeren, deinen Schuh zu binden, deinen Mantel dir umzuwerfen! Aber die Tora spricht: »So du ihn peinigst und quälst«, will sagen: es ist einerlei, ob du ihm große Pein zufügst oder geringe. – Rabbi Simeon erwiderte: Rabbi, du hast mich getröstet.
Andere erzählen anders:
Ismael war es, der zu Simeon ben Gamliel sagte: Vielleicht hat einmal dein Diener Besucher abgewiesen, die dich um Rat fragen wollten, und darum kommt nun über dich der Tod. Simeon erwiderte: Ob ich auch bei Tische saß oder der Ruhe pflegte – mein Türhüter war angewiesen, keinem den Zutritt zu verwehren. Da sagte Ismael: Aber umsonst kommt die Strafe nicht! Simeon antwortete: Ein einziges Mal saß ich auf meinem Stuhl, und die Fragestellenden standen vor mir auf ihren Füßen; wie ich sie so sah, erhob sich mein Herz, und ich wurde von Stolz erfüllt. – Nunmehr sprach Rabbi Ismael: Das reicht aus, um uns beide den Tod verdienen zu lassen!

3. Sie warfen Lose ... Auch in der Stunde ihres Todes wetteiferten die beiden Gerechten miteinander. Jeder von ihnen rief den Henker an und sprach: Ich bin würdiger als mein Gefährte; töte mich zuerst – denn er wollte das Sterben seines Genossen nicht sehen. Sie warfen Lose, und es traf den Rabbi Simeon ben Gamliel, daß er der zweite sein sollte. Die Henker nahmen den toten Rabbi Ismael und setzten ihn Rabbi Simeon auf den Schoß, der aber umarmte, umhalste und küßte den Leichnam und sprach: Wehe, daß du in Staub gehüllt wirst, daß deine Zunge Erde schmeckt, als wärest du ein Gottloser und Bösewicht! – Er hatte noch nicht ausgeredet, als man das Schwert zog und ihm das Haupt abhieb.
In dieser Stunde sprach der Heilige, gelobt sei er: Ich will den Himmel und die Erde fassen und beide aneinanderschlagen; die Welt soll vernichtet sein. Wie es auch heißt: »Ich will Hand gegen Hand schlagen, bis daß mein Grimm gestillt werde.«*

4. Ein römischer Festbrauch. Bis auf den heutigen Tag liegt die Haut vom Antlitz Ismaels* in Rom aufbewahrt.
Alle siebzig Jahre wird ein heiler Mann einem Lahmen auf den Rücken gesetzt; man kleidet den Reiter in das Gewand Adams, des ersten Menschen, zieht ihm die Gesichtshaut des Rabbi Ismael über den Kopf, auch hängt man ihm ein Gewicht von vier Sus aus lauterem Gold um den Hals. Die Märkte, über die er zieht, werden mit Onyx gepflastert, und man ruft vor ihm aus: Die Rechnung des Fürsten ist Trug, die Weissagung Jakobs ist Lüge gewesen, und der Bruder Esaus, unseres Herrn, war ein Fälscher. Wer dieses hier schaut, kann sagen, er hat es gesehen; aber wer es versäumt, der wird es nicht sehen, es sei denn in siebzig Jahren. Was ist der Gewinn des Be-

trügers aus seinem Betruge, was der des Fälschers von seiner Fälschung ...*
Man schließt aber mit den Worten: Wehe diesem hier, wenn jener sich einst erhebt!

5. *Nach dem Ende.* Nachdem die beiden Frommen den Tod erlitten hatten und die Kunde davon zu Rabbi Akiwa und zu Rabbi Juda ben Betera gelangte, da zerrissen die beiden Lehrer ihre Kleider, taten einen Sack um ihre Lenden und riefen aus: Ihr Brüder in Israel! Wäre unserer Zeit noch Gutes beschieden gewesen, die beiden Gerechten wären nicht hinweggenommen worden, denn alles Gute hatten sie zu empfangen; nun sie dahin sind, ist das ein Zeichen, daß unser noch großes Unheil harrt. Sagt doch der Prophet: »Die Gerechten werden hinweggerafft *vor* dem Unglück.«*
Und wirklich, es war nicht viel Zeit vergangen, da befiel ein wütender Hunger das Land und brachte die Welt durcheinander.

Jakim und Josse

Jakim aus Zerorot war ein Schwestersohn des Rabbi Josse ben Joeser aus Zereda, den die Syrer zum Tode führten. Dieser ritt am Sabbat ein Pferd* und kam zu dem Galgen, an dem sein Oheim aufgeknüpft werden sollte. Hier spottete er des Verurteilten und sprach: Schau das Pferd an, das ich reite, und schau das Pferd an, das man dich reiten läßt! Josse ben Joeser aber antwortete: Wenn die, die den Herrn erzürnen, es so gut haben wie du, um wieviel mehr erst die, die seinen Willen tun. Jakim sagte darauf: Gibt es einen Menschen, der Gottes Willen mehr erfüllt hat als du? Da sagte Josse: Wenn es denen, die seinen Willen tun, so ergeht wie mir, wie muß es erst denen ergehen, die ihn erzürnen!

Dieses Wort drang dem Bösewicht ins Innere wie das Gift einer Schlange. Er machte sich auf und vollzog an sich selbst die vier Todesstrafen, die das Gericht verhängt – Steinigung und Verbrennung, Schwerttod und Erhängen – zu gleicher Zeit. Wie tat er das? Er nahm einen Pfahl und rammte ihn in die Erde, band einen Strick daran fest, schichtete Holz ringsum auf und umgab den Holzstoß mit einem Wall von Steinen. Er entfachte außen ein Feuer, sein Schwert aber steckte er mitten hinein. Dann zündete er mit dem Feuerbrande das Holz unterhalb der Steine an, hing sich selbst an den Pfahl, und die Schlinge zog sich zu. Das Feuer erreichte ihn, der Strick riß, er selbst fiel in die Glut, und da traf ihn das Schwert. Und da stürzte der Steinhaufe über ihm zusammen und begrub ihn.

Da Josse ben Joeser am Verscheiden war, sah er die Bahre Jakims in den Lüften schweben. Er sprach: Um eine knappe Stunde ist dieser mir voraus in den Garten Eden gelangt.

Juda ben Bawa

1. Die Schuld. Mit dem Tode des Josse ben Joeser aus Zereda und des Josse ben Jochanan aus Jerusalem hörten die Hochgelehrten auf, die den Trauben am Weinstock gleichen. So klagt auch der Prophet: »Keine Traube ist da, sie zu essen; keine zeitige Frucht, nach der es mich verlangt.«*

Alle die Hochgelehrten von Mose an bis zu Josse ben Joeser und Josse ben Jochanan – keinem von ihnen könnte man einen Makel nachweisen. Aber an denen, die nach ihnen lebten, bis auf die Tage des Juda ben Bawa, läßt sich ein Makel finden.

Man erzählt von Juda ben Bawa, daß alles, was er tat,

nur Gott zuliebe geschah, eine einzige Handlung ausgenommen. Er wurde nämlich von einer Krankheit befallen, und der Arzt sagte ihm: Dir kann nur geholfen werden, wenn du Milch trinkst, noch warm vom Muttertier. Da kaufte er eine Ziege und band sie an einen der Füße seiner Lagerstatt; wenn ihn die Schmerzen plagten, sog er an ihren Zitzen. Einmal wollten ihn seine Genossen besuchen, aber sie sprachen: Wie können wir das, lebt er doch mit einem Räuber zusammen. – Sie meinten damit die Ziege, denn das Kleinvieh weidet die Felder der Bauern ab, und so war das Halten von Kleinvieh dazumal im Lande Israel verboten. –

Als Juda ben Bawa starb, prüften die Weisen alle seine Taten und fanden an ihm nur dieses eine Vergehen. Er selber sprach im Augenblicke seines Todes: Ich weiß, ich habe keine Sünde getan außer dieser einen, daß ich hierin die Lehre meiner Gefährten übertreten habe.

2. *Der Märtyrertod.* Des Mannes, der da Juda ben Bawa hieß, sei zum Guten gedacht; wäre er nicht, die Satzungen des Richtens und Strafens wären Israel abhanden gekommen.

Das böse römische Reich hatte einst ein vernichtendes Gesetz erlassen, in dem es die Einweihung in den Stand des Lehrers verbot; der Meister, der dem Jünger die Hände auflegte und ihn damit zum Lehrer weihte, sollte getötet werden, ebenso der Jünger, der sich von dem Meister die Hände auflegen ließ; eine Stadt, in der solches geschähe, sollte zerstört, Grenzen, innerhalb welcher es sich ereignete, niedergerissen werden.

Was tat Rabbi Juda ben Bawa? Er suchte einen Platz auf, zu beiden Seiten von zwei hohen Bergen umgeben und gleich weit entfernt von zwei großen Städten, zwischen zwei Sabbatgrenzen, in der Mitte des Weges zwischen der

Stadt Uscha und der Stadt Schefaram. Dortselbst weihte er fünf Jünger zu Lehrern: Rabbi Meir, Rabbi Juda, Rabbi Simeon, Rabbi Josse und Rabbi Eleasar ben Schammua.
Als die Feinde die Neuernannten und ihren Meister von ferne sahen, suchten sie ihrer habhaft zu werden. Da sprach Juda ben Bawa zu den fünfen: Eilt davon und bringt euch in Sicherheit! Sie sprachen: Aber Meister, was wird aus dir? Er erwiderte: Ich bleibe hier und versperre ihnen den Weg zu euch – gleichsam ein Steinblock, den man nicht umwenden kann.
Man erzählt, er sei von jener Stelle nicht gewichen, bis ihn dreihundert Lanzen durchbohrt hatten und sein Körper einem Siebe glich.

Chanina ben Teradion

1. Eleasar ben Parta. Die Römer nahmen die Rabbinen Eleasar ben Parta und Chanina ben Teradion gefangen. Eleasar aber sprach zu Chanina: Wohl dir, der du nur um eines einzigen Vergehens willen gestraft wirst, während mir fünf Sünden zur Last gelegt werden. Chanina antwortete: Wohl dir, der du dir fünf Dinge vor den Römern hast zuschulden kommen lassen, dessen Seele aber errettet werden wird, während ich eine schlimme Schuld begangen habe, um derentwillen mich die Strafe trifft. Du warst der Lehre beflissen und hast zugleich gute Werke verrichtet; ich aber habe mich einzig und allein mit der Tora beschäftigt.
Man führte den Eleasar ben Parta vor Gericht und fragte ihn: Wie wagtest du es, die Tora zu lehren, wo wir dies verboten haben, und wie wagtest du es, ein Räuber zu sein? Er erwiderte: Ein Schwertträger kann nicht die Tora lehren, ein Toralehrer kann nicht Räuber sein; habe ich

das eine nicht begangen, so habe ich auch das andere nicht begangen.
Sie fragten weiter: Ja, aber warum ließest du dich Meister nennen? – Ich bin Webermeister. – Da brachten sie, ihn zu prüfen, zwei Knäuel Wolle und sprachen zu ihm: Sage uns, welches vom Einschlag und welches vom Aufzug herrührt! Aber ihm widerfuhr ein Wunder: Eine weibliche Biene flog herbei und setzte sich auf das Einschlagknäuel, während eine Drohne sich auf das Aufzugsknäuel setzte, und so konnte er sie ihnen bezeichnen und sagen: Dieses ist das Knäuel des Einschlags, jenes das des Aufzugs.
Schließlich fragten sie ihn: Warum hast du deinen Sklaven freigelassen? (Auch dieses war ein Zeichen für das Bekennen des jüdischen Glaubens.) Er antwortete: Das hat sich nie und nimmer begeben. Indes trat ein Mann auf, der als Zeuge gegen ihn aussagen sollte. Da erschien der Prophet Elia – er hatte die Gestalt einer Amtsperson angenommen – und sagte zu dem Zeugen: Diesen Mann hat bisher jedesmal ein Wunder gerettet; auch jetzt wird ein Wunder ihn retten, während du nur offenbar machen wirst, was für ein Bösewicht du bist!
Der Zeuge achtete dessen nicht und wollte sich gerade erheben, um seine Aussage abzulegen, als das Gericht notwendig einen Brief, den die Würdenträger geschrieben hatten, an den Kaiser senden mußte und ebendiesen Mann zum Boten bestimmte. Und Elia trat herzu und schleuderte den Mann vierhundert Meilen weit fort; so konnte er nicht mehr wiederkehren.

2. *Dreifache Schuld und dreifache Sühne.* Die Häscher fragten den Chanina ben Teradion: Wieso hast du gewagt, in der Tora zu forschen? Er erwiderte: Das hat der Herr, mein Gott, mir befohlen.

Da wurde Chanina ben Teradion zum Verbrennungstode verurteilt, sein Weib zur Tötung durchs Schwert, seine Tochter zu einem Leben in Schande. Ihn traf die Strafe, weil er den unaussprechlichen Namen Gottes auszusprechen sich erkühnt hatte; sein Weib wurde gestraft, weil sie ihn nicht abhielt von diesem Tun. Warum aber wurde seine Tochter gestraft? Als sie einmal über die Straße ging, wurde sie von einigen vornehmen Römern gesehen, und die sagten: Wie lieblich ist doch der Gang dieses Mädchens! – Sie hörte diese Worte und machte ihre Schritte noch zierlicher.
Man führte sie alle drei ab, um das Urteil zu vollstrecken, und sie nahmen es willig auf sich und hießen den Herrn gerecht. Chanina sprach: »Der Fels, unsträflich ist sein Tun.«* Das Weib Chaninas sprach: »Ein Gott der Treue ist er, kein Unrecht ist an ihm.«* Die Tochter Chaninas sprach: »Der Herr der Heerscharen, groß an Rat und mächtig an Werk.«*
Rabbi hat gesagt: Wie hehr waren diese drei Frommen, daß ihnen drei Sprüche der Schrift über die Gerechtigkeit des göttlichen Gerichts in den Sinn kamen zu der Stunde, da sie verurteilt wurden!

3. Josse ben Kisma. Rabbi Josse ben Kisma erkrankte, und Rabbi Chanina ben Teradion kam, ihn zu besuchen. Der Sieche sprach zu dem Freunde: Mein Bruder Chanina! Weißt du nicht, daß jenem Volke vom Himmel die Herrschaft verliehen worden ist? Es hat Gottes Haus zerstört, seinen Tempel verbrannt, seine Frommen umgebracht, seine Besten zugrunde gerichtet, und siehe, es besteht noch immer. Von dir aber erzählt man, du sammeltest Scharen von Schülern um dich, trügest die Gesetzeslehre offen vor, und das Buch der Tora liege stets auf deinem Schoße. Chanina erwiderte: Der Himmel

wird sich unser erbarmen. Da sagte Rabbi Josse: Ich spreche zu dir in der Sprache der Vernunft, und du gibst mir zur Antwort: Der Himmel wird sich unser erbarmen – es sollte mich wundern, wenn man dich nicht zusamt deinem Buche bei lebendigem Leibe verbrennt!
Rabbi Chanina fragte: Ob ich aber des künftigen Lebens teilhaftig werde? Rabbi Josse antwortete: Erzähle mir, was du getan hast. Da sagte Chanina: Das Geld, das ich für wohltätige Gaben am Purimfest* zurückgelegt hatte, geriet mir mit dem Geld für das tägliche Almosen durcheinander, und so haben die Armen gleich alles erhalten. Nunmehr sprach Rabbi Josse: Wenn das deine ganze Schuld ist – so möchte ich nur wünschen, mein Teil möge wie der deine sein und mein Los wie dein Los!

4. *Die Torarolle.* Es vergingen nur wenige Tage nach dieser Begebenheit, und Rabbi Josse ben Kisma starb. Die Großen Roms folgten dem Trauerzuge und hielten Klage über ihn. Auf der Rückkehr vom Begräbnis fanden sie Rabbi Chanina ben Teradion, wie er dasaß mit dem Buch auf seinem Schoße und aus der Tora vortrug vor Scharen versammelter Schüler. Da ergriffen sie ihn und wickelten ihn in seine Gesetzesrolle, schichteten rund um ihn Reisig auf und entzündeten den Brandstoß.
Seine Tochter sprach: O mein Vater, daß ich dich so sehen muß! Er gab die Antwort: Träfe die Verbrennung mich allein, es wäre mir ein schwerer Schmerz; nun ich aber den Flammentod erleide gemeinsam mit der Rolle der Tora, wird der mich rächen, der auch die Schmach der Tora einfordern wird.
Seine Schüler fragten ihn: Rabbi, was siehst du? Er sagte: Ich sehe die Teile des Pergaments verzehrt werden vom Feuer, die Buchstaben der Schrift aber fliegen davon.

5. Der Henker Die Schergen nahmen wollene Lappen, tränkten sie mit Wasser und legten sie Chanina ben Teradion aufs Herz, damit er nicht sogleich stürbe.
Die Schüler sprachen zu dem Märtyrer: Rabbi, tu doch deinen Mund weit auf, daß das Feuer schneller eindringe und du nicht länger zu leiden brauchst. Er sprach: Es ist besser, es nimmt die Seele der, der sie gegeben hat, als daß der Mensch selbst dazu helfe.
Da sprach der Vollstrecker der Strafe zu Rabbi Chanina: Rabbi, wenn ich die Flammen stärker anfache und den kühlenden Schwamm von deinem Herzen entferne – willst du mich dann ins ewige Leben bringen? Der Glaubenszeuge antwortete: Das will ich tun. Der Römer sprach weiter: Schwöre es mir. – Und er schwur es ihm zu. Sogleich fachte der Scharfrichter das Feuer stärker an, nahm den Wollappen vom Leibe des Lehrers, und dessen Seele verließ alsbald den Leib. Der Henker aber stürzte sich selbst in die Glut und verbrannte. Da erscholl eine himmlische Stimme, die rief: Chanina ben Teradion und der römische Henker sind beide des ewigen Lebens teilhaftig!
Zu dieser Begebenheit hat einmal Rabbi Juda ha-Nassi unter Tränen gesagt: Manch einer erwirbt das ewige Leben in einer einzigen Stunde, ein anderer braucht viele Jahre dazu!

Das Martyrium Akiwas

1. Mose und Akiwa. Zu der Stunde, da Mose in die Höhe stieg*, um die Tora zu empfangen, sah er den Heiligen, gelobt sei er, wie er Krönchen auf die Schriftzeichen des Buches setzte. Er fragte nach dem Grunde und erhielt zur Antwort: Ein Mensch wird kommen, am Ende einer langen Kette von Geschlechtern, mit Namen Akiwa ben

Joseph; der wird auf jedem einzelnen Strichlein Berge von Gesetzen errichten.

Da sagte Mose: Herr der Welt! Laß mich ihn sehen! Und Gott hieß ihn nach rückwärts sich wenden, da war er im Lehrhause Akiwas und saß in der achten Reihe; er verstand nicht den Sinn der Dinge, die sie dort besprachen, und fühlte seine Kraft geschwunden. Die gelehrte Auseinandersetzung aber gelangte an eine Stelle, die der Erläuterung bedurfte, und die Schüler Akiwas fragten ihren Meister: Wo stammt diese Deutung her? Er erwiderte ihnen: Sie ist noch unserem Meister Mose am Sinai überliefert worden. – Wie Mose das hörte, ward er wieder ruhigen Sinnes.

Und Mose trat abermals vor den Heiligen, gelobt sei er, und sprach vor ihm: Herr der Welt! Einen solchen hast du vor zu erschaffen, und du gibst die Tora durch mich?! Der Herr erwiderte: Schweige still, das ist mein Ratschluß. Da sprach Mose: Herr der Welt! Du hast mich sein Tun sehen lassen, laß mich auch seinen Lohn sehen! Wieder sprach Gott zu ihm: Wende dich nach rückwärts. Und Mose blickte hinter sich und sah, daß das Fleisch Akiwas gewogen wurde wie Stücke geschlachteten Viehs in einem Metzgerladen. Er sprach: Das ist die Tora, und das ihr Lohn?! Gott antwortete: Sei stille, so ist mein Ratschluß.

2. *Akiwa und Pappos.* Als die römische Obrigkeit den Befehl erlassen hatte, daß kein Jude sich mehr mit der Tora befassen dürfe, traf Pappos ben Juda den Akiwa an, von Jüngern umgeben, denen er aus der Schrift vortrug. Er fragte den Meister: Akiwa, fürchtest du die Römer nicht? Akiwa erwiderte: Laß mich dir ein Gleichnis sagen:

Der Fuchs ging einmal am Ufer eines Flusses spazieren und sah die Fische darin, wie sie sich in Scharen an einer

Stelle versammelten und danach gemeinsam einen neuen Ort aufsuchten. Er fragte sie: Was ist es, vor dem ihr flieht? Sie erwiderten: Das sind die Netze, die die Menschenkinder ausgelegt haben, uns darin zu fangen. Da sprach der Fuchs: Ich rate euch, kommt zu mir auf das trockene Land; da wollen wir friedlich zusammen hausen, wie auch meine Väter schon mit den eurigen gemeinsam gehaust haben. Nunmehr sprachen die Fische: Bist du es, den man den Klügsten nennt unter allen Tieren? Du bist nicht weise, sondern ein Tor zu heißen: wir sind schon voller Furcht im Wasser, das unser Element ist, und du rätst uns zu einem Platze, auf dem wir sogleich umkommen müssen! – Gleiches gilt nun von uns, den Kindern Israel. Von der Tora heißt es, daß sie uns »Leben ist und lange Daseinsdauer«*, und gleichwohl, da wir uns ihr hingeben, ergeht es uns so übel; wie muß es uns ergehen, wenn wir von ihr lassen!

3. *Zwei Weissagungen.* Rabban Gamliel, Rabbi Eleasar ben Asarja, Rabbi Josua und Rabbi Akiwa waren einst auf dem Wege nach Rom und vernahmen, noch hundertzwanzig Meilen vom Kapitol entfernt, das Brausen der großen Stadt. Die drei Rabbinen weinten; Akiwa aber lächelte. Sie sprachen: Akiwa, uns ist zum Weinen, und du kannst lachen? Er erwiderte: Sagt mir zuvor, warum ihr weint. Da sprachen sie: Sollen wir nicht weinen, wo diese Heiden, die zu den Sternen beten und vor ihren Götzen niederfallen, so sicher, unbeschwert und friedlich dahinleben?! Akiwa sagte darauf: Das eben ist es, was mich fröhlich macht: ergeht es schon denen, die den Herrn erzürnen, so herrlich, um wieviel schöner dereinst erst denen, die seinen Willen tun!
Ein anderes Mal zogen sie zu viert nach Jerusalem hinauf. Am Skopusberg angelangt, zerrissen sie ihre Kleider,

und wie sie zum Tempelberg kamen und einen Fuchs aus dem Allerheiligsten herausschlüpfen sahen, begannen sie zu weinen; nur Akiwa lächelte. Sie sprachen: Akiwa, du setzest uns in Erstaunen. Wo wir weinen, mußt du lachen! Er fragte: Warum weint ihr? Sie erwiderten: Das Haus, das unseres Gottes Fußschemel war, ging in Flammen auf, und Tiere hausen in seinen Trümmern – und wir sollten nicht weinen? Da sprach Akiwa: Aus ebendiesem Grunde lächle ich. Da waren zwei Weissagungen, die des Priesters Urija und die des Propheten Sacharja*; jener hat gesagt: »Darum wird Zion wie ein Acker gepflügt werden«*, dieser aber verheißen: »Es sollen noch fürder wohnen in den Gassen Jerusalems greise Männer und Frauen, und die Plätze der Stadt sollen voll sein von spielenden Knaben und Mädchen.«* Die Worte dieser beiden Gotteszeugen – ist das eine eingetroffen, so muß auch das andere eintreffen. Also war ich fröhlich darüber, daß Urijas Weissagung sich erfüllt hat; denn nun wird auch, was Sacharja verkündigt, am Ende Wahrheit werden! – Da sprachen die Rabbinen zu ihm: Akiwa, du hast uns getröstet.

4. *Im Gefängnis.* Man erzählt von Akiwa, daß er im Gefängnis gehalten wurde, wo Rabbi Josua ha-Garssi ihn bediente und ihm täglich ein bestimmtes Maß Wasser gab. Eines Tages stand der Wächter des Gefängnisses dabei und bemerkte: Das ist aber zu viel Wasser für den Sträfling; soll damit das Gefängnis unterspült werden? – Und er goß die Hälfte fort und gönnte dem Gefangenen nur das halbe Maß.
Als Josua ha-Garssi damit zu Akiwa kam, sprach dieser zu ihm: Weißt du denn nicht, daß ich ein Greis bin und mit allem, dessen ich bedarf, auf dich allein angewiesen? Der Jünger erklärte ihm, was geschehen war. Da sprach

Akiwa: Reiche mir Wasser, daß ich mir die Hände wasche. Josua wandte ein: Es langt ja nicht einmal dazu, den Durst zu stillen, und du willst das Wasser für die Handwaschung verbrauchen? Akiwa gab zur Antwort: Wie kann ich anders? Die Weisen sprechen den des Todes schuldig, der die Waschung unterläßt; so will ich lieber verdursten als die Satzung meiner Gefährten übertreten.
Da die Weisen das erfuhren, sagten sie: Wo er als Greis sich so gezeigt hat, wie mag er erst als Jüngling gewesen sein! Wo er im Gefängnis so die Gebote hütet, wie mag er sie erst als freier Mann gehütet haben!

5. Der Tod Akiwas. Akiwa stand vor Tinnius Rufus, dem Verruchten, der ihn richten sollte. Es war die Stunde, da man das ›Höre Israel‹* hersagt; da begann auch Akiwa es laut zu sprechen und lächelte dabei. Der Bösewicht sprach zu dem Frommen: Du Greis, bist du ein Zauberer, oder verachtest du die Marter? Akiwa gab zur Antwort: Möge deine Kraft bald dahin sein! Ich bin kein Beschwörer, auch fühle ich die Marter wohl; allein mein Lebtag pflegte ich in unserem Bekenntnis den Satz herzusagen: »Du sollst den Ewigen, deinen Gott, lieben mit ganzer Seele, ganzem Herzen und ganzem Vermögen«*, und immer betrübte es mich, daß ich diese drei Forderungen niemals zu gleicher Zeit erfüllt habe: ich liebte ihn mit allem, was ich bin, und mit allem, was ich habe; aber, mit ganzer Seele ihn zu lieben, das war mir bisher nicht vergönnt. Nun ist wieder der Augenblick da, wo ich das Bekenntnis herzusagen habe und darin die Worte: »mit ganzer Seele«; Gott aber ist daran, mir die Seele zu nehmen, und noch ist mein Sinn klar, das alles zu begreifen: darum rufe ich es aus und frohlocke lächelnd.
Er hatte noch nicht ausgeredet, als seine Seele den Leib verließ.

6. Die Weisheit bereitet ihren Tisch. Es heißt in den Sprüchen Salomos: »Die Weisheit bereitet ihren Tisch.«* Als nämlich Akiwa verschied, kam Elia der Seher, und er zusammen mit Josua ha-Garssi trugen den toten Körper die ganze Nacht hindurch, bis sie nach Antipatris bei Caesarea kamen. Sie stiegen sechs Stufen hinauf und sechs Stufen hinab, und eine Höhle tat sich vor ihnen auf. Daselbst sahen sie eine Bank und einen Stuhl, einen Tisch und eine Lampe. Sie legten den Leichnam auf das Ruhebett und gingen hinaus. Da schloß sich die Höhle von selbst, und das Licht der Lampe entzündete sich.
Wie Elia das sah, rief er aus: Selig, ihr Gerechten; selig ihr, die ihr euch der Lehre befleißigt; selig ihr Gottesfürchtigen, denen ein Platz im Garten Eden bereitet ist. Selig bist du, Akiwa, denn eine gute Herberge hast du nach dem Tode gefunden!

Entronnene

Elisa mit den Taubenflügeln

Eines Tages erließ die gottlose Obrigkeit ein Gesetz wider Israel: daß jedem, der da Gebetriemen* anlegte, der Schädel eingeschlagen werden sollte. Da war ein Mann mit Namen Elisa, der legte gleichwohl die Gebetriemen an und begab sich so auf die Straße. Ein Häscher erblickte ihn, er ergriff die Flucht, der andere eilte ihm nach und erreichte ihn. In diesem Augenblick nahm Elisa die Gebetriemen ab und verschloß sie in seiner Faust. Der Häscher fragte: Was hast du da in der Hand? Elisa erwiderte: Flügel einer Taube. Er öffnete die Hand, und da waren es wirklich Taubenflügel.

Nach dieser Begebenheit nannte man den Mann: Elisa mit den Taubenflügeln.

Raw und die Römer

Raw war auf dem Wege von Chamta nach Tiberias; da hielten römische Soldaten ihn an und fragten ihn: Zu wem gehörst du? Raw erwiderte: Zu den Leuten des Sophianus*. Da ließen sie ihn los.

Am Abend begaben sich die Männer zu Sophianus und fragten ihn: Wie lange noch willst du diese Juden beschützen? Er fragte: Was habt ihr? Sie erwiderten: Wir trafen einen Juden, fragten ihn, wem er angehöre, und er erwiderte, er sei einer von den Leuten des Sophianus. Da fragte Sophianus: Und was habt ihr darauf unternommen? Sie sagten: Wir haben ihn ziehen lassen. Er sagte darauf: Daran habt ihr gut getan.

Also: schon wer sich einem Manne anbefiehlt, der nur

Fleisch und Blut ist, dem ergeht es so gut; um wieviel mehr erst einem, der sich anbefiehlt dem Heiligen, gelobt sei er! Es steht geschrieben: »Wer des Herrn Namen anruft, wird gerettet werden.«*

Rabbi Meirs Flucht

Nach Rabbi Meir wurde von Staats wegen gefahndet; da wurde er flüchtig. Er kam an einem Laden vorbei, der Aramäern gehörte, und die aßen gerade Fleisch von jenem Tier, das den Juden zum Genuß verboten ist. Sie blickten auf, sahen den Mann und sprachen: Ist er es, oder ist er es nicht? Aber, ob er es ist oder nicht, das erkennen wir am besten, wenn wir ihn auffordern, unser Mahl zu teilen.

Was tat Rabbi Meir? Er tauchte einen Finger in das Schweineblut, steckte aber einen anderen Finger in den Mund und sog daran, während die Leute glaubten, er habe wirklich von dem Blut gekostet. Sie sprachen denn auch: Wäre dieser Mann Rabbi Meir, er hätte nie und nimmer so gehandelt.

Also ließen sie ihn laufen, und er entkam.

Die Auslieferung eines Verfolgten

Ulla bar Kuschaw wurde vor den römischen Kaiser gefordert, um gerichtet zu werden; er aber ergriff die Flucht und hielt sich zu Ludd, bei Rabbi Josua ben Levi, verborgen. Da kamen die Söldner des Kaisers, umzingelten die Stadt und drohten: Wenn ihr den Mann nicht ausliefert, zerstören wir diesen Ort. Also begab sich Rabbi Josua zu Ulla und redete ihm zu, sich zu ergeben, damit nicht um seinetwillen alle Einwohner umkämen; Ulla stimmte dem zu, und Josua ben Levi lieferte ihn aus.

Nun hatte es der Prophet Elia, seinem Andenken Heil, zur Gepflogenheit, dem Rabbi Josua zu erscheinen und sich mit ihm zu unterreden; aber seit jenem Vorkommnis zeigte er sich ihm nicht mehr. Rabbi Josua ben Levi fastete darum vierzig Tage, und am Ende erschien der Prophet wieder vor ihm. Der Rabbi fragte: Warum ist mein Herr so lange ausgeblieben? Elia erwiderte: Bin ich ein Genosse von Verrätern? Der Rabbi sagte: Habe ich nicht getreu einer Lehre gehandelt?* Elia gab zur Antwort: Ja, aber darf ein wahrhaft Frommer nach dieser Lehre handeln?

Von Simeon ben Jochai und seinem Sohne Eleasar

1. *Juda ben Gerim.* Einst saßen Rabbi Juda, Rabbi Josse und Rabbi Simeon ben Jochai beieinander, und auch ein Mann namens Juda ben Gerim, das ist: der Sohn von Neubekehrten, war daselbst. Da hob Rabbi Juda an und sprach: Wie herrlich ist es doch, was die Römer geschaffen haben! Sie haben Straßen gebaut, Brücken gelegt und Badehäuser eingerichtet. Rabbi Josse schwieg zu diesem Lobe. Rabbi Simeon ben Jochai aber sprach: Was sie geschaffen haben, haben sie nur zu ihrem eigenen Nutzen geschaffen – Straßen gebaut für die Huren, Badehäuser zu ihrer Ergötzung, Brücken, um Zoll erheben zu können. Da machte sich Juda ben Gerim auf und erzählte ihre Worte weiter, bis sie der Obrigkeit zu Ohren kamen. Diese entschied: Rabbi Juda, der uns so hoch gepriesen hat, soll selber hoch steigen; Josse, der da stumm geblieben ist, werde nach Sepphoris verbannt; Simeon ben Jochai aber, der uns geschmäht hat, möge sterben!

2. *In der Verborgenheit.* Simeon ben Jochai verbarg sich mit seinem Sohne Eleasar in einem Lehrhause, und sein

Weib brachte ihnen Tag um Tag ein Brot und einen Krug Wasser, und sie nährten sich davon. Da aber die Verfolgungen zunahmen, sprach Simeon ben Jochai zu seinem Sohne: Die Frauen haben einen leichten Sinn; es könnte sein, daß die meinige, wenn man sie hart bedrängte, alles verriete. Also zogen sie davon und hielten sich versteckt in einer Höhle.

Hier widerfuhr ihnen ein Wunder. Ein Johannisbrotbaum erwuchs mitten in der Höhle, und eine Quelle tat sich auf. Ihre Kleider legten sie ab und saßen bis an den Hals im Sande. Wenn die Betenszeit kam, zogen sie sie an, bedeckten sich und verrichteten das Gebet; danach taten sie ihr Gewand abermals ab, um es zu schonen.

Zwölf Jahre blieben sie in dieser Höhle.

Da erschien der Prophet Elia am Eingang des unterirdischen Raumes und rief aus: Ach wenn doch einer dem Sohne Jochais verkünden möchte, daß der Römerkaiser tot ist und sein Befehl nicht mehr gilt!

3. *Die Heimkehr.* Als die beiden Geretteten die Höhle verließen, sahen sie die Menschen, die pflügten und säten. Da sprach der Vater zu seinem Sohne: Siehe, sie kehren sich nicht an das ewige Leben und gehen weltlichen Dingen nach. Jedwede Stätte nun, auf die die beiden ihren Blick richteten, ging in Flammen auf. Da erscholl eine Stimme vom Himmel und rief: Seid ihr ausgezogen, um meine Welt zu vernichten? Kehrt zurück in eure Höhle!

Also machten sich die beiden wieder auf den Rückweg und verblieben noch zwölf Monate in der Höhle. Danach sprachen sie: Werden doch selbst die Sünder nur zwölf Monate in der Hölle gehalten! In diesem Augenblick ließ sich wieder eine Stimme vom Himmel vernehmen und rief: Geht aus der Höhle! Und sie verließen den Ort.

Es war Rüsttag zum Sabbat. In der Dämmerung sahen

sie einen Greis laufen, der trug zwei Myrtensträuße in der Hand. Sie fragten ihn: Was soll dir die Myrte? Der Alte gab zur Antwort: Dem Sabbat zu Ehren bringe ich sie nach Haus. Sie fragten abermals: Ist es an *einem* Strauße nicht genug? Der Greis erwiderte: Ist doch das Sabbatgebot zweimal an uns ergangen; das eine Mal heißt es: »*Gedenke* des Sabbattages, daß du ihn heiligest«*, das andre Mal: »*Hüte* den Sabbattag, daß du ihn heiligest!«* Nunmehr sprach Rabbi Simeon zu seinem Sohne: Sieh doch, wie Israel die Gebote heilig sind! – Und Ruhe kehrte ein in ihr Herz.

4. Nach der Rückkehr. Rabbi Pinehas ben Jair, der Tochtermann Ben Jochais, hörte von seiner Wiederkunft, zog ihm entgegen und führte ihn ins Bad. Er reinigte seinen Leib und sah, wie die Haut des Zurückgekehrten rissig und rauh geworden war von dem langen Aufenthalt in der Höhle. Da sprach er zu Simeon: Weh mir, daß ich dich in diesem Zustande sehen muß! Rabbi Simeon aber antwortete: Heil dir, daß du mich so sehen durftest! Schautest du diese Risse nicht an mir, du fändest in mir auch nicht solche Torakunde. Zuvor nämlich war es so gewesen, daß, wenn Rabbi Simeon eine Gesetzesfrage stellte, Rabbi Pinehas zwölf Antworten darauf zu geben wußte; jetzt war es so, daß Rabbi Simeon auf eine einzige Frage des Rabbi Pinehas vierundzwanzig verschiedene Antworten erteilte. – –
Als danach Rabbi Simeon auf die Straße ging, erblickte er den Juda ben Gerim. Da rief er aus: Dieser Mann wandelt noch auf Erden!! – Er richtete seinen Blick auf den Frevler, und der wurde zu einem Haufen Gebeine.

Die Auslösung des Ismael ben Elisa

Als Rabbi Josua ben Chananja nach Rom gekommen war, in die große Stadt, da sagte man ihm: Im Gefängnis hier wird ein Knabe gehalten, der hat schöne Augen, ist lieblich anzusehen, und seine Locken sind gekräuselt. Der Rabbi begab sich an den Platz, blieb vor der Tür des Gefängnisses stehen und rief die Worte Jesajas hinauf: »Wer hat Jakob den Plünderern übergeben und Israel den Räubern?«* Da rief ihm jener Knabe zur Antwort die weiteren Worte des Propheten zu: »Hats nicht der Herr getan, an dem wir gesündigt haben? Denn sie wollten auf meinen Wegen nicht wandeln und gehorchten meinem Gesetz nicht.«*

Nunmehr sprach der Rabbi: Ich bin gewiß, in diesem Knaben steckt ein künftiger Lehrer des Gesetzes in Israel. Beim heiligen Dienst! Ich weiche nicht von der Stelle, ehe ich ihn nicht ausgelöst habe um alles Geld, das man von mir fordern wird!

Man erzählt: Rabbi Josua verließ den Platz nicht eher, als bis er den Knaben um eine hohe Summe losgekauft hatte. Danach verfloß nur eine kurze Zeit, und der Knabe lehrte selbst das Gesetz in Israel.

Wer aber war dieser Knabe? Ismael ben Elisa.

Trauer und Hoffnung

Vom nächtlichen Weinen

»Sie weint des Nachts, daß ihr die Tränen über die Wangen laufen«*, heißt es in den Klageliedern.
Wer des Nachts weint, dessen Klage ist weithin zu vernehmen; wer des Nachts weint, mit dem weint jeder mit, der die Stimme hört; wer des Nachts weint, mit dem gemeinsam weinen die Sterne und die Planeten.
In der Nachbarschaft des Rabban Gamliel wohnte eine Frau; der starb ihr Sohn, welcher wie ein König im Hause gewesen war, und sie weinte um ihn in der Nacht. Rabban Gamliel hörte ihr Schluchzen, er mußte an die Zerstörung des Heiligtums denken und weinte mit ihr so heftig, daß ihm die Wimpern ausfielen.

Die Stimme in der Ruine

Rabbi Josse erzählte:
Eines Tages war ich unterwegs, und die Zeit des Gebetes kam heran; da trat ich in eines der zerfallenen und verlassenen Häuser Jerusalems ein, um dort zu beten. Indes kam der Prophet Elia, Heil seinem Andenken, herbei und harrte meiner am Eingang, bis ich das Gebet beendet hatte. Hernach bot er mir den Friedensgruß, und ich erwiderte: Friede mit dir, mein Lehrer und Meister!
Er fragte mich: Hast du nicht eine Stimme in dieser Ruine gehört? Ich erwiderte: Ich hörte einer Stimme Hall, die seufzte wie eine Taube und sprach: Wehe den Söhnen, um deren Sünde willen ich mein Haus zerstört, meinen Tempel verbrannt und die ich zerstreut habe unter die Völker!

Da sagte er mir: Bei deinem Leben und bei deinem Haupte! Nicht allein zu dieser Stunde läßt diese Stimme sich vernehmen, sondern dreimal an jedem Tag. Und überdies: wann immer die Gemeinde Israels sich in den Bethäusern und Lehrstätten zusammenfindet und in den Ruf einstimmt: Amen, es sei sein gewaltiger Name gepriesen! – da schüttelt der Heilige, gelobt sei er, sein Haupt und spricht: Heil dem König, dem man also huldigt, da er noch in seinem Palaste weilt! Doch was gilt dies einem Vater, der seine Kinder verbannt hat! Wehe den Söhnen, die verbannt wurden vom Tische ihres Vaters!

In Bethlehem und in Jerusalem

Erste Geschichte: Das Messiasknäblein und Elia. Einstmals war Elia, der Seher, seines Weges gegangen – es war der Tag, an dem der Tempel fiel – und hörte eine Stimme rufen und weheklagen: Verwüstet wird das Heiligtum des Herrn, die Söhne des Königs werden gefangengenommen, die Gemahlin des Königs wird Witwe werden! Wie Elia diese Kunde vernahm, wollte er die ganze Welt zerstören. Er schritt weiter und sah im Felde die Leute ackern und säen. Da sprach er zu ihnen: Der Herr zürnt seiner Welt, er will sein Haus in Trümmer legen und seine Kinder unter die Völker vertreiben, und ihr übt geruhig euer Tagewerk aus? Da erscholl eine Stimme vom Himmel und rief: Laß sie ihre Arbeit tun; Israel ist bereits sein Retter geboren. Elia fragte: An welchem Orte ist er geboren? Es ward ihm die Antwort: Zu Bethlehem im jüdischen Lande.
Also begab sich Elia nach Bethlehem. Da er dorthin kam, fand er ein Weib vor der Tür ihres Hauses sitzen, und vor ihr lag ein Knäblein, noch blutig vom Mutterleib. Elia fragte die Frau: Tochter, hast du diesen Sohn

geboren? Sie erwiderte: So ist es. Elia sprach weiter: Warum lässest du ihn aber im Blute liegen? Das Weib antwortete: O des großen Unglücks! Ist er doch an dem Tage geboren, da das Heiligtum zerstört worden ist. Darauf sprach Elia: Tochter, steh auf und nimm dich des Knaben an; durch ihn wird euch dereinst noch großes Heil beschieden werden. Da gehorchte das Weib und hob das Kind auf. Elia gab ihr Kleider, daß sie den Knaben darein hülle, und Zieraten, daß sie ihn schmücke, allein das Weib wollte sich nichts schenken lassen. Der Seher sprach: Nimm, was ich dir gegeben; es dauert nicht lange, und ich hole mir das Geld dafür. Und er verließ die Mutter des Kindes und wanderte weiter.

Wie fünf Jahre vergangen waren, sprach Elia bei sich: Ich will mich aufmachen und nach dem Erlöser Israels schauen, ob er wohl einem Könige gleichen mag oder einem von den Engeln, die vor dem Herrn Dienst tun. Und er ging hin nach Bethlehem und fand abermals das Weib vor der Türe ihres Hauses sitzen, und wieder lag der Knabe vor ihr. Elia sprach zu ihr: Tochter, wie stehts um deinen Sohn? Das Weib antwortete: Mein Herr, sagte ich dirs nicht, daß er unter einem Unglücksstern geboren ist; der Tag seiner Geburt war der Tag, da der Tempel in Brand gelegt wurde. Und siehe: er hat Füße und kann nicht gehen, er hat Augen und kann nicht sehen, er hat Ohren und kann nicht hören, er hat einen Mund und kann nicht sprechen, und immer liegt er da gleich einem Stein.

Wie aber das Weib noch redete, erhoben sich Winde von allen vier Enden der Welt; sie trugen den Knaben fort und warfen ihn ins große Meer. Da zerriß Elia seine Kleider, raufte sich die Haare und rief: Wehe, dahin ist das Heil Israels! Doch abermals erscholl eine Stimme vom Himmel, die rief: Was du wähnst, ist falsch. Vierhundert Jahre soll der Knabe im Meere wohnen; achtzig Jahre wird er an den Rauchstätten zubringen, wo die Kinder Korahs* schmachten; achtzig Jahre wird er vor den Toren Roms sitzen. Und hernach wird er alle großen Reiche durchstreifen, bis daß die Zeit des Endes gekommen ist.

Zweite Geschichte: Menahem ben Amiel. Es wird erzählt, daß an dem Tage, da die Feinde in die Heilige Stadt eindrangen und den Tempel anzündeten, weitab von Jerusalem ein Mann seinen Acker pflügte. Da geschah es mit einemmal, daß die Kuh, die den Pflug zog, sich zur Erde niederwarf und nicht weiterpflügen wollte; auch heulte sie laut. Darob erschrak der Mann überaus. Er schlug das Tier, trieb es an, daß es arbeiten sollte, allein es wollte nicht gehorchen und warf sich immer wieder auf die Erde. Wie der Mann das Tier so peitschte, hörte er eine Stimme rufen: Weshalb peinigst du die Kuh? Laß ab von ihr; klagt sie doch nur darum, weil das Haus Gottes heute verbrannt worden ist. Als der Mann das vernahm, zerfetzte er seine Kleider, raufte sich die Haare und schrie laut; er bedeckte sein Haupt mit Asche, weinte und rief: Wehe mir, wehe mir!
Aber nachdem einige Stunden vergangen waren, richtete sich die Kuh wieder auf und tanzte voller Freude umher. Da wunderte sich der Mann über die Maßen; doch bald hörte er eine Stimme, die rief: Spanne die Kuh wieder ins Joch und ackre weiter, denn eben ist der Gesalbte geboren. Wie der Mann das hörte, wusch er sein Angesicht und stand freudig auf; er ging in sein Haus, holte Seidenbänder, wie sie für Wickelkinder gebraucht werden, und begab sich nach Jerusalem. Dort angekommen, hängte er sich die Bänder um die Arme und rief in den Straßen: Wer kauft eine Wickelschnur für seinen

Neugeborenen, Sohn oder Tochter? Das hörte die Nachbarin der Messiasmutter und sprach zu dem Fremdling: Geh nach dem und dem Hause, daselbst ist vor kurzem ein Knabe geboren worden.
Da ging der Mann hin, kam in das Haus und sprach zu der Mutter des Kindes: Kaufe deinem Sohne ein Band. Das Weib antwortete: Ich mag ihm nichts kaufen, denn er ist an dem Tage geboren worden, an dem der Tempel zerstört worden ist; verflucht der Tag seiner Geburt! – Aber der Mann trat an den Knaben heran, küßte sein Haupt, legte das Band für ihn hin und tröstete seine Mutter. Alsdann ging er heim.
Als aber der Mann einst wieder nach Jerusalem kam und das Haus betrat, erhob die Mutter des Knaben ihre Stimme und sprach: Dahin ist mein Trost, Menahem* ist hinweggenommen worden!

Von den Tagen des Messias

Die Schüler des Rabbi Josse ben Kisma fragten ihren Lehrer: Wann wird der Sohn Davids kommen? Der Meister antwortete: Ich will es euch nicht offenbaren, denn ihr werdet verlangen, daß ich euch ein Zeichen für die Richtigkeit meiner Worte gebe. Die Schüler sprachen: Wir wollen keinerlei Zeichen von dir haben.
Da sagte der Lehrer: Wenn dieses Tor hier eingestürzt und neu erbaut sein wird, wenn es abermals zerstört und aufgebaut sein wird und dann zum dritten Male verfallen wird, so wird, ehe das Tor wieder aufgerichtet ist, der Sohn Davids kommen. Hierauf sprachen die Schüler: Meister, gib uns ein Zeichen, daß deine Worte zutreffen. Der Lehrer erwiderte: Sagtet ihr nicht, daß ihr von mir keinerlei Zeichen fordern würdet? Die Schüler sprachen: Dennoch möchten wir eins haben. Der Sohn Kismas

sagte: So möge das Wasser der Quelle Panias, der der Jordan entspringt, zu Blut werden. Und das Wasser der Quelle ward alsbald zu Blut.
Als der Lehrer verscheiden sollte, sprach er zu seinen Jüngern: Vergrabt meinen Sarg tief in der Erde, denn es wird keinen Baum in Babel geben, an dem nicht eines Persers Roß angebunden sein wird, und es wird keinen Sarg im Lande Israel geben, der nicht für die Pferde der Meder als Krippe wird dienen müssen.

Vor den Toren Roms

Rabbi Josua, der Sohn Levis, fand einst den Propheten Elia am Eingang zur Höhle des Rabbi Simeon ben Jochai. Josua fragte den Seher: Werde ich das künftige Leben erlangen? Elia antwortete: So es unserem Herrn gefallen wird. Der Sohn Levis sah zwei Männer vor sich; aber noch eines Dritten Stimme war zu hören. – Die Majestät Gottes weilte unter ihnen. –
Ben Levi fragte den Propheten weiter: Wann wird der Messias kommen? Der Seher erwiderte: Du mußt ihn selbst darum befragen. Rabbi Josua sprach: Wo befindet er sich? Elia entgegnete: Er sitzt vor den Toren Roms. Josua fragte: Woran erkenne ich ihn? Der Prophet antwortete: Er ist unter den Armen, mit Schwären Behafteten. Alle Siechen außer ihm machen die Leinwand von ihren Wunden auf einmal ab und verbinden sie darauf frisch. Der Messias allein verbindet erst die eine Wunde, bevor er von der anderen den Streifen löst. Er spricht: Vielleicht werde ich gerufen; ich will mich nicht versäumen.
Also zog Rabbi Josua nach dem Orte, wo der Messias weilte. Er trat vor ihn und sprach: Friede sei mit dir, mein Herr und Meister! Der Gesalbte erwiderte: Friede

sei mit dir, du Sohn Levis. Josua fragte: Wann wird meines Herrn Ankunft erfolgen? Der Messias antwortete: Ich komme noch heute.
Hierauf kehrte Rabbi Josua zu Elia zurück. Der Seher fragte ihn: Was hat der Gesalbte dir verkündet? Josua antwortete: Er sagte: Friede sei mit dir, du Sohn Levis. Elia sprach: Mit diesem Gruße hat er sowohl dir als deinem Vater das ewige Leben verheißen. Josua sprach weiter: Was er mir aber sonst gesagt hat, das ist nicht wahr. Er sagte, er würde heute noch kommen, und er ist nicht gekommen. Darauf sprach der Prophet: Er meinte es so: Ich komme noch heute, wenn ihr auf die Stimme Gottes hört.

Zweites Buch

Die Lehre

Die vier Ellen der Halacha

Seit dem Tage, da das Heiligtum zerstört wurde, hat der Heilige, gelobt sei er, in seiner Welt nichts anderes mehr als allein die vier Ellen der Halacha*.
Abbaje sprach: Anfangs pflegte ich so zu verfahren, daß ich zu Hause das Gesetz lernte, in den Tempel aber beten ging; nun ich jenen Ausspruch gehört habe, bete ich an keinem anderen Orte mehr als da, wo ich der Lehre obliege.
Obwohl es dreizehn Bethäuser in Tiberias gab, verrichteten Rabbi Ammi und Rabbi Assi ihr Gebet nur innerhalb der Säulen des Lehrhauses, wo sie studierten.

Wort und Tat

Rabbi Tarphon und die Ältesten alle waren in der Oberstube des Hauses Nitesa zu Ludd versammelt. Da wurde die Frage aufgeworfen: Was ist bedeutender: die Lehre oder das Tun? Rabbi Tarphon antwortete darauf und sprach: Das Tun ist die Hauptsache. Rabbi Akiwa aber antwortete entgegengesetzt: Die Lehre geht vor.
Und alle bekannten einhellig: Die Lehre geht vor, denn die Lehre führt zur Tat.

Hillel und Schewna

Hillel und Schewna waren Brüder. Hillel widmete sich der Tora, Schewna dem Handel. Am Ende sprach Schewna zu Hillel: Wollen wir unsere Sache gemeinsam betreiben und den Erlös miteinander teilen?*

Da erscholl eine Stimme vom Himmel, die sprach: »Wenn einer alles Gut in seinem Hause um die Liebe geben wollte, so gölte es nichts.«*

Handwerk und Lehre

Elia, seinem Andenken Heil, erzählte:
Einst, als ich meiner Straße ging, begegnete mir ein Mann, der fing an mich zu verhöhnen und zu verspotten. Ich sagte ihm darauf: Mein Sohn! Was wirst du am Tage des Gerichts erwidern können, wenn man dir vorhält, daß du dich der Tora nicht beflissen hast? Der Mann antwortete: Ich kann sagen, daß mir der Himmel nicht den Verstand, die Einsicht und das Herz dazu gegeben hat.
Da fragte ich ihn: Mein Sohn, was treibst du für ein Handwerk? Er entgegnete: Ich bin ein Vogelsteller und Fischefänger. Ich fragte ihn: Wer hat dir den Verstand und den Sinn dafür verliehen, Flachs zu Fäden zu spinnen, aus dem Garn Netze zu stricken und darin Fische und Vögel zu fangen, die du dann verkaufst? Er gab zur Antwort: Das hat mir der Himmel zuteil werden lassen. Da sagte ich ihm: Den Verstand und das Herz, Netze zu fertigen und auszuwerfen, den hast du vom Himmel, und den für die Tora nicht, von der es doch heißt: »Gar nahe bei dir ist das Wort.«*
Da ging der Mann in sich; er erhob seine Stimme und weinte.

Gnade an Toten

Rabbi, der heilige Fürst, hat gelehrt: Werktätige Liebe geht der Lehre vor. In der Dachkammer aber des Hauses Aris zu Ludd wurde gelehrt: Die Lehre geht der werktätigen Liebe voran. Die Rabbinen von Cäsarea haben dazu gesagt: Die Lehre geht der werktätigen Liebe voran, wenn an Ort und Stelle sonst jemand ist, der diese übt; ist aber keiner am Ort, der sich der guten Werke befleißigen kann, so geht die werktätige Liebe der Lehre voran.

Rabbi Abahu aus Caesarea schickte seinen Sohn, Rabbi Chanina, nach Tiberias, daß er sich daselbst der Lehre befleißige. Ihm wurde aber berichtet, sein Sohn übe statt dessen Barmherzigkeit an Toten.* Da ließ er ihm sagen: Gab es etwa in Cäsarea keine Gräber*, daß ich dich dieserhalb nach Tiberias hätte senden müssen?

Rabbi Chija, Rabbi Josse und Rabbi Immi versäumten einmal die Stunde, zu der sie vor ihrem Meister Rabbi Eleasar zu erscheinen hatten. Da fragte er sie: Wo seid ihr gewesen? Sie erwiderten: Wir haben an einem Toten Gnade geübt. Er fragte weiter: War denn sonst keiner da, der das hätte tun können? Sie antworteten ihm: Der Mann war ein Fremdling und hatte keinen Anverwandten.

Heilsamkeit der Lehre

Es war einmal ein Mann, der hatte eine schwere Zunge und stotterte. Er kam mit seinem Gebrechen vor Rabbi Jochanan, und der verwies ihn an Rabbi Chanina.

Dieser aber sprach zu ihm: Bereue alles, was du mit der Zunge gesündigt hast, und forsche in der Tora, von der da geschrieben steht: »Heilsam der Zunge, ein Lebensodem.«*

Sechstagewerk und Vierzigtagewerk

Einmal wanderte Rabbi Jochanan von Tiberias nach Sepphoris, und sein Jünger Chija bar Abba stützte ihn beim Gehen. Sie kamen an ein Feld, und Rabbi Jochanan sprach: Dieses Feld war mein Eigentum, und ich habe es verkauft, weil ich mich der Tora widmen wollte. Sie gingen an einem Olivenhain vorüber, und Rabbi Jochanan sprach: Dieser Olivenhain war mein Besitz, und ich habe ihn veräußert, denn ich wollte mich der Tora hingeben. Sie erreichten einen Weinberg, und Rabbi Jochanan sprach: Dieser Weinberg gehörte mir, aber ich habe ihn um Geld weggegeben, da es mich danach verlangte, der Tora zu leben.

Da begann Rabbi Chija zu weinen. Der Meister fragte ihn: Warum weinst du? Der Jünger erwiderte: Ich weine darum, weil du dir nichts übriggelassen hast für die Tage deines Alters. Aber Rabbi Jochanan sprach: Mein Sohn Chija, wiegt es dir nichts, daß ich etwas verkauft habe, was in sechs Tagen vollendet ward, um mir dafür etwas zu erwerben, was vierzig Tage zur Vollendung brauchte? Die Welt und alles, was sie enthält, wurde in sechs Tagen geschaffen; Mose aber, da er die Tora empfing, blieb allda vierzig Tage und vierzig Nächte ...

Tag- und Nachtstudium

Ein Weiser hat gesagt: Die Nacht ist zu nichts anderem bestimmt als zum Schlafen. Ein anderer Weiser sagte dagegen: Der Mond ist nur darum erschaffen worden, damit man bei seinem Scheine der Lehre obliege.

Man sagte zu Rabbi Sera: Wie scharf sind deine Deutungen! Er erwiderte darauf: Sie sind auch am Tage entstanden.

Als wiederum die Tochter des Raw Chisda zu ihrem Vater sprach: Möchte der Meister nicht ein wenig schlafen? antwortete dieser: Nur zu bald kommen die Tage heran, die lang sind und kurz sind – lang zum Schlafen und kurz für die Lehre –, da werden wir genugsam schlafen. Er meinte den Tod.

Ablenkung

Raw Nachman bar Isaak sprach: Die Lehre erfordert einen klaren Sinn, wie man ihn an einem Tage hat, da der Wind von Norden weht.

Abbaje sprach: Wenn mir meine Mutter nur den Auftrag gab: Gib mir Milchbrei – so war ich schon abgelenkt und konnte nicht mehr weiter in der Lehre forschen.

Raba sprach: Wenn mich eine Laus biß – es war mir nicht mehr möglich, weiterzustudieren ...

Die Sünde wider den Geist

Rabbi Simeon ben Jochai hat gelehrt: Wenn ganze Städte im Lande Israel vom Erdboden verschwunden sind, so deshalb, weil sie den Stand der Schreiber und Kleinkinderlehrer verkümmern ließen. So sagt auch der Prophet: »Warum wird das Land verderbt und verheert wie eine Wüste, da niemand wandelt? Darum, daß sie meine Lehre verlassen ...«*

Rabbi Juda ha-Nassi schickte Rabbi Chija, Rabbi Assi und Rabbi Ammi aus, daß sie die Städte im Lande Israel besuchen und überall Schreiber und Kleinkinderlehrer einsetzen sollten. Einmal kamen sie an einen Ort, da fanden sie weder Schreiber noch Lehrer. Sie sprachen: Führt uns die Stadtwächter vor. Man ließ die Männer, die vor den Toren Wache hielten, vor den Meistern erscheinen, und diese sprachen zu ihnen: Ihr wollt Stadtbewahrer sein? Ihr seid Stadtzerstörer! Da fragten die Wächter: Und wer ist in Wahrheit ein Hüter der Stadt zu nennen? Die Weisen erwiderten: Das sind allein die Schreiber und die Kinderlehrer.

Im Namen des Rabbi Samuel ben Isaak wird der Ausspruch überliefert: Alle Sünden hat der Herr den Kindern Israel nachgesehen – Götzendienst, Unzucht und Totschlag; aber eines verzieh er ihnen nicht: daß sie die Tora verachtet haben.

Wahrer Adel

Dem Meister Rabbi Pereda wurde angesagt: Vor der Pforte des Lehrhauses steht Rabbi Esra, der Sohnessohn des Rabbi Awtolmos, der im zehnten Geschlecht von Rabbi Eleasar ben Asarja abstammte, als welcher seinerseits das zehnte Kindeskind Esras* war. Der Meister erwiderte: Wozu alle diese Worte? Ist er ein Jünger der Tora, so ist er willkommen; ist er ein Jünger der Tora und zugleich ein Sproß berühmter Väter, so ist er willkommen; ist er ein Sohn verdienter Väter, aber kein Sohn der Tora, so mag ihn ein Feuer verzehren!
Da sagten sie zu ihm: Er ist ein Jünger der Tora. Nunmehr sprach der Meister: Er trete ein!

Draußen und drinnen

Einmal hatte Akiwa es versäumt, rechtzeitig ins Lehrhaus zu kommen; also blieb er draußen, vor dem Lehrhause, sitzen. Drinnen wurde eine Gesetzesfrage gestellt; da hieß es: Das Gesetz ist draußen. Abermals wurde eine Frage aufgeworfen; da sagte man: Die Tora ist draußen. Eine dritte Frage wurde erörtert; da sagten sie: Akiwa ist draußen; macht ihm Platz.
Und Akiwa trat ein und setzte sich zu den Füßen Rabbi Eliesers nieder.

Die Stätte der Tora

Erste Geschichte: Von Rabbi Josse ben Kisma.
Rabbi Josse ben Kisma erzählt:
Einmal war ich auf Reisen; da begegnete mir ein alter

Mann. Er bot mir den Friedensgruß, und ich erwiderte ihn ihm. Er fragte mich: Rabbi, wo bist du zu Hause? Ich erwiderte: Ich komme aus einer großen Stadt, wo Weise und Schriftgelehrte wohnen. Da sagte er: Rabbi: Möchtest du dich vielleicht an unserem Orte niederlassen? Ich würde dir tausend mal tausend Goldstücke dafür geben, dazu kostbare Steine und Perlen.

Aber ich gab zur Antwort: Mein Sohn, und wenn du mir alles Silber und Gold, alle Edelsteine und Perlen, die es in der Welt gibt, verehrtest – ich wohne nirgend anders als an einer Stätte der Tora. Denn in der Stunde, da der Mensch verscheidet, geleiten ihn weder Silber noch Gold, weder edle Steine noch Perlen, sondern allein die Tora und die guten Werke, die er auf Erden vollbracht hat.

Zweite Geschichte: Von Rabbi Eleasar ben Arach.

Nach dem Tode des Rabban Jochanan ben Sakkai zogen vier seiner Jünger nach Jawne; der fünfte aber, Eleasar ben Arach, kehrte zu seinem Weibe heim nach Emmaus, einem Orte mit gutem Wasser und grünen Triften. Er wartete darauf, daß seine Gefährten ihn aufsuchten – war er doch der Weiseste unter ihnen gewesen –, aber sie erschienen nicht. Da sie nun ausblieben, dachte der Rabbi sich zu ihnen zu begeben, aber sein Weib ließ es nicht zu. Sie sprach: Wer braucht wen? Die Mäuse und der Speisebehälter – kommt die Maus zum Behälter oder der Behälter zur Maus? – Also hörte Rabbi Eleasar auf die Stimme seines Weibes und blieb bei ihr so lange, bis er alles vergaß, was er gelernt hatte.

Ein Weiser hat gesagt: Begib dich nur an eine Stätte der Tora; wähne nicht, die Lehre folge dir von selbst; deine Genossen im Lernen sinds, die die Lehre dir erhalten; auf den Verstand allein darfst du dich nicht verlassen.

Man erzählt, Rabbi Eleasars Gefährten hätten für ihn um Erbarmen gefleht, so daß die Weisheit in ihn zurückkehrte.

Die Herberge der Schriftgelehrsamkeit

Raw Joseph verbrachte vierzig Tage im Fasten, damit die Tora ihm und allen seinen Nachkommen verbleibe. Nach Ablauf der vierzig Tage wurde ihm im Traume das Prophetenwort vorgelesen: »Meine Worte, die ich in deinen Mund gelegt habe, sollen von deinem Munde nicht weichen ...«* Er fastete abermals vierzig Tage und träumte, man läse ihm weiter vor: »... noch von dem Munde deiner Kinder ...« Danach fastete er noch einmal vierzig Tage, und im Traume las man ihm den Satz bis zu Ende vor: »... noch aus dem Munde deiner Kindeskinder.«*

Da sprach er: Hinfort habe ich nichts mehr nötig; die Tora wird immer wieder einkehren da, wo ihre Herberge ist!

Um den rechten Sinn

Die Berufung Hillels

1. Eines Jahres fiel der vierzehnte Nissan* auf einen Sabbat, und den damaligen Vorstehern, aus dem Hause Betera, war es auf einmal nicht mehr gewiß, ob man der Vorbereitung des Passah-Opfers* zulieb die Sabbatruhe durchbrechen dürfe. Da sprachen sie: Hier lebt ein Mann aus Babel, Hillel mit Namen, der als Jünger dienend bemüht war um die Meister Schemaja und Awtalion; freilich, wer weiß, ob wir ihn um den rechten Rat befragen können. Gleichwohl ließen sie nach ihm senden, beschieden ihn vor sich und sprachen zu ihm: Hast du jemals gehört, ob, wenn der vierzehnte Nissan auf einen Sabbat fällt, das Gebot des Passah-Opfers das der Sabbatruhe verdränge oder nicht? Er erwiderte ihnen: Ist denn dieses der erste Fall eines Opfers am Sabbat? Gibt es nicht alljährlich unzählige solcher Opfer? Das tägliche und das Zusatzopfer am Sabbat, das des Neumondstages, das des Festtages, der auf einen Sabbat fällt, und andere mehr! Sie erwiderten ihm: Wir haben uns gleich gesagt, was kann schon von einem Manne wie du groß zu erhoffen sein!
Da versuchte er ihnen, was er gesagt hatte, durch schlüssige Beweise darzutun, indem er vom Greifbaren auf das Entfernte schloß und gleichen Tatbestand oder gleichen Wortlaut der Gebote für sich selber sprechen ließ. Sie aber erwiderten ihm wie zuvor: Wir haben es uns schon gesagt: was kann man von einem, der aus Babel kommt*, viel erwarten! Denn zu jedem der Gründe, die du angeführt hast, gibt es einen Gegengrund. – Obwohl er nun den ganzen Tag über bei ihnen weilte und sie aus der

Schrift belehrte, wollten sie die Belehrung von ihm nicht annehmen, bis er am Ende ausrief: Möge das und das über mich kommen, wenn ich es nicht so, wie ich es euch vortrage, von Schemaja und Awtalion gehört habe!
Als sie diese Worte von ihm vernahmen, erhoben sie sich und wählten ihn zu ihrem Oberhaupt*.

2. Hernach aber begann Hillel, sie mit Scheltreden zurechtzuweisen. Er sprach: Warum ist es mit euch dahin gekommen, daß ihr auf einen Babylonier angewiesen seid? Weil ihr als Jünger nicht dienend bemüht wart um die zwei Großen der Zeit, die in eurer Mitte geweilt haben: Schemaja und Awtalion!
Da er sie aber mit diesen Worten verspottete, entschwand ihm plötzlich die Kenntnis des Gesetzes. Sie fragten ihn: Was ist zu tun? Das Volk hat am Vorabend des Sabbats vergessen, Schlachtmesser mitzubringen. Er erwiderte: Ich habe auch diesen Gesetzesfall bei den Meistern gelernt, die Entscheidung aber vergessen; doch überlaßt es ruhig den Männern aus dem Volke selbst, sind sie doch, wenn auch keine Propheten, so doch Abkömmlinge von Propheten!
Und wirklich: wer ein Lamm darzubringen hatte, der hatte das Messer in die Wolle gesteckt, und wer ein Zicklein brachte, hatte das Messer an die Hörner gebunden und führte es so mit sich. Als Hillel sah, wie die Leute verfahren waren, erinnerte er sich auch der Gesetzesbestimmung und sprach: Eben das haben mich Schemaja und Awtalion gelehrt!

Rabban Gamliel und Josua ben Chananja

1. *Die Gehorsamsprobe.* Einst kamen zwei Männer vor Rabban Gamliel nach Jawne und sagten aus: Wir haben den neuen Mond* im richtigen Augenblick aufgehen sehen.

Obwohl nun in der Nacht darauf der Neumond nicht zu sehen war, nahm Rabban Gamliel das Zeugnis der beiden an und setzte dementsprechend den Monatsbeginn fest. Aber Rabbi Dossa ben Horkinas sagte: Die beiden sind falsche Zeugen. Es ist dasselbe, wie wenn man von einer Frau aussagen wollte, sie hätte schon geboren, und den nächsten Tag sähe man sie noch mit einem Leibe, der bis an die Zähne reicht! Da sprach Rabbi Josua ben Chananja: Deine Worte leuchten mir ein.
Jetzt ließ Rabban Gamliel an Josua ben Chananja diese Botschaft senden: Ich befehle dir, daß du mit Stab und Geldbeutel an dem Tage bei mir erscheinst, da nach deiner Berechnung Versöhnungstag ist. Rabbi Akiwa richtete die Botschaft aus, und da zeigte sich Rabbi Josua tief betrübt. Aber Akiwa sprach zu ihm: Ich bin imstande darzutun, daß alles, was Gamliel anordnete, auch mit Fug angeordnet ist. Heißt es doch: »Dies sind die Feste des Ewigen, heilige Berufungen, die ihr verkünden sollt«* – es gilt also gleich, ob sie zur rechten Zeit oder zur unrechten Zeit verkündet wurden, und wir können keine anderen als Feste halten wie eben diese. – Allein Rabbi Josua begab sich auch noch zu Rabbi Dossa ben Horkinas und befragte ihn. Doch der erwiderte: Du hast zu folgen. Wollten wir die Entscheidungen, die der Gerichtshof Rabban Gamliels fällt, überprüfen – wir müßten die Entscheidungen aller Gerichtshöfe, die seit den Tagen Mosis bis zu unserer Zeit gewirkt haben, gleichfalls überprüfen. Wo immer drei Männer einen Gerichtshof bilden in Israel, so ist dieser dem Gerichtshofe Mosis gleich.
Also nahm Rabbi Josua ben Chananja den Stab und den Geldbeutel in die Hand und zog damit nach Jawne zu Rabban Gamliel an dem Tage, auf welchen, seiner Rechnung nach, der Versöhnungstag fiel. Da erhob sich Rab-

ban Gamliel und küßte ihn auf sein Haupt. Er sprach: Willkommen, der du mein Meister und mein Schüler bist, mein Meister in der Weisheit, mein Schüler im Gehorsam.

2. *Der Streit.* Es begab sich einst, daß ein Jünger den Rabbi Josua fragte: Wie ist es mit dem Abendgebete*? Der Rabbi erwiderte: Es ist dem Menschen freigestellt, es zu verrichten. Derselbe Jünger stellte dieselbe Frage an Rabban Gamliel. Der aber sprach: Es ist Pflicht, es zu verrichten. Da sprach der Jünger: Aber Rabbi Josua hat mir doch gesagt, es sei freigestellt! Rabban Gamliel antwortete: Warte bis morgen, und wenn ich ins Lehrhaus gekommen bin, erhebe dich und stelle die Frage nach dieser Bestimmung noch einmal.
Am kommenden Tage erhob sich der Jünger und fragte den Rabban Gamliel: Wie ist es mit dem Abendgebete? Der Patriarch erwiderte: Es ist Pflicht. Da sprach der Jünger: Aber Rabbi Josua hat mich doch gelehrt, es stehe frei! Nunmehr befragte Rabban Gamliel den Rabbi Josua: Bist du es, der da gesagt hat, es stünde frei?! Rabbi Josua gab zur Antwort: Nein.
Da sprach Rabban Gamliel: Erhebe dich auf deine Füße, daß man wider dich zeuge. Und Rabban Gamliel blieb sitzen und trug die Lehre vor, indes Rabbi Josua auf seinen Füßen stehen mußte. Endlich begann das Volk zu murren und rief dem Dolmetscher* Rabbi Chuzpit zu: Schließe die Versammlung! Der Dolmetscher winkte dem Pförtner, er möge die Menge nach Hause gehen lassen. Doch die Versammelten erhoben sich auf ihre Füße und sprachen, gegen Rabban Gamliel gewandt, die Worte des Propheten: »Über wen ist nicht deine Bosheit im Übermaß ergangen?«* Dann zogen sie fort und wählten Rabbi Eleasar ben Asarja an seiner Statt zum Patriarchen.

Man erzählt, als Rabban Gamliel den Rabbi Josua aufgerufen hatte, habe dieser sich wie folgt verantwortet: Wenn der, der hier gegen mich aussagt, tot wäre und ich am Leben, so könnte der Lebende den Toten Lügen strafen; nun aber, da wir beide am Leben sind, wie könnte ein Lebender den anderen Lebenden der Lüge zeihen? – Des ferneren, sagt man, habe das Volk ausgerufen: Wie lange noch will der Patriarch den Rabbi Josua peinigen! Hat er ihn doch erst vergangenes Jahr wegen der Festsetzung des Jahresbeginns mißhandelt! Lasset uns ihn absetzen!
Der Schüler aber, der die Frage gestellt hatte, soll Rabbi Simeon ben Jochai gewesen sein.

3. Die Berufung Eleasar ben Asarjas. Die Gelehrtenjünger sprachen zueinander: Wen setzen wir an Rabban Gamliels Stelle? Wählen wir Rabbi Josua – das geht doch nicht an, denn er ist es ja, um dessentwillen der Streit entbrannt ist. Sollen wir Rabbi Akiwa wählen – aber er ist doch einfacher Herkunft, und das Verdienst der Ahnen würde ihm nicht beistehen. Wählen wir also Rabbi Eleasar ben Asarja, denn er ist weise, mit Gütern gesegnet und ein Abkömmling Esras im zehnten Geschlecht.
Also suchten sie ihn auf und sprachen zu ihm: Ist es dem Meister recht, Vorsteher des Lehrhauses zu werden? Eleasar ben Asarja antwortete: Ich muß mich zuvor mit meinen Hausgenossen beraten. Er ging nach Hause und hielt Rat mit seiner Ehegefährtin. Sie warf ein: Was geschieht, wenn man auch dich absetzt? Er erwiderte: Es verlohnt sich, auch nur *einen* Tag aus dem kostbaren Becher zu trinken, mag er auch am nächsten Tage in Scherben gehen. Sie sagte noch dieses: Dein Haar ist noch nicht grau.
Eleasar ben Asarja war zu der Zeit ein Achtzehnjähri-

ger; da widerfuhr ihm ein Wunder, und achtzehn Strähnen seines Haares wurden weiß.

4. Die Zulassung der Ausgeschlossenen. An jenem Tage, da Rabban Gamliel abgesetzt und Rabbi Eleasar ben Asarja eingesetzt wurde, hob man das Amt des Pförtners auf. So erhielten alle Jünger die Möglichkeit, ins Lehrhaus einzutreten. Rabban Gamliel hatte nämlich verkünden lassen, und so war es auch ausgerufen worden: Ein Gelehrtenjünger, dessen inneres Wesen dem äußeren Gebaren nicht entspricht, der bleibe dem Lehrhause fern!
An jenem Tage nun wurde die Aufstellung vieler neuer Bänke nötig, man spricht von vierhundert oder gar von siebenhundert neuen Sitzen. Als er das ansah, wurde Rabban Gamliels Sinn zage, und er sprach bei sich: Sollte ich, Gott behüte, das Wissen um die Lehre zu sehr beschränkt haben? Aber danach hatte er einen Traum, in welchem er weiße Krüge sah, die waren mit Asche gefüllt.*

5. Der ammonitische Proselyt. Wo immer es in der Auslegung heißt: An jenem Tage geschah es oder ward gelehrt – da ist der Tag gemeint, an dem Rabbi Eleasar ben Asarja anstelle Rabban Gamliels das Lehrhaus leitete. Es gab keine schwebende Zweifelsfrage, das Gesetz betreffend, die damals im Lehrhause nicht ihre Beantwortung gefunden hätte. Selbst Rabban Gamliel versagte, auch nur für die Dauer einer Stunde, dem Lehrhause seine Gegenwart nicht.
An jenem Tage trat ein Mann namens Juda, ein Proselyt ammonitischer Abstammung, vor die Weisen im Lehrhaus und fragte: Bin ich wert, in die Gemeinschaft aufgenommen zu werden? Rabban Gamliel sagte darauf: Es ist dir verboten, in die Gemeinde einzutreten. Rabbi

Josua aber sagte: Es ist dir verstattet. Da sagte Rabban Gamliel zu Rabbi Josua: Es steht doch aber geschrieben: »Es soll kein Sohn Ammons oder Moabs in die Gemeinde des Herrn kommen.«* Rabbi Josua erwiderte mit der Frage: Wohnen denn Ammon und Moab noch heute in ihren Wohnsitzen von ehemals? Ist doch längst schon Sanherib aufgetreten, der König von Assur, und hat die Völker durcheinandergebracht*. Rabban Gamliel gab zur Antwort: Es ist doch aber längst schon der Spruch gefallen: »Aber hernach bringe ich zurück die Gefangenen der Kinder Ammon, spricht der Herr«*, und daraus kannst du entnehmen, daß sie wieder heimgekehrt sind! Darauf sagte Rabbi Josua: Ebenso lange ist es aber auch her, daß der Spruch ergangen ist: »Ich werde zurückführen die Gefangenen meines Volkes Israel«*, und dennoch ist Israel noch nicht heimgekehrt.
Sogleich wurde jenem Ammoniter die Erlaubnis erteilt, in die Gemeinde einzutreten.

6. Die Aussöhnung. Nach alledem sprach Rabban Gamliel bei sich selbst: Da es so steht, will ich Rabbi Josua aufsuchen und ihn um Vergebung bitten. Also begab er sich zu dem Hause des Rabbi. Da sah er, daß die Wände des Hauses schwarz waren. Er sprach zu Rabbi Josua: Die Wände deines Hauses verraten mir, daß du ein Köhler bist. Da rief Rabbi Josua aus: Wehe dem Geschlecht, dessen Oberhaupt du bist! Du kennst das Elend der Gelehrtenjünger nicht, wie sie sich mühen müssen, um ihr Brot zu haben!*
Rabban Gamliel sprach: Ich beuge mich vor dir; vergib mir!

7. Die Wiedereinsetzung. Nachdem Rabban Gamliel sich mit Rabbi Josua versöhnt hatte, schickte Rabbi Josua eine Botschaft in das Lehrhaus dieses Inhalts: Wer vormals das Ehrenkleid getragen hat, soll es auch fürderhin tragen; nicht, daß der, der das Ehrenkleid nicht trug, nun zu dem, der es trug, sagte: Sende mir dein Ehrenkleid, ich will es anlegen!

Danach sprach Rabbi Akiwa zu Rabbi Josua: Du hast dich besänftigen lassen, und wir haben, was wir taten, doch nur um deiner Ehre willen getan.

Und die Rabbinen beratschlagten: Wie verfahren wir jetzt mit Rabbi Eleasar ben Asarja? Sollen wir ihn des Amtes entheben? Gilt doch die Regel: Man läßt zum heiligen Dienst empor-, nicht von ihm hinuntersteigen.

So bestimmten sie Rabbi Eleasar ben Asarja zum zweiten Oberhaupt, nach Rabban Gamliel.

Rückführung zum Gehorsam

Als Chanina, der Brudersohn des Rabbi Josua, das Heilige Land verließ, pflegte er auch im fremden Lande die Schaltjahre zu bestimmen und die Monatsanfänge festzusetzen – was nur im Lande Israel zu verordnen gestattet ist.

Da sandte man ihm aus Israel zwei Schriftgelehrte nach. Sobald er mit ihnen zusammengetroffen war, fragte er sie: Weswegen seid ihr gekommen? Sie erwiderten: Wir sind hierher gezogen, um uns der Lehre zu befleißigen. Da machte er ihnen einen guten Ruf und sprach von ihnen: Diese beiden Männer gehören zu den Großen des Zeitalters, und ihre Väter waren von denen, die im Heiligtum zu Jerusalem Dienst getan haben.

Nachher aber begab es sich, daß, wenn Chanina etwas für unrein erklärte, sie es für rein erklärten, und wenn er etwas mit einem Verbot belegte, sie es gestatteten. Da machte er ihnen einen schlechten Ruf und sprach von ihnen: Diese beiden Männer sind falsch, und was sie sagen, hat keine Geltung. Die beiden Betroffenen erwiderten ihm: Du kannst nicht mehr zerstören, was du aufgebaut, und du kannst den Zaun nicht durchbrechen, den du selbst gezogen hast. Er aber sprach: Warum erklärt ihr für rein, was ich für unrein erkläre, und für erlaubt, was ich verbiete? Sie sagten: Weil du Schaltjahre bestimmst und Monatsanfänge festsetzest – außerhalb des Landes Israel. Er wandte ein: Aber auch Akiwa ben Joseph hat kalendarische Anordnungen getroffen, da er im Ausland war. Sie sagten: Den Akiwa laß aus dem Spiel; denn, da er fortzog, hinterließ er seinesgleichen nicht im Lande Israel. Er gab zur Antwort: Auch ich habe nicht meinesgleichen in Israel hinterlassen!

Nun sagten sie: Die Böcklein von einst sind inzwischen Böcke geworden mit ausgewachsenen Hörnern. Sie sind es, die uns zu dir gesandt und uns das aufgetragen haben: Sagt ihm in unserem Namen an: will er uns gehorchen, so ist es gut; wo nicht, so verfalle er dem Bann. Sagt es auch unseren Brüdern da draußen an: wollen sie gehorchen, so ist es gut; wo nicht, so mögen sie bekennen, daß sie keinen Teil haben am Gotte Israels ...

Sogleich brach das ganze Volk in ein Weinen aus. Sie riefen: Doch, wir haben teil am Gotte Israels!

Der Bannspruch gegen Rabbi Elieser

1. Das Zeugnis des Baumes, des Flusses und des Hauses. Zwischen Rabbi Elieser ben Hyrkanos und allen übrigen Weisen kam es zu einem Streit über die Reinheit oder Unreinheit eines Backofens*, welchen man Schlangenofen genannt hat der vielen Gesetzesfragen wegen, mit denen man ihn gleichsam umringelt hat; Rabbi Elieser erklärte ihn für rein, die Weisen aber für unrein.

An diesem Tage führte Rabbi Elieser alle Beweisgründe an, die überhaupt möglich sind, aber man wollte seine Meinung nicht gelten lassen. Da rief er aus: Wenn das Gesetz so ist, wie *ich* lehre, so möge dieser Johannisbrotbaum für mich zeugen! Sogleich ward jener Baum entwurzelt und um hundert oder, wie andere berichten, um vierhundert Ellen verrückt. Aber die Weisen sprachen: Ein Johannisbrotbaum ist kein Gesetzeszeuge!

Abermals wandte sich Rabbi Elieser an seine Genossen und sprach: Wenn ich recht habe mit dem, was ich lehre, so möge dieser Wasserlauf mein Recht dartun! Und augenblicks wich das Wasser zurück. Aber die Weisen sagten: Vom Wasserstrom nimmt man keinen Beweis an.

Wieder erhob sich Rabbi Elieser und sprach: Wenn die Satzung so ist, wie ich behaupte, so mögen die Wände des Lehrhauses für mich sprechen. Sogleich neigten sich die Wände und drohten zusammenzustürzen. Da schrie Rabbi Josua die Wände mit den Worten an: Wenn die Lehrer um das Gesetz miteinander streiten, was wollt ihr dabei?! Und die Wände senkten sich nicht weiter, der Ehre des Rabbi Josua zuliebe; aber sie richteten sich auch nicht wieder gerade auf, der Ehre zuliebe des Rabbi Elieser.

2. *Das himmlische Zeugnis.* Rabbi Elieser sprach zu seinen Gefährten: Wenn das Gesetz so ist, wie ich lehre, dann möge man vom Himmel herab für mich zeugen. Alsbald ließ eine Stimme sich vernehmen, die rief: Was habt ihr gegen Rabbi Elieser zu streiten? Ist doch das Gesetz allemal wie seine Lehre. Da erhob sich Rabbi Josua auf seine Füße und rief: »Nicht ist sie im Himmel.«* Damit wollte er sagen: Die Tora wurde Israel auf dem Berge Sinai übergeben, sie ist also nicht mehr

im Himmel; zudem steht in ihr geschrieben: »Der Mehrheit hat man zu folgen.«*
Rabbi Nathan begegnete einst dem Propheten Elia und fragte ihn: Was tat der Heilige, gelobt sei er, zu der Stunde, da er diese Worte hörte? Elia erwiderte: Er hat gelächelt und gesagt: Meine Kinder haben mich besiegt, meine Kinder haben mich besiegt.

3. *Der Bann.* Man erzählt: An jenem Tage holte man alle Gegenstände herbei, die Rabbi Elieser für rein erklärt hatte, und verbrannte sie mit Feuer. Dann stimmten die Rabbinen über ihn ab und legten ihn in Bann. Aber sie sprachen: Wer begibt sich zu ihm und tut es ihm kund? Da sagte Rabbi Akiwa: Ich übernehme den Gang, denn wenn ein Unwürdiger zu ihm geht und es ihm mitteilt, kann Rabbi Elieser seinetwegen die ganze Welt zerstören.
Was tat Rabbi Akiwa? Er zog ein schwarzes Gewand an und verhüllte sich mit einem schwarzen Tuch; so setzte er sich, in einem Abstand von vier Ellen, vor den Meister. Da fragte Rabbi Elieser: Akiwa, worin ist dieser Tag anders als alle anderen Tage? Akiwa erwiderte: Rabbi, mich dünkt, deine Gefährten haben sich von dir abgesondert.
Sogleich zerriß Rabbi Elieser seine Kleider, zog seine Schuhe aus, ließ sich von seinem Sitz herab und nahm Platz auf der bloßen Erde, und seinen Augen entströmten Tränen. Da ward die Welt mit Mißernte geschlagen, und der dritte Teil der Oliven, des Weizens und der Gerste verdarb. Manche erzählen: Selbst der Teig, den eine Hausfrau knetete, ging in Gärung über.

4. *Rabban Gamliels Gebet.* An dem Tage, da Rabbi Elieser erfahren mußte, daß er in Bann gelegt worden war,

geschah viel Trauriges. Denn jeder Ort, auf den Rabbi Elieser seine Augen richtete, ging in Flammen auf. Auch Rabban Gamliel, der gerade auf hoher See war, wurde von einer Sturzwelle überrascht, die ihn zu ertränken drohte. Er sprach: Wie mich dünkt, widerfährt mir das nur um des Rabbi Elieser ben Hyrkanos willen. Und er erhob sich auf seine Füße und sprach: Herr der Welt! Offen und klar liegt es vor dir zutage, daß ich gehandelt habe nicht mir oder meinem Vaterhause zuliebe, sondern damit es nicht so viel Streit gebe in Israel.

Sogleich stand das Meer von seinem Wüten ab und ward stille.

»Andere sagen ...«

1. Die Meister haben gelehrt: Wenn der Patriarch das Lehrhaus betritt, so erhebt sich alles, und keiner nimmt wieder Platz, bevor der Patriarch gesagt hat: Setzt euch! Tritt der Stellverteter des Patriarchen ein, so erhebt sich Reihe um Reihe vor ihm, bis er seinen Platz eingenommen hat. Tritt der Oberste unter den Weisen ein, so steht immer nur ein einzelner auf, einer nach dem anderen, bis der Meister sich auf seinen Platz begeben hat. Diese Stufenfolge wurde in den Tagen Simeons, des Sohnes Gamliels, festgesetzt.

Als nämlich Simeon ben Gamliel Patriarch war, Rabbi Nathan Stellvertreter und Rabbi Meir Oberster der Weisen, da stand allemal, wenn einer von ihnen dreien das Lehrhaus betrat, alles Volk vor ihm auf. Da sprach Simeon ben Gamliel: Soll denn kein Unterschied sein zwischen mir und ihnen? Und so traf er jene Bestimmung.

Rabbi Meir und Rabbi Nathan waren zudann nicht zugegen, und als sie am Tage darauf erschienen und sahen, daß man diesmal nicht, wie gewohnt, vor ihnen aufstand, fragten sie: Was hat das zu bedeuten? und erhielten zur Antwort: Das hat Simeon ben Gamliel verfügt. Da sprach Rabbi Meir zu Rabbi Nathan: Ich bin der Erste unter den Weisen, und du gar der Zweite nach dem Patriarchen; laß uns etwas ins Werk setzen, daß wir ihm vergelten, was er uns angetan hat. Was tun? Wir wollen ihm sagen: Sage uns den Traktat her, der von der Unreinheit der Fruchtstiele* handelt; er wird uns nicht antworten können, denn er hat ihn nicht studiert, und so werden wir ihn seiner Würde entsetzen: du wirst Patriarch und ich dein Stellvertreter!

Diese Worte hörte Rabbi Jakob ben Kirschai mit an und sprach bei sich selbst: Das verhüte Gott, daß dieser Plan gelingt und der Patriarch beschämt wird! Und er setzte sich in den Söller, der hinter dem Platze Simeon ben Gamliels war, und rezitierte unaufhörlich den Wortlaut jenes Traktats. Simeon ben Gamliel merkte auf und sprach bei sich selbst: Was mag das bedeuten? Hat es etwa, Gott behüte, etwas im Lehrhause gegeben? – Und er hörte genau hin und lernte den Traktat mit.

Tags darauf sprachen Rabbi Nathan und Rabbi Meir zu Simeon ben Gamliel: Möchte uns doch der Meister in der Lehre von den Fruchtstielen unterweisen! Da trug der Patriarch den Traktat von Anfang bis zu Ende vor. Nachdem er geendet hatte, sprach er zu ihnen: Hätte ich mir dieses Wissen nicht angeeignet, ihr hättet mich vor allen Leuten verlegen gemacht. – Und er gab Befehl, und man schloß sie aus dem Lehrhause aus.

Indes schrieben die beiden ihre Gesetzesfragen auf Zettel und warfen diese in das Lehrhaus hinein; löste man dort die Aufgaben auf, so waren sie es zufrieden, fand man aber drinnen die Lösung nicht, so schrieben die Ausgeschlossenen auch diese nieder und schleuderten sie ins Lehrhaus. Da sprach Rabbi Josse zu den Rabbinen: Wir

sind drinnen im Lehrhaus, aber die Tora ist draußen! Simeon ben Gamliel erwiderte: Nun wohl, wir wollen sie wieder einlassen, aber bestraft müssen sie werden: so seien denn künftig ihre Lehren ohne den Namen ihrer Urheber angeführt. Also wurde alles, was Rabbi Meir noch lehrte, mit den Worten eingeleitet: Andere sind, die da sagen –, und die Lehren Rabbi Nathans wurden wie folgt zitiert: Es gibt aber welche, die sagen ...
Nun hatten Rabbi Meir und Rabbi Nathan einen Traum, in dem ihnen gesagt wurde: Begebt euch zum Patriarchen und besänftigt ihn wieder. Rabbi Nathan folgte dem Traumbefehl, Rabbi Meir aber nicht; denn er sprach: Träume erhöhen nicht und erniedrigen nicht!

2. Rabbi,* der Fürst, unterwies seinen Sohn Simeon in der Lehre und trug ihm Lehrmeinungen vor, als deren Urheber er angab: Andere sinds, die das und das sagen ... Da fragte der Sohn: Wer sind diese Männer, von deren Wasser wir trinken und deren Namen man gleichwohl nicht nennt? Rabbi erwiderte: Das waren Leute, die zu ihren Lebzeiten deine Ehre und die des Hauses deines Vaters austilgen wollten. Der Sohn antwortete darauf mit dem Schriftvers: »Auch ihr Lieben und ihr Hassen und ihr Neiden – es ist alles längst dahin.«* Aber der Vater erwiderte mit einem anderen Vers: »Ihr Gedächtnis ist umgekommen, zugleich mit ihnen selbst.«* Da sagte der Sohn: Von wem gelten denn diese deine Worte? Nur von dem Feinde, dem sein Anschlag gelungen ist. Aber diesen Weisen ist doch nicht geglückt, was sie im Sinne hatten.
Nunmehr wiederholte Rabbi den Lehrsatz und leitete ihn ein mit den Worten: Im Namen Rabbi Meirs wurde gesagt!

Weise untereinander

Wechselseitige Ehrfurcht

Erste Geschichte: Raw Chisda und Raw Huna. Die Meister der Lehre zu Babel ehrten einander gegenseitig; wenn sie einander begrüßten, stand einer vor dem anderen auf; verschied der eine, so zerriß der Überlebende sein Gewand über ihm, als wäre ihm ein leiblicher Verwandter gestorben.

Eines Tages fragte Raw Chisda den Raw Huna, der sein Lehrer war: Wie verhält sich ein Meister zu einem Jünger, dessen er bedarf? Raw Huna erwiderte: Chisda, Chisda, nicht ich bin auf dich, du bist auf mich angewiesen! – Darauf grollten sie einander vierzig Jahre lang, und keiner von beiden wollte den andern besuchen. Aber Raw Chisda erlegte sich ein vierzigtägiges Fasten auf, weil er Raw Huna gekränkt hatte, und Raw Huna fastete wiederum vierzig Tage lang, weil er seinem Schüler mit einem Zweifel begegnet war.

*Zweite Geschichte: Zwei Rabbi Nachman, oder Mine und halbe Mine.** Raw Nachman, der Sohn des Raw Chisda, sprach zu Raw Nachman, dem Sohne des Raw Isaak: Der Ort, wo du wirkst, ist deiner nicht würdig; komm doch dorthin, wo ich tätig bin. Der Sohn des Raw Isaak erwiderte: Wir haben gelernt: Der Mann ehrt seine Stätte, nicht die Stätte den Mann; war doch auch der Berg Sinai nur so lange geehrt, als die Göttlichkeit auf ihm ruhte; hernach weidete wieder das Vieh an seinem Abhang.

Da sagte ihm der Sohn des Raw Chisda: Steht es so, so

will ich dorthin ziehen, wo du wirkst. Aber nunmehr erwiderte der Sohn des Raw Isaak: Dein Vater stand höher in Ehren als der meinige; eher will es sich also geziemen, daß die Goldmine, die von einer halben Mine abstammt, zu der Goldmine komme, die von einer vollgewichtigen Mine abstammt; als daß die Mine, die von einer Mine herkommt, sich zu der begebe, die von einer halben herkommt ...

Rabbi und Rabbi Chija

1. Rabbi, der Patriarch Rabbi Juda, war überaus demütigen Sinnes. Einmal sagte er: Wenn Raw Huna, der Exilfürst, aus Babel hierher käme, ich würde ihn über mich setzen; ist er doch ein Abkömmling des Stammes Juda, während ich von Benjamin abstamme, zudem er in männlicher und ich nur in weiblicher Linie. Eines Tages trat Rabbi Chija der Große bei Rabbi ein und meldete: Raw Huna steht draußen! Da wurde Rabbi feuerrot im Gesicht. Jetzt sagte Rabbi Chija: Ich meinte den Sarg Rabbi Hunas, denn er ist verschieden! Nunmehr sagte Rabbi: Geh hinaus und schau nach, wer auf dich wartet. Rabbi Chija tat nach diesen Worten, und als er draußen niemanden fand, verstand er, daß Rabbi ihm zürnte, und hielt sich dreißig Tage von ihm fern.
Nach Ablauf dieser Frist erschien der Prophet Elia vor Rabbi in der Gestalt Rabbi Chijas. Als solcher fragte er den Fürsten: Wie geht es dem Meister? Rabbi erwiderte: Ein Zahn macht mir Pein. Da sprach der vermeintliche Rabbi Chija: Zeige ihn mir. Rabbi öffnete den Mund, und der Prophet legte seinen Finger auf den kranken Zahn, worauf das Leiden auf der Stelle verschwand.
Tags darauf begab sich der wirkliche Rabbi Chija zum Fürsten und fragte diesen: Wie geht es dem Meister?

Was macht der kranke Zahn? Rabbi entgegnete: In dem Augenblick, da du deinen Finger auf meinen Zahn legtest, wurde ich geheilt. Da sagte Rabbi Chija: Aber das bin nicht ich gewesen!
Von dem Tage an erwies Rabbi dem Rabbi Chija alle Ehren.

2. Rabbi pflegte vor Rabbi Ismael ben Josse das Lob Rabbi Chijas des Großen zu verkünden. Einmal aber sah Rabbi Ismael ben Josse den Rabbi Chija im Badehause, und der erhob sich nicht vor ihm, um ihn zu begrüßen. Er ging darauf zu Rabbi und sprach: Das ist nun der Mann, den du so rühmst! Da rief Rabbi den Rabbi Chija zu sich und sprach zu ihm: Warum hast du dem Rabbi Ismael das angetan? Rabbi Chija erwiderte: Möge alles Unglück über mich kommen, wenn ich gewußt habe, daß er im Badehause weilte! Ich war zu dieser Stunde ganz in die Auslegung des Psalters versunken und habe ihn nicht gesehen.
Seit diesem Vorfall gab Rabbi dem Rabbi Chija zwei Jünger mit, die ihn überallhin begleiten sollten, damit er nicht Schaden nähme.

Rabbi und Rabbi Pinehas ben Jair

Rabbi Juda ha-Nassi gedachte, der Armen wegen, im Sabbatjahr* die Bodenbestellung zu gestatten. Da begab sich Rabbi Pinehas ben Jair zu ihm. Rabbi fragte ihn: Wie steht das Getreide? Rabbi Pinehas aber erwiderte: Die Endivien stehen gut. Aus dieser Antwort ersah Rabbi, daß der Besucher seine Absicht nicht guthieß. Also fragte er den Rabbi Pinehas: Würde der Meister heute einen Bissen mit mir essen wollen? Rabbi Pinehas erwiderte: Gern.

Als Rabbi Pinehas der Ladung Folge leisten wollte, sah er unten die Maultiere Rabbis stehen. Diese Zugtiere aber gelten als ungebärdig und gefährlich, und so sprach er: Ist das recht, daß jüdische Männer solche Schadenstifter aufziehen und füttern? Ich will das Antlitz Rabbis nicht mehr sehen!

Das Gesinde hörte seine Worte und hinterbrachte sie Rabbi; der sandte dem Meister sogleich Boten nach, die ihn versöhnen sollten. Diese erreichten ihn vor seiner Heimatstadt. Hier aber rief Rabbi Pinehas die Bürger zusammen, und die umscharten ihn dicht, so daß Rabbis Boten an ihn nicht herankonnten. Als aber Rabbi Pinehas zum Volke sprach: Rabbi will, daß ich mich mit ihm versöhne – zerstreuten sie sich wieder. Da rief Rabbi Pinehas aus: So mögen meine eigenen Söhne kommen und mich umringen! In diesem Augenblick fiel Feuer vom Himmel herab und umgab ihn wie einen Schutzwall.

Die Abgesandten Rabbis kehrten zu dem Meister zurück und berichteten ihm, was sich zugetragen hatte. Da sprach Rabbi: In dieser Welt vermochten wir nicht, uns der Gegenwart dieses Frommen zu freuen; möge uns dies zuteil werden in der künftigen Welt!

Man erzählt die Geschichte aber auch so:

Rabbi Pinehas ben Jair sah weiße Maulesel vor einer Tür des Hauses Rabbis stehen und sprach: Dieser beherbergt den Todesengel bei sich, und ich sollte bei ihm speisen? Rabbi hörte diese Worte, ging zu ihm heraus und sprach: Gut, ich werde die Tiere verkaufen. Rabbi Pinehas erwiderte: Damit führst du den Käufer irre, und es heißt: »Du sollst vor den Blinden keinen Anstoß setzen!«* Rabbi sagte: Ich werde sie laufen lassen. Rabbi Pinehas antwortete: So machst du den Schaden nur noch größer. Rabbi sprach: Ich lasse ihnen die Hufe abnehmen. Rabbi Pinehas erwiderte: Man darf nicht Tiere quälen. Rabbi sagte: Ich töte sie. Rabbi Pinehas gab zur Antwort: Das verstößt gegen die Regel: »Du sollst nichts umkommen lassen.«* Als nun Rabbi immer weiter in ihn drang, erhob sich plötzlich zwischen den beiden ein Berg. Da weinte Rabbi und sprach: Wenn die Frommen schon bei Lebzeiten solche Wunder wirken, um wieviel mehr erst nach ihrem Tode!

Rabbi und Rabbi Meir

Als Rabbi die Hochzeit seines Sohnes beging, klatschten sie, weil es Sabbat war*, die Rückenflächen der Hände gegeneinander. Rabbi Meir ging gerade vorbei, vernahm den Schall und rief hinein: Ihr Meister, ist der Sabbat aufgehoben? Rabbi hörte den Ruf und rief seinerseits: Wer wagt es, uns in unserem eigenen Hause Lehren zu geben?! Da erkannte Rabbi Meir die Stimme Rabbis und floh.

Rabbi schickte dem Rufer einen Boten nach dem anderen nach, um zu erfahren, wer das gewesen war. Da hob der Wind das Kopftuch Rabbi Meirs hoch, sein Nacken wurde sichtbar, und Rabbi, der durchs Fenster schaute, sah ihn und erkannte ihn von hinten. Da rief er aus: Ich wäre der Tora nicht teilhaftig geworden, hätte ich nicht Rabbi Meirs Nacken gesehen ...

Man erzählt es auch anders: Im Lehrhause habe Rabbi seinen Sitz in der Reihe hinter Rabbi Meir gehabt, und darum pflegte er zu sagen: Ich bin schon ein schärferer Gesetzeskenner als meine Genossen, da ich Rabbi Meir von hinten gesehen habe; wie scharfsinnig wäre ich aber erst, hätte ich ihn von Angesicht zu Angesicht gesehen, wie auch der Prophet sagt: »Und deine Augen schauen deinen Lehrer.«*

Josse aus Meona legte im Bethause zu Tiberias den Vers des Propheten aus: »Höret nun dies, ihr Priester; merke auf, du Haus Israel; nimm zu Ohren, Haus des Königs.«* Dereinst, so sprach er, wird der Heilige, gelobt sei er, die Priester beiseite nehmen und vor Gericht stellen, indem er ihnen sagt: Warum habt ihr euch nicht mit der Tora befaßt, die ihr euch doch der vierundzwanzig Gaben* erfreuen durftet, welche man den Priestern gibt. Sie verantworten sich und behaupten: Man hat uns nichts gegeben. Da spricht Gott: »Du Haus Israels, merke auf« – warum habt ihr den Priestern die Gaben vorenthalten, die ich in der Tora für sie bestimmt habe? Und das Volk verantwortet sich und spricht: Das Fürstenhaus hat immer alles für sich genommen! Nun spricht der Herr: »Nimm zu Ohren, du Haus des Königs, kommt es dir doch zu, des Rechtes zu walten« – des Rechtes der Priester nämlich –, und, weil du's nicht tust, ergeht über dich das Gericht!

Rabbi, der heilige Fürst, hörte von dieser Rede und wurde zornig; Josse Meonaa aber wurde von Furcht ergriffen und zog sich zurück. Indes begab sich, als es Abend wurde, Resch Lakisch zum Fürsten, fragte nach seinem Wohle und stimmte ihn wieder gnädig gegenüber dem Josse Meonaa. Er sprach so: Rabbi! Wir müssen den Völkern der Erde dankbar sein, die da Mimen auf ihren Schaubühnen und im Zirkus auftreten lassen, auf solche Weise einander zerstreuen, von unnützen Reden fernhalten und gehindert werden zu hadern. Siehe nun: Josse Meonaa hat ein Wort der Tora gesagt, und du zürnest ihm! Rabbi fragte darauf: Versteht er denn etwas von den Dingen der Tora? Resch Lakisch antwortete: Jawohl. Rabbi fragte weiter: Hat er denn Unterweisung empfangen? Resch Lakisch bejahte: So ist es. Wieder fragte Rabbi: Wenn ich ihn etwas fragte, würde er zu antworten wissen? Resch Lakisch antwortete: Sicherlich. Da sagte Rabbi: Steht es so, so erscheine er bei mir!

Und Josse Meonaa trat vor Rabbi. Dieser fragte ihn: Was bedeutet der Vers: »Alle Gleichnisredner werden von dir dieses Gleichnis sagen: Wie die Mutter, so die Tochter.«* Josse Meonaa erwiderte: Das besagt: Wie die Tochter, so die Mutter; wie das Zeitalter, so sein Fürst; wie der Altar, so die Priester; kurz, wie die Leute sagen: wie der Garten, so der Gärtner! – Da sprach Resch Lakisch zu ihm: Noch habe ich Rabbi nicht besänftigt wegen des früheren Wortes, das du geredet hast, und schon sagst du ein neues, das ihn erzürnen kann! Andre erzählen, Rabbi selbst habe das Wort ergriffen und gesagt: Nicht genug, daß er mich einmal in meiner Abwesenheit geschmäht hat, schmäht er mich jetzt dreimal ins Angesicht!

Aber was bedeutet wirklich der Satz des Propheten? Er besagt, daß man eine Kuh erst dann für widerspenstig erklärt, wenn ihr Kalb sich als ungebärdig gezeigt hat; die Mutter wird erst dann eine Hure genannt, wenn ihre Tochter Hure ist. – Dann wäre ja unsere Erzmutter Lea, die Mutter der Dina, eine Dirne gewesen?! – »Als Jakob vom Felde heimkam, ging Lea heraus, ihm entgegen«*, und zwar geschmückt und aufgeputzt einer Ausgängerin gleich; also kam es, daß danach auch »Dina, die Tochter Leas, auszog, die Töchter des Landes zu sehen«*.

Raw Scheschet und der Exilarch

1. *Des Schlachttieres fünfter Fuß.* Einmal fragte der Exilfürst* den blinden Raw Scheschet: Warum will der Meister nicht mit uns speisen? Der Rabbi antwortete: Es

geschieht deiner unaufmerksamen Bedienten wegen; ich habe sie immer in Verdacht, sie könnten mir ein Stück Fleisch vorsetzen, das von einem noch lebenden Tiere* abgerissen ist. Der Exilfürst sprach: Wer behauptet das? Raw Scheschet erwiderte: Ich werde es dir auf der Stelle dartun. Und Raw Scheschet sprach zu seinem Diener: Entwende schnell einen der Füße des Schlachttieres, das sie uns zurichten wollen, und bringe ihn mir. Nachdem das geschehen war, sprach der Rabbi zu den Dienern des Exilarchen: Jetzt legt mir das Schlachttier vor, und weist es mir, Glied für Glied.
Also brachten sie es ihm, und als er nur drei Füße zählte, fragte er: Hat dieses Tier nur drei Beine gehabt? Darauf schnitten sie von einem anderen Tier ein Bein ab und brachten ihm dies mit den Worten: Hier ist der vierte Fuß. Aber nunmehr sprach der Rabbi zu seinem Diener: Zeige auch du vor, was du bei dir hast! Und als dieser den gestohlenen Fuß vorwies, sagte der Meister zu den Bedienten des Exilarchen: Das Tier hat wohl fünf Beine gehabt!

2. *Die Fallgrube.* Als der blinde Raw Scheschet den Speiseraum des Exilarchen verließ, hatten die Knechte indes draußen eine Grube gegraben und mit einer Matte verdeckt. Sie sprachen: Möge der Meister hier niedersitzen und der Ruhe pflegen. Indes mußte Raw Chisda, der ebenfalls bei Tische gewesen war und nun hinter dem Rabbi stand, auf einmal niesen. Da wandte sich Raw Scheschet an ein Schulkind, das sich dort befand, und fragte: Welchen Schriftvers hast du heute gelernt? Der Knabe erwiderte: Es sind die Worte Abners zu Assahel: »Wende dich zur Rechten oder zur Linken.«* Nun fragte Raw Scheschet seinen Begleiter: Siehst du geradeaus vor mir etwas liegen? Der Diener antwortete: Da ist

eine Matte ausgebreitet. Da sprach der Rabbi: Machen wir einen Bogen darum!
Auf dem Heimwege fragte Raw Chisda den Raw Schechet: Wieso wußtest du von der Gefahr? Der Blinde erwiderte: Zuerst warnte mich dein Niesen, zudann der Schriftvers des Schulkindes; zudem waren mir die Hausbedienten an sich verdächtig, denn sie sind ungetreu.

Raw und Chanina

Der Meister Raw trug vor Rabbi aus der Schrift vor; indes trat Rabbi Chija ein, und er begann den Vortrag noch einmal von Anfang; Bar Kappara erschien, und Raw fing nochmals von vorne an, Rabbi Simeon, der Sohn Rabbis, gesellte sich zu ihnen, und wieder ließ Raw seinen Vortrag von neuem anheben. Da kam noch Rabbi Chanina bar Chama herzu, und nunmehr sprach Raw: Soll ich immer wieder dasselbe lesen? – Und er wiederholte diesmal den Vortrag nicht. Das aber nahm ihm Rabbi Chanina übel.
Raw begab sich darauf dreizehn Jahre lang, jedesmal am Vorabend des Versöhnungstages, zu Rabbi Chanina; aber der wollte ihm keine Verzeihung gewähren. Nun heißt es doch aber: Wer seinen Gefährten um Entschuldigung bittet, braucht das nicht mehr als dreimal zu tun? – Die Antwort ist: Raw war von anderer Art. – Ferner heißt es doch: Wer nachsichtig ist, dem werden auch alle seine Sünden nachgesehen? – Bei Chanina war es anders. Er hatte im Traum den Meister Raw an einer Palme hängen sehen, und das ist ein Zeichen für künftige hohe Würde; er sah demnach voraus, jener werde Oberhaupt werden, und da er es selber war, gewährte er die Verzeihung nicht, damit Raw genötigt werde, das Land zu verlassen und die Tora in Babel zu lehren ...

Die Abbitte

Der blinde Raw Joseph hatte Grund, dem Meister Raba gram zu sein. Da kam der Vortag zum Versöhnungsfeste, und Raba sprach bei sich selbst: Ich will zu ihm gehen und ihm abbitten.* Also begab er sich zu dem Rabbi und stieß dort zuerst auf dessen Diener, der gerade dabei war, seinem Herrn den Wein zu mischen. Raba sagte zu ihm: Reiche mir den Becher; ich will den Wein mischen. Der Diener gab ihm den Becher, und Raba mischte den Wein. Als aber der blinde Rabbi den Wein kostete, rief er aus: Der Wein ist heute so gemischt, wie Raba ihn zu mischen pflegte. Da bekannte Raba, wer er sei.

Danach sprach Rabbi Joseph zu Raba: Ich erlaube dir nicht, auf deine Beine niederzuhocken, ehe du mir nicht die Verse von der Wüstenwanderung erläutert hast, die da lauten: »Von der Wüste zur ›Gabe‹, von der ›Gabe‹ zum ›Gotteserbe‹, von dem ›Gotteserbe‹ zu den ›Höhen‹, von den ›Höhen‹ zum Tal.«* Raba gab zur Antwort: Wenn der Mensch sich erniedrigt, der Wüste gleich, auf der alle Welt einhertritt, so erhält er die Lehre als Gabe; im Besitze dieser Gabe ist er ein Gotteserbe, und als Gotteserbe steigt er zu den Höhen des Ansehens empor. Überhebt sich aber sein Herz, so stürzt ihn der Heilige, gelobt sei er, wieder abwärts ins Tal ... Kehrt er wiederum um von diesem Wege, so erhebt ihn der Heilige, gelobt sei er, von neuem, wie es auch heißt: »Alle Täler sollen erhöhet werden.«*

Die Unterschätzten

Erste Geschichte: Lehre und Lehrpflicht. Wenn es sich begab, daß Rabbi Chanina und Rabbi Chija einen Hader miteinander hatten, pflegte Rabbi Chanina zu Rabbi

Chija zu sagen: Einem Menschen wie mir widersprichst du? Der ich doch, wofern – was Gott verhüten möge – einmal die Tora in Vergessenheit geraten sollte, imstande wäre, sie kraft meines Scharfsinnes dem Volke Israel zurückzugeben! ... Rabbi Chija erwiderte: Mit einem Menschen wie mir willst du streiten? Der ich doch, durch mein Lehren, eben bewirkt habe, daß die Tora nimmermehr vergessen werden kann in Israel!
Und Rabbi Chija fuhr fort und sprach: Also tue ich: ich säe Flachs und ernte Netze, darin fange ich den Hirsch, und mit seinem Fleisch füttere ich die Waisenkinder. Die Haut glätte ich zu Pergament, darauf schreibe ich die fünf Bücher der Tora; damit begebe ich mich an jeden Ort, wo kein Kleinkinderlehrer wirkt, rufe fünf Knaben zusammen und lehre jeden ein Buch der Tora; danach spreche ich zu den Kindern: Bis ich wieder zurückkehre an diesen Ort, belehrt euch gegenseitig, was ich euch gelehrt habe. Also tun sie, und einer lernt vom andern, und so kann die Tora nicht mehr vergessen werden in Israel.

Zweite Geschichte: Der Mann in schwarzen Schuhen. Elieser der Jüngere trug schwarze Schuhe; er stand auf dem Markte von Nehardaa. Hier fanden ihn die Untergebenen des Exilarchen und fragten ihn: Worum trauerst du, daß du solche Schuhe angelegt hast? Er erwiderte ihnen: Ich trauere um die Zerstörung Jerusalems. Da sagten sie: Bist du denn würdig, um Jerusalem zu trauern? – Und da sie glaubten, er handele so aus Hochmut, nahmen sie ihn fest.
Da sprach der Gefangene: Ich bin ein Mann, groß an Geist! Sie fragten ihn darauf: Woran sollen wir das erkennen? Er erwiderte ihnen: Stellt mir eine Gesetzesfrage, oder laßt mich euch eine stellen. Da sagten sie: Befrage uns.

Elieser der Jüngere richtete nun an sie die folgende Frage: Wer von einer Palme, die einem anderen gehört, Blüten abreißt – wieviel hat er als Buße zu zahlen? Die Männer erwiderten: Er ersetzt den Wert der Blüten. Elieser fragte dagegen: Aber aus den Blüten wären ja Datteln geworden? Sie antworteten darauf: Er ersetzt den Wert der Datteln. Darauf fragte Elieser von neuem: Aber er hat ja nur Blüten genommen und keine Datteln! Nunmehr sprachen die Männer: Sage du es uns! – Und sie gaben ihn frei.

Dritte Geschichte: Hahnenruf und Heroldsruf. Die Meister überliefern: Noch zur Nachtzeit versammelte sich das Volk am Festtag, und der Tempelhof war, ehe der Hahn gekräht hatte, voll von Menschen.
Was bedeutet das: ›Ehe der Hahn gekräht hatte‹? Rabbi Schila erklärt: eben den Ruf des Hahnes. Raw aber deutete: den Ruf des Ausrufers*, der die Priester zu ihrem Dienst befiehlt.
Einst kam Raw an den Ort, wo Rabbi Schila lehrte, dieser aber kannte ihn nicht. Nun traf es sich, daß kein Sprecher da war, der den Vortrag des Meisters aus der heiligen Sprache in die des Volkes überträgt, und so stellte sich Raw als Sprecher neben Rabbi Schila; dabei aber erklärte er: Was bedeutet ›Hahnenruf‹? Des Ausrufers Ruf. Da sprach Rabbi Schila zu ihm: Der Meister sollte es doch als Krähen des Hahnes erklären? Raw erwiderte: Wenn die Flöte ertönt, empfindet der Freigeborene den Ton als Gesang, ein Weber aber mag sie nicht hören. Da ich vor Rabbi Chija als Sprecher stand, erklärte ich: Hahnes Ruf, das ist Ausrufers Ruf, und er sagte mir auch nicht ein Wort dagegen; du aber willst, ich solle sagen: Es ist das Krähen des Hahnes!
Nunmehr sprach Rabbi Schila: Oh, du bist Raw! Mögest

du dich doch niedersetzen! Raw jedoch gab zur Antwort: Ich halte es mit dem, der da gesagt hat: Hast du dich einmal einem vermietet, so mußt du auch Wolle zupfen.

Simeon bar Abba

Simeon bar Abba verstand sich auf Kostbarkeiten; dabei hatte er selber kein Brot zu essen. Rabbi Jochanan sagte über ihn: An ihm erfüllt sich der Vers: »Die Weisen haben kein Brot.«* Als er in Damaskus lebte, wurden Männer geringeren Wertes mit Würden bedacht, ihn aber überging man bei der Wahl. Damals sagte Rabbi Abahu über ihn: Möchte doch jemand den Staub von deinen Augen fortnehmen, Rabbi Jochanan!* Abahu, der nur dem Sockel gleicht, wurde zum Ältesten ernannt; Simeon bar Abba, der den Ehrenmantel verdient, wurde nicht gewählt! Und Rabbi Abahu, der im Heiligen Lande wirkte, sandte dem Simeon bar Abba einen Brief mit Geschenken; und in dem Briefe stand: Verwende diese Gaben dazu, daß du nach dem Lande Israel ziehen kannst.

In Sepphoris zu Galiläa gab es einen Totengräber, der, wenn er Gebeine von schwarzer Farbe sah, von dem Toten sagte: Dieser war zu Lebzeiten ein Wassertrinker. Sah er rote, so sagte er: Der ist ein Weintrinker gewesen. Sah er weiße, so sagte er: Der hat zeitlebens heiße Getränke getrunken. Einige sagen, dieser Totengräber sei Simeon bar Abba gewesen.

Simeon aus Sichnin

Simeon aus Sichnin, ein Ratmann zu Jerusalem, pflegte Zisternen, Wassergräben und Höhlen anzulegen. Eines Tages sprach er zu Rabban Jochanan ben Sakkai: Ich bin ebenso bedeutend wie du! Der Rabbi fragte darauf:

Wieso? Und der Brunnengräber erwiderte: Weil ich wie du für die Notdurft vieler Menschen sorge.
Da sprach Rabban Jochanan: Wenn ein Mann dich aufsucht, daß du ein Urteil fällst oder eine Frage ihm lösest – wirst du ihm dann antworten: Trinke aus diesem Brunnen, denn sein Wasser ist lauter und kühl?! Oder, wenn eine Frau dich über ihre Unreinheit befragt – wirst du ihr dann sagen: Tauche unter in diesem Born, denn seine Wasser machen rein?! Und er sprach über den Toren den Vers des Predigers aus: »Aufmerken ist besser als Narrenopfer; weil sie unwissend sind, tun sie Sünde.«*

Awdan und Ismael

Rabbi, der Fürst, trat ins Lehrhaus ein; die Jünger eilten auf ihre Plätze, nur Ismael ben Josse, der sehr schweren Leibes war, schritt langsam durch die Reihen.
Da rief Awdan, der vertraute Jünger Rabbis, aus: Wer ist der Mann, der über die Köpfe des heiligen Volkes hinwegschreitet?
Ismael antwortete: Ich bin Ismael, der Sohn des Rabbi Josse, und bin gekommen, damit mich der Meister unterweise.
Awdan fragte darauf: Bist du denn dessen würdig, daß der Meister dich die Tora lehre? Ismael erwiderte: War Mose denn würdig, die Tora zu vernehmen aus dem Munde der Allmacht?
Awdan sprach: Bist du denn Mose? Ismael entgegnete: Ist denn dein Meister Gott?

Der Gastgeber

Als die Hochzeit von Rabban Gamliels Sohne gefeiert wurde, saßen die Rabbinen Elieser, Josua und Zadok beim Mahle, während Rabban Gamliel vor ihnen stand und

ihnen den Wein einschenkte. Zuerst reichte er den Becher dem Rabbi Elieser, der aber nahm ihn nicht an; hernach gab er ihn an Rabbi Josua weiter, und der empfing ihn.
Da sprach Rabbi Elieser zu Rabbi Josua: Was soll das bedeuten? Wir sitzen da, und Rabban Gamliel, der große Meister, steht und mischt uns den Wein?!
Rabbi Josua erwiderte: Auch ein Größerer als er hat bei Tische bedient: unser Erzvater Abraham, der der Gewaltigste in seiner Zeit war und gleichwohl, da die Engel seine Gäste waren, »dastand vor ihnen«*. Meint ihr aber, er hätte sie als Gottesboten erkannt? Mitnichten; sie erschienen ihm wie einfache Araber. Warum also soll nicht Rabban Gamliel, obzwar ein Meister, vor uns stehen, da er den Wein einschenkt?
Nunmehr sprach Rabbi Zadok: Wie lange noch wollt ihr die Ehre des Schöpfers hintansetzen, indem ihr euch um die Ehre eines Menschen sorgt? Der Heilige, gelobt sei er, läßt selber den Wind wehen, Wolken aufsteigen, Regen herabströmen und Pflanzen wachsen, er deckt allen Geschöpfen ihren Tisch – und der Meister Rabban Gamliel sollte darüber erhaben sein, uns bei Tische zu bedienen?

Gleich und ungleich

Erste Geschichte: Zwei Studiengenossen. Rabbi Josia und Rabbi Matthia ben Cheresch gaben sich allezeit der Tora hin und studierten gemeinsam in ihr; aber auf einmal wandte Rabbi Josia sich weltlichen Dingen zu. Da sprach Rabbi Matthia zu ihm: Was ist der Grund, daß du die Worte des lebendigen Gottes verlassen willst und dich in den Strudel der irdischen Dinge stürzen? Bist du auch mein Lehrer und ich nur dein Schüler, so glaube mir dennoch: es ist nicht gut, von Gottes Wort zu lassen und Weltliches zu betreiben.

Man erzählt: Solange die beiden gemeinsam der Tora sich widmeten, waren sie eifersüchtig aufeinander; als sie sich aber voneinander trennten, war es, als wären sie Busenfreunde von Jugend auf gewesen.

Zweite Geschichte: Gangbare und seltene Ware. Rabbi Abahu und Rabbi Chija kamen beide in einen Ort. Abahu trug hier Schriftauslegung vor, Chija lehrte das Gesetz. Da verließ alle Welt Rabbi Chija und scharte sich um Rabbi Abahu.

Darüber ward Chija sehr betrübt. Aber Abahu sprach zu ihm: Ich will dir ein Gleichnis sagen, das auf unseren Fall zutrifft. Es sind zwei Handelsleute, von denen der eine Edelsteine verkauft, der andre Nähzeug feilhält. Auf wen stürzen sich die Käufer? Doch auf den, der mit Nadeln, Spindeln und Häkelhaken handelt!

Dritte Geschichte: Verdienst und Glück. Ein Weiser sprach: Langes Leben, Kindersegen und das tägliche Brot – diese drei Güter hängen nicht vom Verdienste des Menschen ab, sondern sind Sache des Glücks.

Die Meister Rabba und Raw Chisda waren gleicherweise gerecht und gelehrt; wenn der eine von ihnen um Regen betete, kam Regen, und wenn der andere von ihnen um Regen betete, kam Regen. Aber Raw Chisda erreichte ein Alter von zweiundneunzig Jahren, und Rabba lebte nur vierzig Jahre. Im Hause Raw Chisdas wurden sechzig Hochzeiten gefeiert, im Hause Rabbas kamen sechzig Trauerfälle vor. Den Hunden Raw Chisdas wurde feines Weizenbrot gereicht, und sie verschmähten es; die Hausgenossen Rabbas begehrten Gerstenbrot zu essen und hatten nicht einmal das . . .

Lehrer und Schüler

Äußerer und innerer Rang

Zu Anfang hielt man es so, daß jeder Meister seine Jünger zu Meistern erhob; so erwählte Jochanan ben Sakkai die Jünger Elieser ben Hyrkanos und Josua ben Chananja, so dieser den Akiwa.
Akiwa bestimmte die Rabbinen Meir und Simeon ben Jochai zu Meistern und sprach dabei: Rabbi Meir soll obenan sitzen. Da verfinsterte sich das Antlitz Rabbi Simeons. Rabbi Akiwa aber sagte ihm: Laß es dir daran genug sein, daß ich und dein Schöpfer um deine Kraft wissen!

Lehrer und Schüler

Simeon ben Jochai besuchte den Meister Akiwa im Gefängnis* und sprach zu ihm: Unterweise mich in der Lehre. Akiwa sagte: Das darf ich nicht. Simeon erwiderte: Weigerst du dich, so hinterbringe ich es meinem Vater Jochai, und er verrät dich den Römern. Da sagte Akiwa: Wie redest du! Noch mehr, als es das Kalb zu saugen verlangt, verlangt es doch die Kuh zu säugen! Der Schüler erwiderte: Bedenke aber, wer eigentlich von den beiden sich in Gefahr begibt: doch das Kalb!
Da begann Akiwa ihn zu unterweisen, und als erstes lehrte er ihn die Lebensregel: Willst du dich aufhängen, so hänge dich an einen hohen Baum!*

Lehrpflicht und Armenpflicht

Rabbi Pereda hatte einen Schüler, dem mußte er jeden Gegenstand vierhundertmal beibringen, ehe er ihn begriff. Eines Tages war der Rabbi genötigt, einer gottgefälligen Handlung wegen aufzubrechen; zuvor jedoch unterwies er noch seinen Jünger, der aber diesmal überhaupt nichts von dem aufnahm, was der Meister lehrte. Da fragte der Rabbi: Warum bist du heute anders als sonst? Der Jünger erwiderte: Seit der Stunde, da man den Meister gebeten hat, einer wohlgefälligen Handlung wegen aus dem Hause zu gehen, sind meine Gedanken nur damit beschäftigt; denn alle Augenblicke denke ich: jetzt wird der Meister sich erheben, jetzt wird er fortgehen! – Nunmehr sprach der Rabbi: Lenke deinen Sinn allein auf das, was ich dich lehren will! Und er unterwies ihn von neuem und wiederholte ihm den Gegenstand weitere vierhundertmal.
Da erscholl eine Stimme vom Himmel und rief: Rabbi Pereda, was ist dir lieber: daß man deiner Lebenszeit vierhundert Jahre hinzufüge, oder daß dir und allen denen, die in einer Zeit mit dir leben, die zukünftige Welt beschert werde. Rabbi Pereda erwiderte: Möge mir und meinem Mitgeschlecht das zukünftige Leben zuteil werden! – Aber der Heilige, gelobt sei er, gebot seinen Engeln: Gewährt ihm beides – langes Erdenwallen und zukünftiges Leben!

Umgang mit Lehrern

Ein Jünger, der sich von seinem Meister verabschiedet, darf diesem beim Hinausgehen nicht den Rücken kehren, sondern muß ihn mit seitwärts gerichtetem Antlitz verlassen.
Wenn Rabbi Elieser, der Jünger Rabbi Jochanans, sich

von seinem Meister trennte, war es so: Ging der Lehrer anderswohin, so blieb der Schüler in gebückter Haltung auf seinem Platze so lange stehen, bis er den Meister aus dem Gesicht verloren hatte; blieb wiederum Rabbi Jochanan an seiner Stätte, so ging Rabbi Elieser so lange rückwärts, bis er den Blicken seines Meisters entschwunden war.
Raba, der Schüler Rabbi Josephs, verließ seinen Meister ebenfalls rückwärts gehend, wobei er sich die Füße wund stieß und die Schwelle des Hauses seines Lehrers mit Blut besudelte. Rabbi Joseph aber war blind, und als man ihm hernach erzählte: Raba hat das und das getan, sprach er zu seinem Jünger: Es sei der Wille Gottes, daß dein Haupt erhöht werde über die ganze Stadt.

Mißdeutung und Deutung

Rabbi Jochanan ging über den Markt, auf seinen Schüler Rabbi Jakob ben Idi gestützt. Rabbi Eleasar, ein anderer Schüler Rabbi Jochanans, sah diesen von ferne und verbarg sich, ohne gegrüßt zu haben. Da sagte der Lehrer zu seinem Begleiter: Das ist schon das zweite Mal, daß dieser Babylonier mir Böses antut: er entbietet mir nicht den Gruß, und meine Lehren gibt er weiter, ohne meinen Namen zu nennen. Der Schüler erwiderte: Sein Betragen entspricht der Gepflogenheit seines Landes: daselbst ist es nicht üblich, daß der Jüngere den Älteren grüße, denn sie befolgen den Schriftvers: »Die Jungen sahen mich und versteckten sich.«*
Beim Weitergehen wies der Schüler auf ein Lehrhaus, in welchem, wie er sagte, Rabbi Meir zu lehren pflegte, und fügte hinzu: Hier hat Rabbi Meir, wenn er die Lehren Rabbi Ismaels vortrug, den Urheber genannt, wenn er aber das Gesetz Rabbi Akiwas lehrte, den Namen des Meisters nicht angeführt. Rabbi Jochanan antwortete

darauf: Das war ja auch nicht nötig, denn alle Welt wußte, daß Rabbi Meir der Schüler Rabbi Akiwas war. Da sagte Rabbi Jakob: So weiß doch aber auch alle Welt, daß Rabbi Eleasar dein Schüler ist, mithin alles, was er ohne Nennung des Urhebers sagt, von dir stammt! – Rabbi Jochanan sagte zu dem Jünger: Rabbi Jakob, du verstehst es gut, einen Zürnenden zu versöhnen.

Vom Wasser, von der Lehre und vom Recht

Eine Vorschrift, um den nachbarlichen Frieden aufrechtzuerhalten, lautet: Von den Anwohnern eines Wasserlaufes füllt der seinen Brunnen zuerst, dessen Brunnen dem Wasser am nächsten liegt. Doch besteht ein Meinungsstreit zwischen den Meistern Raw und Samuel. Jener sagt: Durch Ableiten des Wassers bewässern die am Oberlauf Wohnenden zuerst ihre Äcker – und dieser sagt: Die am Unterlauf Wohnenden dürfen zuerst ihre Äcker bewässern.

Raw Schimi bar Aschi begab sich zu dem Meister Abbaje und sprach zu ihm: Nimm mich für die Studienzeit als deinen Schüler auf! Der Lehrer erwiderte: Ich brauche den Tag für mein eigenes Studium. Der Jünger bat weiter: So unterweise mich des Nachts. Abbaje antwortete: In der Nacht muß ich meine Felder bewässern. Da sagte der Jünger: Erlaube mir, diese Arbeit für dich am Tage zu tun, und des Nachts unterrichte mich. Abbaje sagte: Wohlan!

Nunmehr ging der Jünger zunächst zu den am Oberlauf Wohnenden und sagte ihnen: Die am Unterlauf Wohnenden bewässern jetzt ihre Felder vor euch. Dann besuchte er die am Unterlauf Wohnenden und sagte ihnen: Erst bewässern die am Oberlauf Wohnenden ihre Felder, dann ihr. So gewann er Zeit, das Wasser umzuleiten und

auf die Felder Abbajes zu lenken. Als er sich danach zu Abbaje begab, sprach dieser zu ihm: Du hast zu gleicher Zeit nach der Meinung Raws und Samuels gehandelt!
Aber von den Früchten dieser Ernte wollte Abbaje keine kosten.

Die den Lehrer wechseln

Erste Geschichte: Der gewissenhaftere Meister. Raw Isaak bar Juda war gewohnt, bei dem Meister Rami bar Chana zu studieren. Danach verließ er ihn und wurde Jünger des Raw Scheschet. Eines Tages begegnete ihm sein ehemaliger Lehrer und sprach zu ihm: Wem der Herzog einmal die Hand gegeben hat, der vermeint, den Duft des Königtums für immer in der Hand zu bewahren! Weil du dich zu Raw Scheschet begeben hast, dünkst du dich wohl wie Raw Scheschet zu sein?!
Der Schüler erwiderte: Meister, nicht aus Hochmut habe ich das getan. Nur, wenn ich an dich eine Frage stellte, so antwortetest du mir stets nach deiner Meinung von der Sache, und stieß ich hernach auf den Wortlaut des Gesetzes, so widersprach er der Lehrmeinung, die du mir übermittelt hattest. Raw Scheschet wiederum beantwortet mir jede Gesetzesfrage aus dem Gesetz, und finde ich hernach im Gesetz an einer anderen Stelle eine Lehre, die dieser widerspricht, so steht nicht mehr Gesetz gegen Meinung, sondern Gesetz gegen Gesetz.

Zweite Geschichte: Was bei wem zu lernen. Raw Chisda sprach zu seinen Schülern: Ich will euch etwas sagen, aber ich fürchte, ihr werdet mich dann verlassen und von mir gehen: Wer die Tora nur bei einem einzigen Meister erlernt, dem wird sein Lebtag kein Segen zuteil.
Da verließen die Jünger den Raw Chisda und begaben sich zu dem Meister Rabba.

Nunmehr erklärte Raw Chisda den Schülern seinen Satz: Was ich sagte, gilt von der Kunst des Disputierens, aber die Lehre selbst muß man bei einem einzigen lernen, sonst spalten sich die Zungen.

Alles ist Lehre

Erstes Beispiel: Was Akiwa von Rabbi Josua lernen wollte. Rabbi Akiwa erzählt: Einst ging ich Rabbi Josua nach, wie er sich in das heimliche Gemach begab. Daselbst lernte ich an seinem Beispiel drei Dinge. Zum ersten: Man verrichtet die Notdurft nicht in ost-westlicher, sondern in nord-südlicher Richtung. Zum zweiten: Man entblößt sich, wenn man die Notdurft verrichtet, erst im Sitzen, nicht, da man noch steht. Drittens: Wenn man sich reinigt, gebraucht man nicht die rechte, sondern die linke Hand. Da sprach Ben Asai: Soweit bist du in deiner Dreistigkeit, dem Meister gegenüber, gegangen? Akiwa antwortete: Das sind alles Dinge der Lehre, und meine Pflicht ist es zu lernen.

Zweites Beispiel: Was Rabba von Raw Chisda hätte lernen sollen. Raw Huna sprach zu seinem Sohne Rabba: Warum sieht man dich nicht als Jünger vor Raw Chisda sitzen, dessen Lehren so scharfsinnig sind! Der Sohn erwiderte dem Vater: Warum soll ich mich zu ihm begeben und sein Schüler sein, wo er stets Dinge vorträgt, die außerhalb der Gesetzeskunde sind? So hat er mir letzthin gesagt: Wer sich auf den Abtritt begibt, sitze nicht zu schnell nieder und presse den Kot nicht zu heftig nach außen; hängt doch der Mastdarm an drei Wülsten, und wenn sich die Wülste lösen, droht dem Menschen Gefahr . . .
Da sprach der Vater zum Sohne: Der Meister beschäftigt

sich mit der Frage, wie dem Menschen das Leben zu erhalten, und du sagst, er trage ungelehrte Dinge vor?! Nun erst recht mußt du zu ihm gehen und bei ihm lernen.

Selbstbescheidung

Rabbi Jochanan sprach zu Rabbi Eleasar ben Pedat: Komm, ich will dich in der Lehre vom göttlichen Thronwagen* unterweisen. Der Jünger erwiderte: Ich bin noch nicht reif genug. Als aber Rabbi Eleasar das rechte Alter erreicht hatte, da starb Rabbi Jochanan.
Nun sprach Rabbi Assi zu Rabbi Eleasar: Komm, ich will dich in der Lehre vom göttlichen Thronwagen unterweisen. Doch Rabbi Elieser gab zur Antwort: Wäre ich dessen würdig gewesen, ich hätte es von Rabbi Jochanan, deinem Meister, gelernt.

Vom Betragen

Erste Geschichte: Der ängstliche Schüler. Rabbi Ismael, der Sohn des Rabbi Josse, ging durch eine Gasse in Jerusalem, und ein Jünger ging hinter ihm drein. Da bemerkte der Rabbi, daß der Schüler ängstlich war, und er sprach zu ihm: Du bist ein Sünder, denn es heißt: »Erschrocken zu Zion sind die Sünder.«* Der Jünger erwiderte: Aber, Meister, steht nicht auch geschrieben: »Wohl dem, der sich allerwege fürchtet!«*
Der Rabbi sagte darauf: Das gilt nur von der Beschäftigung mit Dingen der Lehre; da kann man nicht ängstlich genug sein.

Zweite Geschichte: Der unbotmäßige Schüler. Es war einmal ein Jünger, der in Anwesenheit seines Meisters Elieser ben Hyrkanos zu lehren wagte. Da sagte Rabbi

Elieser zu seinem Weibe Imma Schalom: Dieser Mensch wird diese Woche nicht überleben. Das traf auch ein.
Die Schüler fragten ihn: Rabbi, bist du ein Prophet? Elieser ben Hyrkanos erwiderte: Ich bin weder ein Prophet noch eines Propheten Sohn, aber das ist mir überliefert worden: Jeder Jünger, der in Gegenwart seines Meisters das Gesetz lehrt, hat den Tod erwirkt.

Vergessen und erinnern

Erste Geschichte: Wenn ein Eisen stumpf wird ... Einem der Jünger des Rabbi Simeon ben Jochai widerfuhr es, daß er alles vergaß, was er gelernt hatte. Da begab er sich unter Tränen auf den Friedhof, wo der Meister begraben lag, und wie er so bitter weinte, verfiel er in Schlaf. Im Traume aber sah er seinen Meister, der sprach zu ihm: Wirf drei Steine auf mich, und ich komme zu dir.
Der Jünger suchte einen Traumdeuter auf und erzählte ihm die Begebenheit. Da sagte der Deuter: Wenn du künftig jeden Abschnitt, den du lernst, dreimal laut wiederholst, so kommt dein Wissen wieder zu dir zurück und bleibt bei dir.
»Wenn ein Eisen stumpf wird, muß mans mit Macht wieder schärfen.«*

Zweite Geschichte: Vom rechten Aufmerken. Die Jünger fragten den Rabban Jochanan ben Sakkai: Welche Kleider trägt der Hohepriester bei der Darbringung der Roten Kuh*? Der Meister erwiderte: Die goldenen Kleider. Da sagten die Schüler: Rabbi, du hast uns doch einmal anders gelehrt und gesagt, er trage dazu die leinenen Kleider! Rabban Jochanan sprach: Ihr seid im Rechte! Aber denkt daran: Wenn einer vergessen kann, was er selber getan und mit eigenen Augen gesehen hat, um wie-

viel leichter kann ihm entschwinden, was er nur mit seinen Ohren vernommen hat!
Es ist aber nicht so gewesen, daß er die rechte Antwort nicht gewußt hätte; er sprach nur so, um die Schüler zur Sorgsamkeit anzuhalten.

Das Buch der Ahnenfolge

Rabbi Schimlai begab sich zu Rabbi Jochanan und sprach: Möge mich der Meister in dem ›Buche der Ahnenfolge‹* unterweisen. Da fragte der Lehrer: Wo kommst du her? Der Besucher antwortete: Ich komme aus Ludd. Der Lehrer fragte weiter: Und wo ist dein Wohnsitz? Der Lernbegierige erwiderte: Ich wohne in Nehardaa. Da sagte der Meister: Es ist uns überliefert, daß man das Buch der Ahnenfolge niemals einem aus Ludd oder einem aus Nehardaa beibringe – um so weniger also dir, der du aus Ludd kommst und in Nehardaa zu Hause bist!
Allein der Jünger drang so heftig in den Lehrer, bis dieser sich erbitten ließ. Da sagte der Schüler: Möge mich der Meister das Buch innerhalb dreier Monate lehren. Da hob Rabbi Jochanan einen Klumpen Erde vom Boden auf, warf ihn nach dem Jünger und sprach: Wenn Beruria, das Weib Rabbi Meirs und die Tochter des Rabbi Chanina ben Teradion, tagtäglich dreihundert Lehren aufnehmen konnte und es doch in drei vollen Jahren nicht bewältigte – willst du es in drei Monaten dir zu eigen machen?!
Im Namen Raws wurde gelehrt: Seit dem Tage, da man das ›Buch der Ahnenfolge‹ verborgen hat, ist die Kraft der Weisen schlaff und ihr Augenlicht stumpf geworden.

Vom Geheimnis des göttlichen Thronwagens

1. *Eleasar ben Arach.* Rabban Jochanan ben Sakkai war einst auf der Reise und ritt auf einem Esel; Eleasar ben Arach aber ging zu Fuße hinterdrein. Und der Schüler sprach zu dem Meister: Rabbi, lehre mich einen Abschnitt aus der Lehre vom Thronwagen Gottes*! Rabban Jochanan erwiderte: Weißt du nicht mehr, was die Weisen gelehrt haben? Über den Thronwagen trage man nur vor einem vor, der weise ist und von selbst der Einsicht fähig. Da sprach der Jünger: Rabbi, gestatte mir, vor dir zu wiederholen, was du mich bereits davon gelehrt hast. Der Meister erwiderte: Du darfst reden.

Als aber Rabbi Eleasar begann, vom Geheimnis des göttlichen Thronwagens zu sprechen, stieg Rabbi Jochanan vom Esel und sagte dazu: Es wäre nicht recht, daß ich das Lob meines Schöpfers hörte und dabei auf dem Esel ritte. Beide gingen nun gemeinsam bis zu einem Baum, unter dem sie sich niedersetzten; da fiel ein Feuer vom Himmel herab und hüllte sie ein, und die diensttuenden Engel hüpften vor ihnen, wie Hochzeitsleute fröhlich sind vor dem Bräutigam, und ein Engel aus dem Feuer gab Antwort und sprach: So wie du deine Worte sprichst, Eleasar ben Arach, genauso ist die Lehre vom Thronwagen Gottes! Sogleich öffneten alle Bäume ihren Mund und fingen zu singen an, wie auch geschrieben steht: »Dann müssen jauchzen alle Bäume des Waldes.«*

Als Eleasar ben Arach geendet hatte, erhob sich Rabbi Jochanan ben Sakkai, küßte ihn auf sein Haupt und sprach: Gelobt sei der Herr, der Gott Abrahams, Isaaks und Jakobs, der unserem Vater Abraham einen Sohn gegeben hat, weise und verständig, von der Ehre unseres Vaters im Himmel zu künden! Manch einer predigt schön, aber erfüllt nicht schön; Eleasar ben Arach redet schön und handelt schön! Heil unserem Vater Abraham, daß ein Eleasar ben Arach seinen Lenden entsprossen ist!

2. *Joseph ha-Kohen und Simeon ben Netanel.* Als Rabbi Joseph ha-Kohen und Rabbi Simeon ben Nethanel davon erfuhren, begannen auch sie die Lehre vom göttlichen Thronwagen vorzutragen.
Man erzählt: Es war dies ein Tag in der Jahreszeit des Tammus*, und gleichwohl erbebte die Erde, und der Regenbogen ward sichtbar zwischen den Wolken. Eine Stimme erhob sich und rief: Die Stätte ist euch bereitet, das Schloß gerüstet für euch; ihr seid mit euren Schülern bestimmt für die dritte Schar der sieben Scharen Gerechter, die vor der Gottheit sitzen werden in der zukünftigen Welt.

Die Mysterien sind dem Uneingeweihten verschlossen

Erste Geschichte: Innerhalb und außerhalb. Zur Tora führen gleichsam zwei Wege: der eine aus Feuer, der andre aus Schnee. Wer jenen wählt, verbrennt, wer diesen wählt, erfriert. Was soll der Jünger tun? Er wähle den Mittelweg.
Rabbi Josua ben Chananja stand oben auf dem Tempelberge, als Ben Soma ihm entgegenkam; er stieg bis zu ihm herauf und grüßte ihn nicht. Da rief Rabbi Josua ihm zu: Woher des Weges, Ben Soma, und wohin des Weges? Ben Soma erwiderte: Ich habe mich in das Geheimnis der Schöpfungsgeschichte* versenkt, und siehe, zwischen den oberen Wassern und den unteren Wassern ist nur ein Raum von zwei Fingerbreiten; es heißt: »Und der Geist Gottes schwebte über den Wassern«* – der Taube gleich, die über ihren Jungen brütet, sie berührt und doch nicht berührt.

Da sagte Rabbi Josua zu seinen Jüngern: Ben Soma steht bereits außerhalb ...
Es vergingen nur wenige Tage, und Ben Soma verschied.

Zweite Geschichte: Der Knabe. Es war einmal ein Knabe, der las im Hause seines Meisters das Buch Hesekiel und begriff, was da mit *Chaschmal**, dem Glanzmetall des göttlichen Thronwagens, gemeint ist. Plötzlich schoß aus dem Chaschmal eine Flamme heraus, die ihn verbrannte. Da gedachten die Weisen, das Buch Hesekiel künftig der Menge zu entziehen und geheimzuhalten. Aber Chananja ben Hiskia erwiderte ihnen: Wenn dieses Schulkind allzu weise war – ist das denn auch bei allen anderen zu besorgen?

Die Unzünftigen

Erste Geschichte: Der Walker. Rabbi, der Fürst, studierte das Gesetz auf dreizehnerlei Arten; sieben dieser Lehrmethoden brachte er hernach Rabbi Chija bei, sechs behielt er für sich. Als Rabbi erkrankte, entschwanden sie ihm sämtlich; da rief ihm Rabbi Chija die sieben Arten, die er ihn gelehrt hatte, ins Gedächtnis zurück, aber die sechs anderen blieben verloren.
Nun war da ein Walker, der dem Meister bei dessen lautem Lernen zuzuhören pflegte und alles behalten hatte; zu diesem begab sich Rabbi Chija, lernte, was ihm noch fehlte, bei dem Walker hinzu, und dann ging er zu Rabbi und trug es ihm zum zweiten Male vor.
Als Rabbi hernach dem Walker begegnete, sprach er zu ihm: Du hast mich und den Rabbi Chija von neuem erschaffen. Andere überliefern Rabbis Worte an den Walker so: Du hast Rabbi Chija von neuem erschaffen, und er hat danach mich neu geschaffen.

Zweite Geschichte: Die Stummen. Zwei Stumme wohnten in der Nachbarschaft Rabbis, des Fürsten; die pflegten allemal, wenn Rabbi ins Lehrhaus ging, ihm nachzufolgen und vor ihm niederzusitzen; er trug die Lehre vor, und sie nickten mit dem Kopfe dazu und bewegten ihre Lippen. Da flehte Rabbi Gott um Erbarmen für sie an, und sie wurden geheilt.
Wie sie aber ihren Mund auftaten, erwies es sich, daß sie sich das gesamte Gesetz angeeignet hatten und die mündliche Lehre vollauf beherrschten.

Dritte Geschichte: Der Ferge. Einmal war Resch Lakisch unterwegs und geriet an einen Wasserstrom; da war ein Mann, der ihn auf seine Schultern lud, um ihn von einem Ufer zum andern zu tragen. Während dieser Handlung fragte der Rabbi seinen Träger: Hast du die Schrift gelesen? Der Mann erwiderte: Ja, ich habe die Schrift gelesen. Der Rabbi fragte weiter: Und kennst du auch die mündliche Lehre? Der Träger erwiderte: Ich habe mir vier von den sechs Ordnungen der mündlichen Lehre angeeignet. Da rief Resch Lakisch aus: So hast du mit eigenen Händen vier Berge ausgehauen – und ein Mann wie du soll den Resch Lakisch tragen?! Wirf den Resch Lakisch ab, laß ihn ins Wasser fallen!
Aber der Mann gab zur Antwort: Es ist mir eine Freude, daß ich dem Meister dienen darf.

Des Enkels Lehre

Rabbi Josua ben Levi hatte zur Gepflogenheit, allwöchentlich am Rüsttag zum Sabbat den Lehrvortrag seines Enkelsohnes zu besuchen. Eines Freitags jedoch vergaß er es und begab sich in eines der Badehäuser zu Tiberias, um sich zu waschen. Aber während er hier verweilte –

er hatte sich auf die Schulter des Rabbi Chija gestützt –, kam es ihm wieder in den Sinn, daß er diesmal den Vortrag seines Enkels nicht gehört hatte; er kehrte also um und begab sich ins Lehrhaus.
Es wird erzählt, er habe das Badehaus gleich nach seinem Eintritt wieder verlassen; man berichtet aber auch, er hätte seine Kleider schon abgelegt, als ihm sein Versäumnis einfiel und er den Rückweg antrat. Jedenfalls soll Rabbi Chija ihm gesagt haben: Meister, haben wir nicht gelernt, daß man nicht unterbrechen dürfe, was man begonnen hat? Josua ben Levi erwiderte: Mein Sohn, schätzest du gering, was da gesagt ist: Wer da von seinem Sohnessohn Lehre hört, der hat sie gleichsam vom Berge Sinai gehört?! Denn das ist der Sinn des Verses: »Du sollst deinen Kindern und Kindeskindern kundtun den Tag, da du vor dem Herrn, deinem Gott, standest an dem Berge Horeb.«*

Die weisen Knaben

Abbaje und Raba saßen als kleine Knaben vor dem Meister Rabba. Der fragte die beiden: Wer ists, den man anbetet? Die Kleinen erwiderten: Das ist Gott, der Barmherzige. Rabba fragte weiter: Und wo wohnt Gott der Barmherzige? Raba blieb sitzen und wies nach der Decke des Raumes; Abbaje ging hinaus und deutete gen Himmel. Da sprach Rabba: Ihr beide werdet Meister der Lehre sein!
Das Sprichwort lautet: Was eine rechte Gurke ist, die erkennt man schon in der Blüte!

Sprüche und Aussprüche

Jochanan ben Sakkai und seine fünf Schüler

Fünf Schüler hatte Jochanan ben Sakkai, und einem jeden von ihnen verlieh er einen Beinamen. Den Elieser ben Hyrkanos nannte er eine ausgekalkte Zisterne, die keinen Tropfen Wasser verliert, oder auch einen verpichten Krug, der den Wein bewahrt. Von Josua ben Chananja sagte er: Er ist »die dreifache Schnur, die nicht so leicht zerreißt«*. Über Josse ha-Kohen sprach er aus: Er ist der Fromme des Zeitalters. Den Simeon ben Netanel verglich er mit einer fruchtbaren Niederung mitten in der Wüste. Den Eleasar ben Arach hieß er einen schwellenden Fluß oder eine sprudelnde Quelle.

Einmal stellte er seinen Jüngern die Frage: Welches ist die rechte Art und Weise, die der Mensch zu wählen hat, um des zukünftigen Lebens teilhaftig zu werden? Elieser antwortete: Er habe ein gütiges Auge. Josua sagte: Er suche sich einen treuen Freund. Josse sprach: Neben einem freundlichen Nachbarn wohnen, den Trieb zum Guten innehaben und einem wackeren Weibe vermählt sein. Simeon sagte: Er schaue voraus, was da im Werden ist. Eleasar sprach: Er habe ein edles Herz. Da sagte Jochanan ben Sakkai zu seinen Jüngern: Den Ausspruch Eleasars heiße ich den besten von allen, denn in seinem Wort sind eure Worte alle mitenthalten.

Der Schädel

Hillel sah einst einen menschlichen Schädel, der auf dem Wasser schwamm.

Er sprach zu dem toten Haupt: Weil du ertränkt hast,

wurdest du ertränkt. Aber auch die, die dich ertränkten – ihr Ende ist, ertränkt zu werden.

Von der Mühsal des Lebens

Rabbi Simeon ben Eleasar sprach:
Mein Lebtag habe ich keinen Löwen gesehen, der Lastträger gewesen wäre, keinen Hirsch als Feigenzüchter, keinen Fuchs als Krämer, keinen Wolf, der mit Geschirr gehandelt hätte ... Alle Tiere finden ihre Nahrung, ohne daß sie sich darum mühen. Und dabei sind die Tiere dazu bestimmt, mir zu dienen. Ich aber, der ich dazu bestimmt bin, meinem Schöpfer zu dienen, sollte ich nicht erst recht ohne Plage mein Leben zu fristen vermögen?
Aber, fuhr er fort, ich habe Sünde getan, und das hat mir meinen Unterhalt geschmälert. »Eure Übeltaten haben das Gute von euch ferngehalten«*, sagt der Prophet.

Alles arbeitet für den Weisen

Als Ben Soma die zu Jerusalem versammelte Menge Volkes sah, rief er aus: Gelobt sei er, der alle diese erschaffen hat – um mich zu bedienen!
Er fuhr fort: Was hatte doch Adam, der erste Mensch, für Mühe, bis er ein Stück Brot essen konnte! Er mußte pflügen, säen, jäten, bewässern, mähen, binden, dreschen, worfeln, auslesen, mahlen, sieben, kneten, formen, backen – und erst danach hatte er Brot zu essen. Ich aber stehe des Morgens auf, und all diese Arbeit ist bereits für mich getan ...
Schau, wieviel Mühe Adam hatte, bis er ein Hemd anziehen konnte! Er mußte das Schaf scheren, die Wolle waschen und hecheln, den Faden einfärben, spinnen und weben, den Stoff walken und nähen, und danach

erst hatte er ein Hemd anzuziehen. Ich aber stehe des Morgens auf, und alle diese Arbeit ist bereits für mich getan. Wie viele Männer, die ihr Handwerk treiben, arbeiten von früh bis spät, nur damit ich, wenn ich aufstehe, alle Arbeit bereits für mich getan finde . . .

Eigenschaften

Die Weisen haben gelehrt: Dreier Leben ist kein Leben: das der Allzumitleidigen, das der Jähzornigen, das der Überempfindlichen.
Raw Joseph sagte dazu: Und alle diese Eigenschaften sind in mir vereinigt!*

Jungsein und Altsein

Wie lange gilt der Mensch als Jüngling? Eine Antwort lautet: Solange er noch, auf einem Bein stehend, seinen Schuh ausziehen und anziehen kann.
Man erzählt aber von Rabbi Chanina, er habe noch im Alter von achtzig Jahren, auf einem Bein stehend, sich den Schuh aus- und anziehen können.
Rabbi Chanina sprach: Die warmen Bäder, die ich in der Jugend nahm, und das Öl, mit dem meine Mutter mich zu salben pflegte, beides kommt mir jetzt zustatten, da ich alt geworden bin.

Der Streit um die Macht der Toten

Rabbi Chija der Ältere und Rabbi Jonathan gingen eines Tages über einen Friedhof, und dabei schritt Rabbi Jonathan über die Gruft des Rabbi Simeon ben Josse ben Lakunja, der dort begraben lag. Da sagte sein Gefährte zu ihm: Nun werden die Toten bei sich denken: Morgen sind diese da bei uns, und heute sündigen sie an uns!

Rabbi Jonathan erwiderte: Sind denn die Heimgegangenen irgendeiner Erkenntnis fähig? Sagt doch die Schrift: »Der Tote weiß von nichts.«* Rabbi Chija sagte darauf: Du verstehst wohl die Schrift zu lesen, verstehst es aber nicht, sie auszulegen. Desselben Verses Anfang lautet: »Wohl wissen die Lebenden, daß sie sterben müssen«* – gemeint sind damit die Gerechten, als welche, auch nach ihrem Tode, Lebende genannt werden. Und wenn es danach heißt: »Der Tote weiß von nichts« – so gilt das von dem Bösewicht, der auch zu seinen Lebzeiten als ein Toter anzusehen ist.

Die Unschuld des Kindes

Im Namen des Heiligen Fürsten wurde gelehrt: Die Welt besteht nur kraft des Atems der kleinen Kinder, die zur Schule gehen.
Da sprach Rabbi Papa zu Abbaje: Und unser beider Lippenhauch, tut der gar keine Wirkung?
Der Gefragte gab zur Antwort: Der Odem dessen, in dem schon Sündenerkenntnis ist, gleicht nicht dem Odem dessen, der noch nichts von der Sünde weiß.

Tränenlose Trauer

Dreierlei Tränen nützen der Sehkraft: wenn man Gewürz einatmet, wenn man eine beißende Frucht verzehrt, wenn man Tränen lacht. Und dreierlei Tränen schaden dem Auge: wenn man beim Verrichten der Notdurft keucht, wenn Rauch in die Wimper steigt, wenn man Tränen weint.
Dem Rabbi Chanina starb die Tochter; er aber vergoß keine Träne um sie. Da sprach sein Weib zu ihm: Dir ist wohl nur ein Huhn eingegangen?! Er erwiderte: Kinderlos bin ich schon; soll ich noch blind werden?

Der Rabenvater

»Seine Locken sind kraus, schwarz wie ein Rabe«*, heißt es im Hohenlied.
Gemeint ist der Mann, der nur der Tora sich hingibt und um ihretwillen grausam ist gegen seine Kinder und gegen sein ganzes Haus – wie ein Rabe.
So erzählt man von Raw Ada bar Matna, es habe, als er sich ins Lehrhaus begab, sein Weib zu ihm gesprochen: Deine kleinen Kinder – wie soll ich für sie sorgen? Er gab ihr zur Antwort: Hat das Kraut auf der Wiese aufgehört zu wachsen?

Drei Aussprüche

Wenn Raba sein Gebet beendet hatte, pflegte er noch folgendes zu sagen: Mein Gott, ehe ich erschaffen wurde, war ich ohne Wert, und nun, da ich erschaffen bin, ists, als wäre ich nicht erschaffen. Ich bin Staub, da ich lebe; wie denn erst, wenn ich nicht mehr lebe!

*

Die Rabbinen von Jawne hatten folgenden Wahlspruch: Ich bin ein Geschöpf, mein Mitmensch ist auch ein Geschöpf. Ich übe meine Arbeit in der Stadt, er die seine auf dem Felde. Ich erhebe mich frühmorgens zu meinem Dienste, er sich desgleichen zu dem seinen. So wie er sich nicht anmaßt, mein Tagewerk zu tun, maße ich mir nicht an, das seine zu tun. Wollte aber einer sagen: Ich schaffe Gewichtiges und er Geringes – unsere Lehre lautet: Ob einer viel tut, ob einer wenig tut, entscheidend ist, ob er seine Gedanken dabei auf den Himmel richtet.

*

Wenn Rabbi Jochanan das Buch Hiob zu Ende gelesen hatte*, pflegte er also zu sprechen: Des Menschen Ende ist der Tod, des Viehes Ende ist die Schlachtung. Aller Kreatur steht das Sterben bevor. Heil dem, der bei der Tora groß geworden ist und ihr sein Mühen weiht!

Gedämpfte Freude

Abbaje saß vor Rabba, und als dieser bemerkte, daß Abbaje sehr fröhlich war, warnte er ihn mit den Worten: Es steht geschrieben: »Und frohlockt unter Zittern.«*
Mar bar Rawina richtete seinem Sohne die Hochzeit aus. Dabei sah er, daß die Rabbinen überaus heiter waren. Also nahm er einen kostbaren Becher, der vierhundert Sus wert war, und zerschlug ihn in ihrer Gegenwart. Da wurden sie von Schmerz erfüllt.
Auf der Hochzeit des Mar bar Rawina sprachen die Rabbinen zu Raw Hamnuna sutta: Möge uns der Meister etwas vorsingen! — Da stimmte dieser den Ruf an: Wehe uns, daß wir sterben müssen, wehe uns, daß wir sterben müssen!
Rabbi Jochanan überlieferte: Es ist dem Menschen verboten, solange er auf Erden weilt, aus vollem Halse zu lachen, denn es steht geschrieben: »*Dann** wird unser Mund voll Lachens sein.«* Man erzählt von Resch Lakisch, daß zeit seines Lebens kein rechtes Lachen mehr seinen Mund erfüllte, nachdem er diese Lehre von Rabbi Jochanan, der sein Meister war, vernommen hatte.

Bereitschaft

Vor seinem Tode gebot Rabbi Jeremia seinen Schülern: Bestattet mich in weißen Festgewändern, zieht mir schöne Strümpfe an, tut Sandalen an meine Füße, gebt mir den

Stab in die Hand und grabt mir mein Grab am Wegesrand: wenn dann der Messias kommt – ich bin bereit!

Der letzte Segen

Als Jochanan ben Sakkai sterben sollte, kamen seine Schüler zu ihm und sprachen: Meister, segne uns! Da sprach er: Möge es stets so sein, daß die Furcht vor Gott in euch nicht geringer sei als die Furcht vor den Menschen!
Sie fragten: Nur so groß hat die Gottesfurcht zu sein?
Er gab zur Antwort: Ach, daß sie nur so wäre! Ihr habt es erfahren: der Mensch, der eine Sünde begeht, kennt nur die eine Sorge: wenn mich doch keiner dabei sieht! Er weiß, daß nichts vor dem Heiligen, gelobt sei er, verborgen bleibt, und dennoch scheut er nur die menschlichen Zeugen.

Die sechsunddreißig Gerechten

Abbaje sprach:
In jedem Zeitalter leben in der Welt nicht weniger als sechsunddreißig gerechte Männer, die Tag für Tag das Antlitz der Gottheit schauen. Es heißt: »Aschre kol choche *Lo* – selig alle, die *seiner* harren«*; das Wort *Lo* hat aber den Zahlenwert sechsunddreißig*.
Simeon ben Jochai hat gesagt:
Ich sah die erhabenen Menschen, und siehe, ihre Zahl ist gering.

Tod und Vermächtnis

Siehe, es war sehr gut

Rabbi Samuel bar Nachman sprach:
Ich war ein Knabe und ritt auf meines Großvaters Schultern von der Stadt, wo wir wohnten, an Bet-Schean vorbei, nach Kefar Chanan; da hörte ich die Worte des Rabbi Simeon ben Eleasar, der da saß und im Namen Rabbi Meirs aus der Schrift vortrug:
»Und Gott sah an alles, was er gemacht hatte, und siehe da, es war sehr gut«* – siehe, gut ist . . . der Tod.

Vom rechtzeitigen Pflücken der Früchte

Erstes Gleichnis: Der Feigenleser. Rabbi Jochanan weinte, als er zu dem Schriftverse kam: »Siehe, seinen Heiligen vertraut er nicht.«* Er sprach: Wenn Gott sich selbst auf die nicht verlassen kann, die da Heilige sind, und sie vor der Zeit sterben läßt, damit sie nicht Sünde tun – wem sonst noch kann er trauen?
Eines Tages traf er auf dem Wege einen Mann, der Feigen aufsammelte, und zwar ließ dieser das gute Obst liegen und hob mit Bedacht nur die unreifen Früchte auf. Der Rabbi fragte ihn: Sind die reifen nicht um vieles besser? Der Mann erwiderte: Ich habe einen langen Weg vor mir, und die, die ich gewählt habe, überdauern die Reise, die anderen nicht. Da rief Rabbi Jochanan aus: Das ist der Sinn des Verses: »Auf die Heiligen verläßt er sich nicht.«*

Zweites Gleichnis: Der Herr des Feigenbaums. Ein Meister pflegte mit seinen Schülern unter einem Feigenbaum zu sitzen und Schriftauslegung zu treiben. Es war aber die Gewohnheit des Mannes, dem der Feigenbaum gehörte, täglich in aller Frühe die neu herangereiften Früchte abzupflücken. Da meinten die Gelehrten: Wahrscheinlich fürchtet er, daß wir ihm die Früchte stehlen könnten; wählen wir uns also einen anderen Ort zum Studieren. Nun kam der Eigentümer zu ihnen und klagte: Das gute Werk, das ihr an mir zu üben pflegtet – warum versagt ihr es mir mit einem Male? Sie gaben zur Antwort: Wir glaubten, du habest uns in Verdacht.

Am nächsten Tage rief er sie zurück und zeigte ihnen den Baum: da hatte die Sonne auf die Feigen, die zu pflücken er diesmal unterlassen hatte, zu lange gebrannt, und sie waren madig geworden. Jetzt bekannten die Weisen: Der, der den Baum zu eigen hat, weiß allein die Zeit, wann die Früchte abzunehmen.

So auch der Heilige, gelobt sei er. Er allein kennt die rechte Stunde, wann die Guten abzuberufen sind von dieser Welt.

Die Trübsal der Lehrer

Rabbi Elieser lag krank im Bett; da kam Rabbi Jochanan, ihn zu besuchen. Es war ein dunkler Raum, in dem der Sieche lag; da entblößte der wegen seiner Schönheit berühmte Rabbi Jochanan seinen weißen Arm, und die Kammer ward hell davon. Nun sah er, daß des Leidenden Augen naß von Tränen waren. Er fragte den Freund: Worum grämst du dich? Ist es, weil du nicht stets der Lehre dich widmen konntest? Schon die Weisen sagen: Der eine forscht viel, der andere forscht wenig – doch nur darauf kommt es an, daß der Sinn auf Gott gerichtet sei. Oder ist es die Sorge um die Notdurft des Leibes, die dich bedrückt? Sieh, es ist keinem gegeben, daß

er an zwei Tischen zugleich speise: daß er Brot die Fülle habe und von dem Geist der Tora erleuchtet sei. Oder bist du betrübt wegen deiner Kinder? Schau her, hier ist der Knochen des zehnten Sohnes, den ich zu Grabe getragen habe.
Rabbi Elieser gab zur Antwort. Ich sehe deinen Arm und weine um die Schönheit deines Leibes, daß auch sie dereinst zu Staub werden wird. Da sprach Rabbi Jochanan: Wenn das dein Schmerz ist – wer wollte nicht mit dir weinen?
Und sie weinten beide.

Das schlichte Leichenkleid

Rabbi Jannai gebot seinen Söhnen:
Kinder, wenn ihr mich zu Grabe tragt, bestattet mich weder in weißen noch in schwarzen Gewändern. In weißen nicht – vielleicht werde ich des Paradieses nicht für wert befunden und bin dann in der Hölle wie ein Bräutigam unter Trauernden; in schwarzen nicht, vielleicht werde ich für wert befunden und bin dann im Paradiese wie ein Trauernder unter Bräutigamen ... Setzt mich in schlichtfarbigem Zeuge bei, das von Übersee kommt, wie es die Bademeister tragen*.

Wo dem Menschen zu sterben bestimmt ist, dahin tragen ihn seine Füße

Rabbi Ruben ben Aristobulos hatte zwei Söhne, die beide Schüler des Patriarchen Juda ha-Nassi waren. Eines Tages gewahrte dieser hinter ihnen den Todesengel, der sie anstarrte und mit den Zähnen knirschte. Da sprach er bei sich: Ich will sie nach dem Süden* senden; vielleicht daß die Verbannung ihnen zur Sühne gereicht.

Aber gerade dort, und nicht in ihrer Heimat, durfte der Todesengel ihnen nahen; er zog ihnen nach und raffte sie hin.

Unausgesprochen angezeigt

Erste Geschichte: Die Todesnachricht. Raw war zugleich Brudersohn und Schwestersohn des Rabbi Chija; seine Eltern waren nämlich Stiefgeschwister. Als nun Raw aus Babel nach dem Lande Israel gezogen kam, fragte ihn Rabbi Chija: Lebt dein Vater noch? Raw erwiderte: Warum fragtest du mich nicht, ob meine Mutter noch lebe? Da fragte Chija: Lebt die Mutter noch? Raw sagte darauf: Frage doch lieber, ob der Vater lebt.
Nunmehr sprach Rabbi Chija zu seinem Diener: Zieh mir die Schuhe aus. Er verstand, daß er um beide zu trauern hatte.

Zweite Geschichte: Der edle Trauerbote. Raw Kahana war sterbenskrank geworden, und da sandten die Rabbinen den Rabbi Josua, Sohn des Rabbi Idi, zu ihm und trugen ihm auf: Schau nach, wie es um ihn steht.
Als aber der Bote ankam, fand er den Meister tot. Da zerriß er sein Gewand und drehte es hernach um, daß der Riß nach hinten kam, und kehrte unter Tränen heim. Die Rabbinen sprachen zu ihm: Der Meister ist wohl entschlafen? Er erwiderte ihnen: Nicht ich habe es gesagt. Und er führte den Spruch an: »Wer eine böse Kunde ausspricht, ist unweise.«*

Der Myrtenzweig

Rabbi Samuel ben Isaak pflegte bei Hochzeitsfeiern einen Myrtenzweig in die Hand zu nehmen und damit vor der Braut zu tanzen. Rabbi Seera beobachtete ihn einmal da-

bei; er hatte sich versteckt und sprach hernach zu den Rabbinen: Schaut diesen Alten an, wie er unseren Stand entehrt!
Als aber Rabbi Samuel starb, da tobte drei Stunden lang ein Unwetter mit Donner und Blitz, und eine Stimme erscholl und sprach: Rabbi Samuel ben Isaak ist entschlafen. Ihm, der da Gnade erwies, werde Gnade erwiesen!
Und es fiel Feuer vom Himmel, und ein Feuerstrahl, der wie eine Myrte aussah, trennte die Bahre von denen, die sie zum Friedhof führten. Da sprach die Menge: Sehet, wie dem Greise die Myrte, die er geschwungen hat, zur Seite steht!

Raw Hunas Tod und Überführung

Als der Meister Raw Huna zu Babel entschlafen war, gedachten die Leidtragenden eine Torarolle auf sein Bett zu legen; da sagte Raw Chisda: Einen Brauch, den er zu seinen Lebzeiten verworfen hat, wollt ihr nach seinem Tode an ihm vollziehen? Da das Bett mit dem Toten zu breit war, um durch die Tür zu gehen, wollte man es über das Dach hinaustragen; da sagte Raw Chisda: Er hat mich gelehrt, die Ehre des Gelehrten erfordere es, daß man ihn durch die Tür hinausführe. Nun wollte man ihn aus seinem Bette in ein anderes, schmaleres, legen, um ihn durch die Tür bringen zu können; aber Raw Chisda sagte: Er hat mich gelehrt, die Ehre des Gelehrten erfordere es, daß man ihn in seinem Bett belasse. Also zerschlugen sie den Türrahmen und konnten ihn so durch die Öffnung bringen.
Da begann Rabbi Abba eine Trauerrede über ihn und sprach: Raw Huna wäre würdig gewesen, daß die Majestät Gottes auf ihm ruhte; aber, weil er in Babel lebte, ist ihm das nicht zuteil geworden. – Als der Leichnam in

das Heilige Land überführt worden war, sagte man es Rabbi Ammi und Rabbi Assi an: Huna ist gekommen. Da sprachen sie: Als wir noch drüben, in Babel, weilten, vermochten wir vor ihm nicht den Kopf zu erheben; nun, da wir hierher gezogen sind, zieht er uns nach! Man antwortete ihnen: Es ist sein Sarg, der gekommen ist!

In der Gruft Rabbi Chijas

Erste Fassung. Als der Exilarch Rabbi Huna gestorben war, überführte man seinen Leichnam nach dem Lande Israel. Man fragte: Wo soll er bestattet werden? und antwortete: Man müßte ihn neben Rabbi Chija dem Großen begraben, da er derselben Sippe angehört. Danach wurde gefragt: Wer wagt es, ihn daselbst beizusetzen? Da trat Rabbi Chagga vor und sagte: Ich will die Grabeshöhle betreten und den Toten hineintragen. Die anderen aber erwiderten ihm: Du bist ein alter Mann und suchst nur einen Vorwand, um selbst an dieser Stätte begraben zu werden. Darauf sagte Rabbi Chagga: So bindet einen Strick an meinen Fuß, und sollte ich drinnen zu lange säumen, zieht mich daran heraus!

Also trat er ein und erhob seine Augen, um Rabbi Chija zu sehen. Da wurde ihm zugerufen: Wende dein Antlitz um, denn du darfst ihn nicht sehen. Er hörte aber die Stimme des Rabbi Chija, der zu seinem Sohne Juda, welcher ebenfalls daselbst begraben war – sprach: Sage Raw Huna, daß er bei uns bleiben darf. Aber der tote Raw Huna weigerte sich in seiner Demut, den Platz neben Rabbi Chija einzunehmen. Da sprach Rabbi Chija: Da dieser Mann neben uns zu ruhen sich nicht für wert hielt, möge zum Lohn sein Geschlecht niemals aussterben!

Rabbi Chagga verließ die Höhle. Er war damals achtzig Jahre alt, und nun wurde seine Lebenszeit verdoppelt.

Zweite Fassung Andere erzählen: Rabbi Chagga erbot sich, den Leichnam in die Höhle zu tragen. Er sprach: Ich bringe den Toten hinein; habe ich doch den ganzen Talmud schon mit achtzehn Jahren erschöpft; auch ist mir mein Leben lang nie ein nächtliches Geschehen widerfahren.
Als er mit dem Leichnam eingetreten war, fand er die Söhne Rabbi Chijas zu seiten ihres Vaters ruhen, Rabbi Juda zu seiner Rechten und Rabbi Hiskia zu seiner Linken. Und der tote Rabbi Juda sprach zu seinem toten Bruder: Erhebe dich von deiner Ruhestätte; es ist gegen die Sitte, liegenzubleiben, wo Raw Huna stehen muß! Wie nun der tote Rabbi Hiskia aufstand, erhob sich mit ihm eine Feuersäule. Rabbi Chagga sah das Feuer und erbebte; er setzte den Sarg Rabbi Hunas senkrecht vor sich hin und verließ die Höhle. Und weil er den Totenschrein zwischen sich und die Feuersäule gestellt hatte, entging er der Strafe.

Von Rabbi Chijas Tode

1. *Rabbi Chija und der Todesengel.* Als der Todesengel den Rabbi Chija heimholen wollte, fand er keinen Zugang zu ihm. Da erschien er dem Rabbi als Bettler, klopfte an die Tür und sprach: Gib mir ein Stück Brot. Er erhielt die Gabe und sagte darauf: Siehe, der Meister erbarmt sich des Armen; warum will er sich eines gewissen Mannes nicht erbarmen?* Und er gab sich ihm zu erkennen, indem er ihm eine feurige Rute zeigte.
Hierauf überantwortete sich Rabbi Chija dem Todesengel.

2. *Die entschwundene Gruft.* Resch Lakisch pflegte die Grabeshöhlen verstorbener Rabbinen mit Kennzeichen zu

versehen, damit sie nicht irrtümlicherweise von Priestern betreten würden*. Als er aber auch die Gruft des Rabbi Chija zeichnen wollte, entschwand diese plötzlich seinen Blicken. Da sank ihm der Mut, und er rief aus: Herr der Welt! War ich nicht genauso scharfsinnig, wie er gewesen ist, in der Ergründung der Tora?
Aber eine Stimme ließ sich vernehmen, die sprach also: Du bist nicht minder tief in die Tora eingedrungen als er; aber du hast die Tora weniger weit verbreitet als er.

Eine Traumerscheinung des Meisters Chija

Erste Geschichte: Simeon ben Lakisch. Rabbi Simeon ben Lakisch wollte Rabbi Chija im Traume sehen und fastete dreihundert Tage lang darum, aber der Meister erschien ihm nicht.
Da grämte er sich sehr und sprach: Sollte Rabbi Chija sich der Tora noch emsiger beflissen haben als ich?! Da wurde ihm die Antwort: Erstens hat Rabbi Chija tatsächlich mehr Wissen verbreitet als du. Und zweitens wird ihm angerechnet, daß er in der Fremde wirkte, nicht im Lande Israel. Da sagte Rabbi Simeon ben Lakisch: Habe ich denn nicht auch in der Verbannung gelebt? Man erwiderte ihm: Du tatest das, um dortselbst bei anderen zu lernen, er aber, um andere daselbst zu lehren.

Zweite Geschichte: Rabbi Josse. Rabbi Josse fastete achtzig Tage, damit er Rabbi Chija den Großen im Traume sehen dürfte. Am Ende der Frist zeigte sich ihm der Meister, aber der Anblick war so gewaltig, daß Rabbi Josse die Hände zitterten und die Augen dunkel wurden.
Meinst du aber, Rabbi Josse sei ein geringer Mann ge-

wesen? Weit gefehlt! Es begab sich einmal, daß ein Weber vor Rabbi Jochanan erschien und zu ihm sagte: Mir träumte, das Gewölbe des Himmels stürze zusammen, aber einer deiner Jünger stützte es, daß es nicht zerfiel. Der Rabbi sagte: Würdest du ihn wiedererkennen? Der Weber antwortete: Wenn ich ihn sehe, erkenne ich ihn wieder. Da ließ Rabbi Jochanan alle seine Schüler an dem Weber vorübergehen, und dieser erkannte den Rabbi Josse als den, den er im Traume gesehen hatte.

Rabbi Chijas Herrlichkeit im Paradiese

1. Rabbi Sera erzählt:
Gestern nacht erschien mir der verstorbene Rabbi Josse ben Chanina im Traume. Ich fragte ihn: Neben wem hast du deinen Sitz im Paradiese? Er erwiderte mir: Neben Rabbi Jochanan bar Nappacha. – Und wer ist der Nachbar Rabbi Jochanans? – Rabbi Jannai. – Wen hat Rabbi Jannai zur Seite? – Rabbi Chanina. – Und Rabbi Chanina, neben wen ist er gesetzt? – Neben Rabbi Chija.
Da fragte ich, so erzählt Rabbi Sera weiter, den mir Erschienenen und sprach: Warum hat Rabbi Jochanan seinen Sitz nicht unmittelbar neben Rabbi Chija? Der Traumgast erwiderte mir: An einem Orte, wo Funken sprühen* und eine Fackel brennt, darf der Sohn des Köhlers nicht weilen.

2. Ein Weiser mit Namen Chawiwa bar Surmaki erzählte:
Ich kannte einen Schriftgelehrten, dem der Prophet Elia zu erscheinen pflegte; der hatte am Morgen helle, glänzende Augen, am Abend aber sahen sie aus wie von Feuer versengt. Ich fragte ihn: Was ist dir widerfahren?

Er erwiderte mir: Ich hatte Elia gebeten, mir die verstorbenen Weisen zu zeigen, wie sie, in der künftigen Welt, in das himmlische Lehrhaus* sich begeben. Elia gab mir zur Antwort: Auf alle darfst du blicken, nur auf den Sessel Rabbi Chijas nicht. Da sagte ich – so erzählte mir der Schriftgelehrte – zu dem Propheten: An welchem Zeichen ist er zu erkennen? Elia sprach: Zu allen anderen begeben sich Engel, um sie ins Lehrhaus zu geleiten; einzig Rabbi Chija erhebt sich von seinem Sitz und geht, ohne eines Geleites zu bedürfen. Nun vermochte ich – so sprach der Schriftgelehrte weiter – mich doch nicht zu bezähmen und schaute ihn an: da schossen zwei Feuerstrahlen aus dem Sessel auf mich zu, schlugen in meine Augen und machten mich blind. Am Morgen darauf begab ich mich zu der Grabeshöhle Rabbi Chijas, fiel daselbst nieder und sprach: Meister! Ich bin es, der sich deine Gesetzeslehre ganz zu eigen gemacht hat! – Und ich ward alsbald geheilt.

Rabban Gamliels Ende

1. *Der Tod.* Imma Schalom war das Weib Rabbi Eliesers und die Schwester Rabban Gamliels. Seitdem ihr Mann in Bann gelegt worden war*, wußte sie es zu verhindem, daß er beim Gebet auf sein Antlitz zur Erde fiel.* Einmal aber wähnte sie, es sei Neumond, denn sie hatte sich verzählt; und da am Neumond das Bittgebet gegen die Feinde* nicht gesprochen wird, hatte sie dessen nicht acht; andere überliefern, ein Armer habe an die Tür geklopft, und sie habe ihm Brot hinausgetragen – jedenfalls fand sie ihren Mann, wie er auf sein Antlitz niedergefallen war und das Gebet sprach. Sie sagte zu ihm: Erhebe dich! Du hast meinen Bruder umgebracht! – In diesem Augenblick hörte man den Ton einer Posaune aus dem

Hause Rabban Gamliels, zum Zeichen, daß dieser entschlafen sei.
Rabbi Elieser fragte sein Weib: Woher wußtest du das voraus? Sie erwiderte: So lernte ich es im Hause meines Vaters: Wenn auch alle Tore verschlossen sind, das Tor der Demütigung* steht offen.

2. *Nach dem Tode.* An Neumondstagen, so auch am Lichtfest und zu Purim*, ordne man keine Fasten der Gesamtheit an; hat man aber einmal mit Fasten begonnen, so soll man es nicht unterbrechen – das sind die Worte Rabban Gamliels. Rabbi Meir sagte dazu: Obwohl Rabban Gamliel gelehrt hat, man unterbreche das einmal begonnene Fasten nicht, so räumt er doch ein, daß man es an diesen Tagen nicht abschließe.
Nachdem Rabban Gamliel entschlafen war, begab sich Rabbi Josua* ins Lehrhaus und gedachte, was jener gelehrt hatte, umstoßen zu lassen. Da stellte sich Rabban Jochanan ben Nuri auf seine Füße und rief: Ich erkenne für Recht, daß dem Haupte der ganze Leib nachzufolgen hat. Solange Rabban Gamliel am Leben war, haben wir das Gesetz allemal nach seinen Worten bestimmt; nun, da er tot ist, willst du aufheben, was er gelehrt hat? Nein, Josua, da ist keiner, der auf dich hörte!

*Der Tod des Rabbi Elieser ben Hyrkanos**

1. *Der letzte Besuch der Rabbinen.* Als Rabbi Elieser auf den Tod erkrankt war, begaben sich Rabbi Akiwa und seine Gefährten zu ihm, um ihn zu besuchen. Er saß auf einem erhöhten, mit Vorhängen umzogenen Lager, sie aber warteten unten im Saale. Es war Rüsttag zum Sabbat, und Hyrkanos, der Sohn des Rabbi, wollte dem Vater die Gebetriemen* abnehmen, weil er irrtümlich

annahm, das Gesetz verlange dies. Da fuhr Rabbi Elieser den Sohn heftig an, und der verließ, als einer, der einen Verweis erhalten hat, den Raum. Er sagte aber zu den Rabbinen, die erschienen waren: Mich dünkt, der Vater ist nicht mehr klaren Geistes. Aber Rabbi Elieser rief zu ihnen hinab: Verwirrten Geistes sind er und seine Mutter; bei Vergehen, auf die die Strafe der Steinigung steht, sind sie nicht so peinlich; dafür hüten sie streng, was nur der größeren Feierlichkeit halber verfügt ist!

Also sahen die Rabbinen, daß er bei Sinnen war, begaben sich zu ihm herauf und nahmen Platz in einem Abstand von vier Ellen von seinem Lager. Er fragte sie: Warum seid ihr gekommen? Sie erwiderten: Damit du uns in der Lehre unterweisest. Er fragte weiter: Und warum seid ihr bislang nicht erschienen? Sie gaben zur Antwort: Wir hatten die Muße nicht. Da sagte er: Es sollte mich wundern, wenn ihr eines natürlichen Todes sterbet.

Und Rabbi Elieser bewegte seine beiden Arme, kreuzte sie über dem Herzen und sprach: Weh euch, ihr beiden Arme mein, die ihr zwei Torarollen gleicht, die niemand aufschlagen wollte. Viel habe ich gelernt und viel gelehrt; doch bei all der Lehre, die ich mir zu eigen machte, habe ich von meinen Lehrern noch weniger genommen als ein Hund, wenn er trinkt, Wasser aus dem Meere; und bei all der Lehre, die ich hätte weitergeben können, haben meine Jünger mir nur so viel entzogen wie der Schminkstift Schminke dem Schminkrohr. Allein über den weißen Fleck, der sich beim Aussätzigen zeigt*, vermochte ich dreihundert Sätze vorzutragen – und niemals hat mich einer darum befragt!

Nunmehr baten die Rabbinen ihn um Belehrung in Dingen der Reinheit und Unreinheit, und er löste ihnen ihre Zweifel. So fragten sie ihn: Kann ein unfertiger

Schuh, der noch auf dem Leisten befindlich ist, unrein werden? Rabbi Elieser erwiderte: Er ist rein. Und mit diesem Wort ›rein‹, in Reinheit also, hauchte er seine Seele aus. Da erhob sich Rabbi Josua auf seine Füße und rief: Der Bann ist gelöst, der Bann ist gelöst!

2. *Elieser und Akiwa.* Bevor Rabbi Elieser starb, sprach er: Dreitausend Sätze lehre ich allein über das Pflanzen von Gurken, und nie hat mich einer darum befragt, Akiwa ben Joseph ausgenommen. Mit diesem ging ich einst über Land, und da sagte er zu mir: Rabbi, lehre mich, wie man Gurken pflanzt. Da sprach ich ein Wort aus, und das ganze Feld wurde voller Gurken. Er sprach weiter: Rabbi, du hast mir gezeigt, wie man sie in den Boden steckt; nun zeige mir auch, wie man sie aus dem Boden zieht. Da sprach ich abermals ein Wort, und alle Gurken des Feldes sammelten sich auf einem Platz.
Als Rabbi Elieser gestorben war, begegnete Rabbi Akiwa der Bahre auf dem Wege, der von Cäsarea nach Ludd führt. Da schlug er seinen Leib so hart, bis das Blut zur Erde floß. Und er begann die Klage um ihn mit den Worten: Als Elia dahin war, rief Elisa: »Mein Vater, mein Vater, Wagen Israels und seine Reiter!«* Viel besitze ich des Geldes; aber ich habe keinen Wechsler mehr, auf dessen Tisch ich es hinzählen könnte!

Der Tod des Raw Adda bar Ahawa

1. *Schuldhaftes Handeln.* Raw Dime aus Nehardaa brachte eine Schiffsladung gedörrter Feigen auf den Markt, um sie zu verkaufen. Da sagte der Exilfürst zu dem Meister Raba: Sieh zu, ob der Mann ein Gelehrter ist, und hat er sich als ein solcher erwiesen, so gewähre ihm auf dem Markte das Vorrecht, seine Ware vor den anderen zu

verkaufen. Raba aber gab den Auftrag an Raw Adda bar Ahawa weiter mit den Worten: Rieche an seinem Kruge*, ob er wohl Wein birgt oder Essig.
Adda bar Ahawa machte sich auf, begab sich zu Raw Dime und stellte an ihn die folgende Frage: Wenn ein Elefant einen Weidenkorb verschlungen und durch die Leibesöffnung wieder ausgeschieden hat – ist das noch immer der Weidenkorb, oder ist es Kot? Darauf wußte Raw Dime nicht zu antworten. Er fragte den Fragesteller: Der mit mir spricht, ist wohl der Meister Raba? Darauf gab ihm Adda bar Ahawa einen leichten Schlag mit der Sandale und antwortete ihm: Zwischen mir und Raba ist noch ein großer Unterschied. Aber auf jeden Fall, und ob du's willst oder nicht, könnte ich dein Lehrer sein, und Raba ist deines Lehrers Lehrer! – Und Adda bar Ahawa gab ihm kein Vorzugsrecht auf dem Markte, also daß Raw Dime die ganze Last Feigen mit Verlust verkaufen mußte.
Nun begab sich der Geschädigte zu Raw Joseph und sprach zu ihm: Schau, was dieser da mir angetan hat! Raw Joseph erwiderte: Er, der selbst ein Vergehen, das an dem Könige von Edom* begangen wurde, an den Missetätern unverzüglich heimgesucht hat – er wird auch rächen, was an dir gesündigt worden ist!
Da starb Raw Adda bar Ahawa.

2. *Die Verantwortlichen.* Da Raw Adda bar Ahawa gestorben war, sprach Raw Joseph: Um meinetwillen hat Gott ihn gestraft, denn ich habe ihm geflucht. Aber Raw Dime aus Nehardaa sprach: Um meinetwillen hat Gott ihn gestraft, denn er hat mich um den Ertrag meiner Feigen gebracht.
Hiergegen sprach Abbaje: Um meinetwillen hat Gott ihn gestraft; weil er nämlich einmal zu den Jüngern über

mich dies gesprochen hat: Ehe ihr Knochen bei Abbaje benagt, eßt lieber fettes Fleisch bei Raba!*

Raba indes sprach: Um meinetwillen hat Gott ihn gestraft, denn einmal, als er ins Schlachthaus ging, hat er den Schlächtern gesagt: Mir müßt ihr das Fleisch eher geben als den Dienern Rabas; denn ich bin größer als Raba.

Als letzter sagte Raw Nachman bar Isaak: Nein, um meinetwillen ist es geschehen, daß Gott ihn gestraft hat.

Raw Nachman bar Isaak war nämlich das Haupt der Gelehrtenversammlung, und allemal, bevor er sich zu der Versammlung begab, pflegte Raw Adda bar Ahawa den Vortrag mit ihm zu wiederholen, damit er ihn auch beherrsche, und danach hielt er ihn vor den Gelehrten. Eines Tages nun wurde Raw Adda von den Meistern Huna und Josua mit einer Gesetzesfrage aufgehalten, er erschien nicht zur rechten Zeit, und Raw Nachman zögerte mit dem Beginn des Vortrages. Die Weisen begaben sich zu ihm und sprachen: Erhebe dich, denn schon neigt sich der Tag seinem Ende zu; worauf denn wartet der Meister noch? Raw Nachman antwortete unwirsch: Ich sitze hier und warte auf den Sarg des Raw Adda bar Ahawa!

Indes wurde ein Ruf laut: Raw Adda bar Ahawa ist gestorben!

Von Rabbi Abun

Bevor der Herr das Licht des einen Gerechten untergehen läßt, entzündet er das Licht eines anderen Gerechten. Am Todestage des Rabbi Juda ha-Nassi wurde Rabbi Ada bar Ahawa geboren; am Todestage des Rabbi Ada bar Ahawa wurde Rabbi Abun geboren.

Rabbi Abun sprach über sich selbst: Ich bin frei von der

Pflicht, Vater und Mutter zu ehren. Man erzählt: Als seine Mutter mit ihm schwanger ging, starb der Vater; als sie ihn gebar, starb sie selbst.
Einmal trat Rabbi Abun vor den römischen Kaiser. Als er fortging, wandte er dem Herrscher den Rücken zu. Die Hofleute wollten ihn töten, da sahen sie zwei feurige Strahlen aus dem Nacken des Lehrers hervorbrechen. Da taten sie ihm nichts.
Der Rabbi starb zu Tiberias. Da sein Tod während der Feiertage erfolgte, wollte Rabbi Mana, der zu Sepphoris wirkte, ihm nicht die letzten Ehren erweisen. Die Leute zu Sepphoris sprachen über Rabbi Mana: Bis in den Tod hinein haßt er jenen Meister! – Nach dem Feste aber tat Rabbi Mana dem Toten alle Ehren an. Er trat vor und sprach: Wenn ein Weiser stirbt, gelten alle, die zugegen sind, als seine Verwandten, und ihnen obliegt die Pflicht. Ich aber war nicht an dem Orte, da er starb. –
An dem Todestage Rabbi Abuns wurde Abba Hoschaja geboren.

Vom Heimgang und Begräbnis des Eleasar ben Simeon

1. Der unverwesliche Leib. Rabbi Eleasar, der Sohn des Rabbi Simeon ben Jochai, fühlte seine Kräfte schwinden. Er entblößte seinen Arm*, und wie sein Weib darauf blickte, mußte sie zu gleicher Zeit lachen und weinen. Sie lachte und sprach: Wie herrlich war mein Teil in dieser Welt, und wie glücklich war ich, daß ich dem Leibe dieses Gerechten vermählt sein durfte! Sie weinte und rief: Wehe, daß der Leib dieses Gerechten in die Erde versenkt werden wird!
Als der Rabbi sterben sollte, sprach er zu ihr: Ich sterbe jetzt; doch wird keine Made mir etwas anhaben. Nur ein einziger Wurm wird die Haut hinter meinem Ohre

durchbohren: eines Tages nämlich hörte ich einen Mann einen Gelehrtenjünger schmähen, und obwohl ich den Sünder strafen konnte, habe ich es unterlassen.
Bis zu der Zeit, da der Leichnam sein rechtes Grab fand, vergingen nicht weniger als achtzehn, aber auch nicht mehr als zweiundzwanzig Jahre. Sein Weib pflegte, wenn sie den Toten besuchte, ihm jeweils ein Haar auszuziehen, und allemal kam Blut heraus. Einmal sah sie einen Wurm die Haut hinter seinem Ohre durchbohren. Sie wollte ihn entfernen, da hörte sie eine Stimme, die rief: Lasset den Gläubiger seine Schuld einfordern!

2. *Von Gusch Chalaw nach Meron.* Als Rabbi Eleasar gestorben war, wurde der Leichnam nach Gusch Chalaw* gebracht. Da erschien sein Vater, Rabbi Simeon, der zu Meron* begraben lag, den Bewohnern von Meron im Traume und sprach: Das rechte Auge, das mein eigen war – warum bringt ihr es mir nicht wieder? Andre sagen, er habe im Traume ihnen gesagt: Eine einzige Taube hatte ich unter euch, und ihr enthaltet sie mir vor!
Die Bewohner von Meron zogen aus und wollten den Leichnam holen, aber die von Gusch Chalaw trieben sie mit Stangen und Spießen davon. Alle die Zeit nämlich, da der Leichnam Eleasars sich bei ihnen befand, hielten die wilden Tiere sich ferne von der Stadt.
Eines Tages, es war der Tag vor dem Versöhnungsfeste, sprachen die zu Meron: Dies ist die Stunde, da wir den Leichnam holen können, denn jene rüsten zum Fasttage. Und sie zogen aus, wobei zwei Schlangen aus Feuer ihnen voranliefen und am Eingang zur Grabeshöhle, zu beiden Seiten der Pforte, stehenblieben.
Andre erzählen, daß, als sie den Leichnam Rabbi Eleasars an die Gruft Rabbi Simeons gebracht hatten, sie diese

von einer Schlange umwunden fanden. Da riefen sie: Schlange, Schlange, öffne deinen Mund, damit der Sohn zu seinem Vater gelangen kann!
Von dem Tage an hörte Rabbi Simeon auf, denen zu Meron zu erscheinen.

3. *Mit Leiden erkauft.* Als Rabbi Eleasar gestorben und begraben war, ließ Rabbi Juda ha-Nassi zu seiner Witwe senden und warb um sie. Sie sandte ihm die folgende Antwort: Ein Gefäß, welches Heiligem zu dienen bestimmt war, sollte Irdischem dienen müssen? Anders wurde ihre Antwort im Lande Israel überliefert: An einem Orte, wo der Herr des Hauses sein Gewaffen aufhing, soll der gemeine Hirt seinen Wasserkrug niedersetzen?
Rabbi ließ ihr erwidern: Sollte er auch an Gelehrsamkeit der Größere gewesen sein, so kommt mir doch keiner gleich in der Ausübung guter Werke! Wieder antwortete ihm die Witwe Eleasars: Daß er in der Lehre höher stand als du, hatte ich nicht gewußt; wohl aber weiß ich es von seinen guten Werken. Hat er sie doch mit Leiden erkauft, die er auf sich nahm.

Vorauswissen der Todesstunde

Antoninus der Jüngere, Antoninus' des Älteren Sohnessohn, fragte eines Tages unseren Heiligen Fürsten*: Wer von uns beiden wird als erster sterben, ich oder du? Rabbi erwiderte: Ich werde vor dir sterben.
Darauf wandten sich die Jünger an den Heiligen Fürsten und sprachen zu ihm: Rabbi, alle Welt betet für dich um langes Leben, und du sprichst in solcher Weise?
Rabbi gab zur Antwort: Wenn wirklich meine Stunde geschlagen hat – was verschlägts, daß ich so gesprochen

habe? Und umgekehrt: Wenn der Todesengel bei Antoninus zuerst erscheint, wird der ihm sagen: Du hast nicht zu mir zu kommen, wie ich auch nicht zu dir komme, denn noch ist Rabbi am Leben! Schließlich und endlich: Trifft mein Wort ein, so werden die Heiden sagen: Selig die Judäer; sogar ihre Todesstunde wissen sie voraus.
Was nun Rabbi gesagt hatte, war wie ein Versehen*, das einem Herrscher entschlüpfte, und ging an ihm in Erfüllung: Rabbi starb vor Antoninus.

Vom Tode Rabbis

1. *Das Gebet der Magd.* Als Juda ha-Nassi auf den Tod krank daniederlag, verhängten die Rabbinen ein Fasten und sprachen Bittgebete für ihn. Die Magd des Meisters stieg auf den Söller und sagte bei sich: Nun kämpfen die Überirdischen und die Irdischen um meinen Herrn*; ach, daß doch die Irdischen obsiegen möchten! – Als sie aber sah, wie sehr der Sterbende sich quälte, dachte sie: Möchten doch lieber die Himmlischen siegen!
Die Rabbinen unterbrachen ihr Gebet auch nicht für einen Augenblick; da ergriff die Magd einen Krug und warf ihn auf die Straße. Bei dem Geräusch hielten sie einen Augenblick im Beten inne, und sogleich entstieg die Seele Rabbis seinem Leibe.

2. *Die Todesnachricht.* Die Genossen des Heiligen Fürsten hatten zuvor gesprochen: Wer uns sagt, Rabbi ist tot, den soll ein Schwert durchbohren! Sie sandten aber den Bar Kappara zu ihm herauf, nachzuschauen, wie es ihm erginge.
Der Jünger fand den Meister entschlafen, und er zerriß sein Kleid. Er trat zu den Gefährten heraus und sagte: Himmelsfürsten und Erdgewaltige faßten die Heilige

Lade an; nun haben die Himmelsfürsten über die Erdgewaltigen gesiegt, und hinweggeführt ist die Lade – Sie fragten: Also ist er verschieden? Er erwiderte: Ihr habt das Wort ausgesprochen, nicht ich.

3. *Das Begräbnis.* An dem Tage, da Juda ha-Nassi begraben ward, ereigneten sich Wunderdinge. Es war ein Freitag, und die Bewohnerschaft aller Orte ringsum vereinigte sich, um ihn zu beweinen; es wurden achtzehn Trauerversammlungen abgehalten vor seinem Sarge; danach überführte man ihn nach Bet-Schearim, wo er begraben wurde. Da ward der Tag verlängert, bis daß jeder einzelne in sein Haus zurückgekehrt war, ein Faß mit Wasser gefüllt und die Sabbatlichter angesteckt hatte. Als die Sonne unterging, krähte der Hahn. Da grämten sich die Leute und sprachen: Haben wir vielleicht doch den Sabbat entweiht?! Da erscholl eine Stimme vom Himmel, die sprach zu ihnen: Jeder, der es nicht versäumt hat, dem Begräbnis Rabbis beizuwohnen, sei der fröhlichen Gewißheit, daß ihm das künftige Leben beschert ist; jeder – den Walker ausgenommen.«* (Das war ein Mann, der täglich vor Rabbi zu erscheinen pflegte, an dem Trauergeleit aber nicht teilgenommen hatte.) Kaum hörte das der Wäscher, als er auf das Dach des Hauses stieg und sich von da hinunterstürzte. So starb der Walker, und abermals erscholl eine Stimme und rief: Auch der Walker hat das ewige Leben.

4. *Die Wiederkehr.* Vor seinem Tode sprach Rabbi Juda ha-Nassi: Ich habe mit meinen Söhnen zu reden. Da traten die Söhne in sein Zimmer, und er gebot ihnen: Seid höchst bedacht auf die Ehre eurer Mutter! Im übrigen soll hier das Licht brennen wie zuvor, der Tisch gedeckt sein wie zuvor, das Bett gerüstet sein wie zuvor,

und Joseph aus Haifa wie Simeon aus Ephrat, die mir zu Lebzeiten aufzuwarten pflegten, sollen mich auch nach meinem Tode bedienen.
Man erzählt: Nach seinem Tode pflegte Rabbi Juda ha-Nassi jeden Freitagabenb in sein Haus zu kommen. Eines Tages, es war wieder Rüsttag zum Sabbat, kam eine Nachbarin vor die Haustür und bat mit lauter Stimme um irgend etwas. Da rief ihr die Magd Rabbis zu: Sei stille; Rabbi weilt drinnen. Als der Fürst das vernahm, hörte er auf zu erscheinen. Er wollte keinen Schatten werfen auf die Gerechten der Vorzeit, denen solches nicht beschieden gewesen war.

Der Tod des Rabba bar Nachmani

1. Der Rabbi und der Römer. Rabba bar Nachmani wurde vor dem römischen Kaiser verleumdet. Diesem meldete man: Unter den Juden gibt es einen Menschen, dem zuliebe zwölftausend Männer in Israel zwei Monate des Jahres feiern, einen Monat im Frühling und einen im Herbst. Nämlich, wenn der Meister zur Passah-Zeit und zur Zeit der Hohen Feiertage seine Lehrvorträge hielt, lauschte ihm die Jüngerschaft Tag um Tag, und die Einnehmer des Kaisers, die die Kopfsteuer erheben wollten, trafen keinen Bürger in seinem Hause an. Also sandte der Kaiser einen Häscher aus, der den Gesetzeslehrer gefangensetzen sollte; aber er fand den Meister nicht mehr vor, denn dieser war rechtzeitig aus Pumbedita geflohen und hatte sich erst nach Akra begeben, dann nach Agma, von dort nach Schechin und von da nach Zerifa, von hier nach Ejn-Majim und von da wieder zurück nach Pumbedita.
Jetzt stießen die beiden zusammen, denn es fügte sich, daß der Diener des Herrschers in derselben Herberge

abstieg, in der der Meister sich versteckt hielt. Man stellte einen Tisch vor den Römer, gab ihm zwei Becher Wein zu trinken und räumte den Tisch wieder fort; wer aber eine gerade Zahl von Bechern trinkt, über den bekommen die Geister Gewalt, und der Römer hatte gerade sein Antlitz umgewandt, der Kopf blieb in dieser Lage, und er konnte ihn nicht mehr bewegen. Da sprachen die Wirtsleute zu dem Meister Rabba: Was sollen wir für diesen Römer tun? Ist er doch ein Abgesandter des Kaisers. Der Rabbi erwiderte: Stellt noch einmal einen Tisch vor den Mann und reicht ihm einen einzigen Becher; danach räumt den Tisch wieder fort, und er wird genesen. Die Leute taten so, und der Römer wurde wieder gesund.

Aber da sprach der Abgesandte aus Rom: Nun weiß ich, daß der Mann, nach dem wir fahnden, sich hier befindet. Er forschte nach und entdeckte den Meister. Zu diesem aber sagte er: Ich begebe mich von hier nach Rom zurück und lasse dich hier unangefochten. Tötet man mich, weil ich ohne dich komme, so nehme ich den Tod auf mich; foltert man mich aber, so muß ich deinen Aufenthaltsort verraten. Und damit der Meister nicht wieder entfliehe, sperrte er ihn in eine Kammer und schloß die Türe hinter ihm zu.

Rabba bar Nachmani sprach jedoch ein Gebet; da barst die Mauer, und er konnte entweichen.

2. *In Reinheit verschieden.* Rabba bar Nachmani floh nach dem Orte, der Agma hieß; hier setzte er sich auf den Stumpf einer umgehauenen Palme und begann sich in die Schrift zu versenken. Indes wurde im himmlischen Lehrhause* über eine Gesetzesfrage gestritten: Wenn ein Mann einen weißen Fleck auf der Haut bekommt, und hernach zeigt sich in dem Fleck ein weißes Haar*, so ist

er unrein; hat er aber das weiße Haar schon früher und erst nachher den Fleck bekommen, so ist er rein; wie steht es nun um einen, bei dem man nicht weiß, ob er das Haar schon vorher hatte oder ob es erst nachträglich gewachsen ist? Der Heilige, gelobt sei er, sagt: Er ist rein. Aber die Meister des himmlischen Lehrhauses sagen: Er ist unrein. Da sprachen sie: Wer kann die Frage durch bündigen Beweis entscheiden? Und sie antworteten: Das soll Rabba bar Nachmani tun, er, der von sich selbst gesagt hat: Ich bin der einzige, der alle Fragen über die Unreinheit des Leibes zu klären vermag.
Also sandten sie den Todesengel zu ihm, aber der vermochte es nicht, dem Meister zu nahen, denn Rabba bar Nachmani unterbrach sein Studium auch nicht für einen Augenblick. Indes erhob sich ein starker Wind, ein mächtiges Rauschen fuhr durch das Schilf, und Rabba bar Nachmani dachte, eine Schar römischer Reiter presche heran und wolle ihn greifen. Da sprach er: Herr der Welt! Besser, ich sterbe durch deine Hand, als daß ich in die Hände der Römer falle. Und er verstummte und verfiel damit dem Todesengel; bevor er aber verschied, rief er noch, als Antwort auf jene Gesetzesfrage, aus: Rein ist der Mann!
Da erscholl eine Stimme vom Himmel, die rief: Selig bist du, Rabba bar Nachmani, der du reines Leibes warst und dessen Seele in Reinheit den Leib verlassen hat.

3. Dreifache Botschaft vom Himmel. Als Rabba bar Nachmani gestorben war, fiel zu Pumbedita, dem Orte, wo er vor seiner Flucht gewirkt hatte, ein Zettelchen vom Himmel, darauf stand geschrieben: Rabba bar Nachmani ist in das himmlische Lehrhaus abberufen worden!
Da zogen Abbaje und alle Gelehrtenjünger aus, dem

Leichnam die letzten Ehren zu erweisen; sie wußten freilich nicht, wo ihn zu finden. Als sie aber nach Agma kamen, sahen sie ein Heer von Vögeln einen Platz auf der Erde mit ihren Flügeln umschatten und sprachen: Gewiß ruht er hier. Und da sie ihn entdeckt hatten, betrauerten sie ihn an Ort und Stelle drei Tage und drei Nächte lang.

Nun wollten sie heimkehren, aber da fiel abermals ein Zettel vom Himmel, der trug die Inschrift: Wer den toten Meister verläßt, sei im Banne! Also hielten sie um ihn die volle Totenklage, sieben Tage und sieben Nächte lang.

Und zum dritten Male fiel ein Zettel vom Himmel, darauf war zu lesen: Kehrt heim in Frieden in eure Häuser!

4. *Auch der Lebende hat recht.* An dem Tage, da Rabba bar Nachmani starb, erhob sich ein heftiger Sturmwind, der wirbelte einen Araber, der auf seinem Kamele ritt, von dem einen Ufer des Flusses Papa auf das andere. Der Mann fragte ganz bestürzt: Was hat das zu bedeuten? Man antwortete ihm: Es ist um Rabba bar Nachmani, der heute verschieden ist.

Da betete der Araber und sprach: Herr der Welt! Die ganze Welt ist dein, und Rabba bar Nachmani ist dein; Rabba bar Nachmani ist dir wert, und du wirst von Rabba bar Nachmani verehrt – warum willst du deine Welt zerstören?

Und sogleich legte sich der Sturm.

Der Tod des Sohnes Akiwas

1. Simeon, der Sohn Akiwas, war auf den Tod krank, aber Akiwa hörte nicht auf, im Lehrhause zu lehren, und ließ durch einen anderen nach dem Wohle des Sohnes fragen.

Der erste Bote erschien und sprach: Es steht ernst um ihn. Akiwa aber wandte sich an die Jünger und sprach: Stellt eure Fragen weiter. Der zweite Bote meldete: Es ist noch schlimmer geworden mit ihm. Doch Akiwa hielt die Jünger unbeirrt an, bei der Tora zu bleiben. Der dritte Bote sagte an: Er liegt im Sterben. Akiwa sprach zu den Jüngern: Fragt mich aus dem Gesetz.
Da kam der vierte Bote und sprach: Er hat vollendet. Nun erhob sich Akiwa, legte die Gebetriemen* ab, zerriß sein Kleid und sprach: Meine Brüder vom Hause Israel, hört mich an! Bis zu diesem Augenblick waren wir der Tora verpflichtet; von Stund an obliegt uns die Ehrung des Toten.

2. Eine große Trauergemeinde versammelte sich, um den toten Sohn Akiwas zu Grabe zu geleiten. Da gebot Rabbi Akiwa: Tragt einen Sessel für mich auf den Friedhof! Und er stellte sich auf den Stuhl und sprach: Ihr meine Brüder vom Hause Israel, hört mich an. Nicht weil ich weise bin, seid ihr gekommen, denn hier sind Weisere als ich; auch nicht, weil ich reich bin, denn hier sind Reichere als ich. Wenn auch die zu Judäa mich kennen, woher sollten die aus Galiläa mich kennen? Und wenn auch die Männer meinen Namen wissen, woher ist er den Frauen und Kindern bekannt? Seid ihr deshalb gekommen, weil ich Akiwa bin?! Wie viele gibt es doch auf der Gasse, die auch Akiwa heißen! Nein, ihr habt euch den Weg gemacht und seid erschienen einzig der Ehre der Tora zulieb. Wahrlich, ich bin getröstet, und hätte ich sieben Söhne zu Grabe tragen müssen . . .
Andere erzählen:
Die beiden Söhne Akiwas waren gestorben, und ganz Israel gab ihnen das Geleite. Akiwa aber sprach: Selbst ein Vater, der in seinen Söhnen zwei Bräutigame be-

graben hat, müßte getröstet sein, so viel Ehre habt ihr mir angetan. Habt ihr sie aber mir, dem Akiwa, erweisen wollen? Nein, sondern weil über den Gerechten geschrieben steht: »Das Gesetz seines Gottes ist in seinem Herzen.«* Zwiefacher Lohn wird euer harren. Kehrt heim in eure Häuser in Frieden!

Trostworte

Erste Geschichte: Vor Rabbi Abahu. Rabbi Abahu wurde von einem Trauerfall betroffen: ihm starb ein Kind. Da besuchten ihn Rabbi Jona und Rabbi Josse, um ihm ihre Teilnahme zu bezeigen; aus Ehrfurcht vor ihm aber mochten sie kein Trostwort aus der Tora sprechen. Nun fragte er sie: Möchten die Meister nicht ein Wort der Lehre sagen? Sie erwiderten: Möge lieber der Meister das tun.

Da sprach Rabbi Abahu: Bei einem Gericht auf Erden, wo da Lug und Trug, Irreführung, Ansehen der Person und Bestechung möglich sind, wo der Gerichtshof heute besteht und morgen nicht mehr, ist es gleichwohl so angenommen, daß die Anverwandten des Verurteilten vor ihm erscheinen und die Richter und Zeugen begrüßen, als wollten sie sagen: Wir tragen euch nichts nach, ihr habt gerecht gesprochen! – Um wieviel mehr müssen wir also in Demut hinnehmen den Spruch des himmlischen Gerichts, vor dem es weder Lug noch Trug gibt, kein Irreführen möglich ist, kein Ansehen der Person, keine Bestechung, und das da besteht von jeher und in alle Ewigkeit!

Zweite Geschichte: Vor Rabban Jochanan ben Sakkai: Dem Rabban Jochanan ben Sakkai starb der Sohn, und seine Schüler kamen, ihm Trost zuzusprechen. Als erster trat Rabbi Elieser ein, setzte sich nieder und sprach: Ist es dir recht, daß ich ein Wort vor dir rede? Der Meister antwortete: Sprich. Da sagte Elieser: Adam, der erste Mensch, hatte einen Sohn, der wurde getötet, und er ließ sich trösten; heißt es doch von ihm: »Und Adam erkannte abermals sein Weib.«* Rabban Jochanan sagte darauf: Nicht genug, daß ich meinen eigenen Gram zu tragen habe – du mußtest mich noch an den Gram Adams erinnern, des ersten Menschen.

Als zweiter trat sein Schüler Josua ein. Er sprach: Rabbi, Hiob hatte Söhne und Töchter, die wurden ihm alle an einem einzigen Tage genommen, er aber ließ sich trösten und sprach: »Der Herr hats gegeben, der Herr hats genommen, der Name des Herrn sei gelobt!«* Also nimm auch du Trost an. – Rabban Jochanan gab zur Antwort: Habe ich nicht genug an meinem eigenen Leide, daß du mich noch an das Leiden Hiobs mahnen mußtest?

Nunmehr trat Rabbi Josse ein und verwies seinen Meister auf das Beispiel Aarons, dessen zwei Söhne durchs Feuer umkamen, und der dennoch Trost empfing, wie auch die Schrift von ihm sage: »Und Aaron verstummte und hielt still.«* Aber Jochanan ben Sakkai antwortete ihm wie den vorigen.

Auch als der vierte Schüler, Rabbi Simeon, seinem Lehrer zum Trost die Geschichte Davids erzählte, der den Tod des ersten Kindes der Bathseba verwand, so daß von ihm geschrieben sei: »Und David tröstete sein Weib Bathseba«* – entgegnete der Meister ihm in derselben Weise.

Der letzte, der erschien, war Rabbi Eleasar ben Arach. Er sprach zu dem Meister: Rabbi, laß mich dir ein Gleichnis sagen. Einem schlichten Bürger vertraute der König ein Pfand an, und der Mann war täglich in großer Sorge um das Gut und sagte: Wäre ich doch des kost-

baren Pfandes ledig, ehe es Schaden erfährt. Siehe: dein Sohn hat sich der Schrift befleißigt, sich um Gesetz und Lehre bemüht und ist von der Welt gegangen, ohne Sünde getan zu haben; also solltest du Tröstung annehmen, denn du hast das Pfand unversehrt zurückerstattet.
Da sagte Jochanan ben Sakkai: Mein Sohn, du hast mich getröstet, wie einen die Menschen trösten sollten.

Die traurige Hochzeit

Es war ein vornehmer Mann zu Kabul; der richtete seinem Sohne die Hochzeit aus. Er veranstaltete ein Mahl zu Ehren der Weisen und sprach zu seinem Sohne: Geh in das Obergemach und bringe uns den guten Wein aus dem und dem Fasse. Der Sohn stieg zum Söller hinauf, den alten Wein zu holen, da biß ihn eine Schlange, und er starb. Der Vater harrte auf seine Zurückkunft, aber der Sohn kam nicht. Da sprach er bei sich: Ich will selbst hinaufsteigen und sehen, warum mein Sohn zu kommen säumt. Wie er aber oben war, fand er ihn tot, von einer Schlange gebissen, zwischen den Fässern liegen.
Der Fromme wartete, bis die Gäste zu Ende gegessen und getrunken hatten. Dann, als sie den Segen sprechen wollten, sagte er zu ihnen: Ihr Meister! Den Bräutigamssegen zu sprechen, seid ihr ins Haus gekommen; nun sprecht über den, den ihr segnen solltet, den Trauersegen. Ihr seid nicht gekommen, ihn unter den Brauthimmel zu führen, sondern, ihn zum Grabe zu geleiten.
Nunmehr trat Rabbi Sakkai vor, die Trauerrede zu halten, und sprach den Vers: »Ich sprach zum Lachen: du bist toll! und zur Freude: was willst du?«*

Raw Chija bar Abba war Lehrer eines Sohnes des Resch Lakisch. Eines Tages starb ihm ein Kind. Am ersten Tage besuchte der Meister den Lehrer nicht – soll man doch seinen Genossen nicht zu trösten suchen, solange noch der Tote im Hause ist und vor ihm liegt –, wohl aber am zweiten, und er brachte seinen Dolmetscher* mit sich, Juda ben Nachmani.

Und Resch Lakisch sprach zu seinem Dolmetscher: Erhebe dich und sage ein Wort über das tote Kind. Und der begann und sprach: »Der Herr sahs, und er haderte, im Zorn über seine Söhne und Töchter«*; das heißt: Ein Zeitalter, dessen Väter mit dem Heiligen, gelobt sei er, hadern, über deren Söhne und Töchter wird er zornig und läßt sie sterben, da sie noch klein sind.

Weiter sprach der Meister zu seinem Dolmetscher: Erhebe dich und sage etwas zum Ruhme Gottes. Und der begann und sprach: Der große Gott, dessen Größe unendlich ist; der Mächtige und Starke, dessen Gewalt unendlich ist: mit seinem Worte macht er die Toten lebendig, tut Werke unergründet und Wunder ohne Maß; gelobt seist du, Gott, der da die Toten lebendig macht.

Danach sprach Resch Lakisch zu seinem Begleiter: Steh auf! Ein Wort über die Trauernden! Und die Rede ging so: Ihr meine geplagten Brüder, die ihr niedergedrückt seid durch dieses Leid! Begebt euer Herz, daß es zu erforschen suche das eine, welches da gilt seit eh und je, ein Pfad, bereitet von den sechs Schöpfungstagen her. Viele haben schon den Schmerzensbecher getrunken, und viele werden ihn noch trinken; nicht anders, als wie die Altvorderen ihn trinken mußten, müssen ihn die trinken, die annoch leben. Ihr meine Brüder, der Herr allen Trostes möge euch trösten! Gelobt sei, der da den Trauernden Trost gewährt.

Weiter sprach er zu dem Dolmetscher: Erhebe dich! Ein Wort sei gesagt über die, die den Trauernden besuchen, um ihm Trost zuzusprechen. Dies aber war das Wort: Ihr meine Brüder, Gnadenerweisende und Söhne von Gnadenerweisenden, ihr, die ihr festhaltet am Bunde unseres Vaters Abraham! Der Herr aller Vergeltung vergelte euch euer Tun. Gelobt sei, der da den Vergeltenden vergilt.
Und er sprach am Ende zu dem, der mit ihm gekommen war: Erhebe dich auf deine Füße und übergib ein Wort an ganz Israel. Und der öffnete den Mund und sprach: Herr der Welten! Erlöse und rette, laß entrinnen und bewahre dein Volk Israel vor Pestilenz und Krieg und Plünderung, vor Wüstenwind und Dürre und allen Heimsuchungen, die die Welt befallen können; daß wir lieber zuvor zu dir beten und du uns erhörest ... Gelobt seist du, der da die Plage verschlossen hält.

Die Trauerrede des namenlosen Alten

Als Rabbi Josse aus Malchija gestorben war, gingen Rabbi Jochanan und Resch Lakisch, ihm die letzten Ehren zu erweisen, und ihnen gesellte sich Rabbi Isaak Pessaka. Nun war dort ein Greis, der wollte vortreten und die Trauerrede halten, aber man ließ es nicht zu. Und Isaak Pessaka sagte ihm gar: Vor solchen Geisteslöwen, wie hier versammelt sind, willst du deinen Mund auftun?! Rabbi Jochanan aber sprach: Laßt ihn gewähren, er ist ein alter Mann; möge er anstelle eines anderen den Toten preisen.
So trat denn der Alte vor und begann: Der Heimgang eines Gerechten ist für den Heiligen, gelobt sei er, ein härteres Ding als die achtundneunzig Fluchworte der Strafrede*, und sogar als die Zerstörung des Tempels. In den Flüchen heißt es: »Der Herr wird wunderlich mit

dir umgehen.«* Von der Zerstörung des Tempels heißt es: »Sie ist gefallen, zwiefach wunderlich.«* Über den Tod des Gerechten ist geschrieben: »So will ich auch mit diesem Volke wunderlich umgehen, aufs wunderlichste, ja, aufs wunderlichste – da die Weisheit der Weisen untergeht.«*
Da sprach Rabbi Isaak Pessaka: Der Mund dieses Mannes soll gesegnet sein! Rabbi Jochanan erwiderte: Hättet ihr ihn nicht reden lassen, wo hättet ihr sonst ein so kostbares Wort vernommen!

Der Unersetzliche

Als Rabbi Simon starb, hielt Rabbi Lija über ihn die folgende Trauerrede:
Vier Dinge dienen dem Menschen zum Gebrauch, und alle vier lassen sich, wenn sie verlorengehen, wieder ersetzen: »Das Silber, welches seine Gänge, und das Gold, welches seinen Ort hat; das Eisen, das man aus der Erde holt, und das Erz, das man aus Steinen schmelzt«* – für sie alle, wenn sie abhanden kommen, ist ein Ersatz da. Aber, wenn ein Meister der Lehre stirbt – wer schafft uns einen herbei, der ihn ersetze; wer bringt uns einen, der an seiner Statt wirke, ihm gleich?!

Die Tora schweigt im Trauerhaus

»Reden hat seine Zeit, Schweigen hat seine Zeit.«*
Das Weib des Rabbi Mana verschied zu Sepphoris. Da begab sich Rabbi Abun zu ihm, um ihn durch seine Gegenwart zu trösten. Er sprach zu dem Leidtragenden: Möchte der Meister nicht ein Wort aus der Tora sprechen? Rabbi Mana erwiderte: Es ist die Stunde gekommen, da die fünf Bücher der Tora schweigen müssen.

Drittes Buch

Geschichten der Liebe

Laß mich als Magd bei dir bleiben

Erste Geschichte: Die Nichte des Rabbi Elieser. Man erzählt von Rabbi Elieser dem Großen, daß er die Tochter seiner Schwester von klein auf in seinem Hause aufzog und sie in seinem Bette schlafen ließ bis zu ihrem dreizehnten Lebensjahr. Dann zeigten sich bei ihr die Merkmale der Mannbarkeit, und er sprach zu ihr: Zieh aus und werde eines Mannes Weib! Sie erwiderte: Siehe, ich bin deine Magd und will hier als Dienerin bleiben, deinen Jüngern die Füße zu waschen. Er sagte darauf: Töchterchen, ich bin schon ein alter Mann; darum verlasse mein Haus und wähle einen Jüngling, der zu deiner Jugend paßt. Das Mädchen aber gab zur Antwort: Ich habe dir schon einmal darauf erwidert: Laß mich deine Magd sein, die Bedienerin, die den Jüngern die Füße wäscht.

Da er nun diese ihre Rede vernahm, ließ er sich ihre Einwilligung geben; er heiligte sie und ging zu ihr ein.

Zweite Geschichte: Ben Asais Gefährtin. Ben Asai sprach: Jeder in Israel, der das Gebot der Fruchtbarkeit und Vermehrung nicht übt, gleicht einem, der Blut vergießt, und verringert sozusagen Gottes Ebenbild auf Erden. Da sagte man zu ihm: Du predigst schön, aber du befolgst deine Predigt nicht. Er erwiderte: Was kann ich tun, wo es doch meine Seele allein nach der Lehre verlangt; die Welt muß eben durch andere erhalten werden!

Ben Asai hatte die Tochter Akiwas als Weib heimgeführt.

In der Hochzeitsnacht sprach er zu der Braut: Hole mir einen Krug Wasser, damit ich mir die Hände wasche, bevor ich das ›Höre Israel‹* rezitiere. Als der Fromme aber das Wasser sah, begann er den Vers herzusagen und auszulegen: »Wer hat das Wasser mit der Fußspanne gemessen?«* – und vergaß alles ringsumher. So verging die Nacht, und als es Morgen wurde, sah er die Jungfrau mit dem Kruge vor ihm stehen. Er fragte: So stehst du noch immer hier? Sie bejahte die Frage, und er sagte: Kehre heim in deines Vaters Haus; ich kann nicht Ehegatte einer Frau sein.
Die Jungfrau bat: So verstatte es mir, Herr, daß ich als deine Magd bei dir bleibe.

Studienpflicht und Ehepflicht

Erste Geschichte: Der Eintagsrabbi. Raw Idi, der Vater des Rabbi Jakob, hatte in seiner Studienzeit einen Weg von drei Monaten von seinem Heimatsorte zurückzulegen, bis er das Lehrhaus seines Meisters erreichte; dort nun pflegte er jeweils nur einen Tag zu verweilen: wenn er nämlich nach dem Passah-Feste von Hause aufbrach und rechtzeitig zum Laubhüttenfeste wieder daheim sein wollte*, um sein Weib zu erfreuen, blieb ihm nur dieser eine Tag für das Studium. Die Gelehrtenjünger spotteten seiner und nannten ihn den Eintagsrabbi. Da wurde sein Geist zage, und er rief über sich selbst den Schriftvers aus: »Der ich Gott anrief, muß von meinem Nächsten verlacht sein.«*
Aber Rabbi Jochanan sprach zu ihm: Ich bitte dich, trage den Jüngern diese ihre Worte nicht nach. Und Rabbi Jochanan begab sich ins Lehrhaus und predigte dort über das Wort des Propheten: »Diesen Tag suchen sie mich und wollen meine Wege wissen.«* Sucht man denn, so

fragte er, Gott nur des Tages und nicht auch des Nachts? Lernen wir vielmehr daraus, daß auch dem, der nur *einen* Tag des Jahres sich der Lehre hingibt, die Schrift es anrechnet, als hätte er sich mit ihr das ganze Jahr befaßt.

Zweite Geschichte: Das Versäumnis. Juda, der Sohn des Rabbi Chija und Eidam des Rabbi Jannai, pflegte die Woche über im Lehrhause zu weilen und in der Schrift zu forschen, aber jeden Freitagabend kehrte er heim, und man sah jedesmal eine Feuersäule, die ihm voranging.

Einmal verzog die Zeit über seinem Lernen, und er kam nicht in sein Haus. Da man die Feuersäule nicht sah, sprach sein Schwäher, Rabbi Jannai: Kehrt seine Lagerstatt um, wie es Trauernden geziemt; denn wäre Rabbi Juda am Leben, er hätte die Frist für das eheliche Beisammensein nicht versäumt.

Dieses Wort aber war wie »ein Versehen, das dem Gewaltigen entschlüpft«*, und Rabbi Juda verschied im selben Augenblick.

Dritte Geschichte: Die Strafe. Raw Rechumi pflegte all seine Zeit im Lehrhause seines Meisters Rabba zu Machosa zuzubringen; doch kehrte er jedes Jahr *einmal*, am Rüsttage des Versöhnungsfestes, zu seiner Frau heim. Einmal jedoch studierte er mit so großem Eifer und vertiefte sich dermaßen in die Schrift, daß er versäumte, nach Hause zu kommen.

Indes schaute seine Frau nach ihm aus und sprach: Nun kommt er doch wohl! Nun muß er doch kommen –! Aber er kam nicht.

Da wurde ihr Herz zage, und ihre Augen füllten sich mit Tränen.

Und drüben saß ihr Mann in seiner Dachstube und forschte weiter in der Schrift. Da gab der Boden unter ihm nach, er stürzte hin und war tot.

Nach zwölf Jahren

Erste Geschichte: Chanina ben Chachinai. Chanina ben Chachinai begab sich in das Lehrhaus Akiwas. Es gingen gerade die Hochzeitstage seines Gefährten Simeon ben Jochai zu Ende, und der hatte zu Chanina gesagt: Warte auf mich, wir gehen zusammen. Aber Chanina säumte nicht, sondern ging allein ins Lehrhaus. Er verweilte zwölf Jahre dort.

Als er zurückkehrte, hatten sich die Straßen der Stadt verändert, und er fand den Weg in sein Haus nicht mehr. Er setzte sich am Ufer des Flusses nieder und hörte, wie man ein Mädchen anrief: Tochter Chachinais, fülle deinen Krug und komm! – Da sprach er bei sich: Dieses Kind wird wohl das unsere sein!

Er folgte ihr ins Haus. Seine Frau war gerade dabei, Mehl zu sieben; sie erhob ihre Augen und erblickte ihn . . . Da kehrte sich das Herz in ihr um, und ihre Seele entfloh.

Chanina rief: Herr der Welt! Soll das der Lohn dieser Ärmsten sein? Und er betete für sie, und sie kehrte ins Leben zurück.

Zweite Geschichte: Chama bar Bissa. Chama bar Bissa war ebenfalls am Ende der Hochzeitstage von seinem Hause fort ins Lehrhaus gezogen und verweilte daselbst zwölf Jahre.

Als er zurückkehrte, sprach er bei sich: Ich will nicht so handeln, wie Ben Chachinai gehandelt hat. Also begab er sich zuerst in das Lehrhaus seines Heimatsortes und

ließ von da aus die Botschaft von seiner Rückkunft in sein Haus senden.
Indes kam Rabbi Oschaja, das war sein Sohn, der inzwischen herangewachsen war, und setzte sich vor ihm nieder. Der Rabbi befragte den Jüngling in Dingen des Gesetzes und wurde inne, daß dieser äußerst scharfsinnig zu urteilen wußte. Da wurde sein Geist zage, und er sprach bei sich: Wäre ich hier geblieben, ich hätte auch einen solchen Sohn haben können!
Als Rabbi Chama in sein Haus gekommen war, trat auch sein Sohn herzu. Der Vater dachte, der Jüngling wolle wieder über das Gesetz disputieren, und im Bewußtsein der Weisheit des Jüngeren erhob er sich vor ihm.
Nun sagte das Weib zu ihrem Gemahl: Welcher Vater steht vor seinem Sohne auf?!

Dritte Geschichte: Die Sohnesfrau Juda ha-Nassis. Rabbi Juda ha-Nassi verlobte seinen Sohn mit der Tochter des Rabbi Josse ben Simra. Man bestimmte jedoch, daß er sich zwölf Jahre der Lehre weihe, ehe er das Mädchen ehelichte. Als die Jungfrau an dem Jüngling vorübergeführt wurde, sprach dieser: Ich will nur sechs Jahre im Lehrhaus vor der Hochzeit zubringen. Als man sie zum zweiten Male an ihm vorüberführte, sprach er: Ich will sie zuvor ehelichen, alsdann will ich lernen. Aber er schämte sich, das vor seinem Vater zu bekennen. Doch sein Vater sprach: Gottes Absicht hast du erkannt, mein Sohn! Gott, ob er schon erst gedachte, sein Heiligtum nach der Wüstenwanderung, im Lande Kanaan, zu errichten, bestimmte hernach, daß es schon in der Wüste gebaut und aufgerichtet werden sollte.*
Als Judas Sohn nach zwölf Jahren heimkehrte, war sein Weib unfruchtbar geworden. Da sprach der Vater: Was

soll er nun tun? Schickt er sie fort, so werden die Leute sagen: Vergebens hat sie auf ihren Mann geharrt. Nimmt er noch eine zweite neben ihr, so werden sie sagen: Diese ist sein Weib und jene nur seine Buhle!
Er begann für sie zu beten, und sie genas.

Rabbi Tarphons Enkel

Einst wurde Rabbi Juda ha-Nassi an den Ort verschlagen, wo Rabbi Tarphon gewirkt hatte. Er fragte nach, ob Rabbi Tarphon einen Sohn hinterlassen habe; pflegte dieser doch jedesmal, wenn er einen Schwur abgab, zu sprechen: Ich möge meinen Sohn begraben, wenn ich nicht das und das tue! Man antwortete ihm: Einen Sohn hat er nicht hinterlassen, wohl aber einen Enkel, seiner Tochter Sohn. Und das ist ein Bube, den jedes Hurenweib, das sich für zwei Münzen kaufen läßt, um viere kaufen kann.
Man brachte Rabbi Tarphons Enkel vor den Meister, und dieser sprach zu ihm: Wenn du umkehrst von deinem bösen Weg, gebe ich dir meine Tochter zur Frau. Da kehrte der Jüngling um und tat Buße. Man erzählt jedoch, er habe sich von der Tochter des Rabbi gleich nach der Hochzeit wieder getrennt. Andere berichten gar, er habe überhaupt nicht Hochzeit mit ihr gehalten, damit es nicht heiße: Nur um dieses Mädchens willen hat dieser da Buße getan!

Die erste Frau des Rabbi Josse

Die Frau des Rabbi Josse ha-Gelili pflegte ihrem Manne viele Kränkungen zuzufügen. Da suchte ihn Rabbi Eleasar ben Asarja, sein Schüler, auf und sprach: Rabbi, trenne dich von ihr, denn sie ehrt dich nicht nach Ge-

bühr. Rabbi Josse antwortete: Ihr eingebrachtes Gut war so groß, daß ich es jetzt nicht wiedererstatten kann. Da sagte der Schüler: Ich gebe dir den Betrag ihrer Morgengabe, aber laß dich scheiden. Und er tat so, und der Rabbi ließ die Frau aus seinem Hause gehen.
Die Frau heiratete nunmehr den Stadtvogt. Aber ihr zweiter Mann verlor sein Gut und wurde blind. Da pflegte sie ihn durch die Stadt zu führen und mit ihm an die Türen zu pochen. Eines Tages hatte sie ihn durch die ganze Stadt geführt, und nirgends hatte man ihnen etwas gegeben. Da fragte er: Gibt es keine Straße mehr, in der wir noch nicht gewesen sind? Sie erwiderte: Eine Straße blieb noch übrig, aber da wohnt der Mann, von dem ich geschieden bin, und ich habe nicht den Mut, vor sein Angesicht zu treten.
Da begann der Blinde seine Frau zu schlagen.
Rabbi Josse ha-Gelili ging vorbei und hörte die Stimme der Gedemütigten; er nahm beide in eines seiner Häuser auf und gewährte ihnen Unterhalt, solange sie lebten.

Das Liebste

Es war ein Mann in Sidon, der lebte mit seiner Frau zehn Jahre zusammen, doch gebar sie ihm kein Kind. Da gingen sie gemeinsam vor Rabbi Simeon ben Jochai und baten ihn, ihre Ehe zu scheiden. Der Rabbi sprach: So wie ihr bei Speise und Trank zusammengegeben wurdet, so sollt ihr euch auch trennen bei Speise und Trank. – Der Mann hatte aber noch vorher zu seiner Frau gesagt: Du darfst dir, was dir am liebsten ist, mitnehmen in deines Vaters Haus.
Was tat das Weib? Sie bereitete ein reiches Mahl und stellte es so an, daß der Mann übermäßig viel trank. Als

er eingeschlafen war, winkte sie ihren Knechten und Mägden und gebot ihnen: Hebt ihn von seinem Bette auf und tragt ihn in das Haus meines Vaters.
Um Mitternacht erwachte der Mann aus seinem Schlaf, da der Wein von ihm gewichen war. Er sprach zu ihr: Tochter, wo bin ich hingeraten? Sie antwortete: Du bist im Hause meines Vaters. Er fragte sie: Was soll ich da? Das Weib erwiderte: Hast du mir nicht gesagt, ich dürfte, was mir das Liebste wäre, mit mir nehmen? Nun habe ich nichts Lieberes als dich!
Als Simeon ben Jochai von dieser Begebenheit hörte, betete er für die beiden, und sie wurden mit einem Kinde gesegnet.

Von der Keuschheit

Die Erhörten

Erste Geschichte: Der fromme Eseltreiber. Einst, als eine dürre Zeit war und die Welt des Regens bedurfte, wurde den Weisen im Traume angesagt: Der und der Eseltreiber muß beten; dann wird Regen kommen. Da ließen die Rabbinen nach dem Manne senden. Man brachte ihn vor sie, und sie fragten ihn: Was ist dein Gewerbe? Er erwiderte ihnen: Ich bin ein Eseltreiber. Sie fragten ihn: Und was ist das für ein gutes Werk, das du vollbracht hast? Da erzählte er ihnen:
Eines Tages vermietete ich meinen Esel einem Weibe; sie aber weinte auf dem ganzen Wege. Ich fragte sie: Was ist mit dir? und sie antwortete: Der Mann des Weibes, das da mit dir spricht, liegt gefesselt im Gefängnis; ich aber will zusehen, was ich tue, um ihn loszukaufen ... Da verkaufte ich meinen Esel, übergab ihr das Geld und sprach zu ihr: Nimm es und löse damit deinen Gatten aus, und du brauchst nicht zu sündigen.
Nunmehr sprachen die Weisen: Du bist es würdig, zu beten und erhört zu werden!

Zweite Geschichte: Der fromme Hurenwächter. Einst, als eine dürre Zeit war und die Welt des Regens bedurfte, wurde dem Rabbi Abahu im Traume gesagt: Pentakaka* soll beten, und es wird Regen kommen. Der Rabbi ließ den Mann vor sich bescheiden und sprach zu ihm: Was ist dein Tun? Der Gefragte erwiderte: Der Mann, mit dem du hier sprichtst, begeht täglich fünf Sünden: Er vermietet Huren, er schmückt das Freudenhaus, er trägt die

Kleider der Dirnen in die Badestube, er tanzt vor ihnen, er bläst vor ihnen die Flöte. Der Rabbi fragte: Aber du hast ein gutes Werk getan, welches ist es? Und der Mann erzählte:

Eines Tages reinigte der Mann, mit dem du hier sprichst, gerade das Lusthaus, als eine Frau erschien, hinter die Säule trat und zu weinen begann. Ich fragte sie: Warum weinst du? und sie antwortete mir: Mein Mann liegt im Turm, und ich will zusehen, für ihn zu tun, was ich vermag, damit ich ihn loskaufe. Als ich das hörte, verkaufte ich mein Bett und die Decke meines Bettes, brachte ihr den Erlös und sagte zu ihr: Nimm dieses Geld, befreie deinen Mann und sündige nicht!

Nunmehr sprach der Rabbi: Du bist es würdig, zu beten und erhört zu werden!

Rabbi und Verführerin

Erste Geschichte: Rabbi Kahana, der Körbchenverkäufer. Rabbi Kahana pflegte kleine Handkörbe zu verkaufen, in welche die Frauen ihre Spindeln legen. Einst suchte ihn eine hohe Frau zur Sünde zu überreden. Da sprach er: Ich will mich vorher putzen, damit ich schön sei. Und er ging auf das oberste Stockwerk hinauf und warf sich von da auf die Erde hinunter. Aber der Prophet Elia kam ihm zuvor und fing ihn auf, damit er nicht stürbe.

Danach sprach der Seher zu Rabbi Kahana: Du hast mich von weither bemüht; vierhundert Meilen war ich von hier entfernt und eilte herbei, um dich zu retten. Rabbi Kahana sagte darauf: Was ist die Ursache des Geschehnisses? Meine Armut allein ist daran schuld; wäre ich nicht bedürftig, ich brauchte nicht Sachen feilzubieten, die zu dem Arbeitsgerät der Frauen gehören.

Da schenkte Elia ihm eine Binsentasche voller Goldstücke.

Zweite Geschichte: Chanina ben Pappa und die Römerin. Den Rabbi Chanina ben Pappa suchte eine hohe Frau zu überreden, daß er mit ihr hure. Da tat er einen Spruch, und sein Fleisch wurde aussätzig. Aber auch sie tat einen Spruch, und sein Fleisch wurde geheilt. Nun floh er davon und versteckte sich in einem Badehause. In diesem Badehause aber gingen Geister um, und selbst wenn man es zu zweit und sogar am hellichten Tage betrat, kam man darin um.
Am anderen Tage fragten die Lehrer den Rabbi Chanina: Wer hat dich dort behütet? Er antwortete: Zwei kaiserliche Wächter* waren da, und die beschützten mich die ganze Nacht.

Dritte Geschichte: Im Feuerofen. Den Rabbi Zadok suchte einst eine hohe römische Frau zur Sünde zu verführen. Da sprach er: Mein Herz ist schwach, und mich hungert; hast du etwas zu essen? Sie erwiderte: Es ist nur Unreines da. Darauf sagte er: Es ist gleichviel; wer eine solche Sünde begeht, darf auch Unreines essen.
Die Frau machte Feuer im Ofen, um das unerlaubte Gericht zu braten. Da stieg Rabbi Zadok in den Ofen und blieb daselbst. Sie fragte ihn: Was tust du? Er erwiderte: Wer das tut, was du von mir begehrst, ist des Feuers. Darauf sagte sie: Hätte ich gewußt, daß es bei euch als Todsünde gilt, ich hätte dich nicht bedrängt.

Der vermeintliche Hurenlohn

Ein Gelehrtenjünger, der seine Notdurft verrichten mußte, legte zuvor seine Gebetriemen* in eine Vertie-

fung, die nach der Straße zu lag. Da kam eine Hure vorüber, nahm die Phylakterien, ging damit ins Lehrhaus und sprach: Schaut, was mir der und der als Lohn gegeben hat! – Wie der Jünger das erfuhr, stieg er auf das Dach, stürzte sich hinunter und war tot.
Nach diesem Vorfall bestimmten die Rabbinen, daß man bei solcher Gelegenheit die Gebetriemen im Gewande halten dürfe.

Alter schützt vor Sünde nicht

Hillel hat gelehrt: Halte dich nicht für gefeit gegen die Sünde, solange du lebst.
Man erzählt von einem Gelehrtenjünger, der diesem Satz ein anderes Ende gab; er sprach: Mißtraue dir, solange du noch nicht alt bist; denn im Alter ist der Mensch gegen den bösen Trieb gewappnet, so zum Beispiel ich.
Da kam ein Dämon vorbei in Gestalt eines Weibes; das verführte den Lehrer zur Sünde. Hernach, als er von Reue ergriffen ward, sprach der Geist zu ihm: Gräme dich nicht, denn ich bin nur ein Dämon; aber künftig dünke dich nicht mehr als deine Genossen!

Die Bewahrten

Erste Geschichte: Der unschuldige Sünder. Raw Chija bar Aschi hatte die Gewohnheit, jedesmal, wenn er beim Gebet auf sein Antlitz fiel, den Satz zu sprechen: Der Barmherzige errette mich vor dem bösen Triebe! Eines Tages hörte seine Frau ihn diese Worte ausrufen und sprach bei sich selbst: Wie viele Jahre schon hält er sich von mir fern; warum also mag er so reden?
Es begab sich aber an einem Tage, daß er in seinem Garten der Lehre oblag; da schmückte sich das Weib und ging ein Mal um das andere an ihm vorbei, bis er sie

fragte: Wer bist du? Sie antwortete: Ich bin die Dirne Charuta* und bin heute hierher zurückgekehrt. Und sie reizte ihn zur Sünde auf und gebot ihm alsdann: Brich mir den Granatapfel dort aus dem Wipfel des Baumes. Der Rabbi sprang auf, kletterte auf den Baum und brachte ihr die Frucht.

Als er nach Hause kam, heizte seine Frau den Ofen; da stieg er mitten hinein und wollte verbrennen. Sie fragte ihn: Was bedeutet das? Er erwiderte: Das und das hat sich mit mir zugetragen. Sie sagte darauf: Jenes Weib war ich. Er aber glaubte ihr nicht, bis sie ihm ein Zeichen gab. Da sprach der Rabbi: Bestehen bleibt, daß ich begehrt habe, die verbotene Tat zu tun.

Und der Fromme fastete hernach sein ganzes Leben lang und starb an Entkräftung.

Zweite Geschichte: Klugheit der keuschen Frau. Es war einmal ein Weib, das wurde von einem Manne um ihre Gunst gebeten, der eines anderen Weibes Ehemann war. Sie fragte ihn, an welchem Orte sie zusammenkommen sollten, und er sagte es ihr.

Sie aber ging zu der Gattin des Ehebrechers und entdeckte ihr das Geheimnis; darauf begab sich diese statt ihrer an den verabredeten Platz, und ihr eigener Mann wohnte ihr bei, ohne zu wissen, wer sie war.

Nach vollbrachter Tat aber packte ihn die Reue; er verfluchte sich und begehrte zu sterben. Da sprach die Frau zu ihm: Gräme dich nicht! Diesmal hast du von deinem Brote gegessen und aus deinem eigenen Becher getrunken. Dünke dich aber künftig nicht mehr als deine Mitmenschen und laß dir an deiner eigenen Frau genug sein.

Der Scheideweg

Rabbi Chanina und Rabbi Jonathan waren auf Reisen, als sie an einen Scheideweg gerieten; auf der einen Seite führte der Weg zu der Tür eines Götzentempels, auf der anderen zu der eines Hurenhauses. Da sagte der eine zu dem andern: Laßt uns den Weg einschlagen, der zum Götzentempel führt; denn der Trieb zum Götzendienst ist längst erloschen. Aber der Gefährte erwiderte: Wählen wir lieber den Weg durch die Hurengasse und bezwingen wir unseren Trieb, auf daß uns himmlischer Lohn werde.

Also taten sie nach dem Rate des zweiten. Wie aber die Dirnen der beiden Meister ansichtig wurden, verbargen sie sich vor ihnen in ihren Kammern. Da sprach der erste Rabbi zu dem zweiten: Wieso hast du das vorausgewußt? Der erwiderte: Es heißt in den Sprüchen: »Klugheit wird dich beschützen«*, und unsere Weisen haben gelehrt: »Klugheit« – das ist die Lehre.

Wer seinen Mitmenschen überragt ...

Abbaje hörte einmal einen Mann zu einer Frau sagen: Wir wollen morgen früh aufstehen und uns gemeinsam auf den Weg begeben. Da sprach der Rabbi bei sich: Ich will ihnen nachgehen und sie davor bewahren, miteinander zu sündigen. Also ging er drei Meilen lang auf offenem Felde hinter ihnen her. Dann trennten sich die beiden, der Mann ging nach der einen, das Weib nach der anderen Seite. Zuvor aber hörte Abbaje sie noch zueinander sagen: Der Weg ist zu weit; wie süß wäre es sonst gewesen, noch weiter gemeinsam zu gehen!

Da sprach Abbaje bei sich selbst: Wäre ich mit dieser Frau allein gewesen, ich hätte mich nicht zurückhalten können! Und er lehnte sich voller Schwermut an den Riegel seiner Tür. Da kam ein Greis vorüber und sprach zu ihm: Wer seinen Mitmenschen an Größe überragt, dessen Trieb überragt auch den des anderen an Stärke.

Bräutigam und Braut

Ein Bräutigam und eine Braut wurden einst zusammen gefangengenommen und kamen unter die Heiden; von diesen wurden sie dann miteinander vermählt. Da sprach das Weib zu dem Manne: Ich bitte dich, berühre mich nicht; denn du hast mir keinen Ehebrief* schreiben können, wie es Brauch ist.
Und der Mann hielt sie rein bis zu seinem Tode. Als er gestorben war, sprach die Frau: Beweint diesen hier, der seinen Trieb bezwungen hat, noch heldenmütiger als einst Joseph und Boas*.

Die Wassersucht

Wer sich der Sünde verschreibt, aus dessen Leib brechen Wunden und Beulen hervor, und nicht allein das, ihn befällt auch zur Strafe Wassersucht. Überhaupt ist Wassersucht ein Zeichen dafür, daß der Mensch gesündigt hat. Freilich gibt es drei Arten von Wassersucht: eine, die von sündigem Lebenswandel herkommt; eine, die infolge Hungers eintritt; eine, die das Werk von Zauberern ist, und die läßt den Leib mager werden.
Abbaje, der auch Nachmani genannt wird, sprach, als er die Wassersucht bekam: Ich bin gewiß, daß Nachmani hungerskrank ist.
Als Samuel der Kleine an Wassersucht erkrankte, rief er aus: Herr der Welt! Wer kennt den Unterschied und weiß, daß ich nicht infolge von Ausschweifungen krank geworden bin?! Da ward er alsbald geheilt.

Josse aus Jokeret

Josse bar Awin erzählte von seinem Lehrer Josse ben Jokeret, dieser habe weder seines Sohnes noch seiner Tochter Leben geschont.

Wie war es mit dem Sohne? Eines Tages schafften die Tagelöhner auf seinem Felde, die Zeit wurde spät, und man brachte ihnen ihr Essen nicht. Da sagten sie zu dem Sohne ihres Brotherrn: Uns hungert. Sie saßen aber unter einem Feigenbaum, und der Sohn des Josse aus Jokeret rief aus: O Feigenbaum, o Feigenbaum! Gib deine Früchte, daß die Werkleute meines Vaters ihren Hunger stillen. Da geschah ein Wunder, der Baum trug plötzlich reife Feigen, und sie aßen. Endlich kam Josse aus Jokeret herzu. Er sprach zu den Knechten: Zürnt mir nicht, daß ich mich versäumt habe; eine gottgefällige Handlung hat mich aufgehalten bis zu dieser Stunde. Sie erwiderten ihm: Möge Gott dich sättigen, wie dein Sohn uns gesättigt hat. Da fragte er: Wie ging das zu? Und sie erzählten ihm, was vorgefallen war. Nunmehr sprach Josse zu seinem Sohne: Du hast deinen Schöpfer bemüht, daß der Feigenbaum seine Früchte geben mußte vor der Zeit; also sollst vor der Zeit auch du sterben.

Und wie war es mit der Tochter? Die Tochter des Josse ben Jokeret war ein Mädchen von großer Schönheit. Eines Tages beobachtete ihr Vater einen Jüngling, der eine Öffnung in den Bretterzaun bohrte, um durch sie das Mädchen anzuschauen. Josse sprach zu ihm: Was soll das? Der Jünger erwiderte: Rabbi, sie zu gewinnen, ist mir nicht vergönnt; soll mir nun nicht einmal gegönnt sein, sie zu sehen?

Nunmehr sprach Josse zu seiner Tochter: Tochter, du schaffst den Menschen Pein! Werde wieder zu Erde, damit fürder kein Menschenkind durch dich verderbe.

Der Nasiräer

Simeon der Gerechte erzählt: Eines Tages kam zu mir ein Jüngling aus dem Süden des Landes, der war Nasiräer*, und ich sah, daß er einen lieblichen Blick hatte und schön von Ansehen war; reiche Locken ringelten sich um sein Haupt und fielen herab. Da sprach ich zu ihm: Mein Sohn, was ist dir begegnet, daß du dieses dein schönes Haar der Schere opfern willst? Er erzählte darauf: Ich war Hirte und hütete daheim die Schafe meines Vaters. Da ging ich einmal Wasser schöpfen aus der Quelle und schaute mein Spiegelbild im Wasser: der Trieb bemächtigte sich meiner und wollte mein Leben zerstören. Ich schrie ihn an und sprach zu mir selbst: Du Bösewicht! Was prahlst du mit Irdischem, welches einst Fraß sein wird der Würmer und Maden! Beim heiligen Dienst: ich schere dich dem Himmel zulieb.

Als ich das gehört hatte – so fährt Simeon der Gerechte fort –, erhob ich mich und küßte sein Haupt. Ich sprach: Mein Sohn! Möchten doch viele Nasiräer in Israel erstehen, die dir gleichen.

Ethische Geschichten

Denke stets das Beste von deinem Nächsten

Erstes Beispiel: Herr und Knecht. Einst zog ein Mann aus dem oberen Galiläa nach dem Süden des Landes und verdingte sich da bei einem Landwirt, dem er drei Jahre lang diente. Nach Ablauf dieser Frist – es war der Tag vor dem Versöhnungstage – sprach er zu seinem Meister: Zahle mir meinen Lohn, damit ich nach Hause ziehen und Weib und Kinder versorgen kann. Aber der Herr erwiderte: Ich habe keine bare Münze. Da sagte der Knecht: So gib mir ein Haupt von deiner Herde. Der Herr antwortete: Ich besitze kein Vieh. – So übereigne mir ein Stückchen Land! – Ich bin selber ohne Land. – Gib mir Früchte dafür. – Auch die habe ich nicht. – So gib mir Kissen und Bettzeug. – Auch das habe ich nicht zu eigen.

Da schnürte der Knecht sein Bündel und zog betrübt nach Hause. Als aber das Herbstfest zu Ende gegangen war, nahm der Besitzer den Lohn für den Knecht, dazu drei beladene Esel, von denen der eine Speise trug, der andere Trank und der dritte allerlei Kostbarkeiten, und begab sich in das Haus des Knechtes; hier aßen und tranken sie gemeinsam, und der Herr zahlte dem Knecht den Lohn aus.

Danach fragte der Herr den Knecht: Als du dein Geld verlangtest und ich sagte, ich hätte keines, was dachtest du da von mir? Der Knecht erwiderte: Ich dachte, du hättest Gelegenheit zu einem wohlfeilen Kauf gehabt und all dein Geld dafür ausgegeben. – Und als ich sagte, ich hätte kein Vieh? – Ich dachte, du habest dein Vieh vielleicht an andere vermietet. – Und als ich sagte, ich hätte kein Land? – Da dachte ich, du habest alle deine Ländereien verpachtet. – Und als ich sagte, ich hätte keine Früchte? – Da dachte ich, sie seien deshalb nicht verfügbar, weil du noch nicht den Zehnten* von ihnen entrichtet hättest. – Und als ich sagte, ich hätte nicht einmal Kissen und Bettzeug, was dachtest du da von mir? – Ich dachte, du habest vielleicht durch ein Gelübde* all deine Habe dem Himmel geweiht.

Da sagte der Herr: Beim heiligen Dienst! So und nicht anders ist es gewesen: Ich hatte all mein Hab und Gut dem Himmel gelobt, weil mein Sohn die Lehre vernachlässigt hatte; danach aber begab ich mich zu den Meistern im Süden, und sie lösten mir mein Gelübde. Für dich bin ich, der scheinbar Schuldige, unschuldig gewesen; so mögest auch du immer als unschuldig erkannt werden vor dem Heiligen, gelobt sei er!

Zweites Beispiel: Der fromme Mann und seine Schutzbefohlene. Es war einmal ein frommer Mann, der kaufte ein gefangenes Mädchen seines Stammes los; in der Herberge aber ließ er sie zu seinen Füßen schlafen, und am Morgen begab er sich ins Bad, tauchte unter und ging darauf zu seinen Schülern, um sie zu unterweisen.

Hier sprach er zu ihnen: Als ich das Mädchen zu meinen Füßen bettete, in welchen Verdacht geriet ich da bei euch? Die Schüler erwiderten: Wir argwöhnten, unter uns sei vielleicht ein Jünger, den du noch nicht zur Genüge erprobt hättest, also daß du das Mädchen unter deinen eigenen Schutz nehmen mußtest. Der Meister fragte weiter: Und als ich des Morgens herabstieg und ein Tauchbad nahm, was dachtet ihr da Übles von mir? Sie antworteten: Wir meinten, der mühevolle Weg vom Tage

vorher habe vielleicht bewirkt, daß dir ein nächtliches Geschehen widerfuhr.
Darauf sagte der Fromme: Beim heiligen Dienst! So und nicht anders hat es sich zugetragen. Wie ihr aber mich zum Guten beurteilt habt, so möge auch der Herr über euch zum Guten urteilen!

Drittes Beispiel: Der Rabbi und die Römerin. Einmal hatten die Gelehrtenjünger etwas bei einer hohen Frau zu bestellen, in deren Hause die Großen Roms einzukehren pflegten. Sie fragten einander: Wer unternimmt den Gang? Und Rabbi Josua trat vor und sprach: Ich will den Gang unternehmen. Also begaben sich der Meister und seine Jünger auf den Weg. Als der Rabbi aber nahe der Pforte des Hauses war, legte er seine Gebetriemen vier Ellen vor dem Eingang ab, trat ein und schloß die Tür vor den Jüngern zu. Nach einer Weile kam er wieder heraus, begab sich ins Bad, tauchte unter und ging dann wieder an die Unterweisung seiner Schüler.
Hierbei sprach er zu ihnen: Als ich die Gebetriemen ablegte, habt ihr euch sicher über mich etwas gedacht! Sie erwiderten: Wir sprachen unter uns, der Rabbi sei der Meinung, Gegenstände der Reinheit gehörten nicht an einen Ort der Unreinheit. – Und als ich die Tür verschloß, daß ihr mir nicht folgen konntet, welchen Verdacht hegtet ihr da? – Wir nahmen an, du hättest ein Staatsgeheimnis mit ihr zu besprechen. – Und als ich bei meiner Rückkehr ein Tauchbad nahm, wessen habt ihr mich da verdächtigt? – Wir dachten, vielleicht sei bei dem Gespräch ein Spritzer Speichel aus ihrem Mund auf das Gewand des Meisters geraten.
Nunmehr rief Rabbi Josua aus: Beim heiligen Dienst! Genauso hat es sich zugetragen. Wie ihr aber nur das

Beste von mir gedacht habt, möge Gott stets das Beste von euch denken!

Desgleichen

Eines Tages sandte Abbaje zwei Jünger zu Abba Ummana, um seine Taten zu prüfen. Abba Ummana nahm die beiden wohl auf, gab ihnen Speise und Trank und legte ihnen zur Nacht Polster hin, auf denen sie schlafen sollten. Aber bei Tagesanbruch rollten die Gäste die Kissen zusammen, entwendeten sie, verließen damit das Haus und trugen sie auf den Markt. Hier stießen sie auf Abba Ummana und sprachen zu ihm: Möge der Meister schätzen, wieviel diese Polster wert sind. Er erwiderte ihnen: Ihr Preis beträgt soundso viel. Sie fragten darauf: Vielleicht stehen sie noch höher im Wert? Er antwortete: Um den Preis, den ich euch sagte, erwarb ich sie selbst.

Da sagten sie: Es sind ja die deinen; wir haben sie dir weggenommen! Und sie fuhren fort: Wir bitten dich, daß du uns sagest, welchen Verdacht du gegen uns gehegt hast. Er gab zur Antwort: Ich sagte mir, die Rabbinen hätten Lösegeld für Gefangene nötig, scheuten sich aber, mich geradezu darum anzugehen. Da sagten die Jünger: Nehme der Meister nunmehr seinen Besitz zurück! Abba Ummana antwortete: Von dem Augenblick an, da ihr mir sie nahmet, betrachtete ich sie bereits als ein Geschenk an die Armen.

Mit gutem Beispiel voran

Erste Geschichte: Zahle den Zoll. Ein König zog einmal an einem Zollhause vorbei. Da befahl er seinen Dienern: Entrichtet den Zoll an die Zöllner!

Die Knechte erwiderten ihm: Gehört dir nicht aller Zoll,

den man zahlt? Er gab zur Antwort: An meinem Tun sollen alle lernen, die des Weges gehen, und keiner mehr den Zoll hinterziehen.

Zweite Geschichte: Baum um Baum. Rabbi Jannai hatte ein Grundstück und darin auch einen Baum, der mit seinen Ästen auf die Straße hinausragte; desgleichen hatte ein Bürger derselben Stadt einen Baum in seinem Garten stehen, dessen Äste ebenfalls auf der Straße hinüberhingen. Die aber diese Straße zu gehen pflegten, verwiesen es dem Manne, der ihnen den Weg verengte. Da begab sich der Betroffene zu Rabbi Jannai und fragte ihn um Rat. Der Rabbi erwiderte: Geh jetzt nach Hause und komm morgen noch einmal wieder.

In der Nacht gebot der Rabbi seinen Knechten, seinen eigenen Baum zu fällen, und als der Bürger am anderen Tage wieder bei ihm erschien, sagte er zu ihm: Du mußt deinen Baum umhauen. Da entgegnete der Mann: Aber der Meister hat doch selbst einen Baum wie der meine! Der Rabbi gab zur Antwort: Geh einmal hin und schau ihn dir an: ist er gefällt, so fälle auch du den deinen; findest du ihn aber noch an seinem Platze, so darfst du auch den deinen stehen lassen.

Was hatte der Rabbi gedacht, bevor es zu jener Beschwerde kam, und was dachte er hernach? Zu Anfang glaubte er, die Leute hätten Freude an seinem Baum, weil sie in seinem Schatten rasten könnten; und erst als sie sich über den Baum des Bürgers beklagten, ließ er den seinen umhauen. Als wiederum der Mann bei ihm erschien, hätte er ihm ja einfach sagen können: Fälle du deinen Baum, ich will den meinen auch fällen! Aber nein, er hielt es mit den Worten des Weisen, der da gesagt hat: Erst mußt *du* dich mit Tugend schmücken, bevor du daran gehen darfst, *andere* zu schmücken.

Gegen sich selbst am strengsten

Erstes Beispiel: Arzneimischung am Sabbat. Simeon ben Eleasar erzählt:

Rabbi Meir pflegte, anders als seine Gefährten, die Erlaubnis zu geben, daß man am Sabbat Wein und Öl miteinander menge, um daraus für einen Kranken Salbe zu bereiten.* Einst erkrankte er selbst, und es war Sabbat. Wir wollten für ihn das Salbmittel rühren, er aber gestattete es nicht. Da sprachen wir zu ihm: Rabbi, du hebst ja deine eigene Lehre auf!

Er gab uns zur Antwort: Gegen die anderen darf ich milde sein, gegen mich selbst muß ich streng sein. Sind ja meine Gefährten, die lehren, strengerer Ansicht als ich, und so habe ich mich ihnen, wo es um mich geht, zu fügen.

Weitere Beispiele: Gesetz und Brauch. Man darf auch am Sabbat auf dem Stuhl eines Heiden sitzen, obwohl es den Anschein haben könnte, man habe ihn gekauft* und damit den Tag entweiht. Eines Sabbats setzte sich Rabban Gamliel in Akko auf einen Stuhl, der einem Heiden gehörte. Da sagten ihm die Leute: Hierorts tut man dergleichen nicht. Nun erwiderte Rabban Gamliel nicht etwa: Doch, es ist vom Gesetz aus erlaubt? Er stand vielmehr auf und setzte seinen Weg fort.

Von Juda und Hillel, den beiden Söhnen Rabban Gamliels, wird erzählt, daß sie sich einmal, es war zu Kabul, ins Badehaus begeben wollten. Die Leute sagten ihnen aber: Es ist hierzulande nicht Brauch, daß zwei Brüder gemeinsam baden. Nun erwiderten die beiden nicht etwa: Doch, das Gesetz erlaubt dies ausdrücklich! Sie badeten vielmehr getrennt, einer nach dem anderen.

Denselben beiden widerfuhr es, als sie am selben Orte des Sabbats in goldenen Schuhen ausgingen, daß die

Stadtbewohner ihnen sagten: Hier ist noch niemand am Sabbat so ausgegangen. Die beiden Gelehrtenjünger mochten ihnen nun nicht zur Antwort geben: Doch, es ist erlaubt! Sie ließen die Schuhe vielmehr sogleich von ihren Sklaven nach Hause tragen.

Die Uneigennützigen

Erste Geschichte: Vom Entgegennehmen der Priestergabe. Abbaje erzählte:
In meiner Eigenschaft als Priester pflegte ich anfangs die mir zustehenden Priestergaben* ungefragt zu nehmen, denn ich sagte mir: ich erfülle damit ein Gebot.
Später hörte ich die Auslegung: Von der Priestergabe heißt es, daß man sie dem Priester *gebe** – und von Stund an nahm ich nichts mehr ungefragt, sondern sagte jeweils: Gebt mir das und das.
Danach vernahm ich die Erklärung Rabbi Meirs über das Unrecht der Söhne Samuels, von denen gesagt ist: »Sie waren auf Gewinn aus«*, und der Meister sagte dazu: Das besagt, daß sie, was ihnen zukam, von den anderen mit Worten einmahnten – und seither erinnerte ich niemanden mehr an die Gabe, sondern nahm sie nur noch an, wenn man sie mir von selbst antrug.
Nachdem mir aber der Ausspruch zu Ohren gekommen war: »Die Demütigen lassen ihre Hände davon, und nur die Fresser nehmen ihr Teil« – nahm ich überhaupt nichts mehr an ...

Zweite Geschichte: Der Zahnstocher. Rabbi Simeon ben Kahana ging einst, gestützt auf den Arm Rabbi Eliesers, an einem Weinberge vorbei. Hier sprach er zu seinem Begleiter: Schneide mir ein Spänchen von dem Holz des Zauns, daß ich mir damit die Zähne stochere.

Noch ehe der Gefährte das aber ausgeführt hatte, rief der Rabbi ihn zurück und sprach: Halt ein, denn wollte ein jeder, der hier vorübergeht, desgleichen tun, so wäre bald der ganze Zaun des Mannes dahin!

Dritte Geschichte: Bienenhonig und Dattelsaft. Rabbi Chanina hatte einmal, wie er glaubte, Bienenhonig verkauft, es war aber, wie er hernach bemerkte, Dattelhonig gewesen. Als die Käufer nach einiger Zeit wieder vorbeikamen, sagte er zu ihnen: Kinder, ich mag euch nicht irreführen. Wisset denn: das, was ich euch als Bienenhonig verkauft habe, ist in Wirklichkeit Dattelsaft gewesen. Sie erwiderten: Gerade den begehren wir, denn er eignet sich für uns am besten.
Da sonderte Rabbi Chanina von seinem Gelde den Betrag ab, den er für den Dattelsaft erhalten hatte, und stiftete ihn für den Bau des Bethauses zu Sepphoris.

Vierte Geschichte: Der Acker der Schriftgelehrten.
Raw Giddel ging mit dem Gedanken um, ein bestimmtes Stück Land zu erwerben; da kam ihm Rabbi Abba zuvor und erstand es für sich. Raw Giddel beschwerte sich über ihn vor Rabbi Sera, und der brachte die Beschwerde vor Rabbi Isaak den Schmied. Der letztere sagte: Warte, bis er zum Festtage heraufgezogen kommt.*
Als Abba nun heraufgezogen kam, stellte ihn Rabbi Isaak der Schmied und richtete an ihn die folgende Frage: Wenn ein Armer einen Fladen bäckt, ihn um und um wendet und ein anderer herzukommt und ihn ihm wegnimmt – wie soll man das bezeichnen? Der Gefragte erwiderte: Der so gehandelt hat, heißt ein Bösewicht. – Aber warum hat der Meister dasselbe getan? – Ich hatte keine Kenntnis von Rabbi Giddels Absicht. – Nun denn, so möge der Meister ihm das Feld jetzt überlassen! Abba gab

zur Antwort: Verkaufen mag ich es ihm nicht, denn dieser Acker war mein erster Landkauf, und ihn weiterzuveräußern würde keinen Segen bringen; will er ihn aber als Geschenk von mir annehmen, so gebe ich ihn ihm gern.

Raw Giddel mochte das Feld nicht umsonst in Besitz nehmen, denn es heißt in den Sprüchen Salomos: »Das Leben gewinnt, wer Geschenken abhold ist.«* Aber auch Abba wollte es nicht mehr zu eigen haben, eben weil Raw Giddel zuvor damit umgegangen war, es zu kaufen. Also wollte weder der eine noch der andere des Feldes Eigentümer sein, und das Grundstück ward ›Acker der Schriftgelehrten‹ genannt: es fiel den Jüngern zu.

Des Arbeitenden Vorrecht

Erste Geschichte: Vom Anspruch auf Lohn. Rabba bar Chana hatte Lastträger gedungen, die ihm eine Tonne Wein tragen sollten. Aber sie stellten sich ungeschickt an, und das Faß zerbrach. Rabba nahm ihnen dafür ihre Mäntel weg. Da begaben sie sich zu dem Meister Raw und beschwerten sich vor ihm.

Raw entschied und sagte zu Rabba: Gib ihnen ihre Mäntel zurück. Rabba fragte dagegen: Gebietet das das Gesetz? Raw erwiderte: Jawohl, denn es steht geschrieben: »Auf daß du wandelst auf dem Wege der Guten.«* Also gab Rabba den Lastträgern ihre Mäntel wieder.

Danach sprachen sie: Wir sind arme Leute und haben uns den ganzen Tag damit abgeplagt; nun sind wir hungrig und haben nichts zu essen. Sagte Raw zu Rabba: Auf, zahle ihnen ihren Lohn. Rabba fragte dagegen: Lautet so das Gesetz? Raw erwiderte: Jawohl, denn es steht geschrieben: »Auf daß du hütest die Bahn der Gerechten.«*

Zweite Geschichte: Vom Anspruch auf Sporteln.
Dem Rabbi Huna wurden mit einemmal vierhundert Faß Wein sauer. Die Rabbinen suchten ihn auf und sprachen zu ihm: Prüfe der Meister seine Taten.* Rabbi Huna sagte darauf: Stehe ich bei euch im Verdacht, etwas Unrechtes getan zu haben? Sie erwiderten: Ist etwa der Heilige, gelobt sei er, verdächtig, daß er ohne Grund strafe? Sagte der Rabbi: Hat einer etwas Nachteiliges über mich gehört, so spreche er es aus. Antworteten die Rabbinen: Uns kam zu Ohren, daß der Meister seinem Weingärtner die ihm zustehenden Ranken vorenthält. Sprach wiederum Huna: Läßt mir der Mann denn überhaupt etwas davon übrig? Er stiehlt sie mir ja alle. Die Antwort der Rabbinen war: Hier gilt das Sprichwort: ›Stiehl etwas vom Diebe, und du kommst selbst auf den Geschmack!‹* Darauf versprach der Meister: Gut denn, er soll das Seinige von mir bekommen.
Der Essig soll sich, wie einige zu berichten wissen, daraufhin wieder in Wein verwandelt haben. Andere erzählen es so: Der Essig blieb Essig, stieg aber so im Preise, daß er zu demselben Preise wie Wein verkauft werden konnte.

Das Verdienst des Raw Adda bar Ahawa

In Nehardaa gab es eine Mauer, die dem Einsturz nahe war, und so vermieden es die Meister Raw und Samuel, an ihr vorüberzugehen; sie stand freilich noch dreizehn Jahre auf ihrem Platze. Eines Tages kam Raw Adda bar Ahawa dorthin. Da sprach Samuel zu Raw: Wollen wir lieber einen Bogen um jene Mauer machen. Raw erwiderte: Diesmal tut es nicht not; haben wir doch Raw Adda bar Ahawa bei uns, dessen Verdienst so groß ist, daß wir nichts zu besorgen brauchen.

Raw Huna hatte Wein in einem baufälligen Hause lagern und wollte ihn gern rechtzeitig herausschaffen. Da rief er Raw Adda bar Ahawa zu sich und hielt ihn in dem Hause durch ein Gespräch über das Gesetz so lange fest, bis er den Wein geborgen hatte. Sobald jener ebenfalls das Haus verlassen hatte, stürzte es ein. Als aber Raw Adda bar Ahawa inne wurde, was Raw Huna bezweckt hatte, verdroß es ihn; er war der Meinung, man solle nicht an Orten weilen, wo einem Gefahr drohte, und dürfe nicht mit einem Wunder rechnen.

Die aufgehobene Todesstunde

Wer nicht darauf besteht, Böses mit Bösem zu vergelten, dem werden auch seine Sünden vergeben.

Raw Huna, Sohn des Raw Josua, war krank geworden. Raw Papa kam, nach seinem Wohle zu fragen; da sah er, daß der Kranke sehr entkräftet war, und sprach: Bereitet ihm Zehrung auf den Weg! – Am Ende aber genas Raw Huna, und nun schämte sich Raw Papa, ihm vor Augen zu kommen.

Daraufhin wurde Raw Papa gefragt: Was hattest du gesehen, daß du sein Ende voraussagtest? Der Rabbi gab zur Antwort: Doch, der Tod war schon über ihn beschlossen, als der Heilige, gelobt sei er, sprach: Weil dieser Mann nie auf dem Seinigen bestanden hat, so bestehet auch ihr ihm gegenüber nicht auf dem Eurigen!

Um die Ehre der Gelehrtenjünger

Erste Geschichte: Selbstbezichtigung. Als Rabbi Juda, der Fürst, einmal seinen Lehrvortrag hielt, verspürte er einen Knoblauchgeruch und sagte: Wer Knoblauch genossen hat, verlasse den Raum! Da erhob sich Rabbi Chija und

ging hinaus. Hernach standen auch die anderen Hörer alle auf und entfernten sich, einer nach dem anderen.
Am Morgen darauf traf Rabbi Simeon, des Fürsten Sohn, den Rabbi Chija und sprach zu ihm: Du bist es also gewesen, der meinem Vater Kummer bereitet hat! Rabbi Chija antwortete: Gottbewahre, daß ich mich so unschicklich aufgeführt hätte! Nein, ich verließ den Raum, damit der Knoblauchesser nicht beschämt würde, die anderen mir folgten und keiner wisse, wer es gewesen sei.

Zweite Geschichte: Selbsterniedrigung. Rabbi Jeremia hatte Grund, dem Rabbi Abba gram zu sein. Da dieser sich aber nicht bei ihm entschuldigte, begab er sich selbst zu Rabbi Abba und setzte sich vor die Türe von dessen Haus. Als nun Abbas Magd Spülicht herausgoß, spritzten einige Tropfen davon auf Rabbi Jeremias Kopf. Da sagte er: Jetzt hat man mich gleichsam zum Düngerhaufen dieses Hauses gemacht! Und er rief den Vers aus: »Gott erhebt den Armen aus dem Kote.«*
Das hörte Rabbi Abba, kam heraus zu ihm und sprach: Nun, diesmal muß ich vor dir erscheinen!

Von der Elternehrung

Erste Geschichte: Awime, der Sohn Abahus. Der Meister Awime hatte, bei Lebzeiten seines Vaters, des Meisters Abahu, schon fünf erwachsene Söhne, die die Gelehrtenwürde erhalten hatten; gleichwohl, wenn sein Vater vor das Haus kam, eilte er selbst zur Türe, schloß ihm auf und rief dabei: Ich öffne, ich öffne!
Eines Tages sprach der Vater zu ihm: Hole mir Wasser zum Trinken. Der Meister brachte das Verlangte; da war der Vater inzwischen eingeschlummert. Also blieb der Sohn vor ihm in gebeugter Haltung stehen, den Krug

in der Hand. Die Wartezeit über sann der Meister dem Sinn eines Psalms nach, der die Überschrift trägt: ›Ein Psalm Asaphs‹*, und den er bisher nicht begriffen hatte; nun aber, bis daß der Vater erwacht war, glückte es ihm, und er fand die Lösung.

Zweite Geschichte: Die Mutter Rabbi Ismaels. Die Mutter Rabbi Ismaels kam vor die Rabbinen und beklagte sich über ihren Sohn. Sie sprach: Scheltet ihn aus, denn er geht nicht ehrerbietig mit mir um. Als sie das hörten, verfärbten sich die Gesichter der Rabbinen, und sie sprachen: Ist es möglich, daß Rabbi Ismael es an Ehrerbietung fehlen läßt?
Sie fragten sie: Was hat er denn getan? Sie antwortete: Als er vom Lehrhause heimkam, wollte ich ihm die Füße waschen und dann das Wasser trinken, er aber ließ es nicht zu.
Hernach sprachen die Rabbinen zu Rabbi Ismael: Da diese Handlung ihr Wille ist, ist es die rechte Ehrerbietung, sie gewähren zu lassen.

Dritte Geschichte: Rabbi Tarphon und seine Mutter. Die Mutter des Rabbi Tarphon erging sich am Sabbat auf ihrem Hofe; da legte Rabbi Tarphon seine beiden Hände unter ihre Fußsohlen, und sie schritt auf ihnen, bis sie ihr Bett erreichte.
Einmal wurde er krank, und die Weisen kamen ihn besuchen; da sagte die Mutter zu ihnen: Betet für meinen Sohn Tarphon, denn übergroß ist die Ehre, die er mir bezeugt. Sie fragten sie: Was ist es, das er tut? Und sie erzählte ihnen die Begebenheit. Da sprachen sie: Und täte er das auch tausend- und abertausendmal, er hätte noch nicht die Hälfte der Ehre bezeugt, die die Tora gebietet.

Lehrhafte Geschichten

Vorsicht und Gottvertrauen

Rabbi Jannai hatte große Furcht davor, daß eine Schlange, während er schliefe, in sein Bett kriechen und ihn beißen könnte. Deshalb ließ er die vier Füße seines Bettes in Schalen stellen, die mit Wasser gefüllt waren. Gleichwohl, als er einmal im Bette die Hand ausstreckte, faßte er eine Schlange.

Da sprach er zu seinen Schülern: Hebt mein Bett und laßt es auf der bloßen Erde stehen; ich will mich künftig allein auf den verlassen, von dem es heißt: »Er, der der Einfältigen Hüter ist.«*

Was Gott tut, ist wohlgetan

Man überliefert im Namen Rabbi Akiwas den Ausspruch: Der Mensch gewöhne sich daran, in jeder Lage zu sagen: Was Gott tut, ist wohlgetan.

Akiwa befand sich einmal auf der Wanderung und kam in eine Stadt, wo er um Herberge bat. Allein man gewährte sie ihm nicht. Da sprach er: Was Gott tut, ist wohlgetan – und schickte sich an, auf freiem Felde zu übernachten. Er hatte aber bei sich einen Hahn und einen Esel sowie eine Kerze. Ein Windstoß erhob sich und blies die Kerze aus, eine Katze kam und fraß den Hahn, ein Löwe zerriß den Esel. Und Akiwa sprach zu alle dem: Was Gott tut, ist wohlgetan.

In derselben Nacht aber kam eine Söldnerschar und machte die Einwohner der Stadt zu Gefangenen. Da sprach Akiwa: Habe ich es nicht gesagt? Alles, was der Heilige, gelobt sei er, tut, ist wohlgetan!*

Rabbi Meirs Wochenlohn

Rabbi Meir war ein ganz vorzüglicher Schreiber von Tora-Rollen und nahm Woche für Woche drei Sela als Arbeitslohn ein: einen davon verbrauchte er für Essen und Trinken, den zweiten gab er für seine Kleidung aus, den dritten spendete er den Gelehrtenjüngern.
Seine Schüler sprachen zu ihm: Meister, so sorgst du für deine Kinder?!
Der Rabbi erwiderte: Wenn sie gute Menschen werden, so wird sich an ihnen bewahrheiten, was David gesagt hat: »Ich habe noch nie den Gerechten verlassen gesehen oder seinen Samen nach Brot gehen.«* Werden sie aber böse – soll ich da meine Habe Gottesfeinden hinterlassen?

Gunst und Ungunst

Erste Geschichte: Der Honigkuchenverkäufer. Rabbi Jochanan ging über die Straße und sah einen Mann Honigkuchen verkaufen. Da fragte er ihn: Was? Von solch geringem Handel ernährst du dich? Der Gefragte erwiderte: Jawohl.
Also ließ ihn der Rabbi und ging seines Weges. Als er aber nach einer Stunde wieder an dem Verkäufer vorüberkam, rief dieser ihm zu: Rabbi, bete für mich; denn seit unserer Begegnung habe ich nichts mehr verkauft. – Der Zweifel in den Worten des Meisters hatte das Glück des Händlers schwinden lassen. –

Zweite Geschichte: Der Obstgärtner. Rabbi Josse ben Chanina und Rabbi Simeon ben Lakisch zogen an einem Obstgarten vorbei in einer Ortschaft, die Doron hieß; da brachte ihnen der Gärtner einen Pfirsich heraus, von dem aßen sie alle, gemeinsam mit ihren Eseltreibern, und ließen noch übrig. Dann schätzten sie den Umfang der Frucht, die war so groß wie eine Schüssel in der Ortschaft Kefar-Chanina, als welche ein Maß Linsen faßt.

Nach einiger Zeit kamen sie wieder vorbei, und da überreichte ihnen der Gärtner zwei, drei Pfirsiche auf seiner offenen Hand. Sie sagten: Wir begehren eine Frucht von jenem Baume. Er antwortete: Diese Pfirsiche stammen von demselben Baume wie der erste.

Nunmehr riefen sie aus: »Daß ein fruchtbares Land zur Salzwüste werde um der Bosheit willen derer, die darin wohnen.«*

Maß um Maß

Erste Geschichte: Das Messer. Resch Lakisch kam, den Patriarchen Rabbi Judan zu begrüßen. Der aber sprach: Bete für mich, denn das römische Reich ist allzu habgierig.* Resch Lakisch erwiderte: Nimm du von niemandem eine Gabe an, so wird man auch dir nichts nehmen.

Während Resch Lakisch noch bei dem Patriarchen weilte, erschien bei diesem ein Weib, die brachte ihm als Geschenk eine Schüssel und darin ein Messer. Das Messer behielt er, die Schüssel gab er zurück. Hernach kam ein römischer Einnehmer vorbei, der sah das Messer, es gefiel ihm, und er nahm es mit.

Gegen Abend erschien Resch Lakisch abermals, um nach dem Wohle des Patriarchen zu fragen, und sah, daß der Meister lachte. Da fragte er ihn: Warum lachst du? Judan Nessia erwiderte: Du hast doch das Messer gesehen! Ein römischer Amtmann ist gekommen, wollte es haben und hat es sich genommen. Nunmehr sprach Resch Lakisch: Habe ich dir nicht gesagt: nimm nichts, so wirst du auch nichts zu geben brauchen!

Zweite Geschichte: Ein Krug Öl.
Elia erzählt:
Eines Tages kam ein Mann zu mir und berichtete: Ich verkaufte einst einem Heiden vier Lasten Datteln; es war aber ein nahezu dunkler Raum, in dem ich ihm die Früchte abwog, und er, der mir vertraute, sprach zu mir: Du und der Gott des Himmels, ihr beiden kennt das Maß, nach welchem du mir die Datteln zumissest! – Nun aber gab ich ihm drei Maß weniger als das, worauf er Anspruch hatte. Für das Geld, das er mir gab, kaufte ich mir hernach einen Krug Öl, den ich an derselben Stelle aufbewahrte, wo ich dem Heiden die Datteln abgewogen hatte. Da ist mir der Krug gesprungen und das Öl ausgelaufen!
Nunmehr sprach ich zu ihm: Mein Sohn! Gelobt sei Gott, der kein Ansehen der Person kennt! Die Schrift verordnet: »Du sollst deinem Nächsten nicht Unrecht tun, noch ihn berauben.«*

Außen und innen

Erste Geschichte: Die Kaisertochter und der häßliche Rabbi. Die Tochter des Kaisers sprach zu Rabbi Josua ben Chananja (der unschönen Ansehens war): Solch hehre Weisheit – in solch unschönem Gefäße! Er erwiderte: Entnimm es aus deines Vaters Hausgebrauch: worin haltet ihr den Wein? Sie erwiderte: In irdenen Krügen. Darauf sagte er: Alles Volk hält seinen Wein in irdenen Gefäßen, und im Hause des Kaisers tut man desgleichen? Ihr solltet ihn in silbernen oder goldenen halten.
Die Prinzessin ging fort und füllte den Wein in silberne und goldene Gefäße. Allein der Wein verdarb.
Da sprach der Weise zu ihr: Ebenso verhält es sich mit der Lehre.

Zweite Geschichte: Der Schriftgelehrte und der häßliche Mann. Einst kehrte Rabbi Elieser, der Sohn des Rabbi Simeon, aus Migdal Gedor, wo sein Lehrer wohnte, heim in sein Haus; er ritt auf einem Esel am Ufer des Flusses entlang, war sehr guter Dinge und unmäßig stolz, weil er viel Torawissen in sich aufgenommen hatte. Da begegnete ihm ein Mann, der überaus häßlich war, und sprach ihn an mit den Worten: Friede mit dir, Meister! Dieser aber erwiderte den Gruß nicht und sagte noch zu dem Manne: Du gottloser Wicht! Wie mißgestaltet du bist! Ob wohl alle Bürger deiner Stadt dir an Häßlichkeit gleichen? – Der Mann erwiderte: Ich weiß das nicht, aber du begib dich zu dem Bildner, der mich geschaffen hat, und sage zu ihm: Wie häßlich ist dieses Gerät, das du gemacht hast!
Da ward der Rabbi inne, daß er eine Sünde begangen hatte; er stieg von dem Esel ab, warf sich vor dem Beleidigten nieder und sprach zu ihm: Ich beuge mich vor dir, vergib mir!
Nach dieser Begebenheit trug Rabbi Eleasar, Sohn des Rabbi Simeon, die folgende Lehre vor: Allezeit sei der Mensch schmiegsam wie das Schilfrohr, nicht hart wie die Zeder!

Der Teilhaber am Erbe

Rabbi Jannai begegnete einst einem Manne, der schöne Kleider trug. Da er ihn für einen Gelehrtenjünger hielt, fragte er ihn: Möchte mir der Meister die Ehre erweisen und bei mir speisen? Der Fremde erwiderte: Gern. Also führte ihn Rabbi Jannai in sein Haus und setzte ihm zu essen und trinken vor. Dabei prüfte er ihn in der Schrift, und der Mann zeigte sich darin ganz unbewandert; der Rabbi befragte ihn aus der mündlichen Lehre, und der

Gast wußte ihm auch da keine Antwort zu geben. Schließlich sprach er zu dem Besucher: Sprich den Tischsegen! Der Eingeladene erwiderte: Im Hause Rabbi Jannais möge Rabbi Jannai den Segen sprechen! Rabbi Jannai fragte ihn darauf: Bist du imstande, nachzusprechen, was ich dir vorspreche? Der Gefragte antwortete: Jawohl. Da sagte Rabbi Jannai: So sprich mir die Worte nach: Ein Hund hat vom Brote Rabbi Jannais gegessen.

Der Gast erhob sich, faßte Rabbi Jannai an und sprach: Ich habe ein Erbteil bei dir, und du enthältst es mir vor! Der Rabbi fragte: Was ist dein Erbe, das sich bei mir befinden soll? Der Mann von der Straße entgegnete: Eines Tages ging ich an einer Kinderschule vorbei und hörte die Knaben einen Vers aus der Schrift hersagen: »Mose hat uns die Tora geboten, das Erbe der Gemeinde Jakobs.«* Es hieß keineswegs: das Erbteil Jannais – sondern: das der Gemeinde Jakobs.

Da fragte der Rabbi: Womit hast du es verdient, mein Tischgenosse zu sein? Der Ungelehrte antwortete: Mein Lebtag habe ich kein böses Wort, das mir zu Ohren kam, weitergetragen; auch kam es nicht vor, daß, wenn ich zwei Menschen miteinander hadern sah, ich nicht Frieden unter ihnen gestiftet hätte. Nunmehr sprach Rabbi Jannai: So viel Gutes ist in dir beschlossen, und dich habe ich einen Hund genannt!

Der Vielesser

Bei Rabbi Simeon, dem Vater Eleasars, waren Eseltreiber eingekehrt, die aus den umliegenden Dörfern Getreide holen wollten. Eleasar aber saß neben dem Backofen, seine Mutter holte ein Brot nach dem andern aus dem Ofen hervor, und er aß es auf, bis er alle Laibe vertilgt hatte. Da sprachen die Eseltreiber: Wehe, eine böse

Schlange steckt in dem Gedärm dieses Jünglings; durch den kommt noch einmal eine Hungersnot über die Welt! – Eleasar hörte sie so reden, und als sie sich an ihr Geschäft begeben hatten, nahm er ihre Esel und trug sie eigenhändig auf das Dach des Hauses.

Die Männer kehrten zurück, suchten ihre Esel und fanden sie nicht; sie wandten den Blick nach oben und entdeckten die Tiere auf dem Dach. Da begaben sie sich zu dem Vater Eleasars und erzählten ihm den Vorfall. Er fragte sie: Vielleicht habt ihr ihn böse Worte hören lassen? Sie erwiderten: Nein, unser Herr; wir haben nichts gesagt als das und das. Darauf sprach er zu ihnen: Warum habt ihr ihn mit scheelem Auge angesehen? Hat er etwa von eurer Speise gegessen, oder habt etwa ihr für seinen Unterhalt aufzukommen? Meint ihr nicht, daß der, der ihn so geschaffen hat, auch die Nahrung für ihn geschaffen hat? Gleichwohl begebt euch zu ihm und gebietet ihm in meinem Namen, die Tiere wieder herunterzutragen.

Jetzt vollbrachte Eleasar noch eine staunenswürdigere Tat als die erste: er trug nämlich die Esel paarweise herunter, beim Heraufträgen hatte er jeweils nur einen Esel geschleppt.

Die Mahlzeit nach dem Mahle

Rabbi Juda ben Betera zog nach Nisibis; es war der Vortag des Versöhnungstages, er hielt die Schlußmahlzeit* und beendigte sie. Indes hörte der Exilfürst von seiner Ankunft, ging ihm entgegen und sprach zu ihm: Möge der Rabbi bei mir einkehren. Rabbi Juda entgegnete: Ich habe bereits gespeist und die Schlußmahlzeit gehalten. Der Exilarch aber sprach: Möge der Meister mit mir Nachsicht üben! Daß nicht die Leute reden, Rabbi Juda

hat den Exilfürsten geringgeschätzt! Und er drang so lange in ihn, bis Rabbi Juda ihm folgte.
Als der Gast eingetreten war, gebot der Hausherr dem Knaben, der bei Tisch aufwartete: Eine Schüssel, die du einmal gereicht hast, die reiche nicht zum zweitenmal! Bei der Mahlzeit nun wurden nacheinander achtzig Gerichte aufgetragen, und von jedem nahm Rabbi Juda einen Bissen, wie er auch von jedem Weinkrug, der gebracht wurde, einen Becher trank. Da sagte der Wirt: Rabbi! Nachdem du schon deine Schlußmahlzeit gehalten hattest, vermochtest du noch von achtzig Schüsseln zu versuchen und von jedem Wein zu probieren!
Rabbi Juda erwiderte: Je mehr du ihr gibst, um so mehr nimmt die Seele, und so auch der Leib.*

Strafen

Erste Geschichte: Der Rohling. Als Rabbi Seira nach dem Lande Israel zog, mußte er sich einem Aderlaß unterziehen. Hernach ging er zu einem Metzger, um ein Pfund Fleisch zu erstehen. Auf die Frage: Wieviel kostet das Pfund? erhielt er die Antwort: Fünfzig Minen* und einen Hieb. Er bot ihm sechzig, achtzig, neunzig und endlich hundert Minen, wenn er auf den Schlag verzichten wollte, aber der Metzger beharrte auf seiner Bedingung. Schließlich sagte der Rabbi zu dem Fleischhauer: Nun, so tu, wie du gewohnt bist!
Am Abend begab sich der Rabbi ins Lehrhaus und sprach zu den Rabbinen: Was herrscht an diesem Orte für ein übler Brauch! Hier darf keiner sein Pfund Fleisch verzehren, er habe denn zuvor einen Hieb erhalten. Sie fragten ihn: Wer hat eine solche Forderung gestellt? Er antwortete: Der und der Schlächter. – Da ließen sie zu dem Manne senden, um ihn vor sich zu bescheiden; in-

des begegneten die Boten bereits dem Sarge des Mannes, der zum Friedhof getragen wurde.
Da sprachen die Rabbinen zu Rabbi Seira: So grausam mußtest du dich rächen?! Er erwiderte: Es komme über mich dies und das, wenn ich ihm überhaupt gezürnt habe! Ich wähnte in Wirklichkeit, hierorts bestehe eine solche Sitte.

Zweite Geschichte: Die ungebärdigen Kinder. Rabbi Simeon ben Chalafta zog mit einigen Männern von Ejn-Teena nach Sepphoris; als sie aber am Stadttor angelangt waren, trafen sie im Vorhofe eines Hauses eine Rotte von spielenden Knaben, die, sobald sie den Rabbi sahen, der ein wohlbeleibter Mann war, ihn umringten und zu ihm sprachen: Wir lassen dich nicht ziehen, bevor du uns nicht etwas vorgetanzt hast. Er antwortete ihnen: Diese Kunst übe ich nicht aus – und schrie sie an, sie aber erschraken keineswegs und ließen sich nicht einschüchtern.
Da richtete er seine Augen auf das Haus und sah es gleichsam schon eingestürzt. Er sprach zu den Knaben: Singt mir nach, was ich euch jetzt vorsinge, und sprecht also zum Herrn des Hauses: Schläft er, so wache er auf, denn der Anfang der Sünde ist süß, aber bitter ihr Ende.
Von dem Hall dieser Worte wachte der Hausherr auf; er trat aus dem Hause, warf sich dem Rabbi zu Füßen und sprach: Ich bitte dich, achte der Worte dieser Knaben nicht, denn sie sind Kinder und unverständig. Der Rabbi erwiderte: Was kann ich für dich tun? Die Strafe ist bereits verhängt. Ich kann sie nur noch aufschieben, bis du alles, was du besitzest, aus dem Hause geschafft hast. – Als nun der Mann all sein Eigentum aus dem Hause ins Freie getragen hatte, da erhob sich das Gebäude in die Luft und stürzte zertrümmert zur Erde.

Abba und der Schlächter

Ein Schlächter hatte den Meister Abba, den man Raw nennt, erzürnt, war aber selbst am Vortage des Versöhnungstages nicht bei diesem erschienen, um ihm abzubitten.* Da sprach der Meister bei sich: Ich will mich zu ihm begeben und ihn zu besänftigen suchen. Auf dem Wege begegnete ihm Raw Huna und fragte: Wohin geht der Meister? Abba erwiderte: Ich will den und den versöhnen. Da sagte Raw Huna: Abba ist im Begriff, einen Menschen umzubringen!

Aber Abba verfolgte seinen Weg, bis er vor dem Fleischhauer stand. Dieser war gerade dabei, einen Rindskopf zu spalten; er erhob die Augen, erblickte den Meister und sprach: Du bist Abba! Zieh ab, ich habe mit dir nichts zu schaffen!

Und der Schlächter schlug weiter mit dem Beil auf den Rindskopf ein; da löste sich ein Knochensplitter ab, sprang nach oben, geriet ihm in den Hals und tötete ihn.

Opfer der Hartherzigkeit

Es war einmal eine Frau, die hatte den Besitzer eines Getreidefeldes zum Nachbarn. Ihre zwei Söhne begaben sich auf das Feld, um Ähren zu lesen, aber der hartherzige Mensch erlaubte es ihnen nicht. Unterdessen saß die Mutter da und sprach bei sich: Wann meine Kinder wohl heimkehren mögen? Ob sie wohl etwas mitbringen werden, das uns zur Speise dienen kann? Die Söhne wiederum sprachen bei sich: Wann dürfen wir wohl nach Hause gehen? Ob wir bei der Mutter etwas finden, das uns zur Speise diene? – Aber die Mutter kriegte von den Knaben nichts, und die Knaben kriegten von der Mutter nichts; sie legten ihre Häupter der Mutter zwi-

schen die Knie, und alle drei starben sie Hungers an einem Tage.
Es heißt in den Sprüchen Salomos: »Beraube den Armen nicht, ob er wohl arm ist, und unterdrücke den Elenden nicht im Tor; denn der Herr wird ihren Streit führen.«*

Von der übermäßigen Trauer

Raw hat gesagt: Wer da um einen Toten über die Maßen trauert, wird bald einen anderen Toten zu beweinen haben.
In der Nachbarschaft des Raw Huna lebte eine Frau, die hatte sieben Söhne. Einer von ihnen starb, und sie weinte um ihn und konnte sich nicht lassen vor Trauer. Da ließ ihr Raw Huna sagen: Was du tust, ist nicht recht. Sie aber gehorchte ihm nicht. Nunmehr tat er ihr kund: Willst du auf mich hören, so ist es gut; wo aber nicht, so rüste zu einem neuen Begräbnis.
Also geschah es, und alle Söhne der Frau traf der Tod. Sie weinte um sie, und da ließ er ihr sagen: Bereite das Sterbehemd für dich selbst! Also geschah es, und es kam über sie der Tod.

Wundergeschichten

Der Baustein

Rabbi Chanina ben Dossa sah, wie die Leute seiner Stadt freiwillige und gelobte Gaben nach Jerusalem zu bringen pflegten, und brach in die Worte aus: Meine Nachbarn spenden, was sie aus freiem Willen geben und was sie gelobt haben, für den Tempel zu Jerusalem; nur ich vermag gar nichts darzubringen.

Was tat er? Er begab sich auf einen Platz außerhalb der Stadt und erblickte dort einen Steinblock; den brach er heraus, hieb ihn zurecht und glättete ihn. Dann sprach er: Ich muß den Block nach Jerusalem schaffen – und wollte sich Arbeiter dingen. Da führte ihm der Heilige, gelobt sei er, fünf Engel in Menschengestalt zu. Der Rabbi fragte sie: Schleppt ihr mir diesen Stein nach Jerusalem? Sie erwiderten: Wir tun es für fünf Sela, aber du mußt selbst mit Hand anlegen.

Kaum hatte er jedoch angepackt, da waren sie schon in Jerusalem. Nun wollte er die Männer entlohnen, aber er sah sie nicht mehr. Er begab sich in die Quaderhalle und fragte nach ihnen. Da antwortete man ihm: Offenbar haben welche von den dienstuenden Engeln deinen Stein nach Jerusalem getragen!

»Siehst du einen Mann behend in seiner Arbeit – der wird vor den Engeln stehen.«*

Die zwei Brüder zu Askalon

Es wohnten zwei Brüder zu Askalon, die hatten Heiden zu Nachbarn. Diese bösen Leute sprachen bei sich: Wenn

die zwei Juden zum Wallfahrtsfeste* nach Jerusalem hinaufziehen, plündern wir ihr Haus. Als aber die beiden die Wallfahrt unternahmen, bestellte Gott zwei Engel, die in Gestalt der beiden Brüder aus und ein gingen in deren Hause.
Bei ihrer Rückkehr brachten die zwei Brüder ihren Nachbarn Geschenke mit. Die fragten sie: Wo seid ihr denn gewesen? Die Brüder erwiderten: Zu Jerusalem. Sie fragten weiter: Und wen habt ihr als Haushüter zurückgelassen? Die Brüder sagten: Wir ließen niemand zurück.
Da riefen die Heiden aus: Gelobt sei der Gott der Juden! Sie verlassen ihn nicht, und er verläßt sie auch nicht.

Die Tochter des Brunnengräbers

Es war einmal ein frommer Mann, der grub Brunnen, Wassergräben und Höhlen den Pilgern zu Nutz und Frommen. Eines Tages machte sich seine Tochter auf den Weg, denn sie sollte in das Haus ihres künftigen Ehemannes kommen; da schwemmte der Fluß sie weg.
Die ganze Stadt versammelte sich bei ihrem Vater, um ihn zu trösten, er aber mochte keinen Trost annehmen. Auch Rabbi Pinehas ben Jair besuchte ihn, um ihm Trost zuzusprechen, er aber wollte sich nicht trösten lassen. Da sagte Rabbi Pinehas zu den Leuten: Da habt ihr euren Frommen!
Nun sagten sie ihm: Rabbi, das und das war sein Tun, und das und das ist ihm widerfahren. Jetzt sprach Rabbi Pinehas: Ists möglich, daß der, der seinen Schöpfer ehrte, indem er Wasser ergrub, von Gott gestraft werden sollte durch Wasser?! – Sogleich erscholl es in der Stadt: Die Tochter jenes Mannes, sie kommt daher!
Wie aber wurde sie gerettet? Wie einer erzählt, war sie an einer Dornenhecke hängengeblieben; ein andrer aber

berichtet, ein Engel sei herabgestiegen, habe die Gestalt des Rabbi Pinehas ben Jair angenommen und das Mädchen herausgezogen.

Der fromme Abba Tachana

Es war am Vorabend des Sabbats und der fromme Abba Tachana auf dem Heimweg nach seiner Stadt. Das Bündel, in dem der Lohn für seine Wochenarbeit enthalten war, trug er auf der Schulter. Da sah er an einer Kreuzung einen Aussätzigen liegen, mitten auf der Straße. Und der Arme erhob seine Stimme und sprach: Rabbi, erbarme dich meiner und bringe mich heim. Der Fromme aber sprach bei sich: Wenn ich mein Bündel hier ablege – woher sollen dann Weib und Kind ihre Nahrung finden? Lasse ich aber den Unglücklichen liegen, so versündige ich mich an meiner Seele.
Also siegte der gute Trieb über den bösen in seinem Inneren; er legte sein Bündel ab, nahm den Aussätzigen auf seine Schulter und trug ihn zur Stadt, kehrte dann wieder zu der Stelle zurück, wo er sein Bündel hatte liegen lassen, erhob es von der Erde und ging eiligen Schrittes nach Hause, denn es dämmerte bereits.
Da sprachen die Leute, die ihn gehen sahen: Sehet, der fromme Abba Tachana entweiht den Sabbat! Auch er selbst war unruhigen Geistes und dachte, er hätte vielleicht den Ruhetag entheiligt. In diesem Augenblicke ließ der Allmächtige die Sonne wieder hell scheinen, wie auch der Prophet gesagt hat: »Euch, die ihr meinen Namen fürchtet, soll aufgehen die Sonne der Gerechtigkeit.«*
Abba Tachana aber bangte noch immer darum, ob sein Tun vor Gott gefällig gewesen sei. Da erscholl eine Stimme vom Himmel und sprach: Geh nach Haus, iß

dein Brot mit Freuden und trinke fröhlichen Herzens deinen Wein: was du getan hast, hat Gnade gefunden vor den Augen des Herrn.

Das Gewand des Lehrers

»Laß dich allerwege durch die Liebe zu ihr berauschen und verleiten«*, heißt es in den Sprüchen. Gemeint ist die Liebe zur Tora.

Rabbi Eleasar ben Pedat saß auf dem unteren Markt zu Sepphoris und war ganz in die Tora versunken; sein leinenes Oberkleid hatte er auf dem oberen Markt der Stadt liegengelassen und war es nicht gewahr geworden. Ein Fremder wollte den Mantel aufheben und sich aneignen; da bemerkte er darauf eine Schlange und ließ ihn unberührt.

Flucht vor der Armut und Rückkehr

Die Meister Ilfa und Rabbi Jochanan forschten gemeinsam in der Lehre, aber sie litten dabei arge Not. Da sprachen sie zueinander: Wir wollen anfangen, Handel zu treiben, damit an uns in Erfüllung gehe, was da geschrieben steht: »Es sollte allerdinge kein Armer unter euch sein.«*

Also machten sie sich auf den Weg und rasteten am Fuß einer Mauer, die dem Einsturz nahe war; hier aßen sie ihr Brot. Da kamen zwei diensttuende Engel herzu, und Rabbi Jochanan hörte, wie der eine zu dem anderen sprach: Wir wollen die Mauer über diesen zwei Männern zusammenstürzen lassen und sie töten; denn sie haben das ewige Leben verlassen und sich dem zeitlichen Leben ergeben. Der andre Engel aber sagte: Lassen wir sie in Ruhe; denn unter den zweien ist einer, dem die Stunde hold ist.

Nur Rabbi Jochanan hörte dieses Gespräch mit an, Ilfa

nicht. Rabbi Jochanan fragte seinen Gefährten: Hast du hier Stimmen gehört? Der gab zur Antwort: Ich habe nichts gehört. Da sprach Rabbi Jochanan bei sich selbst: Da ich die Rede vernommen habe, Ilfa aber nicht, so folgt daraus, daß ich der bin, dem die Stunde hold ist. Und Rabbi Jochanan sprach weiter bei sich: Ich will wieder umkehren und an mir in Erfüllung gehen lassen, was da geschrieben steht: »Es werden allezeit Arme sein im Lande.«*

Also machte Rabbi Jochanan kehrt und wandte sich wieder der Lehre zu; Ilfa aber kehrte nicht um. Später, als Ilfa dorthin kam, wo Rabbi Jochanan wirkte, war dieser indes zum Herrscher geworden, zum Haupt des Lehrhauses. Und die Leute der Stadt sagten zu Ilfa: Hätte der Meister hier ausgeharrt und sich der Lehre befleißigt, er wäre gleichfalls König geworden!

Die Rohrmatte

Ein frommer Mann schenkte einst – es war der Tag vor dem Neujahrsfest, nach einem Jahr der Dürre – einem Armen einen ganzen Denar. Seine Frau schalt ihn darum, und so floh der Mann aus dem Hause und blieb für diese Nacht auf dem Totenacker. Da hörte er die Seelen zweier toter Mädchen miteinander reden. Die eine sprach zu der andern: Schwester, laß uns in der Welt umherschweifen und hinter dem himmlischen Vorhang* horchen, welche Heimsuchung der Welt im neuen Jahre droht. Die andere erwiderte: Ich kann nicht auffliegen, denn man hat mich, als man mich begrub, in eine Rohrmatte* gewickelt; zieh aber du aus, und was du erfährst, sage mir dann an. Da flog die eine Seele davon und kehrte zurück. Die in der Rohrmatte fragte: Hast du hinter dem himmlischen Vorhang gelauscht, und weißt du, welches Übel der Welt bevorsteht? Die Gefährtin antwortete: Ich habe gehört, daß dieses Jahr der Hagel alle Feldfrucht schlagen wird, die man zur ersten Regenzeit sät. – Also zog der Lauschende die Lehre aus den Reden der zwei Seelen und streute seine Saat erst in der zweiten Regenzeit aus; der Hagel kam und vernichtete alles Korn, das schon in Halmen stand, nur er erlitt keinen Schaden.

Übers Jahr ging der Mann wieder auf den Friedhof, um eine Nacht dort zuzubringen, und hörte abermals die Geister der beiden Abgeschiedenen miteinander flüstern. Wieder flog nur die eine Seele aus, weil die andere in der Rohrmatte bestattet war, und erzählte dann ihrer Gefährtin: In diesem Jahre wird alle Saat der zweiten Regenzeit nicht zur Frucht gedeihen, sondern verdorren. Der fromme Mann bestellte also diesmal seinen Acker in der ersten Regenzeit; indes alle anderen, aus Furcht vor dem Hagel, erst in der zweiten säten. So verbrannte alles Getreide, das zu spät ausgesät worden war, während das seine eingeerntet werden konnte.

Seine Frau verwunderte sich darüber und befragte ihn: Vergangenes Jahr schlug der Hagel alles Korn, nur deines nicht, und dieses Jahr traf die Dürre alle Frucht, nur deine nicht. Wie geht das zu? Da gestand er ihr alles. Nach einiger Zeit kam es zu einem Zank zwischen der Frau des Frommen und der Mutter des einen verstorbenen Mädchens, und die böse Frau sagte: Ich weiß, daß deine Tochter, statt in ein Sterbegewand, in eine Rohrmatte gehüllt worden ist!

Wie abermals die Jahreswende kam, begab sich der Fromme wieder für die Nacht auf den Friedhof. Da hörte er die zwei Seelen miteinander sprechen, und die, die schon zweimal ausgeflogen war, sagte zu ihrer Gefährtin: Schwester, laß uns in der Welt umherschweifen und hören, was hinter dem himmlischen Vorhang verkündet wird. Aber die in der Rohrmatte erwiderte: Schwester, laß es sein; den Lebendigen ist kundgeworden, was wir Toten untereinander gesprochen haben.

Goldener Lohn

Erste Geschichte: Die goldene Taube. Rabba bar Chana war mit einer Karawane unterwegs. An einem Halteplatz aß er und vergaß, den Tischsegen* zu sprechen. Hernach erinnerte er sich daran und sprach bei sich selbst: Was soll ich tun? Sage ich meinen Reisegefährten: Ich versäumte es, den Segen zu sprechen, und will deshalb umkehren – so werden sie mir sagen: Sprich ihn hier, wo wir sind, denn wo immer du den Segen auch sprichst, du sprichst ihn vor dem Barmherzigen. Besser, ich sage ihnen, ich habe eine Taube aus Gold zurückgelassen.
Also sprach er zu den Leuten: Wartet hier auf mich; ich habe eine Taube aus Gold vergessen. – Er kehrte an den Ort zurück, sprach den Segen und fand da eine Taube, die war von Gold.

Zweite Geschichte: Der Affe und die Perlen. Raw Gammada gab Seeleuten, die aufs Meer hinausfuhren, vier Sus* mit, daß sie ihm dafür irgend etwas erstünden. Da sie nun nichts Rechtes fanden, kauften sie für das Geld einen Affen. Der nun entlief ihnen plötzlich und kroch in ein Erdloch hinein; da gruben sie nach und fanden das Tier auf einem Perlenhaufen sitzen.
Und alle diese Perlen brachten sie Rabbi Gammada mit!

Dritte Geschichte: Das Tal voller Goldstücke. Rabbi Simeon ben Jochai hatte einen Schüler, der verließ das Land und kehrte als reicher Mann wieder heim. Die an-

deren Schüler sahen das mit an, sie wurden von Neid ergriffen und dachten gleichfalls daran, außer Landes zu gehen. Das wurde Simeon kund, und er führte sie in ein Tal am Rande der Stadt. Hier sprach er ein Gebet und rief: Du mein Tal! Fülle dich mit goldenen Dinaren. — Sogleich begannen, wie angezogen, von allen Seiten Golddinare in das Tal zu strömen.
Nunmehr sprach der Rabbi zu seinen Schülern: Wenn ihr Gold begehrt, so habt ihr es hier; ihr braucht nur zuzugreifen. Aber eines sollt ihr wissen: Wer sich jetzt davon nimmt, der nimmt das Teil vorweg, das in der zukünftigen Welt ihm zugedacht war.

Werkzeuge des Todes

Rabbi Jannai lehrte an der Pforte einer Stadt. Da sah er eine Schlange zitternd heranschleichen. Er trieb sie zurück, da kroch sie von der anderen Seite wieder heran; er verjagte sie auch dieses Mal, und sie näherte sich wieder an der alten Stelle. Da sprach er bei sich: Zweifellos geht sie ihren Weg, um einen Auftrag auszuführen. Und richtig, in dem Augenblick erhob sich ein Geschrei in der Stadt: den Mann Soundso hat eine Schlange totgebissen!
Ein anderer Meister — man sagt: Rabbi Samuel — beobachtete einst am Flußufer einen Frosch, der einen Skorpion über das Wasser trug. Er sprach: Zweifellos hat dieses Tier drüben eine Sendung zu erfüllen. Nach einer Weile erschien der Skorpion wieder am jenseitigen Ufer, und der Frosch trug ihn zurück. Indes erhob sich in der Stadt ein Weheruf: den Mann Soundso hat ein Skorpion gebissen, und er ist tot!
Rabbi Isaak, Sohn des Rabbi Eleasar, erging sich am Strand von Cäsarea und sah hier den Schenkelknochen eines Toten. Er schüttete Erde darüber, und der Knochen

rollte wieder hervor, er suchte ihn nochmals zu verscharren, und das Bein kam dennoch zum Vorschein. Da sprach er: Dieser Knochen liegt hier nicht von ungefähr und hat einem Ziele zu genügen. Indes kam ein römischer Höfling vorbei, stolperte über den Knochen, fiel hin und war tot. Der Rabbi trat herzu und untersuchte den Mann: da fand sich, daß er verleumderische Schriften über die Juden Cäsareas bei sich getragen hatte.

Des Mörders Strafe

Rabbi Simeon ben Schetach erzählte: So wahr ich hoffe, daß mir dereinst Tröstung widerfahren wird, habe ich das folgende erlebt:

Ein Mann verfolgte einen andern bis in ein verfallenes Haus, und ich lief hinterdrein; als ich den Verfolger erreichte, sah ich ein Schwert in seiner Hand, von welchem Blut niedertropfte, während ein Erschlagener daneben lag und sein Leben aushauchte. Da sprach ich zu dem Manne: Du Bösewicht! Wer hat diesen hier umgebracht? War ich es, oder bist du es gewesen? Aber, was vermag ich auszurichten, ist doch mein Leben in deiner Hand, denn die Tora sagt: »Nur durch zweier Zeugen Mund soll der Mörder sterben.«* Aber Er, der da um die Gedanken der Menschen weiß, fordere es ein von dem, der seinen Nächsten getötet hat.

Man erzählt: Beide, der Rabbi und der Mörder, hatten den Platz noch nicht verlassen, als eine Schlange kam; die biß den Schuldigen, und er starb.

Die Wasserschlange

An einem Orte war eine Wasserschlange, die die Menschen schädigte. Dies wurde Rabbi Chanina ben Dossa

erzählt, und er sagte: Zeigt mir das Schlupfloch des Wurms. Und der Fromme setzte seine Ferse auf die Öffnung des Loches; die Schlange kam und biß Chanina in den Fuß, aber sie verreckte dabei. Da nahm der Fromme das Reptil auf die Schulter, brachte es nach dem Lehrhause und sprach: Nun seht ihr, Kinder, nicht die Schlange ist es, die tötet, sondern die Sünde tötet.
Seit jener Begebenheit sagt man: Wehe dem Menschen, dem eine Schlange begegnet; wehe aber der Schlange, der Chanina begegnet!

Die Stadt der Wahrheit

Es war einmal ein Rabbi, der wäre um alle Schätze der Welt auch nicht um ein Haarbreit von der Wahrheit abgewichen. Folgendes aber war ihm begegnet:
Er kam einst in eine Ortschaft, die hieß Kuschta, die Stadt der Wahrheit. Da wohnten Leute, die streng darauf bedacht waren, nichts Unrichtiges auszusagen; dafür starb aber auch keiner von ihnen vor der Zeit.
Hier nahm der Rabbi ein Weib, das gebar ihm zwei Söhne. Da begab es sich auf einen Tag, daß die Frau sich die Haare wusch; indes kam eine Nachbarin zu Besuch und klopfte an die Türe. Der Mann dachte, es zieme sich nicht zu gestehen, womit seine Frau beschäftigt sei, und so sagte er: Sie ist nicht zu Hause. Darauf starben ihm seine beiden Söhne. Die Leute kamen zu ihm und fragten: Was ist geschehen? Und er erzählte ihnen die Begebenheit.
Da sprachen sie: Wir bitten dich, verlaß die Stadt; sonst bringst du den Tod über uns alle.

Viertes Buch

Streitgespräche

Über Gott

Erste Streitfrage: Gottes Ort. Ein Heide fragte einmal den Rabban Gamliel: An welchem Orte befindet sich Gott? Der Lehrer erwiderte: Das weiß ich nicht. Da sagte der Heide: Ist das eure Weisheit? Ihr betet zu ihm Tag für Tag und wißt nicht, wo er weilt?
Rabban Gamliel sagte darauf: Du hast mich um etwas gefragt, was einen Weg von dreitausendfünfhundert Jahresreisen* von mir entfernt ist; laß mich also dich zuerst fragen nach einem Ding, das bei dir ist, bei Tage und bei Nacht. Der Heide sagte: Frage mich.
Da fragte der Rabbi: Die Seele, die in dir ist, wo ist sie? Sage mirs! Der Heide antwortete: Das weiß ich nicht.

Zweite Streitfrage: Gottes Verborgenheit. Der Kaiser* sprach zu Rabban Gamliel: Ich weiß, was euer Gott treibt, und wo er weilt.
Da seufzte Rabban Gamliel schwer auf. Der Kaiser fragte ihn: Warum stöhnst du so? Der Rabbi antwortete: Ein Sohn von mir ist über Meer gefahren, ich habe Sehnsucht nach ihm und möchte, daß du ihn mir zeigest.
Der Kaiser sprach: Woher soll ich wissen, wo er ist? Der Rabbi erwiderte: Was sich auf Erden zuträgt, weißt du nicht, und du meinst zu wissen, was im Himmel geschieht?

Dritte Streitfrage: Gottes Allgegenwärtigkeit. Der Kaiser fragte den Rabban Gamliel: Ihr lehrt doch, an jedem Orte, wo nur zehn Männer* in Gottes Namen versam-

melt sind, da weile die göttliche Majestät*. So sage mir denn: Wie viele göttliche Majestäten gibt es?!
Da rief der Lehrer einen Sklaven des Kaisers zu sich heran und versetzte ihm einen Schlag. Der Geprügelte fragte: Warum hast du mich geschlagen? Der Rabbi erwiderte: Weil du die Sonne entführt und in des Kaisers Palast gebracht hast.
Da sprach der Kaiser zu dem Meister: Die Sonne leuchtet doch der ganzen Welt zugleich? Rabban Gamliel entgegnete: Wenn schon die Sonne, die nur einer ist von hunderttausend Myriaden Dienern des Heiligen, gelobt sei er, eine ist überall und der ganzen Welt waltet – um wieviel mehr gilt dies von der göttlichen Majestät!

Vierte Streitfrage: Gottes Angesicht. Der römische Kaiser sprach zu Rabbi Josua ben Chananja: Es ist mein Verlangen, euren Gott zu schauen. Der Rabbi erwiderte: Ihn zu sehen, ist dir nicht gegeben. Der Kaiser sprach: Und dennoch, ich muß ihn sehen!
Da ließ der Rabbi den Kaiser in der Jahreszeit des Tammus* der Sonne gegenüberstehen und sprach zu ihm: Blicke in die Sonne. Der Kaiser antwortete: Das vermag ich nicht. Nunmehr sprach der Rabbi: Die Sonne ist nur einer der Diener, die vor dem Heiligen, gelobt sei er, stehen, und du sagst, du vermöchtest nicht, sie anzuschauen – wie willst du da die Majestät Gottes selbst anschauen können?

Vom Ehestiften

Eine hohe Römerin fragte den Rabbi Josse ben Chalafta: In wieviel Tagen hat Gott die Welt erschaffen? Er erwiderte: In sechs Tagen schuf Gott die Welt, wie dies auch die Schrift berichtet. Da fragte die Römerin weiter:

Und was tut der Herr seitdem? Der Weise erwiderte: Er stiftet Ehen; er fügt zusammen, die zueinander gehören; er macht den einen reich und den anderen arm. Da sagte die Römerin: Solches könnte auch ich vollbringen. So viel Knechte und Mägde ich habe, ich will sie in einer Nacht miteinander vermählen. Womit der Schöpfer die ganze Zeit hindurch sich abmüht, das will ich in einer knappen Stunde vollbringen. Der Rabbi sprach darauf: Den Menschen dünkt manches leicht, was dem Herrn schwer ist. Mann und Weib zusammenzuführen, das ist bald ebenso schwer wie der Durchzug der Kinder Israel durchs Rote Meer.*

Allein die Matrone kehrte sich nicht an diese Weisung; sie nahm ihre tausend Knechte und tausend Mägde, stellte sie in zwei Reihen auf und rief: Diese Magd gebe ich diesem zum Weibe, jener Knecht wird der Mann jener Magd! So schuf sie in einer Nacht tausend vermählte Paare. Als sie aber am Morgen die Neuvermählten alle aufsuchte, da war ein Jammern und Wehklagen, Schreien und Toben; dem einen war ein Auge ausgeschlagen, der andere blutete aus einer Kopfwunde, dem dritten war der Arm ausgerenkt, dem vierten war der Fuß gebrochen. Ein jeder Mann sprach: Ich mag diese, die du mir gegeben hast, nicht zur Frau. Und eine jede Frau sprach: Ich will diesen nicht zum Manne.

Da ließ die Römerin den Rabbi Josse kommen und sagte: Ich muß bekennen, euer Gott ist wahr, seine Lehre ist wahr, und du hast in allem wahr gesprochen. Der Lehrer antwortete: Ja, der Herr sitzt oben und führt die Menschen zusammen, ob sie es wollen oder nicht; er umschlingt mit einem Band den Hals des Mannes und zieht ihn von einem Ende der Welt zu dem anderen, daß er die Frau heimhole, die dort weilt und die für ihn bestimmt ist.

Alles Geschaffene bedarf der Veredelung

Ein Philosoph fragte den Rabbi Oschaja: Wenn die Beschneidung ein so wertes Gebot ist, warum ist sie da nicht schon Adam, dem ersten Menschen, geboten worden?* Der Rabbi fragte dagegen: Warum wohl schert sich ein Mann sein Haupthaar, während er den Bart wachsen läßt, wie er wächst? Der Ketzer erwiderte: Das Haupthaar hat er noch von der Kinderzeit her, also schneidet er es ab; der Bart sproßte ihm erst, als er Mann wurde. Oschaja fragte weiter: So möge denn auch der Erwachsene sich die Augen blenden, die Hände abhacken, die Füße zerbrechen – weil diese Glieder mit ihm auf die Welt gekommen und ihm gewachsen sind, da er noch ein Kind war ...

Da sprach der Philosoph: Sind wir so tief gesunken, daß wir mit solchen Beweissätzen unser Zwiegespräch führen?!

Der Rabbi gab zur Antwort: Ganz ungeschoren konnte ich dich nicht lassen, doch wisse eines: alles, was in den sechs Schöpfungstagen erschaffen wurde, bedarf der Veredelung: zum Senf gehört Zucker, den Weizen muß man mahlen, und auch dem Leibe des Menschen tut Verbesserung not.

Die Welt geht ihren Gang ...

Die Philosophen stellten an die Ältesten der Juden zu Rom die folgende Frage: Wenn euer Gott dem Götzendienst so feind ist, warum hebt er ihn nicht auf?

Die Ältesten gaben zur Antwort: Beteten die Heiden zu einem Ding, dessen die Welt nicht bedarf, Gott würde es auf der Stelle vernichten. Aber siehe da, sie beten die Sonne, den Mond, die Sterne und die Planeten an, und

sollte Gott um der Narren willen seine Welt zerstören?! Nein, er läßt die Welt so, wie sie eingerichtet ist, und die Toren, die ihren Wandel verderben, werden dereinst Rechenschaft darüber abzulegen haben.
Dazu ein Gleichnis: Ein Mann hat einen Scheffel Weizen gestohlen und das Korn als Saatkorn verwandt – sollte Gott nun diesen Samen nicht aufgehen lassen?! Nein, die Welt geht ihren Gang wie eh und je, über die Schuldigen aber ergeht das Gericht.
Ein anderer Fall: Ein Mann hat seines Nächsten Weib beschlafen – sollte Gott sie nun nicht schwanger werden lassen?! Nein, die Weltordnung bleibt, wie sie gewesen ist, nur die Übeltäter verwirken ihre Strafe.

Um die Auferstehung

Erste Geschichte: Ein Disput. Ein Sadduzäer sprach zu Gewiha ben Pesissa: Wehe euch, ihr Schuldbeladenen, die ihr behauptet, die Toten würden wieder lebendig werden! Müssen doch die, die am Leben sind, sterben, und wie sollen da die, die gestorben sind, wieder leben?!
Der Weise erwiderte: Wehe euch, ihr Schuldbeladenen, die ihr behauptet, die Toten würden nimmer wieder lebendig werden! Wenn die, die noch nicht gelebt haben, zu Lebenden werden, um wieviel mehr die, die bereits gelebt haben!

Zweite Geschichte: Ein Gleichnis. Die Königin Kleopatra stellte an Rabbi Meir die folgende Frage: Ich weiß wohl, daß die Toten wieder leben werden, wie auch in den Psalmen gesagt ist: »Sie sprossen aus der Stadt wie das Gras des Feldes.«* Aber, wenn sie auferstehen, werden sie da nackend auferstehen oder in Hüllen?
Der Meister erwiderte: Folgere selbst aus einem Ver-

gleich mit dem Weizenkorn, schließe von dem Schlichten auf das Gewichtige. Das Weizenkorn wird nackt in die Erde gesenkt und sprießt hervor vielfältig bekleidet; wie nun erst der Gerechte, der mit der Hülle zusammen in die Erde gelegt wird!

Zwischen Römern und Juden

*Erste Geschichte: Esau und Jakob.** Ein römischer Feldherr fragte einst einen Alten aus dem Geschlecht der Salu: Wer wird nach uns das Reich besitzen? Der Meister nahm einen Bogen leeres Papier, griff zur Feder und schrieb darauf den Vers der Schrift: »Danach kam sein Bruder heraus, der hielt mit seiner Hand die Ferse des Esau . . .«*

Da sagten die Leute: Schaut an, des Greises Mund verkündet ein altes Wort aufs neue.

Zweite Geschichte: Jeder sei, was er ist. Rabbi Abba bar Semina verrichtete Schneiderarbeit bei einem Römer in Rom. Dieser setzte ihm ein Gericht aus dem Fleisch eines verendeten Tieres vor und sprach zu ihm: Iß! Der Rabbi erwiderte: Davon esse ich nicht! Der Römer sagte: Du mußt davon essen; wo nicht, töte ich dich! Aber der Rabbi sprach: Wenn du mich töten willst, töte mich – Fleisch eines Aases* werde ich nicht essen!

Nunmehr sprach der Römer: Wieso nur ward dir kund, was ich eigentlich vorhatte? Ich hätte dich nämlich getötet, wenn du die Speise genossen hättest. Was ein Jude ist, das soll ein rechter Jude sein; ebenso, was ein Römer ist, ein rechter Römer!

Dritte Geschichte: Die Jünger und der Soldat. Zwei von den Schülern des Rabbi Josua änderten zur Zeit der Glaubensverfolgung ihren Überwurf*, um nicht als Gelehrtenjünger kenntlich zu sein. Da begegnete ihnen ein römischer Krieger und sprach zu ihnen: Seid ihr echte Jünger der Tora, so gebt eure Seele für sie hin; seid ihr es nicht, so ist es unnütz, daß ihr euch für sie töten lasset. Sie erwiderten ihm: Wir sind Jünger der Tora und lassen uns um ihretwillen töten; aber es ist nicht Menschenart, freiwillig in den Tod zu rennen.

Der Römer sagte: Ich will euch Fragen stellen; beantwortet ihr sie mir, so lasse ich euch los; wo aber nicht, vernichte ich euch. Und er fragte sie: Was ist der Sinn des Verses: »Wer seinen Acker baut, wird Brotes genug haben«?* Sie erwiderten ihm: Der Schriftvers meint: Besser, ein Mann pachtet einen einzigen Acker, den er düngt, pflügt und bestellt, als daß er viele Felder in Pacht nehme und sie brach liegen läßt. Der Römer aber sprach: Euer Meister Josua hat nicht also gesagt, sondern anders: Wer da Gott dient bis zum Tage seines Todes, der wird satt werden vom Brote der künftigen Welt.

Vierte Geschichte: Menschen- und Gottesfurcht. Rabbi Samuel bar Susarti zog nach Rom. Dort hatte die Königin gerade ihren Schmuck verloren, und er war der Finder. Die Königin erließ einen Aufruf im Lande: Wer innerhalb von dreißig Tagen den Schmuck zurückerstattet, erhält den und den Lohn; wer ihn aber nach Ablauf von dreißig Tagen zurückgibt, dem wird der Kopf abgeschlagen.

Der Rabbi ließ die dreißig Tage verstreichen und lieferte den Schmuck erst ab, nachdem diese Frist vergangen war. Die Königin fragte ihn: Bist du etwa außer Landes gewesen? Der Rabbi erwiderte: Nein, ich war am Orte. Die

Königin fragte weiter: Aber vielleicht hast du nicht von meinem Befehl gehört? Der Rabbi sagte: Doch, er wurde mir bekannt. Da fragte sie ihn: Warum hast du den Fund nicht innerhalb der festgesetzten Frist zurückgegeben? Er antwortete: Man soll nicht sagen, ich hätte den Schmuck aus Furcht vor dir wiedererstattet, sondern allein aus Furcht vor Gott!
Nunmehr rief die Königin aus: Gelobt sei der Gott Israels!

Im Kampf mit den Ketzern

*Erste Geschichte: Juda ben Nakossa und die Minäer.** Mit Rabbi Juda ben Nakossa pflegten die Minäer Streitgespräche zu führen; sie stellten ihm eine Frage, und er gab Antwort, sie befragten ihn abermals, und er erwiderte ihnen. Schließlich sagte er: Wollt ihr umsonst die Wechselrede führen? Machen wir lieber unter uns aus, daß der, der den andern besiegt, das Recht habe, ihm mit dem Hammer auf den Schädel zu schlagen. Nun geschah es, daß er der Sieger wurde und auf ihre Schädel so lange einschlug, bis da Wunde an Wunde war.
Als er heimkehrte, sprachen seine Schüler zu ihm: Der Himmel hat dich beschirmt, daß du den Sieg davongetragen hast. Er erwiderte: Meint ihr, ich sei mit heiler Haut entkommen? Oh, betet für den Mann, der einmal ein Beutel voller Diamanten war und nunmehr ein Sack ist voller ausgebrannter Kohlen!*

Zweite Geschichte: Raw Scheschet und der Spötter. Raw Scheschet war des Augenlichts beraubt. Als aber alle Welt auszog, den König zu begrüßen, machte sich auch Raw Scheschet auf und schloß sich dem Zuge an. Ein Ketzer begegnete ihm und verspottete ihn mit den Worten: Die

Schöpfkrüge bringt man zum Flusse, aber was sollen die Scherben da? Raw Scheschet erwiderte: Komm nur mit, und du wirst sehen, daß ich mehr wahrnehme als du.
Die erste Kriegerschar schritt vorüber mit großem Getöse, und der Ketzer sprach: Der König kommt. Raw Scheschet aber sagte: Der König ist nicht unter ihnen. Die zweite Kriegerschar schritt mit Getöse vorüber, und wieder sprach der Ketzer: Jetzt ist der König dabei. Raw Scheschet aber sagte: Der König ist nicht dabei. Die dritte Schar zog vorüber, die war ganz lautlos. Da sagte Raw Scheschet: Nun kommt der König! – Der Ketzer fragte: Wieso ward dir das kund? Raw Scheschet antwortete: Die Herrschaft hienieden gleicht der Herrschaft da droben, und da der Herr an Elia vorüberzog, war er nicht im Winde, nicht im Wetter, nicht im Feuer, sondern im sanften Säuseln.*
Als der König sich nahte, begann Raw Scheschet ihn zu segnen. Da spottete der Ketzer wieder: Also einen, den du selbst nicht siehst, segnest du?!*
Was aber war des Ketzers Ende? Wie einige sagen, blendeten ihn seine Genossen; andere aber erzählen, Raw Scheschet habe sein Auge auf ihn gerichtet, und der Frevler wurde zu einem Haufen Gebeine.

Dritte Geschichte: Der Heide Bar-Scheschach. An einem heidnischen Festtage brachte der Meister Raba dem Heiden Bar-Scheschach eine Gabe; aber er sprach dabei: Ich bin gewiß, daß er dieses Geschenk seinem Götzen nicht widmen wird. Der Ungläubige indes, als der Jude sich zu ihm begeben hatte, saß bis zum Halse in einem Bade von Rosenwasser, und nackte Hurenweiber umgaben ihn. Da sprach der Heide zu dem Juden: Habt ihr dergleichen Genuß in eurer zukünftigen Welt? Raba erwiderte: Was uns beschieden ist, ist viel herrlicher als das! Bar-Scheschach fragte: Gibt es Schöneres, als was ich hier habe? Raba gab zur Antwort: Ihr müßt vor dem irdischen Könige Angst haben, wir nicht. Da sprach Bar-Scheschach: Was habe ich denn von meinem König zu fürchten? Wie er noch so redete, erschien ein Bote vom Hofe und sprach zu ihm: Erhebe dich; der König befiehlt dich vor sich.

Als Bar-Scheschach den Raum verließ, rief er Raba zu: Das Auge dessen, der euch euer Glück mißgönnt, möge platzen! Raba sagte darauf: So sei es! Und augenblicks zersprang eines der Augen des Bar-Scheschach.

Vierte Geschichte: Vom Genuß in dieser Welt. Rabbi Dostai aus Kochawa erzählte:

In unserer Stadt wohnte ein Heide, der gab einst allen Einwohnern ein Mahl und lud auch mich mit ihnen ein. Da trug man auf von allem, was der Heilige, gelobt sei er, in den sechs Schöpfungstagen erschaffen hat, und die Tafel entbehrte keinen einzigen Leckerbissen, den es in der Welt gibt; nur Erdnüsse fehlten. Was tat der Heide? Er hob die Tischplatte, die ihre sechs Silbertalente wert war, auf und zerbrach sie.

Ich fragte ihn: Warum hast du das getan? Er erwiderte mir: Ihr pflegt doch zu sagen, diese Welt sei unser und jene Welt sei euer; wenn wir also jetzt keine Nüsse essen, wann werden wir sie denn essen?!

Als ich das hörte – so erzählte Rabbi Dostai –, rief ich über ihn den Schriftvers aus: »Der Gottlosen Bauch hat nimmer genug.«*

Fünfte Geschichte: In der Löwengrube. Der Kaiser sprach zu Rabbi Tanchum: Laßt mein und euer Volk zu einem einzigen Volke werden. Der Meister erwiderte: Wir, die wir Beschnittene sind, vermögen nicht mehr zu werden

wie ihr; wohlan, beschneidet denn ihr euch und werdet wie wir! Da sagte der Kaiser: Du hast eine treffende Antwort gegeben; aber jeder, der den König mit Worten überwindet, wird in die Löwengrube geworfen.
Man warf den Frommen in die Grube, aber die Tiere taten ihm kein Leid. Da war ein Ketzer, der sprach: Daß die Bestien ihn nicht angerührt haben, hat seinen Grund darin, daß sie jetzt nicht hungrig sind. Nun warf man den Ketzer in die Grube, und die wilden Tiere fraßen ihn augenblicks auf.

Die drei Neubekehrten

1. *Die beiden Lehren.* Ein Heide trat einst vor den Lehrer Schammai und stellte an ihn diese Frage: Wie viele Lehren des Gesetzes habt ihr? Der Meister erwiderte: Es sind ihrer zwei: die schriftliche und die mündliche. Da sagte der Ungläubige: Die schriftliche Lehre will ich annehmen, an die mündliche mag ich aber nicht glauben; ich will Jude werden, wenn du mich allein das lehren willst, was geschrieben steht. – Da schrie ihn Schammai an und jagte ihn fort.
Nun kam der Heide vor den Lehrer Hillel, und der nahm ihn auf in den Bund. Er begann den Unterricht und lehrte ihn am ersten Tage das Alphabet in der rechten Ordnung; am zweiten aber suchte er es ihm in umgekehrter Reihenfolge beizubringen. Da sagte der Neubekehrte: Gestern hast du mir doch eine andere Anordnung der Buchstaben gezeigt! Hillel gab zur Antwort: Also hörst du auf das, was mein Mund spricht? So nimm auch die mündliche Lehre von mir an.

2. *Die goldene Regel.* Abermals erzählt man von einem Heiden, der vor den Lehrer Schammai trat und sprach: Ich will Jude werden, wenn du mich die ganze Tora lehren kannst in der Frist, da ich auf einem Beine stehe. Schammai hielt gerade einen Stab in der Hand, eine Elle zum Messen beim Hausbau, und stieß ihn damit fort.
Nun kam der Heide vor den Lehrer Hillel, und der nahm ihn auf in den Bund. Er sprach zu ihm: Was dir zuwider ist, das tu auch deinem Nächsten nicht an – dieses ist die ganze Tora, und alles übrige ist nur Auslegung. So mach dich auf und forsche!

3. *Priester und Laie.* Und wiederum wird von einem Heiden berichtet, der einst an einem Lehrhause vorbeiging und einen Lehrer den Vers ausrufen hörte: »Das sind die Kleider, die sie machen sollen: das Brustschild, den Leibrock, den Purpurrock, den engen Rock, Hut und Gürtel.«* Da stellte er die Frage: Für wen sind diese Kleider bestimmt? und erhielt den Bescheid: Für den Hohenpriester.
Da trat der Heide vor Schammai und sprach zu ihm: Ich will Jude werden, wofern du mich zum Hohenpriester machst. Aber Schammai stieß ihn fort mit dem Meßstab, den er in der Hand hielt.
Danach kam der Heide vor den Lehrer Hillel, und der nahm ihn auf in den Bund. Aber er sprach zu ihm: Setzt man einen Mann ohne weiteres zum König ein? Nein, er muß sich zuerst auf die Kunst der Herrschaft verstehen. Also mache auch du dich auf und erlerne die Ordnungen des Königtumes.
Da begann der Neubekehrte die Schrift zu lesen. Hier stieß er auf den Satz: »Wo ein Fremder sich dazumacht – zum Tempeldienste –, der soll sterben.«* Der Jünger fragte den Lehrer: Für wen gilt dieser Satz? Hillel antwortete: Er gilt selbst von David, der König war über Israel.

Nunmehr stellte der Neubekehrte einen Vergleich an zwischen dem, was nahe, und dem, was ferne ist, und sprach bei sich selbst: Die Kinder Israel werden Kinder Gottes genannt, und der Herr, da er sie liebt, nennt Israel seinen erstgeborenen Sohn*; gleichwohl heißt es bei ihnen und gilt für sie, daß der dem Tempeldienst Fremde, der aus ihrer Mitte herzutritt, des Todes ist . . . Um wieviel mehr gilt dieses von dem Neubekehrten, der da so geringe ist und mit nichts daherkommt als mit seinem Wanderstabe und Mantelsack?!

*

Nach Tagen begab es sich, daß jene drei Bekehrten einander an einem Orte begegneten. Da sprachen sie: Der Jähzorn Schammais drohte uns aus der Welt zu verstoßen; die Sanftmut Hillels hat uns unter die Flügel der Gottheit gebracht.

Wieder von Neubekehrten

Erste Geschichte: Das Alphabet. Ein Perser begab sich zu dem Lehrer Raw und sprach zu ihm: Lehre mich die Tora. Da zeigte ihm der Lehrer das Schriftzeichen Alef und sagte: Sage Alef. Der Perser erwiderte: Wer bürgt mir dafür, daß dieses das Alef ist? Vielleicht sagt ein anderer: Das ist kein Alef. Der Lehrer wies ihm das Bet, und der Perser antwortete mit denselben Worten. Da schrie der Meister ihn an und entließ ihn mit einer Verwünschung.

Nun begab sich der Perser zu dem Lehrer Samuel und sprach zu ihm: Lehre mich die Tora. Der Rabbi zeigte ihm das Alef und sagte: Sprich mir nach: Alef. Der Perser antwortete: Wer sagt mir, daß das wirklich ein Alef ist? Da zog der Rabbi ihn derb bei den Ohren. Der Perser schrie: O mein Ohr, mein Ohr! Samuel sprach: Wer sagt

mir, daß das dein Ohr ist?! Der Perser erwiderte: Das sehen doch alle Leute, daß das mein Ohr ist. Sprach der Rabbi: So wissen auch alle, was ein Alef ist und was ein Bet!
Nun gab der Perser Ruhe und ließ sich belehren.

Zweite Geschichte: Die goldene Regel. Einer trat eines Tages vor Rabbi Akiwa und sprach zu ihm: Rabbi, lehre mich die gesamte Tora auf einen Zug! Akiwa antwortete: Mein Sohn! Hat doch selbst unser Meister Mose, Friede mit ihm, vierzig Tage und vierzig Nächte auf dem Berge verweilt, bis er die Lehre aufgenommen hat – und du verlangst sie auf einen Hieb zu begreifen? Aber dieses ist die Grundregel der Tora: »Was dir verhaßt ist, das tu auch deinem Nächsten nicht an. Willst du, daß keiner das Deine versehre, so versehre auch du niemandes Eigentum. Wünschst du nicht, daß jemand sich an dem Deinigen vergreife, so greife auch du nicht an, was deines Nächsten ist.«*
Der also Belehrte begab sich zu seinen Genossen zurück. Mit diesen gemeinsam ging er an einem Feld vorbei, das Futterpflanzen trug. Der eine Begleiter riß zwei Schößlinge aus, der andere riß ebenfalls zwei Schößlinge aus, er aber nahm nichts hinweg. Danach kamen sie an einem Krautfelde vorbei. Da raubte sich der eine zwei Kohlköpfe, und ebenso der andere, er aber nahm wieder nichts. Sie fragten ihn: Warum tust du nicht wie wir? Er gab zur Antwort: So hat mich Akiwa belehrt: Was dir selbst nicht recht wäre, das füge auch deinem Nächsten nicht zu.

Dritte Geschichte: Glaube und Aberglaube. Rabbi Huna erzählt die folgende Geschichte:
Es war einmal ein Neubekehrter, der in den Sternen zu lesen verstand. Eines Tages mußte er eine Reise unter-

nehmen. Nach den Sternen war der Tag ungünstig, so daß er sein Vorhaben erst aufschieben wollte; dann aber bedachte er es noch einmal und sprach bei sich selbst: Ich habe mich doch darum zu diesem heiligen Volke bekehrt, damit ich mich von allem Aberglauben trenne; wohlan, ich unternehme den Gang und vertraue auf den Herrn. Auf seiner Fahrt kam er an einem gefährlichen Orte vorbei, wo wilde Bestien hausten; da warf er ihnen seinen Esel vor, sie fraßen das Tier, und der Mann selbst entrann. Wieso kam er überhaupt in Bedrängnis? Weil er Zweifel gehegt hatte, ob er ausziehen dürfe. Und warum wurde er gerettet? Weil er am Ende seinem Schöpfer vertraute.

*Rabbi Meir antwortet den Kutäern**

Erste Befragung: Wunder des Schöpfers und der Schöpfung. Ein Kutäer fragte den Rabbi Meir: Wie ist es möglich, daß Gott die ›oberen Wasser‹* schwebend erhält und sie nicht herabfließen? Der Meister erwiderte: Hole mir einen Trichter. Der Zweifler brachte das Verlangte, und der Rabbi verschloß die obere Öffnung zuerst mit einer goldenen Platte, hernach mit einer silbernen, aber das Wasser hielt sich im Trichter nicht; endlich legte er seinen Finger auf den Mund der Röhre, da blieb das Wasser im Trichter stehen. Und der Meister sprach: Siehe, wo ich, der ich Fleisch und Blut bin, mit meinem Finger das Wasser hindern kann abzufließen, um wieviel mehr vermag das mit seinem Finger Gott, der Heilige, gelobt sei er! Derselbe fragte weiter: Wie ist es möglich, daß Er, von dem da geschrieben steht: »Der da Himmel und Erde füllt«*, mit Mose aus dem engen Raum zwischen zwei Tragestangen der Bundeslade gesprochen habe?!* Der Rabbi sprach: Hole mir große Spiegel. Der brachte ihm große Spiegel. Der Rabbi sprach: Beschaue dein Abbild darin. Und der Kutäer sah es groß. Der Rabbi sprach weiter: Hole mir kleine Spiegel. Der brachte ihm kleine Spiegel. Der Rabbi sprach: Beschaue dein Abbild darin. Und der Kutäer sah es klein. Nunmehr sprach der Meister: Wenn also du, der du nur Fleisch und Blut bist, deine Gestalt nach Verlangen kannst groß oder klein erscheinen lassen: um wieviel mehr der Heilige, gelobt sei er! Ist es sein Wille, so füllt er Himmel und Erde aus; ist es sein Wille, so offenbart er sich zwischen den zwei Tragebäumen der Bundeslade.

Noch fragte der Kutäer: Ist es möglich, daß »Gottes Brünnlein Wassers die Fülle habe«*, noch von den sechs Schöpfungstagen her, und kein Tropfe verlorengegangen sei? Wie wäre das wunderbar! Rabbi Meir sprach: Begib dich ins Bad und bade, doch prüfe dein Gewicht, bevor du eintrittst und nachdem du es verläßt. Der Kutäer tat so, wog sich beide Male und hatte nicht abgenommen. Der Meister fragte: Aber all die Schweißtropfen, die du vergossen hast, sind doch aus dir herausgetreten! Oder nicht? Der Kutäer erwiderte: So ist es. Da sagte der Rabbi: Wenn du, als ein sterblicher Mensch, deinen Quell unverändert erhalten hast, also daß ihm nichts verlorengeht – um wieviel mehr gilt dies erst vom Quell Gottes, des Heiligen, gelobt sei er.

Zweite Befragung: Um die Wahrhaftigkeit Jakobs. Ein Kutäer fragte den Rabbi Meir: Behauptet ihr nicht, Jakob sei ein aufrichtiger Mann gewesen, wie doch von ihm geschrieben steht: »Du wirst dem Jakob die Wahrheit verleihen.«* Der Rabbi erwiderte: So ist es. Der Kutäer fragte weiter: Und hat nicht derselbe Jakob Gott angelobt: »Ich will dir den Zehnten geben von allem, was du mir gibst«*?! Rabbi Meir erwiderte: Jawohl. Da sagte der Kutäer: Und doch hat Jakob von den zwölf Stäm-

men nur einen dem Herrn geweiht, den Levi, als den Zehnten von zehn Söhnen; warum hat er nicht auch Gott den Zehnten gegeben von den zwei übrigen Stämmen?
Darauf sagte der Meister: Du denkst, es seien zwölf Stämme? Es sind ihrer vierzehn, wie es auch heißt: »Ephraim und Manasse sollen mir sein wie Ruben und Simeon.«* Der Kutäer sprach: Du tust ja noch mehr Wasser in den Teig, also tu auch mehr Mehl hinzu! Der Rabbi sprach: Räumst du ein, daß die Söhne Jakobs von vier Müttern waren? Der Kutäer erwiderte: Jawohl. Da sprach der Meister: So mußt du von den vierzehn vier abziehen, als erstgeborene Söhne ihrer vier Mütter; denn der Erstgeborene ist an sich Gott geweiht, und Heiliges löst Heiliges nicht aus!
Nunmehr sprach der Kutäer: Heil dir und Heil deinem Volke, das in seiner Mitte einen solchen hat wie du!

Dritte Befragung: Um die Auferstehung. Ein Kutäer fragte den Rabbi Meir: Werden die Toten einst wieder leben? Der Rabbi erwiderte: Jawohl. Der Kutäer fragte weiter: Wird das im verborgenen geschehen oder offenbar? Der Rabbi antwortete: Offenbar. Da fragte der Kutäer: Wie willst du mir das beweisen? Rabbi Meir erwiderte: Ich will dir eine Antwort geben, die weder der schriftlichen noch der mündlichen Lehre entnommen ist, sondern dem alltäglichen Leben. Und er erzählte: In unserer Stadt gibt es einen Treuhänder, und alle vertrauen ihm Pfänder an. Man pflegt sie ihm insgeheim zu übergeben, und er erstattet sie vor aller Augen wieder; aber, wenn einer kommt, der ihm das Pfand öffentlich anvertraut, meinst du, er werde es gerade diesem insgeheim zurückgeben oder nicht auch vor aller Augen?! Der Kutäer sagte darauf: Freilich wird er es ihm vor allen Menschen zurückerstatten.

Nunmehr sprach Rabbi Meir: Hören deine Ohren nicht, was dein Mund spricht? Bei den Menschen übergibt der Mann dem Weibe im geheimen ein Pfand, den weißen Samentropfen, und Gott gibt ihm dafür vor aller Augen ein ganzes, schönes, untadliges Geschöpf zurück; der Tote aber, der öffentlich zu Grabe getragen wird, der sollte nicht erst recht, wenn er wiederkehrt, vor aller Augen wiederkehren? O nein! Wie er unter lauter Wehklage beigesetzt wird, wird er unter lauten Freudenstimmen auferstehen!

Im Schriftvers beantwortet

Erstes Beispiel: Segen und Fluch. Ein Heide begegnete einst dem Rabbi Ismael und segnete ihn. Der Rabbi erwiderte ihm: Die Antwort auf dein Wort ist bereits gesprochen. Ein anderes Mal begegnete ihm ein anderer Heide und fluchte ihm. Der Rabbi erwiderte: Die Antwort ist schon gesprochen.

Die Schüler fragten ihren Meister: Wieso hast du, was du dem einen gesagt hast, auch dem anderen erwidert? Der Rabbi sprach: Sagt nicht so die Schrift: »Gesegnet sei, wer dich segnet; verflucht sei, wer dir flucht.«*

Zweites Beispiel: Dorn und Hecke. Ein Ketzer spottete einst des Rabbi Josua ben Chananja und sagte: Nun, du Stachelhäuter! Steht von deinesgleichen nicht geschrieben: »Der Beste unter ihnen ist wie ein Stacheldorn!«* Der Rabbi erwiderte: Narr! Steige hinab zum Ende des Verses! Da steht geschrieben: »Der Redlichste unter ihnen ist der schützenden Hecke gleich.«

Was bedeuten da aber die Worte: »Der Beste ist wie ein Dorn?« — Wie die Dornen eine Schutzwehr bilden, wo eine Bresche ist, so beschirmen uns unsere Besten.

Von Gebet und Segen

Gebet und langes Leben

Erstes Beispiel: Greise in Babel. Man erzählte dem Rabbi Jochanan: In Babel gibt es Menschen, die ein hohes Alter erreicht haben. Der Rabbi staunte und sprach: Es heißt aber doch in der Schrift: »daß du und deine Kinder langes Leben haben in dem Lande, das der Herr deinen Vätern zugeschworen hat ...«* Vom Heiligen Lande also gilt dies, aber doch nicht vom Auslande?*

Als man ihm aber sagte: Die Menschen dort gehen frühmorgens ins Bethaus und verlassen es erst am späten Abend – sagte er: Das ist es, was ihnen diesen Segen verschafft.

Zweites Beispiel: Der Abkömmling des Hauses Eli. Rabbi Chija bar Abba stand da und betete; nach ihm trat Rabbi Kahana ein, stellte sich neben ihn und betete gleichfalls. Als nun Rabbi Chija sein Gebet beendet hatte, setzte er sich hin und wartete, um nicht an dem betenden Rabbi Kahana vorüberzugehen (was verboten ist); dieser aber dehnte sein Gebet sehr lange aus.

Als auch Rabbi Kahana mit Beten fertig war, fragte ihn Rabbi Chija: Ist das bei euch Brauch, daß ihr einem, der höher steht als ihr, Ungelegenheiten bereitet? Rabbi Kahana erwiderte: Ich stamme vom Hause Eli ab, von dem da geschrieben steht: »Seine Missetat soll nicht versöhnt werden: weder mit Schlachtopfer noch mit Speiseopfer, in alle Ewigkeit.«* Vielleicht also, da sie mit Opfer nicht gesühnt werden kann, vermag sie durch Gebet gesühnt zu werden!

Da betete Rabbi Chija für Rabbi Kahana, und es wurde diesem zuteil, so alt zu werden, bis seine Nägel rosig wurden wie die eines neugeborenen Kindes.

Zweierlei Gebet

Man erzählt von einem Jünger, der in Anwesenheit Rabbi Eliesers vor das Betpult trat und sein Gebet über Gebühr in die Länge zog. Da sprachen die Schüler zu dem Rabbi: Meister, was ist das doch für ein langweiliger Beter! Der Rabbi erwiderte: Braucht er etwa längere Zeit zum Gebete als unser Meister Mose, welcher vor dem Herrn flehte »vierzig Tage und vierzig Nächte«*?!
Ein anderes Mal ereignete es sich, daß ein Jünger, der in Anwesenheit Rabbi Eliesers vor das Betpult trat, sein Gebet unter das übliche Maß verkürzte. Da sprachen die Schüler zu dem Rabbi: Meister, was ist das für ein eiliger Beter! Der Rabbi erwiderte: Braucht er etwa weniger Zeit zum Gebete als unser Meister Mose, welcher, da seine Schwester Mirjam aussätzig geworden war, zu Gott flehte mit dem einzigen Satz: »Ach Gott, heile sie!«*

Der zurechtgewiesene Beter

Vor Rabbi Chanina betete einmal einer in folgender Weise: O Gott, du Großer, Gewaltiger, Schrecklicher; du Mächtiger, Kühner, Furchterweckender, Starker; du Unbeugsamer, Verläßlicher, Anbetungswürdiger . . .!
Der Rabbi wartete, bis der Mann sein Gebet beendet hatte, und sprach hernach zu ihm: Hast du nun deinen Schöpfer genugsam gepriesen? Was soll mir das alles! Selbst die drei Worte, die wir im Gebet hersagen – der Große, der Gewaltige, der Schreckliche –, hätte nicht Mose, unser Meister, in der Tora sie niedergeschrieben*,

hätten nicht die Männer der Großen Synode* sie eingegliedert ins Gebet: wir hätten sie nicht aussprechen dürfen! Du aber gehst noch weiter und sprichst alles aus! Laß mich dir ein Gleichnis sagen: Da ist ein irdischer König, der viele, viele Tausende von Golddinaren zu eigen hat, und man preist ihn um des Silbers willen, das er besitzt – das ist doch eher eine Verunehrung.

Gebet und Vorherbestimmung

Der Meister Raba hörte einmal einen Mann das folgende Bittgebet sprechen: Möge der Barmherzige mir jenes Mädchen zur Gattin bescheren! Da sagte der Meister zu dem Manne: Sprich nicht ein solches Gebet; ist dir das Mädchen bestimmt, so wird sie von selbst dein werden; ist sie dir aber nicht bestimmt, so könnte es kommen, daß du alles Beten für vergeblich hältst.
Ein anderes Mal hörte der Meister, wie derselbe Mann betete: Möge Gott es fügen, daß ich sterbe, bevor jenes Mädchen sich vermählt, oder daß sie sterbe, bevor sie mit einem anderen in die Ehe treten kann. Da sprach Raba zu ihm: Habe ich dir nicht schon einmal gesagt, du sollest keinerlei Bittgebet dieser Art sprechen?

Gebet und Gruß

Ein Frommer verrichtete einst unterwegs sein Gebet. Da kam ein Befehlshaber vorbei und entbot ihm den Friedensgruß, er aber erwiderte den Gruß nicht. Der hohe Amtmann wartete, bis der Jude mit Beten fertig war, dann sprach er zu ihm: Du Schandbube! Als ich dich grüßte, warum hast du da nicht zurückgegrüßt? Wenn ich jetzt dein Haupt mit dem Schwerte von deinem Leibe trenne – wer dürfte dein Blut von mir fordern?

Der Fromme erwiderte: Gedulde dich noch, bis ich Worte gesprochen habe, die dich besänftigen. Setze den Fall, du stündest vor dem König, und indessen käme einer deiner Freunde vorbei und grüßte dich. Würdest du den Gruß beantworten? Der Römer sagte: Nein, das würde ich nicht tun. – Aber, wenn du's doch tätest, was würde dir widerfahren? – Man würde mir mit dem Schwerte das Haupt abschlagen.
Nunmehr sprach der Jude: Schließe jetzt vom Minderwichtigen auf das Gewichtige. Du würdest dich so verhalten, wenn du vor einem irdischen König stündest, der heute auf Erden weilt und morgen im Grabe liegt; um wieviel mehr also ich, der ich stehe vor dem, der aller Großkönige König ist, vor dem Heiligen, gelobt sei er!
Sogleich war der Römer versöhnt, und der Fromme konnte in Frieden heimkehren.

Regengebete

Erste Geschichte: Der irdische und der himmlische Vater. Chanan, den man, seiner Bescheidenheit wegen, *ha-Nechba* nannte, das ist: der sich verbirgt, war ein Tochtersohn des Regenbeschwörers Choni.* Bedurfte das Land des Regens, so pflegten die Rabbinen die kleinen Schulkinder zu ihm zu schicken; die zupften ihn an seinem Mantelsaum und riefen: Vater, Vater, gib uns Regen!
Da betete Chanan in folgender Weise: Herr der Welt! Spende Regen um dieser Kleinen willen, die da nicht unterscheiden können zwischen dem Vater, der Regen gibt, und einem Vater, der keinen Regen geben kann!

Zweite Geschichte: Das Regengebet des Chama bar Chanina. Rabbi Chama bar Chanina ließ einst ein Fasten ausrufen; aber der Regen wollte sich nicht einstellen. Man

sagte ihm: Josua ben Levi hat, wenn er ein Fasten anbefahl, immer Regen bewirkt! Rabbi Chama erwiderte: Das war auch der Sohn Levis, und ich bin nur ich. Die Männer sprachen: So wollen wir gemeinsam unseren Sinn darauf richten; vielleicht, daß, wenn die ganze Gemeinde herzbrechend betet, Regen kommt! Also flehten sie um Erbarmen, aber es kam kein Regen.
Der Rabbi fragte sie: Seid ihr alle einhellig des Willens, daß uns zuliebe Regen herabströme? Sie erwiderten: Ja. Da rief er: Himmel, Himmel, bedecke dein Angesicht! Aber der Himmel tat nicht dergleichen. Nunmehr rief der Rabbi: Wie dreist ist das Antlitz des Himmels!
Da überzog sich der Himmel mit Wolken, und Regen kam.

Dritte Geschichte: Ehemals und heute. Rabbi Juda Nessia hatte ein Fasten angeordnet und Gott um Erbarmen angefleht; aber es kam kein Regen. Da rief er aus: Wie groß ist der Abstand zwischen einem Samuel aus Rama* und einem Juda ben Gamliel*! Wehe dem Geschlecht, das so geschlagen ist!
Sein Geist wurde zage — und da erhob sich ein Regen.

Vom wunderwirkenden Gebete Chanina ben Dossas

Erstes Beispiel. Der Sohn des Rabban Gamliel erkrankte, und da sandte der Vater zwei Gelehrtenjünger zu Rabbi Chanina ben Dossa mit der Bitte, der Rabbi möge um Erbarmen für den Kranken bitten. Als der Rabbi die Boten kommen sah, stieg er auf den Söller und verrichtete das Bittgebet. Dann stieg er herunter und sprach zu den beiden: Kehrt heim, das Fieber hat den Sohn Gamliels verlassen. Sie fragten ihn: Bist du denn ein Prophet? Er erwiderte ihnen: »Ich bin kein Prophet und keines Propheten Sohn«*, aber so ist es bei mir seit eh und je: Sagt

mein Mund das Gebet ohne Stocken her, so wird es erhört; verwirre ich mich aber, so wird es nicht angenommen.
Die Boten setzten sich nieder und schrieben die genaue Stunde auf. Als sie vor Rabban Gamliel traten, sprach er zu ihnen: Beim Dienst! Ihr habt die Zeit weder zu früh noch zu spät angegeben; es war tatsächlich so, daß zu jener Stunde das Fieber wich und der Kranke um Wasser bat.

Zweites Beispiel. Wiederum erzählt man von Rabbi Chanina ben Dossa, daß er sich zu Rabban Jochanan ben Sakkai begab, um bei diesem der Lehre obzuliegen. Der Sohn Ben Sakkais aber wurde krank, und da bat der Rabbi den Jünger: Mein Schüler Chanina, bitte du für meinen Sohn um Erbarmen, daß er am Leben bleibe. Da preßte Chanina sein Haupt zwischen die Knie, betete um Erbarmen für den Kranken, und der ward gerettet.
Nunmehr sprach Rabban Jochanan ben Sakkai: Hätte Ben Sakkai seinen Kopf den ganzen Tag zwischen die Knie gedrückt gehalten – es wäre im Himmel nicht vermerkt worden. Da fragte ihn sein Weib: Ist denn Chanina größer als du? Ben Sakkai erwiderte: Das nicht, doch er ist wie ein Bedienender vor dem König, indes ich einem Obersten gleich gerechnet werde.*

Die zwei Regenfasten Samuels des Kleinen

Samuel der Kleine verfügte einst, damit Regen käme, ein Fasten der gesamten Gemeinde; und schon, bevor noch die Sonne aufgegangen war, fiel Regen vom Himmel. Das Volk wollte daraufhin der Meinung Ausdruck geben, das Verdienst der Gemeinde habe den Segen bewirkt; aber Samuel der Kleine sagte ihnen: Laßt mich euch ein

Gleichnis beibringen, das für diesen Fall zutrifft: Ein Knecht mahnt seinen Herrn um Lohn, und der befiehlt seinen Dienern: Befriedigt ihn auf der Stelle, damit ich nur nicht seine Stimme ein zweites Mal höre!
Ein anderes Mal, da Samuel der Kleine wieder ein allgemeines Fasten verfügt hatte, kam der Regen erst nach Sonnenuntergang. Abermals glaubte das Volk, dies zum Ruhme der Gemeinde auslegen zu müssen, aber Samuel der Kleine erwiderte ihnen: Keineswegs ist dieses Regenwunder ein Verdienst der Gemeinschaft, und ich will euch im Gleichnis dartun, wie es dieses Mal steht: Ein Arbeiter fordert von seinem Herrn den Lohn, und der weist seine Diener an: Ihr sollt ihn so lange warten lassen, bis er verschmachtet und vor Not vergeht.
Wann also beweist für einen Mann wie Samuel den Kleinen die Erhörung beim Regenflehen das Verdienst der Gemeinde? Wenn, sobald die Gemeinde gebetet hat: »der da den Wind wehen läßt«*, ein Windstoß sich erhebt, und in dem Augenblick, da gebetet wird: »der da den Regen herabsendet«*, das Himmelswasser zu strömen beginnt.

Des Meisters Größe

Als eine feindliche Heeresmacht in die Stadt eindrang, in der Levi ben Sissai wirkte, nahm der Meister eine Tora-Rolle in die Hand, stieg auf die Spitze des Daches und rief vor Gott: Herr der Welten! Wenn ich auch nur ein einziges Wort vernachlässigt haben sollte von dem, was in diesem Buche der Tora geschrieben steht, so mögen die Feinde über uns kommen; wenn aber nicht, so mögen sie abziehen! – Kaum hatte er das gesagt, als die Feinde verschwanden; man spürte ihnen nach und fand sie nicht mehr.

Bei einer ähnlichen Gelegenheit verfuhr der Jünger Levis genauso, wie einst Levi verfahren war; die Feinde zogen auch wirklich ab, doch ihm verdorrte die Hand. Er war nicht so gerecht gewesen wie sein Meister, und weil er den Herrn genötigt hatte, ein Wunder zu wirken, wurde er vom Himmel bestraft.

Der Jünger des Jüngers machte es, als Feinde seine Stadt überzogen, genauso, wie der Meister getan hatte; und seine Hand verdorrte auch nicht, aber es gelang ihm auch nicht, den Feind zu bannen. Von einem solchen gilt: »Ein Narr bleibt ungestraft«*, oder auch: »Ein Leichnam spürt nicht das Messer des Arztes«*!

Von der Schuld derer zu Sepphoris

Einst brach in Sepphoris eine Seuche aus; aber die Straße, in der Rabbi Chanina wohnte, blieb verschont. Da sagten die Sepphorenser: Was sitzt dieser Alte so untätig da, weil er und seine Nachbarn Frieden haben, während es der Stadt so übel ergeht! Aber der Rabbi begab sich mitten unter sie und sprach: Zu Mosis Zeiten gab es einen einzigen Mann, mit Namen Simri, und um seiner Sünde willen wurden vierundzwanzigtausend in Israel hinweggerafft, und Mose vermochte es nicht abzuwenden*; nun aber, wie viele Simris leben in dieser Zeit! Und ihr wollt mich noch anklagen?!

Ein anderes Mal, als das Land des Regens bedurfte und man ein Fasten deswegen ausrief, da fiel zu Sepphoris kein Regen vom Himmel, während Rabbi Josua ben Levi im Süden* ein Fasten angeordnet und Regen herabgefleht hatte. Da sprachen die Sepphorenser: Rabbi Josua ben Levi verschafft denen im Süden Regen; Rabbi Chanina verschließt denen zu Sepphoris den Regen!

Als wieder einmal ein Fasten des Regens wegen ausgerufen werden sollte, ließ Rabbi Chanina den Rabbi Josua nach Sepphoris kommen und sprach zu ihm: Mein Herr, laß uns gemeinsam fasten und das Regengebet sprechen. Beide verrichteten die Handlung gemeinsam, aber kein Regen kam. Da sprach Rabbi Chanina zu den Leuten von Sepphoris: Nicht Rabbi Josua öffnet die Regenkammern denen im Süden, noch schließt Rabbi Chanina sie vor denen zu Sepphoris zu; sondern die im Süden sind weichen Herzens, und wenn sie die Worte der Tora hören, werden sie zerknirscht – während die zu Sepphoris ein hartes Herz haben: sie vernehmen die Worte der Tora und unterwerfen sich nicht!

Als Rabbi Chanina das Bethaus verließ und den wolkenlosen Himmel sah, rief er verwundert aus: So ist der Himmel trotz unseres Fastens und Betens so geblieben, wie er war! – Kaum hatte er das aber gesagt, als der Regen herniederströmte.

Da gelobte Rabbi Chanina bei sich selbst, nie mehr dergleichen zu tun. Er sprach: Wer bin ich, daß ich dem Gläubiger sagen dürfte: Mahne deine Schuld nicht ein!*

Vorrang der Bitten

Erste Geschichte: Hunger und Pest. In den Tagen des Meisters Samuel bar Nachmani brachen gleichzeitig eine Hungersnot und eine Seuche aus. Da sprachen die Leute: Was sollen wir tun? Ein Bittgebet gegen zwei Übel zugleich ist nicht verstattet; laßt uns also Gott um ein Ende der Pest bitten, und den Hunger wollen wir weiter leiden.

Aber Rabbi Samuel bar Nachmani gab den folgenden Rat: Lasset uns Gott bitten, daß die Hungersnot ende; denn schenkt der Barmherzige Sättigung, so gewährt er sie solchen, die leben und gesund sind!

Zweite Geschichte: Sünder und Sünde. In der Nachbarschaft des Rabbi Meir wohnten gottlose Leute, und die verursachten ihm viel Pein. Da bat Rabbi Meir Gott, er möchte sie sterben lassen.
Allein Beruria, sein Weib, sprach zu ihm: Worauf gründest du dein Recht? Weil da geschrieben steht: »Der Sünden müsse ein Ende werden auf Erden ...«*?! Heißt es etwa: »der Sünder«, und nicht vielmehr: »der Sünden«*? Betrachte auch das Ende des Verses: »Und die Gottlosen werden nicht mehr sein«; will sagen: Wenn die Sünden ein Ende nehmen, hören auch die Gottlosen auf zu sein, was sie sind. Bete vielmehr für sie, daß sie Umkehr halten von ihrem bösen Wege!
Also betete Rabbi Meir vor dem Herrn um ihretwillen um Erbarmen, und sie taten Buße.

Elias Vergehen

Der Prophet Elia* pflegte sich jeden Tag im Lehrhause Rabbis, des Fürsten, einzufinden. Eines Tages, es war Neumondstag, säumte er zu kommen und erschien erst später. Da fragte ihn Rabbi: Warum hat deine Herrlichkeit heute gezögert zu kommen? Elia erwiderte: Ich hatte des Morgens Abraham von seinem Lager aufzurichten*, ihm Wasser zur Handwaschung zu reichen und ihn nach dem Gebete aufs neue zu betten; dann mußte ich Isaak denselben Dienst erweisen und danach Jakob. Der Meister fragte: Warum ließest du nicht alle drei zur gleichen Zeit sich erheben? Elia antwortete: Wenn die drei Erzväter zur selben Stunde sich zum Gebet hinstellten, sie würden den Messias bringen vor der Zeit. Darum ist es mir nicht verstattet, sie auf einmal zu wecken.
Weiter fragte Rabbi: Gibt es auch auf Erden Menschen, deren Gebet so erhört wird wie das der Väter? Elia sagte:

Das sind Rabbi Chija und seine Söhne. Da ließ Rabbi ein Fasten ausrufen, um Regen herabzuflehen, und Rabbi Chija mit seinen Söhnen zum Gebet niedertreten vor das Vorbeterpult. Wie er sie nun die Worte ausrufen ließ: »Der den Wind wehen läßt«*, erhob sich ein Wind; bei den Worten: »Der den Regen herabströmen läßt«, strömte Regen hernieder, und an der Gebetsstelle: »Der da die Toten wieder leben läßt«, da erbebte die Erde ...
Da sprachen sie im Himmel: Wer hat unser Geheimnis auf Erden kundgetan? Man antwortete: Das ist Elia gewesen. Da ließen sie dem Propheten sechzig Streiche mit einer Feuerrute verabfolgen. Hernach nahm Elia die Gestalt eines Bären an, der ganz aus Feuer war, erschien als solcher im Bethaus, und sie mußten ihr Gebet unterbrechen.

Gesetz und Gebet

Erste Geschichte: Stehen und Lehnen. Die Schule Schammais lehrt: Des Abends rezitiere jedermann das ›Höre Israel‹* im Liegen, des Morgens aber aufrecht stehend, denn so steht geschrieben: »Wenn du dich niederlegst und wenn du aufstehst.«* Die Schule Hillels lehrt hingegen: Das ›Höre Israel‹ spreche jeder, wie er gerade steht oder geht, denn es heißt: »Und wenn du auf dem Wege gehst.«*
Einst speisten Rabbi Ismael und Rabbi Eleasar ben Asarja an einem Platz, und zwar befand sich Rabbi Ismael in liegender Stellung, während Rabbi Eleasar stand. Da kam die Stunde heran, wo das ›Höre Israel‹ gesprochen werden sollte. In diesem Augenblick legte sich Rabbi Eleasar nieder, und Rabbi Ismael erhob sich. Da sprach Rabbi Eleasar zu Rabbi Ismael: Mein Bruder Ismael! Ich will dir durch ein Gleichnis sagen, wie du mir vorkommst. Du gleichst dem Manne, dem man sagt: Was hast du für einen

schönen, langen Bart! und er erwidert: Der ist für die Schere bestimmt . . . Genauso bist du auch: die ganze Zeit über, da ich stand, hast du angelehnt gesessen; nun aber, wo ich mich zum Gebet niederlegen will, erhebst du dich vom Lager! Rabbi Ismael erwiderte: Ich habe getan, wie die Schule Hillels lehrt, und du, wie die Schule Schammais lehrt; aber ich habe noch einen besonderen Grund: wir konnten von den Jüngern gesehen werden, und hätten sie uns beide liegend gefunden, sie hätten die Satzung für immer so festgelegt.

*Zweite Geschichte: Um den rechten Segensspruch.**
Vor Bar Kappara saßen einst zwei Schüler. Man trug ein Gericht von Kohl, Pflaumen und Hühnerfleisch auf. Bar Kappara erteilte dem einen der beiden Schüler die Erlaubnis, den Segen zu sprechen, und der erhob sich rasch und sprach den Segen über das Fleisch. Da spottete sein Genosse über ihn.
Der, der den Segen gesprochen hatte, war wohl der Ansicht, über das gekochte Gemüse wie über das Geflügel sei gleicherweise der Segenspruch: »Auf dessen Geheiß alles entstanden ist« – herzusagen, und so müsse man von den beiden Speisen über die den Segen sprechen, die die beliebtere sei; der Spottende aber meinte, das gekochte Gemüse erfordere einen anderen Segenspruch, nämlich den: »Der da die Frucht der Erde erschaffen hat«, und diesem Segen gebühre der Vorrang. Vielleicht aber war der Spottende in bezug auf den Wortlaut des Segens derselben Meinung wie sein Gefährte, nur glaubte er, der Kohl verdiene den Vorzug, weil es sich dabei um eine nährende Speise handle.
Der Meister Bar Kappara aber geriet in Zorn. Er sprach, zu dem Spötter gewandt: Ich zürne nicht über den, der den Segen gesprochen, ich zürne dem, der gespottet hat.

Wenn dein Genosse wie einer ist, der noch nie den Geschmack des Fleisches gekostet hat — was hast du ihn zu verhöhnen? Hernach aber wandte er sich an den anderen und sprach: Ich zürne nicht über den, der gespottet, ich zürne über den, der den Segen gesprochen hat: habt ihr selbst keine Weisheit, so habt ihr doch vor euch einen erfahrenen Mann, den ihr fragen könnt.
Man erzählt, die beiden Schüler hätten das Ende jenes Jahres nicht mehr erlebt.

Schlichter Segen, tiefer Segen

Als Rabbi Simeon ben Chalafta von dem Meister Raw Abschied genommen hatte, sprach dieser zu seinem Sohne: Bitte Rabbi Simeon, daß er dich segne. Der begab sich zu dem Lehrer, bat ihn um seinen Segen, und der Lehrer sprach: Es sei der Wille Gottes, daß du niemanden beschämst und von niemandem beschämt werdest!
Der Sohn kehrte zu seinem Vater zurück. Dieser fragte ihn: Was hat dir der Weise gesagt? Der Jüngling erwiderte: Er hat mir nur ganz gewöhnliche Dinge gesagt. Aber Raw sprach zu seinem Sohne: Er hat dich mit demselben Segen gesegnet, mit dem der Heilige, gelobt sei er, Israel gesegnet hat, wie es auch heißt: »Mein Volk soll in Ewigkeit nicht zuschanden werden.«*

Der Segen des Blinden

Rabbi Juda der Fürst und Rabbi Chija fuhren gemeinsam über Land. Sie kamen an einen Ort und fragten: Wohnt hier, in dieser Stadt, ein Meister der Lehre? Wir wollen ihn aufsuchen und ihm Ehre erweisen. Die Leute antworteten: Es lebt ein Schriftkundiger unter uns, aber er ist blind. — Da sprach Chija zum Patriarchen: Ich will

hingehen und ihn begrüßen; du aber bleibe, denn deine Würde könnte Schaden nehmen. Aber Juda ha-Nassi verließ seinen Begleiter nicht, und so machten sie den Weg zusammen.
Als sie hernach von dem Blinden Abschied nahmen, sprach dieser zu ihnen: Ihr habt einen geehrt, den die anderen sehen, der aber die andern nicht sieht; möge euch zuteil werden, Gäste zu sein bei dem, der da sieht und nicht gesehen wird!
Da sprach der Patriarch zu Rabbi Chija: Und um einen solchen Segen hättest du mich beinahe gebracht!

Im Allerheiligsten

Ismael ben Elisa erzählt:
Einst trat ich in das Allerheiligste ein, um mit Spezereien zu räuchern. Da sah ich Achteriel-Jah*, den Herrn der himmlischen Scharen selbst, der auf einem hohen und erhabenen Throne saß. Er sprach zu mir: Ismael, mein Sohn, segne mich.
Ich antwortete: Es sei dein Wille, daß dein Erbarmen über deinen Zorn siege, daß deine Güte deine Strenge überwinde, daß du mit deinen Kindern in Gnaden umgehest und mit ihnen nicht nach dem Gesetz der Unerbittlichkeit verfahrest.
Und er nickte mir mit dem Haupte Gewährung zu.

Sabbatgeschichten

Zu Ehren des Sabbats

Erste Geschichte: Vom Einweihungssegen. Den Rabbi Sakkai fragten seine Schüler: Kraft welchen Verdienstes bist du so alt geworden? Er antwortete ihnen: Nie habe ich den Ort verunreinigt, woselbst ich mein Gebet verrichtete; niemals meinen Nächsten mit einem Spitznamen belegt; niemals den Einweihungssegen* am Sabbat vernachlässigt. Ich hatte eine greise Mutter, die verkaufte eines Tages ihre Haube, um mir dafür Wein für den Weihesegen kaufen zu können. – Man erzählt: Als Rabbi Sakkais Mutter starb, hinterließ sie ihm dreihundert Fässer Wein, und als Rabbi Sakkai starb, hinterließ er seinen Kindern dreitausend Fässer Wein.

Raw Huna erschien einmal, mit Binsen umgürtet, vor seinem Lehrer Raw. Dieser fragte ihn: Was soll das bedeuten? Raw Huna erwiderte: Ich hatte keinen Wein für den Weihesegen, da habe ich meinen Gürtel verpfändet und mir für das Geld Wein besorgt. Darauf sagte Raw: Es sei der Wille des Herrn, daß du dich einmal ganz und gar in kostbare Seide sollst hüllen können!

Als nun Rabba, Raw Hunas Sohn, Hochzeit hielt, legte sich der Rabbi, der klein von Wuchs war, auf sein Lager, und seine Tochter wie seine Sohnesfrau hatten nicht acht auf ihn und taten beim Ablegen ihre seidenen Gewänder auf ihn, so daß er buchstäblich ganz und gar in kostbare Seide gehüllt war ... Raw, der ihn damals gesegnet hatte, erfuhr davon, und es ärgerte ihn; so ließ er ihm sagen: Warum hast du, als ich dir damals den Segen wünschte, nicht auf der Stelle ausgerufen: Ein Gleiches werde auch dem Meister zuteil!?

Zweite Geschichte: Alltags- und Festtagstracht. Jedermann sollte zwei Obergewänder haben, eines für den Werktag, eines für den Sabbat. Als Rabbi Simlai diese Lehre vortrug, weinten seine Zuhörer. Sie sprachen: Meister, derselbe Überwurf, den wir werktags tragen, muß unser Überwurf sein auch am Sabbat. Da sagte der Lehrer: So tragt ihn zumindest am Sabbat anders als in der Woche.

So hat auch Raw Huna gelehrt: Wer ein zweites Gewand hat, wechsle am Sabbat die Kleider; wer nur eines hat, trage es werktags umgeschlagen und lasse es am Sabbat herabwallen.

Die Sabbatmahlzeit

Erste Geschichte: Das Sabbatkraut. Der römische Kaiser fragte den Rabbi Josua ben Chananja: Warum hat die Sabbatspeise einen so besonderen Duft? Der Rabbi erwiderte: Wir haben ein Gewürz, das ist ›Sabbat‹* benannt; das tun wir in das Sabbatgericht, und davon hat die Speise ihren eigentümlichen Duft.

Da sprach der Kaiser: Gib mir auch davon!

Der Rabbi gab zur Antwort: Das Kräutlein tut seine Wirkung nur bei dem, der den Sabbat hütet; aber dem, der das Gebot nicht beobachtet, ist es nichts nütze.

Zweite Geschichte: Vom Mahl des Sabbateingangs und -ausgangs. Rabbi Elieser sprach: Allezeit richte der Mensch zum Freitagabend einen reichbesetzten Tisch her, auch wenn er selbst nur so wenig zu genießen gedenkt, wie eine Olive groß ist.

Einst kam Rabba, der Sohn des Raw Huna, zu Rabba, dem Sohne des Raw Nachman, unverhofft am Freitagabend zu Besuch, und man setzte ihm drei Maß Backwerk vor. Da fragte er: Wußtet ihr denn, daß ich komme? Sie erwiderten: Giltst du etwa mehr als der Sabbat, von dem wir wußten, daß er kommt?!

*

Rabbi Chanina sprach: Allezeit richte der Mensch zum Sabbatausgang einen reichbesetzten Tisch her, auch wenn er selbst nur so wenig zu genießen gedenkt, wie eine Olive groß ist.
Dem Rabbi Abahu pflegte man jeweils am Sabbatausgang ein ganzes gemästetes Kalb zuzurichten, wenngleich er davon nichts weiter aß als die Nieren. Als sein Sohn Awime herangewachsen war, sprach er zu seinem Vater: Warum soll man so viel Fleisch unnütz umkommen lassen? Lassen wir doch vom Braten des Vorabends Nieren für die Mahlzeit am Sabbatausgang übrig! – Sie taten so, und da erschien ein Löwe, der fraß die Nieren auf.

Die Hütung der Arbeitsruhe

Erste Geschichte: Feuersbrunst am Sabbat. Einst brach im Hofe des Josse ben Simai zu Schichin eine Feuersbrunst aus; da eilten die Soldaten des Kastells von Sepphoris herbei, um das Feuer zu löschen. Es war aber Sabbat, und so ließ er es nicht zu; er sprach: Lasset den Gläubiger seine Schuld einfordern!
Sogleich bezog sich der Himmel mit Wolken, und der Regen verlöschte das Feuer.
Nach Sabbatausgang sandte der Fromme jedem der Soldaten, die er weggeschickt hatte, einen Silberling zur Belohnung und ihrem Anführer fünfzig.

Zweite Geschichte: Der Kapernstrauch. Ein Frommer erging sich eines Sabbats in seinem Weinberge, als er bemerkte, daß der Zaun an einer Stelle schadhaft geworden war; da beschloß er, den Riß aufs neue zu verzäunen, sobald erst der Sabbat zu Ende gegangen sei. Sogleich aber sprach er bei sich selbst: Weil ich am Ruhetag überhaupt den Gedanken gehegt habe, meinen Zaun auszubessern, darf ich diese Arbeit auch am Werktag nun und nimmer tun!

Was hat ihm der Heilige, gelobt sei er, zum Lohn dafür zuteil werden lassen? Er bescherte ihm den Schößling eines Kapernstrauches, der füllte jene Öffnung aus, wuchs rund um den ganzen Garten, und der Mann hatte sein Lebtag Nahrung und Unterhalt von diesem Strauch.

Dritte Geschichte: Das Beispiel der Väter. Unsre Meister lehrten: Wen Räuber und Mörder verfolgen, der darf auch den Sabbat entweihen, wenn er nur sein Leben rettet; so tat David, da Saul ihn zu töten gedachte: er ergriff, an einem Sabbat, die Flucht.

Es war an einem Sabbat, da erhielten die Vornehmen zu Sepphoris die böse Nachricht, die römische Herrschaft habe ihren Tod beschlossen. Da befragten sie den Meister Eleasar ben Parta und sprachen zu ihm: Wir bekamen schlimme Botschaft von den Römern; was rätst du uns also an: sollen wir fliehen? Der Meister aber scheute sich, ihnen zu sagen: Fliehet – da es doch Sabbat war, und so gab er ihnen nur einen Wink, indem er sprach: Warum befragt ihr mich? Fragt lieber den Erzvater Jakob, den Meister Mose, den König David um Rat!

Als Jakob vor Esau, als Mose vor Pharao, als David vor Saul die Flucht ergriff* – allemal wars Sabbat.

Von Geboten und Satzungen

Die Pfostenschrift

Der König Artabanos schickte unserem heiligen Fürsten einen Edelstein von unschätzbarem Werte. Er ließ ihm dazu sagen: Gib mir dafür eine Kostbarkeit, die dieser an Wert gleich sei – wofern du es vermagst. Da sandte Juda ha-Nassi dem König eine Kapsel mit der Pfostenschrift*.
Der König sagte dazu: Was ich dir schickte, dessen Wert war unermeßlich; was du mir geschickt hast, gilt eines Groschens Preis.
Juda, der Fürst, antwortete ihm: Was ich dir gesandt habe, das wiegen alle deine Schätze und all mein Besitz nicht auf. Und damit nicht genug: du übersandtest mir einen Gegenstand, der einen Hüter braucht, ich aber schickte dir einen, der dich, selbst zu der Stunde, da du schläfst, behütet.

Vom Bundesblut

Abbaje erzählt:
Ich habe das von meiner Mutter gelernt: Ist ein neugeborener Knabe von roter Farbe, so ist das ein Zeichen dafür, daß das Blut noch nicht in den Körper eingedrungen ist; man warte daher so lange, bis das Blut durch die Adern zu fließen beginnt, und erst dann nehme man die Beschneidung vor. Ist wiederum ein neugeborener Knabe von grünlicher Farbe, so bedeutet das, daß es ihm überhaupt noch an Blut fehlt; man warte daher so lange, bis er Blut bekommen hat, und erst danach soll man ihn beschneiden.

Rabbi Nathan berichtet: Eines Tages reiste ich übers Meer und kam in eine Stadt, wo mich eine Frau aufsuchte, deren erster und zweiter Sohn bei der Beschneidung gestorben waren; sie brachte mir den dritten. Ich betrachtete das Kind und sah, daß es rot war. Da sagte ich ihr: Warte mit der Beschneidung, bis das Blut durch die Adern des Knaben zu fließen beginnt. Sie tat so, der Knabe blieb am Leben und wurde nach mir ›Nathan der Babylonier‹ benannt. – Ein anderes Mal begab ich mich nach Kappadokien, und hier zeigte mir eine Frau, deren erste zwei Söhne an der Beschneidung gestorben waren, ihren dritten Knaben, und ich sah, daß er von grünlicher Hautfarbe war; ich betrachtete ihn mir genauer und erkannte, daß er kein Bundesblut an sich zeigte.* Da sagte ich ihr: Warte, bis er Blut bekommt; dann laß ihn beschneiden. Sie gehorchte mir, der Knabe blieb leben und wurde gleichfalls nach mir benannt.

Vom Zehnten

Erste Geschichte: Das doppelte Mißverständnis. Rabbi Jeremia schickte dem Rabbi Seira einen Korb Feigen, die waren unverzehntet*. Er sagte sich nämlich: Unmöglich, daß Rabbi Seira etwas genießt, ehe er nicht selbst den Zehnten davon entrichtet hat. Rabbi Seira wiederum dachte: Es kann doch nicht sein, daß Rabbi Jeremia mir etwas sende, wovon der Zehnte noch nicht entrichtet ist! Und so, durch die zwiefache Täuschung, geschah es, daß die Feigen unverzehntet, wie sie waren, gegessen wurden. Tags darauf kam Rabbi Seira mit Rabbi Jeremia zusammen und fragte ihn: Waren die Feigen, die du mir gestern sandtest, verzehntet? Rabbi Jeremia antwortete: Ich verließ mich auf dich, denn ich dachte: Rabbi Seira wird doch nichts genießen, wovon er nicht selbst den Zehnten entrichtet hat! Rabbi Seira sagte wiederum: Und ich verließ mich auf dich, denn ich sagte mir: Rabbi Jeremia wird mir doch nichts senden, wovon er nicht selbst den Zehnten entrichtet hat!

Im Namen Rabbi Seiras wurde der Satz überliefert: Sind unsere Väter Engeln gleich zu achten, so sind wir, an ihnen gemessen, bloße Menschenkinder; sind sie nichts als Menschen gewesen, so sind wir, im Vergleich zu ihnen, den Eseln gleich. Nach jenem Vorfalle aber sagte man so: Wir können uns nicht einmal mit einer Eselin, wie die war, die dem Rabbi Pinehas ben Jair gehörte, vergleichen, denn dieses Tier war mit Vernunft begabt.

Zweite Geschichte: Ein Wunder verhindert die Gebotsverletzung. Als Rabbi Chanina ben Dossa eines Freitagabends seine Mahlzeit einzunehmen gedachte, senkte sich plötzlich der Tisch. Die Anwesenden fragten ihn: Was bedeutet das? Er erwiderte: Ich hatte von einer Nachbarin Gewürz entliehen und es unterlassen, den Zehnten davon abzusondern.

Kaum hatte der Rabbi sich zu seiner Verpflichtung bekannt, als der Tisch von selbst wieder geradestand.

Die Eselin des Rabbi Pinehas ben Jair

Eines Tages kehrte Rabbi Pinehas ben Jair in einer Herberge ein. Man schüttete seiner Eselin Gerste als Futter auf; aber sie wollte nicht davon fressen. Man schlug ihr die Körner heraus, man las die gute Gerste für sie aus – die Eselin wollte das Futter nicht anrühren.

Da sagte der Rabbi zu den Wirtsleuten: Ist vielleicht diese Gerste unverzehntet* geblieben? – Die Leute sonderten sogleich den Zehnten ab, und die Eselin begann zu fressen.

Nunmehr sagte der Rabbi zu den Wirten: Das arme Tier wollte den Willen seines Schöpfers erfüllen, und ihr setztet ihm Futter vor, das nicht verzehntet war!

Stummer Wink

Rabbi Hiskia stand auf einer Gasse in Cäsarea und sah einen Mann, der trug eine Last Getreide, welches zum Genusse verboten war.* Der Rabbi wandte sein Antlitz um, damit jener ihn nicht sehe. Er wollte vermeiden, daß der Mann ihn anspräche und bäte, ihm beim Tragen zu helfen; vor allem aber wollte er dem Volke eine stumme Warnung zukommen lassen, damit nicht andere so handelten wie jener Mann.
Als Rabbi Jakob bar Ada von dem Verhalten des Rabbi Hiskia erfuhr, rief er bewundernd aus: Wahrlich, die Mutter dieses darf sich ihres Sohnes rühmen!

Die Feldfrucht im Sabbatjahr

Rabbi Simeon lehrte: Alle Feldfrucht, die im Sabbatjahr* ungesät aus dem Boden sprießt, darf eingeerntet werden — ausgenommen den Kohl. Die anderen Lehrer aber sagen: Alle Feldfrucht des Sabbatjahres ist verboten.
Derselbe Rabbi Simeon, der Sohn Jochais, sah einst im Sabbatjahr einen Mann ungesäte Feldfrüchte einsammeln. Er sprach ihn an und sagte: Was du tust, ist verboten. Der Mann erwiderte: Bist nicht du der Lehrer, der das erlaubt hat? Der Meister entgegnete: Weißt du denn nicht, daß meine Gefährten meine Meinung nicht teilen?
Und Rabbi Simeon rief über jenen Mann den Schriftvers aus: »Wer den Zaun durchbricht, den trifft der Biß der Schlange.«*

Die vermeintliche Guttat

Akiwa erzählte:
Einstmals, ich hatte noch gar kein Wissen, war ich früh am Morgen unterwegs und sah einen Erschlagenen am Rand der Straße liegen. Den Leichnam schleppte ich eine Strecke weit, dreimal so weit, wie man am Sabbat gehen darf*, bis ich ihn auf einem Friedhofe beisetzen konnte. Ich wußte noch nicht, daß man einen solchen an der Stelle begraben muß, wo man ihn gefunden hat.*
Als ich die Begebenheit den Weisen erzählte, sprachen sie: Jeder Schritt, den du mit dem Leichnam zurückgelegt hast, wird dir so angerechnet, als hättest du Blut vergossen.
Da begann ich, von dem Geringfügigen auf das Gewichtige einen Schluß zu ziehen, und sprach: Hier, wo ich doch Gutes im Sinne hatte, sind mir Sünden sonder Zahl unterlaufen; wie erst, wenn ich Dinge tue, ohne über sie nachzudenken.

Joseph ben Pachsas ha-Kohen

Ein Priester würde sich verunreinigen* an einem Glied, das seinem Vater bei dessen Lebzeiten abgenommen wird.
Joseph ben Pachsas ha-Kohen bekam einen Auswuchs am Bein. Als ihn der Arzt aufsuchte, um das Geschwür zu schneiden, sagte ihm der Meister: Schneide so weit, bis es nur noch wie an einem Haare an mir hängt; dann laß mich das wissen. Also schnitt der Arzt das Geschwür aus und ließ es nur noch wie an einem Haare an dem Fuße des Rabbis hängen.
In diesem Augenblick rief der Meister seinen Sohn Nechonja herbei und sprach zu ihm: Mein Sohn Nechonja! Bis hierher gebot dir die Pflicht, meiner zu pflegen; nun aber verlaß den Raum, denn der Priester darf sich nicht

verunreinigen an einem Glied, das einem Menschen bei dessen Lebzeiten abgenommen wurde, und wenn auch dieser Mensch sein Vater ist.
Als dieser Vorfall zu den Ohren der Weisen kam, sprachen sie: Von einem Manne wie diesem gilt der Vers: »Ich trage meine Seele immer in meinen Händen, und ich vergesse deiner Tora nicht.«*

Der Berufene entscheidet

Eines Tages entdeckte man im königlichen Schlachthause eine Eidechse und meinte deswegen – denn das Tier schien tot –, das Mahl für unrein erklären zu müssen. Man befragte darüber den König; aber der antwortete: Befragt die Königin. Die Männer begaben sich zu der Königin und befragten sie. Sie erwiderte: Geht zu Rabban Gamliel und befragt ihn. Also suchten sie den Meister auf und wiederholten vor ihm ihre Frage.
Da fragte er sie: Fandet ihr die Eidechse in heißem oder in kaltem Wasser? Sie erwiderten: Wir fanden sie in siedendem Wasser. Er sagte darauf: So kehrt zurück und übergießt sie mit einem Becher kalten Wassers. Sie taten so, und da fing die Eidechse sich wieder an zu bewegen. Nunmehr erklärte Rabban Gamliel die ganze Mahlzeit für rein.*
Also zeigte es sich, daß der König von der Königin abhing und diese wiederum von Rabban Gamliel; daß die ganze Mahlzeit nicht gegessen werden konnte ohne Rabban Gamliels Spruch.

*Lösung vom Gelübde**

Raw Sechora kam vor Raw Nachman; er hatte ein Gelübde abgelegt und wollte seiner gern ledig sein. Rabbi Nachman fragte ihn, um ihm die Lossprechung zu erleich-

tern: Als du gelobtest, wußtest du alles das, was du jetzt weißt, da du es lösen willst? Sechora antwortete: Jawohl, das war mir alles bekannt. Rabbi Nachman stellte die Frage ein zweites Mal, Rabbi Sechora gab dieselbe Antwort, und das wiederholte sich einige Male hintereinander. Schließlich geriet Rabbi Nachman in Zorn, und unwillig – denn er hatte keinen Vorwand gefunden, ihn loszusprechen – sagte er: Trolle dich heim!
Auf dem Nachhauseweg aber gelang es Rabbi Sechora, sich selbst eine Pforte zu öffnen. Er sprach bei sich: Rabbi Juda ha-Nassi hat gesagt: »Welches ist der rechte Pfad, den der Mensch wählen sollte? Doch nur der, der gleicherweise gutgeheißen wird von dem, der ihn geht, wie auch wohlgefällig ist vor den anderen Menschen.«* Als ich aber mein Gelübde ablegte, habe ich eines nicht bedacht: daß ich nämlich in der Folge den Rabbi Nachman erzürnen würde.
Und so durfte er sich selbst von dem Gelübde freisprechen.

Vom vorbeugenden Sinn eines Verbotes

Die Bewohner von Tiberias führten einmal ein Leitungsrohr mit kaltem Wasser durch einen Arm des naturheißen Wassers.* Da sagten die Rabbinen: Am Feiertage muß man das Leitungswasser als ein solches betrachten, welches am Feiertag erwärmt worden ist;* man darf nicht darin baden, nur trinken darf man es.
Ein Philosoph fragte den Bar Kappara, und ebenso fragte der Heide Awlet den Levi ben Sissai: Warum ist es erlaubt, dieses Wasser zu trinken, und verboten, darin zu baden? Der Lehrer erwiderte: Wenn du sähest, daß ein Eunuch dein Weib umarmte, würde es dich verdrießen oder nicht? Der Heide antwortete: Es würde mich verdrießen.

Der Lehrer sagte weiter: Aber im Grunde kann er ihr ja nichts antun? Der Heide erwiderte: Er macht sie zu einem ausgelassenen Weibe. Darauf sagte der Lehrer: Also ist auch diese Bestimmung getroffen, um zu verhüten, daß das Volk leichtsinnig werde.

*Ansicht und Haltung**

Wenn eine Wand, die zwei Höfe voneinander scheidet, am Sabbat einstürzt – wie weit darf man da, innerhalb der Fläche jedes der beiden Höfe, Lasten bewegen?* Der Meister Raw sagt: Nur vier Ellen weit. Der Meister Samuel aber sagt: Bis zur Grundschicht der Mauer, die da gestanden hat.
Einmal saßen Raw und Samuel in einem Hofe, es war Sabbat, und die Wand, die in der Mitte stand, stürzte ein. Da sagte Samuel zu den Jüngern: Nehmt ein Obergewand und spannt es statt dessen aus. Als Raw das hörte, wandte er sein Gesicht ab, um nicht zusehen zu müssen, wie seiner Ansicht zuwidergehandelt wurde. Als wiederum Samuel das bemerkte, rief er aus: Wenn Raw so strenge ist, nehmt seinen Gürtel und knüpft mit diesem das Gewand an die Scheidewand.
Warum hat Samuel das überhaupt verfügt? Lehrte er doch, man dürfe von jeder Seite aus – also auch ohne ein Gewand an Mauerstatt – bis zur Grundschicht der Mauer Traglasten bewegen? – Samuel liebte es nicht, daß andere ihm zuschauten. – Aber Raw, wenn er meinte, solches sei verboten, warum hat er es dann dem Samuel nicht gesagt? – Der Vorfall trug sich in der Ortschaft zu, woselbst Samuel wirkte. – Warum hat er aber gleichwohl sein Antlitz abgewandt? – Er mußte den Anschein vermeiden, als teile er Samuels Ansicht und sei von der seinen abgekommen.

Grenze der Ehrerbietung

Rawina saß als Jünger vor Raw Aschi; da sah er plötzlich – es war Sabbat –, wie ein Mann seinen Esel an eine Steinpalme band. Er schrie den Sabbatentweiher an, doch der achtete seiner nicht; da rief er aus: Dieser Schänder des Sabbats sei im Banne!

Aber erst jetzt besann sich der Jünger, daß er in Gegenwart seines Meisters die Stimme erhoben hatte; er wandte sich an diesen und fragte: Was ich jetzt getan habe, ist wohl als Dreistigkeit zu betrachten?! Raw Aschi erwiderte: Es heißt in den Sprüchen: »Keine Weisheit, kein Verstand, kein Rat wider den Herrn«*, und das will besagen: Wo Gott gelästert wird, hat auch die Ehrerbietung vor dem Lehrer zurückzutreten.

Der ungebärdige Esel

Levi, der Enkel des Rabbi Chija, und Rabba, der Sohn des Rabbi Huna, ritten einst auf Eseln eine Straße; da überholte der Esel Levis den Esel Rabbas, und Rabba nahm das übel, weil er glaubte, der Reiter sei schuld und lasse es ihm gegenüber an Achtung fehlen.

Also sprach Levi bei sich: Ich muß ihm etwas sagen, was seinen Ärger besänftigt. So stellte er ihm denn eine Gesetzesfrage, aus deren Wortlaut zugleich hervorging, daß das Reittier die Schuld trug und nicht der Reiter; er fragte nämlich: Darf man einen Esel, der von Natur widerspenstig ist, so wie der da, den ich reite, am Sabbat mit einem Halfter ausführen?

Darauf antwortete Rabba im Sinne des Gesetzes.

Die Kuh des Rabbi Eleasar

Die Kuh des Rabbi Eleasar ben Asarja wurde am Sabbat auf die Weide getrieben, ohne daß man den Riemen zwischen ihren Hörnern entfernt hatte, was nach Ansicht der Weisen erforderlich ist. Die Gesetzeslehrer sagten darauf zu Rabbi Eleasar: Entweder du stellst dich offen gegen uns, oder du entfernst den Riemen!

Einer der Lehrer äußerte hierzu: Ist es möglich, daß Rabbi Eleasar den Streit mit den Gelehrten derart auf die Spitze getrieben hätte? Ein anderer antwortete: Nein; einmal wurde die Kuh gegen seinen Willen derart zur Weide getrieben, und danach fastete er aus Gram hierüber so lange, bis seine Zähne schwarz wurden.

Wieder ein anderer sagte: Der Rabbi grämte sich um sein Weib, die also geschmückt ausging; und warum spricht man da von seiner Kuh? Weil zuweilen ja die Frau selbst als des Mannes Kalb bezeichnet wird, wie denn Simson zu den Philistern sagte: »Hättet ihr nicht mit meinem Kalbe gepflügt ...«*

Noch ein anderer sagt: Es war nicht sein Weib, sondern eine Nachbarin. – Also wird ein Mensch für die Übertretungen seines Nebenmenschen bestraft?! – Der Fall belehre dich, daß jeder, der die Möglichkeit hat, gegen irgendein Vergehen eines anderen Einspruch zu erheben, und dies nicht tut, so angesehen wird, als hätte er selbst diese Sünde begangen.

Gebüßte Gier

Drei Getränke sind zum Genuß verboten, wenn sie nicht zugedeckt aufbewahrt worden sind: Wasser, Wein und auch Milch; leicht könnte eine Schlange davon getrunken und sie mit ihrem Gift versetzt haben.

Ein Mann hatte einmal ein Fäßchen voll Wein unbedeckt

stehen lassen. Da ging er, es war der Vortag des Versöhnungstages, auf die Straße, um es auszugießen. Ein Nachbar sah ihn dabei und bat: Schenke mir den Wein, ich will ihn trinken. Der erste erwiderte: Aber es ist doch Wein, der offengestanden hat! Der andre sagte: Gib ihn schon her! Er, der der Herr des Versöhnungstages ist, wird mir beistehen.
Der Mann aber hatte kaum den Wein ausgetrunken, als sein Körper sich auflöste und zerfiel.

Krankenbesuch

Raw Chelbo war krank geworden. Da begab sich Raw Kahana auf die Gasse und rief weithin aus: Raw Chelbo ist schwer krank. Aber es kam keiner, ihn besuchen.
Also sprach Raw Kahana zu den Jüngern: Kennt ihr nicht die Geschichte vom Jünger Akiwas? Einer aus der Schülerschaft wurde krank, aber keiner von den Weisen kam ihn besuchen. Da ging Akiwa selbst zu dem Jünger und suchte ihn auf. Weil nun so dem Kranken alle Pflege und Ehre zuteil wurde, genas er in kurzer Zeit. Wieder gesund, sprach der Jünger zu seinem Meister: Rabbi, du hast mich ins Leben zurückgerufen! – Als er ihn verlassen hatte, belehrte Akiwa seine Schüler wie folgt: Wer die Pflicht, einen Kranken zu besuchen, versäumt, der vergießt gleichsam Menschenblut.

Das Verdienst der kleinen Leute

In Sura brach einst eine Pest aus, aber in der Nachbarschaft des Meisters Raw wurde niemand krank. Da glaubten die Leute, dies sei wegen Raws großer Verdienste erfolgt. Aber im Traume zeigte man ihnen an: Raws Taten seien zu gewaltig, als daß ein so kleines Wunder sich hätte seinetwegen zutragen sollen; das Ereignis sei vielmehr dem Verdienst eines einfachen Mannes zuzuschreiben, der es zur Gewohnheit hatte, zu Begräbnissen Grabscheit und Schaufel zu leihen.

In Derokeret wütete eine Feuersbrunst, aber die Häuser rund um das Haus Raw Hunas blieben vom Feuer unversehrt. Die Leute glaubten, dies sei wegen der großen Verdienste Raw Hunas geschehen. Aber im Traume zeigte man ihnen an: zu gering wäre ein solches Wunder für einen Mann wie Raw Huna; es habe sich vielmehr ereignet einer einfachen Frau zuliebe, welche jeden Rüsttag zum Sabbat einen Ofen zu heizen und ihren Nachbarsfrauen zur Verfügung zu stellen pflegte.

Das Gebot als Friedensstifter

Erste Geschichte: Die beiden Eseltreiber. Es waren einmal zwei Eseltreiber unterwegs, die waren einander feind. Da brach der Esel des einen unter seiner Last zusammen. Der andre sah es und ritt weiter; danach aber, als er den anderen schon ein Stück hinter sich gelassen hatte, sprach er bei sich selbst: Heißt es nicht in der Schrift: »Wenn du den Esel des, der dich haßt, siehst unter seiner Last liegen, hüte dich und laß ihn nicht, sondern versäume gerne das Deine um seinetwillen.«* Und er machte auf der Stelle kehrt, legte selbst mit Hand an und half dem andern ab- und aufladen. Er begann mit ihm zu sprechen: Hier laß ein wenig los; dort zieh ein wenig an — und so ergab sichs, daß sie Frieden miteinander schlossen. Denn der andre Eseltreiber sprach bei sich selbst: Hatte ich nicht geglaubt, dieser Mann sei mein Feind? Und nun schau an, wie er sich meiner angenommen hat! Also geschah es, daß sie sich selbander zur Herberge begaben; dort aßen und tranken sie gemeinsam und wurden Freunde.

Was hatte dazu geführt, daß sie miteinander Frieden schlossen und sogar Freunde wurden? Weil der eine befolgt hatte, was in der Lehre steht. So heißt es denn zum Lob der Tora: »Du begründest Rechtlichkeit.«*

Zweite Geschichte: Die zwei Nachbarsfrauen. Rabbi Josua sprach: Aus welchem Grunde ist es nötig, für die Dauer des Sabbats alle Wohnungen eines Gehöfts durch die Herstellung einer gemeinsamen Speisekammer zu vereinigen, wo sie doch schon dank des gemeinsam benutzten Durchganges gleichsam zu einer einzigen Wohnung geworden sind?* Das geschieht, um Frieden unter den Anwohnern zu stiften.

Es war einmal eine Frau, die mit ihrer Nachbarin in Feindschaft lebte; aber eines Tages mußte sie ihr Speise für die gemeinsame Kammer senden und schickte die Gabe durch ihren Sohn. Die vermeintliche Feindin führte nun das Nachbarskind in ihre Stube, küßte es und herzte es. Als der Knabe zu seiner Mutter zurückkehrte und ihr erzählte, wie jene Frau ihn aufgenommen hatte, rief sie aus: So ist sie mir also freundlich gesinnt gewesen, und ich habe es nicht gewußt!

Und das Ereignis bewirkte, daß die beiden anfingen, miteinander in Frieden zu leben.

Von der Armenpflege

Gütigkeit – nicht Opfer

Jochanan ben Sakkai war unterwegs, als sein Schüler Josua ihn ereilte und ansprach mit den Worten: Wehe uns, daß der Tempel gefallen ist, das Gebäude unseres Lebens, die Opferstätte, durch die wir immer entsühnt wurden!
Der Meister erwiderte: Es sei dir nicht leid; ein anderes Sühnemittel ist uns dafür zuteil geworden.
Der Schüler fragte: Welches? Und Jochanan ben Sakkai antwortete: Ich meine das Wohltun, wie auch der Prophet gesagt hat: »Gütigkeit heische ich, nicht Opfer.«*

Die Guttäter

Erste Geschichte: Himmelslohn. Rabbi Elieser war Verwalter des Armenschatzes*. Einmal war er unterwegs gewesen, kehrte nach Hause zurück und fragte seine Leute: Was habt ihr inzwischen verrichtet? Sie erzählten: Eine Schar von Armen war bei uns zu Gaste; sie aßen hier, sie tranken hier und haben für dein Wohl gebetet. Darauf sagte der Rabbi: Für diese Guttat ernte ich keinen himmlischen Lohn.
Ein anderes Mal, als er heimkehrte und dieselbe Frage stellte, erwiderten sie ihm: Wir hatten eine andere Gesellschaft von Bettlern bei Tische; die aßen und tranken und verwünschten dich dann. Da sprach der Rabbi: Dieses Mal habe ich mir einen Gotteslohn verdient!

Zweite Geschichte: Die Taten des Raw Huna. Der Meister Raba sprach zu Rafram bar Papa: Erzähle mir doch

von Raw Huna und den ausgezeichneten Taten, die er zu vollbringen pflegte.
Der Angeredete erwiderte: An seine Jugendzeit habe ich keine Erinnerung mehr, wohl aber an sein Greisenalter. Da pflegte er sich an jedem bewölkten Tage in einem goldenen Tragsessel heraustragen zu lassen und die ganze Stadt zu untersuchen; wo er eine baufällige Mauer fand, ließ er sie niederreißen, und der Hausherr mußte sie, wenn er es erschwingen konnte, wieder aufbauen; war der Mann aber nicht dazu imstande, so ließ sie Raw Huna aus eigenem wieder errichten. Jeden Freitagabend schickte er einen Mann auf den Markt, der alles Grünzeug, das den Gärtnern übriggeblieben war, aufkaufte und in den Fluß warf. Du meinst, er hätte es den Armen schenken sollen? Sie hätten sich dann allemal darauf verlassen, und dabei wäre mancher leer ausgegangen und hätte überhaupt kein Gemüse für den Sabbat gehabt. Oder denkst du, er hätte es dem Vieh vorwerfen sollen? Er hielt dafür, man dürfe, was dem Menschen zur Nahrung bestimmt sei, nicht an das Vieh verfüttern. Vielleicht also hätte er überhaupt das Aufkaufen unterlassen sollen? Er wollte rechtzeitig vorsorgen, daß niemals zu wenig Grünes auf den Markt käme. – Hatte er einen heilkräftigen Trank, so füllte er ein Wasserkrüglein damit, stellte es auf die Schwelle seines Hauses und rief: Wer da braucht, komme herzu und nehme sich davon! – Hielt er seine Mahlzeit, so tat er die Tür seines Hauses auf und rief aus: Wer da mag, der trete ein und halte mit!
Da sagte Raba: Alle diese Werke könnte auch ich ausführen, aber in diesem letzten vermag ich es ihm nicht gleichzutun: bei uns in Machosa ist das Heer derer, die man speisen könnte, doch zu groß.

Dritte Geschichte: Ben Mewi Jajin. Eines Tages sandten die Rabbinen den Rabbi Akiwa in Begleitung noch eines anderen Gelehrten aus, um wohltätige Gaben zu sammeln. Beide gedachten sich zuerst an einen Mann zu wenden, der Ben Mewi Jajin* hieß, als sie ihn von ferne mit seinem Sohne reden hörten. Der Sohn fragte: Vater, was sollen wir zum Essen kaufen? Der Vater antwortete: Kauft uns Endivien, aber nicht frische Ware, sondern solche von gestern, die schon angewelkt und deshalb wohlfeil ist.

Also ließen ihn die Weisen und besuchten zuerst alle anderen, bevor sie sich zu ihm begaben. Da fragte er sie: Warum habt ihr mich nicht als ersten aufgesucht? Sie erwiderten: Wir hörten dich das und das mit deinem Sohne sprechen. Er sagte darauf: Was zwischen mir und meinem Sohne verhandelt wird, das könnt ihr freilich wissen; nicht aber wißt ihr, wie es zwischen mir und meinem Schöpfer steht. Also: trotz alledem begebt euch zu meiner Frau, und sie wird euch ein Maß Denare spenden.

Als Akiwa und sein Genosse vor der Frau des Ben Mewi Jajin erschienen, fragte diese: Was trägt mir mein Mann durch euch auf, daß ich euch gebe: ein gehäuftes Maß Denare oder ein gestrichenes? Sie antworteten: Er hat von einem Maß gesprochen, ohne es näher zu bezeichnen. Da sprach das Weib: So will ich euch ein gehäuftes Maß verabfolgen; hat er es so gemeint, so habe ich seinen Willen getroffen, hat er es anders im Sinne gehabt, so gehe der überschießende Betrag zu Lasten meines Heiratsgutes! — Als Ben Mewi Jajin hernach von dieser Handlungsweise seines Weibes erfuhr, verdoppelte er die Summe ihrer Eheverschreibung*.

Heimliche Gabe

Erste Geschichte: Drei Beispiele. Rabbi Jakob bar Idi und Rabbi Isaak bar Nachman waren Armenpfleger; als solche gaben sie dem Rabbi Chama, dem Vater des Rabbi Hoschaja, regelmäßig einen Denar, den er seinerseits an irgendeinen Bedürftigen weitergab.

Rabbi Sacharja, dem Eidam des Rabbi Levi, wurde zeit seines Lebens nachgeredet, er nehme ohne Not die Wohltätigkeit in Anspruch; als er aber gestorben war, ging man der Sache nach, und es stellte sich heraus, daß er alles, was man ihm zu geben pflegte, an andere Arme weitergegeben hatte.

Rabbi Chanina bar Papa pflegte seine Spenden nur des Nachts zu verteilen. Einmal überraschte ihn der Fürst der Dämonen dabei und sprach zu ihm: Heißt es nicht in der Schrift: »Verrücke nicht deines Nächsten Grenze«*? Der Rabbi gab zur Antwort: Es heißt aber auch: »Eine heimliche Gabe beschwichtigt den Zorn.«* Da gab der Geist sich besiegt und entfloh.

Zweite Geschichte: Der listige Wohltäter. Rabbi Jona erklärte: Es heißt in den Psalmen nicht: Wohl dem, der den Armen bedenkt, sondern: »Wohl dem, der des Armen gedenkt.«* Das will besagen: Wohl dem, der genau bedenkt, wie dem Armen die Wohltat zu erweisen.

Wie pflegte Rabbi Jona zu handeln? Wenn er einen Mann vornehmer Herkunft sah, der sein Vermögen verloren hatte, so sprach er zu ihm: Mein Sohn, ich habe gehört, daß dir anderswoher eine Erbschaft zugefallen ist; also nimm einstweilen, was ich dir gebe, und hernach zahlst du es mir wieder zurück. – Sobald aber der Mann die Gabe entgegengenommen hatte, sprach der Rabbi zu ihm: Das war ein Geschenk von mir an dich.

Dritte Geschichte: Zartsinn. Simeon bar Abba ging hinter dem Meister Eleasar ben Pedat her; da entfiel dem Rabbi ein Denar, Simeon bar Abba hob ihn auf und wollte den Fund zurückreichen. Aber Rabbi Eleasar sprach: Ich hatte die Münze bereits verloren gegeben; sie ist nicht mehr rechtens mein Eigentum und gehört dem Finder.
Man erzählt aber, der Rabbi habe es absichtlich so angestellt, um das Geld dem Jünger zukommen zu lassen, weil dieser sehr arm war.

Vierte Geschichte: Das Mindestvermögen. Wer zweihundert Denare besitzt, darf keinen Armenzehnten* mehr empfangen.
Ein Schüler Rabbis, der ein Vermögen von einhundertneunundneunzig Denaren besaß, erhielt von seinem Meister alle drei Jahre einmal eine Gabe aus dem Armenschatz. Seine Mitschüler beneideten ihn und schenkten ihm einen Denar, damit er volle zweihundert zu eigen hätte und kein Almosen mehr empfangen dürfte. Als Rabbi ihn wieder bedenken wollte, sprach der Jünger: Meister, ich besitze jetzt das Mindestvermögen. Da sprach Rabbi: Diesen da hat die Arglist der Pharisäer ereilt! Und er gab seinen Schülern einen Wink, worauf sie den Bedürftigen in einen Kramladen führten und veranlaßten, eine winzige Münze auszugeben. Hernach bedachte ihn Rabbi, seiner alten Gewohnheit gemäß, auch weiterhin.

Die Verwöhnten

Erste Geschichte: Mar Ukba und sein Nachbar. Mar Ukba hatte einen armen Mann zum Nachbarn; dem pflegte er jedes Jahr am Rüsttage des Versöhnungstages vierhun-

dert Silberstücke zu schenken.* Einmal sandte er ihm die Gabe durch seinen Sohn, aber der kam zurück und sagte: Vater, der Mann braucht dein Geld nicht. Mar Ukba fragte: Woran hast du das erkannt? Der Sohn gab zur Antwort: Ich habe gesehen, daß vor ihm Wein gesprengt wurde, um sein Gemach zu durchduften!
Da rief Mar Ukba aus: So gut also ist es der Mann gewöhnt! – Und er ließ ihm von nun an das Doppelte an Silber zukommen.

Zweite Geschichte: Gerechtfertigte Unbescheidenheit. Ein Mann, der seine Nahrung am Tische andrer fand, kam vor den Meister Raba. Dieser fragte ihn: Worin besteht deine Mahlzeit? Der Arme erwiderte: Ich esse ein gemästetes Huhn und trinke alten Wein. Der Meister sprach: Denkst du denn gar nicht daran, daß du deinen Mitmenschen zur Last fällst? Der Mann gab zur Antwort: Ich esse doch nicht meiner Mitmenschen Speise, sondern werde von Gott gespeist, wie es auch heißt: »Aller Augen warten auf dich, und du gibst ihnen Speise zu seiner Zeit.«* Indes kam die Schwester Rabas zu Besuch, sie hatte aber ihren Bruder dreizehn Jahre lang nicht gesehen und brachte ihm als Geschenk ein Masthuhn mit und einen Krug alten Weines. Da sprach der Meister: Das kann kein Zufall sein. Und er sagte zu dem Bettler: Ich beuge mich dir. Komm und iß!

Dritte Geschichte: Nechemja aus Sichin und der arme Mann. Ein Jerusalemiter, der verarmt war, begegnete einst dem Meister Nechemja aus Sichin und bat ihn: Schenke mir ein Huhn, daß ich es esse. Der Meister erwiderte: Nimm diese Münze und kaufe dir Rindfleisch dafür. Der Mann tat so, aß das Fleisch – und starb daran, denn er war nur gewöhnt, Geflügel zu essen. – Da rief

Nechemja aus: Kommt alle herzu und beklagt diesen Mann, den Nechemja umgebracht hat!
Die Geschichte wird aber auch so erzählt:
Ein Armer kam als Gast zu Rabbi Nechemja, und dieser fragte ihn: Was ist deine gewohnte Mahlzeit? Der erwiderte: Fettes Fleisch und alter Wein. Da sagte der Rabbi: Bist du bereit, mit Linsen vorliebzunehmen? Der Arme würgte das Linsengericht herunter — und starb. Nunmehr rief Rabbi Nechemja aus: Wehe diesem Manne, dessen Mörder Nechemja war!
Hätte er nicht sagen sollen: Wehe dem Nechemja, daß er dieses Mannes Mörder wurde?! Nein, er wollte mit seinem Worte ausdrücken, der Mann sei zu sehr verzärtelt gewesen.

Vierte Geschichte: Der irdene Topf. Ein Angehöriger des Patriarchenhauses, der gewohnt war, aus goldenen und silbernen Schüsseln zu speisen, wurde ganz arm, und die Gemeinde mußte ihn ernähren. Er erhielt die Mahlzeit in einem irdenen Napf, und das widerstand ihm so, daß er alles, was er aß, wieder von sich gab.
Da sagte ein Heilkundiger zu ihm: Wird das Essen nicht in einem einfachen Topf gekocht? Also iß es auch aus einem einfachen Topfe!

Fünfte Geschichte: Die Heißhungrigen. Rabbi Juda und Rabbi Josse gingen einst einen Weg. Da wurde Rabbi Juda plötzlich von Heißhunger befallen; er stürzte sich auf einen Hirten, der an dem Orte seine Herde weidete, und aß ihm sein Brot weg. Sprach Rabbi Josse: Du warst gewalttätig gegen einen Hirten.
Als sie aber die Stadt erreichten, wurde Rabbi Josse von krankhafter Eßgier gepackt. Da brachten ihm alle Leute Speise, also daß er von Tellern und Schüsseln fast um-

ringt war. Sprach Rabbi Juda: Ich war gewalttätig gegen einen Hirten, du aber hast einer ganzen Stadt Zwang angetan.

Von der Pflicht des Wohltuns

Erste Ermahnung: Kein Unfall geschieht von ungefähr. Eines Tages stieg Rabbi Papa auf eine Leiter, verfehlte eine Sprosse und wäre beinahe gestürzt. Da sprach er: Wäre ich jetzt gefallen, ich wäre mir selbst erschienen wie einer von denen, die ich hasse: als Sabbatschänder oder Götzendiener.

Chija bar Raw aus Diphte erwiderte ihm: Vielleicht ist dir einmal ein armer Mann begegnet, und du hast ihm keine Nahrung gegeben. Hat doch Rabbi Josua ben Korcha gelehrt: Wer sein Auge schließt vor der Wohltätigkeit, der hat gleichsam Götzendienst begangen!

Zweite Ermahnung: Almosen und Betrug. Rabbi Jochanan und Rabbi Simeon ben Lakisch wollten in den warmen Quellen zu Tiberias baden, als ihnen ein Armer begegnete und um eine Gabe bat. Sie antworteten ihm: Warte, bis wir das Bad verlassen haben. Als sie aber herauskamen, fanden sie den Bettler tot. Da sprachen sie zueinander: An dem Lebenden haben wir versäumt, Gutes zu tun; so wollen wir an dem Toten unsre Pflicht erfüllen. Wie sie aber den Leichnam entkleideten, entdeckten sie bei ihm einen Beutel Gold.

Nunmehr sprachen sie: Wie recht haben doch unsre Meister, die gelehrt haben, man müsse den Betrügern unter dem Bettelvolk dankbar sein. Wären die, die da Almosen begehren, allesamt bedürftig, so hätte der, der sie nicht im Augenblick befriedigte, sogleich seine Strafe erwirkt.

Dritte Ermahnung: Gegen Armut ist man nicht gefeit. Rabbi Eleasar ha-Kappar sprach: Sein Lebtag bitte der Mensch um Erbarmen, daß er von der Strafe der Armut verschont bleibe; trifft sie ihn nicht, so kann sie seinen Sohn treffen, geht sie auch an diesem vorbei, so widerfährt sie vielleicht seinem Sohnessohn.

Rabbi Chija ermahnte sein Weib: Wenn ein Armer an deine Türe klopft, so komm seiner Bitte zuvor und gib ihm Brot, damit man dereinst auch deinen Kindern Brot gebe, noch bevor sie darum betteln. Da sprach seine Frau zu ihm: Du sprichst ja eine Verwünschung, einen Fluch, über deine Kinder aus! Er erwiderte: Die Schrift lehrt: »Um deswillen wird der Herr dich segnen«*, und im Lehrhause des Rabbi Ismael wurde dazu gelehrt: Das Glücksrad dreht sich allezeit.*

Unbeabsichtigte Guttat

Erste Geschichte: Der wohlfeile Kauf. Man erzählt von Rabbi Tarphon, er sei überaus reich gewesen, habe aber niemals den Armen etwas gespendet. Eines Tages suchte Akiwa ihn auf und sprach zu ihm: Rabbi, ist es dir recht, wenn ich für dich eine Stadt* erwerbe oder gar zwei? Sogleich erhob sich Rabbi Tarphon und gab ihm viertausend Golddenare. Akiwa aber nahm das Geld und verteilte es an die Armen.

Nach einiger Zeit trafen sie wieder zusammen, und Tarphon fragte Akiwa: Wo sind die Städte, deren Kaufpreis du von mir genommen hast? Da faßte ihn Akiwa bei der Hand und führte ihn ins Lehrhaus; hier nahm er ein Psalmenbuch, legte es den Schulknaben vor und ließ sie reihum daraus lesen, bis sie zu dem Verse kamen: »Er streut aus und gibt den Armen; seine Wohltat bleibt

in Ewigkeit.«* Und Akiwa sagte dazu: Das ist die Stadt, die ich für dich erstanden habe.
Da erhob sich Rabbi Tarphon, küßte ihn und sprach: O du mein Lehrer und Leiter! Mein Lehrer in der Weisheit, mein Leiter auf dem rechten Wege des Lebens! – Und er gab ihm weitere Schätze zur Verteilung an die Armen.

Zweite Geschichte: Verlust und Spende. In der Nacht nach dem Versöhnungstage sah Rabban Jochanan ben Sakkai im Traume, daß seine Schwestersöhne dieses Jahr siebenhundert Denare einbüßen würden. Da suchte er sie im Laufe des Jahres viele Male auf und zog jedesmal von ihnen Geld für Almosen ein; am Vorabend des nächsten Neujahrsfestes* waren ihnen nur siebzehn von den siebenhundert Denaren übriggeblieben.
Als der Rüsttag zum Versöhnungstage kam, erschienen plötzlich im Namen des Kaisers Leute bei ihnen, die auch diesen Rest erhoben. Da sagte der Rabbi zu seinen Schwestersöhnen: Habt keine Furcht! Nur siebzehn Denare, die ich noch bei euch guthabe, wird man euch nehmen; mehr nicht. Die Männer fragten ihn: Woher weißt du das? Er erwiderte: Ich hatte den und den Traum. Sie sagten darauf: Warum hast du ihn uns nicht erzählt? Wir hätten dir dann alles gegeben! Der Rabbi gab zur Antwort: Ich wollte, daß ihr das Gebot der Wohltätigkeit um seiner selbst willen übtet!

Wohltun rettet vom Tode

Erste Geschichte: Wirf dein Brot aufs Wasser. Es war einmal ein frommer Mann, der Wohltätigkeit zu üben pflegte. Eines Tages, als er über See fuhr, erhob sich ein Sturm, und das Schiff ging unter. Rabbi Akiwa sah das von ferne mit an und bezeugte vor Gericht, daß das Weib dieses Mannes sich wieder verehelichen dürfe. Er hatte aber seine Aussage noch nicht begonnen, als plötzlich der Mann, den er ertrunken glaubte, erschien und vor ihm stand.

Akiwa fragte den Entronnenen: Bist du nicht der, dessen Schiff gesunken ist? Wer hat dich denn aus der Tiefe des Meeres emporgezogen? Der Mann erwiderte: Die Wohltätigkeit, die ich zu üben pflegte, hat mich gerettet. Als ich nämlich schon an den Meeresgrund stieß, vernahm ich ein großes Brausen unter den Wellen, und eine Woge rief der anderen zu: Wohlauf, laßt uns diesen Menschen an den Strand wirbeln, denn er hat zeitlebens milde Gaben gespendet.

Als Akiwa das hörte, rief er aus: Gelobt der Herr, der Gott Israels, der die Worte der Schrift in alle Ewigkeit sich bewahrheiten läßt. Heißt es doch: »Wirf dein Brot aufs Wasser, nach vielen Tagen wirst du's wiederfinden«*, und fernerhin: »Wohltätigkeit rettet vom Tode.«*

Zweite Geschichte: Der Arme als Retter des Mißgünstigen. Es war einmal ein Weib, das liebte es sehr, Wohltätigkeit zu üben. Eines Tages kam ein armer Mann zu ihr, und sie setzte ihm zu essen vor. Aber während er noch speiste, bemerkte sie, daß ihr Ehemann heimkehrte, und da verbarg sie den Bettler in der Kammer. Ihrem Manne trug sie ebenfalls eine Mahlzeit auf; er genoß ein weniges davon und schlief auf seinem Platze ein.

Indes kam eine Schlange herbeigekrochen und fraß aus der Schüssel, die vor dem Schlafenden stand. Der Arme aber schaute dem allen zu. Als nun der Mann erwachte und wieder anfangen wollte zu essen, da meldete sich der in der Kammer Versteckte und warnte ihn.

Dritte Geschichte: Die Tochter Akiwas. Rabbi Akiwa hatte eine Tochter, und die Sternseher sagten ihm an: An dem Tage, da sie unter den Trauhimmel tritt, wird eine Schlange sie beißen, und sie muß sterben.
Akiwa war in großer Sorge, dieser Weissagung wegen. Als aber der bestimmte Tag gekommen war, nahm die Braut ihren Stirnreif und hängte ihn an die Wand; da geschah es, daß die Spitze in das Auge einer Schlange drang. Am Morgen darauf hob sie den Kopfschmuck wieder von der Wand herunter; da zog sie die tote Schlange mit.
Nunmehr sprach Akiwa zu ihr: Tochter, hast du gestern etwas Gutes getan? Sie antwortete: Am Abend war ein Armer gekommen, der erhob seine Stimme vor der Tür, aber alle waren mit dem Mahle beschäftigt, und keiner hörte ihn; da nahm ich den Anteil, den du mir gegeben hattest, und schenkte ihn ihm. Akiwa sprach darauf: Tochter, du hast ein Almosen gegeben! Und er verließ den Raum und trug draußen als Lehre vor: »Wohltun rettet vom Tode«* – vom absonderlichen Tode nicht nur, sondern von jedwedem Sterben.

Vierte Geschichte: Der gerechte Benjamin. Einem Gerechten mit Namen Benjamin war der Armenschatz* anvertraut. Eines Tages kam eine Frau zu ihm und sprach: Meister, gib mir Speise. Benjamin erwiderte: Beim heiligen Dienst! Der Armenschatz ist leer. Da sprach die Frau: Wenn du mich nicht ernährst, lässest du eine Witwe mit sieben Kindern sterben. Alsbald machte er sich auf und gab ihr Unterhalt von seinem eigenen Gelde.
Tage vergingen, und Benjamin wurde krank und war dem Tode nahe. Da riefen die diensttuenden Engel vor dem Heiligen, gelobt sei er: Herr der Welt! Du hast ge-

sprochen, daß, wer nur *eine* Seele in Israel am Leben erhält, einem gleiche, der die ganze Welt erhält; um wieviel mehr gilt dies von Benjamin dem Gerechten, der einer Witwe mit sieben Kindern das Leben gerettet hat! Soll er nun von dieser Krankheit auf seinem Lager verzehrt werden?
Sogleich ward um Erbarmen für ihn gebeten und sein Todesurteil zerrissen; noch zweiundzwanzig Jahre wurden seinem Leben hinzugefügt.

Leichtes Gepäck

Als Mar Ukba im Sterben lag, befahl er, man möge ihm die Rechnungsbücher bringen, in die die Spenden eingetragen waren, die er im Laufe seines Lebens ausgeteilt hatte. Es erwies sich, daß es insgesamt siebentausend Denare waren.
Da rief er aus: So leicht das Gepäck für einen so weiten Weg!

Das Heilige Land

Gesegnetes Land

Erstes Beispiel: Milch und Honig. Rame bar Hesekiel kam nach der Ortschaft Bene Berak. Hier sah er Ziegen, die unter Feigenbäumen weideten; aus den Früchten troff Honig herab, aus den Eutern quoll Milch heraus, und beides vermischte sich miteinander.
Da rief er aus: Dies ist das Land, »da Milch und Honig innen fließt«*.

Zweites Beispiel: Honig und Öl. »Er spendete ihm Honig aus dem Felsen«, heißt es im Liede Mosis, »und Öl aus dem harten Stein.«* Das sind die Feigen von Sichni und die Oliven von Giskala in Galiläa.
Einst sagte Rabbi Juda seinem Sohne in Sichne: Hole uns gedörrte Feigen aus dem Fasse. Der Knabe langte mit der Hand hinein und griff in – Honig. Er rief: Vater, das ist ja ein Honigfaß! Der Vater erwiderte: Tauche den Arm ganz hinein, und du wirst Dörrfeigen finden!
Einst gebot Rabbi Josse seinem Sohne zu Sepphoris: Hole uns Oliven aus der Dachkammer. Der Sohn stieg hinauf, und siehe da, die ganze Dachkammer schwamm in Öl.

Bleibe im Lande!

Erste Geschichte: Chaninas Schüler. Simeon bar Abba begab sich einst zu Rabbi Chanina bar Chama und bat ihn: Schreibe mir einen Empfehlungsbrief, und ich ziehe damit außer Landes, um mein Brot zu finden.

Der Rabbi – ein alter Mann – erwiderte ihm: Morgen werde ich schon bei deinen Ahnen sein; sollen sie mir sagen können: Wir hatten eine Blume, an der wir Freude hatten, im Heiligen Lande, und du hast ihr erlaubt, sich in fremdes Land verpflanzen zu lassen?!

Zweite Geschichte: Ein Priester und seine Frau. Es war einmal ein Priester, dessen Hand war laß geworden, und er gedachte, außer Landes zu gehen. Da rief er sein Weib und sprach zu ihr: Die Leute pflegen mich aufzusuchen, wenn sie einen Ausschlag an der Haut haben, damit ich ihnen sage, ob das Aussatz ist oder nicht, und darum fällt es mir schwer, sie zu verlassen; so will ich denn dir die Merkmale angeben, damit du imstande bist, an meiner Statt zu beschauen. Siehst du an dem Kranken ein Haar, dessen Wurzel trocken ist, so wisse, er ist mit dem Leiden behaftet; hat doch der Heilige, gelobt sei er, jedem einzelnen Haar eine Quelle für sich bereitet, aus der es seine Säfte zieht, und versiegt die Quelle, so verdorrt auch das Haar.
Das Weib erwiderte: Der Heilige, gelobt sei er, hat jedem Haar seinen Brunnen geschaffen, der ihm den Lebenssaft spendet; und er sollte nicht dir, der du ein Mensch bist und Kinder großziehst, deinen Lebensunterhalt gewähren?!
Und sie ließ es nicht zu, daß er seine Heimat verließ.

Dritte Geschichte: Von Rabbi Eleasar und Rabbi Jochanan. Rabbi Eleasar ben Schammua und Rabbi Jochanan machten sich auf den Weg nach Nisibis*, um sich von Rabbi Juda ben Betera in der Schrift unterweisen zu lassen. Als sie aber an der Stadt Sidon* vorbeikamen, erhoben sie ihre Augen und mußten Tränen vergießen. Sie zerrissen ihre Kleider und riefen den

Schriftvers aus: »Daß ihr das Land einnehmet und darinnen wohnet, und haltet nun, daß ihr tut alles, was geboten ist . . .«*
Und sie machten auf der Stelle kehrt und begaben sich zurück in ihre Heimat. Sie sprachen: Im Lande Israel wohnen – das wiegt alle Gebote der Tora auf!

Mutter und Stiefmutter

Der Lehrer Kahana war überaus eifrig in Dingen der Gottesfurcht. Als er aber von Babel nach dem Heiligen Lande* kam, begegnete ihm hier ein Lumpenkerl und fragte ihn spöttisch: Was gibts Neues im Himmel? Der Meister erwiderte: Dein Tod wurde dort soeben beschlossen. So geschah es auf der Stelle, und der Mann starb. Ein zweiter trat ihm entgegen, stellte an ihn dieselbe Frage, und der Lehrer mußte ihm die gleiche Antwort geben, die auch in Erfüllung ging.
Nunmehr sprach Kahana bei sich selbst: Weswegen bin ich bloß hierhergekommen? Ich gedachte, hier mein Heil zu erlangen, und muß nun Sünden begehen! Bin ich denn in dieses Land gezogen, um den Söhnen Israels den Tod zu bringen? Ich will zurückkehren dorthin, woher ich ausgewandert bin.
Er ging zu Rabbi Jochanan und legte ihm die folgende Frage vor: Wenn einen die eigene Mutter schmäht, die Stiefmutter aber ihn hochachtet – zu welcher von beiden soll er ziehen? Der Rabbi gab zur Antwort: Er gehe dorthin, wo man ihn zu ehren weiß.
Also kehrte Kahana dorthin zurück, woher er gekommen war: nach Babel.

Wie die Mühe so der Lohn

Ein Eseltreiber erschien eines Tages vor Hillel dem Babylonier und sprach zu ihm: Schau nur, wie sehr wir Bewohner des Landes Israel euch überlegen sind: ihr müßt den langen, mühevollen Weg von Babel nach Jerusalem zurücklegen, wenn ihr zu den Wallfahrtsfesten* heraufzieht, während ich nur aus meinem Hause zu treten brauche, um mich bereits in Jerusalem zu befinden.
Hillel schwieg eine Weile und sprach sodann: Welchen Preis verlangst du für einen Ritt auf deinem Esel von hier bis nach Emmaus? Der Eseltreiber erwiderte: Einen Dinar. – Und von hier bis Lydda? – Zwei Dinare. – Bis Cäsarea wieviel? – Drei Dinare. Hillel sagte darauf: Je weiter ich den Weg bemesse, um so größere Miete verlangst du für deinen Esel. Der Vermieter antwortete: Nach der Länge des Weges richtet sich die Höhe des Preises. Nunmehr sprach Hillel: Und dasselbe sollte für den Weg, den der Mensch zu Fuß gehen muß, nicht gelten?
So hat auch Hillel gelehrt: »Je nach der Mühe der Lohn.«*

Begründete Hast

Als Raw Sera nach dem Heiligen Lande heraufzog und keine Fähre finden konnte, die ihn an das jenseitige Ufer gebracht hätte, ergriff er ein Seil, das über den Fluß gespannt war, hielt sich daran fest und überquerte so den Strom.
Ein Ketzer sah ihm zu und sprach zu ihm: Ihr ungeduldiges Volk, das mit dem Munde geschwinder ist als mit den Ohren* – bis heute seid ihr so eilfertig geblieben wie ehemals!
Der Meister erwiderte: Ich strebe nach einem Orte, den nicht einmal Mose und Aaron erreicht haben*, und wer bürgt mir dafür, wofern ich zögere, daß ich anlangen werde?

Zur ewigen Heimat

Erste Geschichte: Rabbi Meirs Tod. Sieben Gewässer umgrenzen das Land Israel: das große Meer, der See Tiberias, der Semmachonitis-See, das Salzmeer, der See von Chulta, der See von Schiljat, der See von Apamea.
Der Tod ereilte den Rabbi Meir in Asia*. Er ließ noch den Einwohnern des Heiligen Landes sagen: Da ist der Strick – an seinen Füßen nämlich war ein Seil befestigt, an dem der Tote zur Zeit der Auferstehung in das Land der Väter gezogen werden sollte. Aber außerdem trug er seinen Freunden auf: Setzt meinen Sarg an den Wasserstrand, heißt es doch vom Heiligen Lande: »Er hat es über Meeren gegründet, über Wasserläufen befestigt.«*

Zweite Geschichte: Der Tod des Ulla Nachota. Als Ulla, der nach Babel gezogen war, im Sterben lag, weinte er. Da sprachen die Umstehenden: Weine nicht! Wir werden deinen Leichnam nach dem Heiligen Lande überführen.
Er aber sprach: Was kann mir das frommen? Den Edelstein, der in mir ist, verliere ich auf ungeweihter Erde. Wie anders, wenn einer die Seele auf dem Mutterboden aushaucht, als wenn er sie aushauchen muß im Schoß der Fremde!

Fünftes Buch

Von Recht und Gericht

Amt ist Pflicht

»Ein König richtet das Land auf durchs Recht, ein Geizhals aber verderbt es.«* Wer die Tora beherrscht, der richtet die Welt auf durch das Gericht, das er hält; wer sich aber geizig zurückhält und spricht: Was soll ich mich der Gemeinschaft zuliebe abmühen; was hab' ich ihre Stimmen vor dem Richterstuhl zu vernehmen?! Genieße des Friedens, meine Seele! – Wer also spricht, der zerstört gleichsam die Welt.
Als Rabbi Assi von der Erde scheiden sollte, begab sich sein Schwestersohn zu ihm und sah den Oheim Tränen vergießen. Er fragte ihn: Meister, was weinst du? Hast du nicht genug gelernt und gelehrt?! Sieh, wieviel Schüler vor dir sitzen! Oder hast du nicht genug Milde geübt?! Alle guten Eigenschaften waren doch in dir vereinigt, und du hieltest dich sogar vom Gerichte ferne und ließest es nicht zu, daß man dir ein Amt gebe.
Der Rabbi erwiderte: Mein Sohn, gerade darum weine ich ja! Vielleicht muß ich jetzt Rechenschaft darüber ablegen, daß ich nicht habe Recht sprechen wollen in Israel, und werde dem Geizhalse gleich gerechnet, der da, indem er mit sich selber geizt, ein Land zerstört ...

Gerechtigkeit durch Rechtlichkeit

Erstes Beispiel: Bestechung durch Werke. Es heißt in der Tora: »Bestechung sollst du nicht nehmen.«* Aber dem Richter ist nicht nur verboten, Geld zu nehmen, auch Bestechung durch Werke ist verboten.

Was ist denn das: Bestechung durch Werke?
Der Meister Samuel überschritt einmal eine Brücke. Da kam ein Mann herzu und reichte ihm die Hand, damit er sicherer ginge. Der Meister fragte den Hilfsbereiten: Was bringt dich hierher? Der Mann antwortete: Ich komme in einer Rechtssache. Da sagte der Rabbi: Ich kann nicht mehr dein Richter sein.
Amemar saß da und hielt Gericht. Da kreiste ein Vogel über seinem Haupte. Ein Mann trat herzu und verjagte den Vogel. Amemar fragte den Zuvorkommenden: Was suchst du hier? Der Mann gab zur Antwort: Ich habe eine Rechtssache vorzutragen. Da sagte der Meister: Jetzt aber darf ich nicht mehr dein Richter sein.

Zweites Beispiel: Das Recht der Magd. Die Ehefrau des Rabbi Josse hatte mit ihrer Magd einen Zank. Da gab Rabbi Josse seiner Frau unrecht im Angesicht der Magd. Das Weib sprach: Warum hast du mich vor der Magd Lügen gestraft?
Der Rabbi erwiderte: Hat nicht Hiob also gesprochen: »Hab' ich verachtet das Recht meines Knechtes oder meiner Magd, wenn sie eine Sache wider mich hatten?«*

Drittes Beispiel: Raw Nachman der Richter. Raw Hunas Ehefrau hatte einen Rechtsstreit vor dem Richterstuhl des Raw Nachman auszufechten. Da sprach Raw Nachman bei sich selbst: Wie soll ich verfahren? Erhebe ich mich, wenn sie eintritt, von meinem Sitz, so könnten ihrem Gegner, wenn er sieht, wie ich sie ehre, vor Ängstlichkeit seine Klagepunkte entfallen; bleibe ich wiederum sitzen, weil der Richter sitzen muß, so lasse ich es zugleich an der ihr schuldigen Ehrerbietung fehlen, denn eines Schriftgelehrten Weib ist einem Schriftgelehrten gleichzuachten.

Erste Geschichte: Der Sklave zweier Herren. Es war einmal ein Sklave, der war gemeinsamer Besitz zweier Herren und gehörte jedem zur Hälfte. Da beschloß der eine, ihn freizulassen, und machte ihn somit zur Hälfte frei. Nunmehr sprach der andre Miteigentümer des Sklaven bei sich: Wenn die Rabbinen davon erfahren, zwingen sie mich, ihn auch meinerseits freizugeben, und ich erleide Schaden. Also tat er anders und übereignete den Anspruch auf den Sklaven seinem Sohne, der noch ein Knabe war.

Raw Joseph, der Sohn Rabas, brachte die Angelegenheit vor Raw Papa, und dieser beschied ihn also: Wie dieser Mann gehandelt hat, so soll an ihm gehandelt werden, und die Vergeltung ereile sein Haupt. Wie bekannt, hascht ein Kind gerne nach Münzen; setzen wir also für diesen Knaben einen Vormund ein, und wenn dieser vor dem Kinde Münzen klingen läßt, schreibe man dem Sklaven im Namen des Knaben den Freibrief.

Zweite Geschichte: Verteilung der Erbschaft. Es war einmal ein Mann, dessen Söhne taten nicht gut; da verschrieb er in seinem Letzten Willen all sein Gut dem Jünger Jonathan ben Usiel.

Was tat der Rabbi?

Ein Drittel des Betrages gab er für Dinge aus, die er selber brauchte; ein Drittel weihte er dem Heiligtum; ein Drittel erstattete er den Enterbten zurück. Da begab sich der Meister Schammai ›mit Stab und Mantelsack‹* zu dem Jünger, um ihn zurechtzuweisen, weil er, dem Willen des Toten entgegen, dennoch ein Drittel dessen Söhnen zugewandt hatte. Jonathan ben Usiel erwiderte darauf: Meister, bist du imstande, das Geld, das ich für mich ver-

braucht, und das Geld, das ich dem Tempel gewidmet habe, zurückzurufen, so will ich auch meine Schenkung an die Söhne des Erblassers rückgängig machen ...
Nunmehr rief Schammai aus: Der Sohn Usiels hat mich überwunden!

Von der Beweispflicht

Erster Fall: Das Zeugnis des einzelnen. Es war einmal ein Mann mit Namen Tobia, der hatte sich ein Vergehen zuschulden kommen lassen. Da begab sich ein Mann namens Sigod, allein wie er war, zu Raw Papa und legte vor diesem gegen Tobia Zeugnis ab. Aber Raw Papa ließ den Sigod dafür prügeln. Da sagte dieser: Tobia hat gesündigt, und Sigod wird geprügelt?!
Der Rabbi entgegnete: Steht nicht geschrieben: »Es trete kein einzelner Zeuge gegen einen Menschen auf, die Sünde sei, welche sie sei; sondern durch zweier Zeugen Mund, oder durch dreier Zeugen Mund, wird eine Sünde erwiesen.«*
Du aber hast als einzelner ein Zeugnis abgegeben; das heißt: du hast ihm nur einen bösen Namen gemacht.

Zweiter Fall: Tyrann und Bruder. Zu Mare ben Isaak kam sein Bruder – sie waren lange Zeit voneinander getrennt gewesen – aus Be-Chosaa und sprach zu ihm: Gib mir meinen Anteil von der Hinterlassenschaft meines Vaters. Mare erwiderte: Ich kenne dich nicht. Also gingen sie vor Raw Chisda, daß dieser ihren Streit schlichte.
Der Rabbi sagte zu dem Bruder aus Be-Chosaa: Mare hat dir schon recht geantwortet, heißt es doch in der Schrift: »Joseph erkannte seine Brüder, sie aber erkannten ihn nicht«*; du wirst noch bartlos gewesen sein, als ihr euch getrennt habt, nun aber ist dir ein Bart gewachsen. Darum mache dich auf und bringe Zeugen dafür bei, daß dieser

dein Bruder ist. Der Kläger antwortete: Ich habe Zeugen dafür, aber die fürchten sich vor meinem Bruder, denn der ist ein gewalttätiger Mann.
Daraufhin wandte sich der Richter an Mare und sprach: So mache denn du dich auf und bringe Zeugen dafür bei, daß dieser nicht dein Bruder ist! Mare gab zur Antwort: Lautet so das Gesetz? Hat doch der, der von seinem Nächsten etwas verlangt, den Beweis zu erbringen. Der Richter entgegnete: Aber mein Spruch gilt für dich und für alle Tyrannen, die dir gleichen!

Dritter Fall: Ohne Ausnahme. Wer Geld ausleiht, ohne Zeugen hinzuzuziehen, der übertritt ein Verbot der Schrift. Heißt es doch: »Du sollst vor den Blinden nichts hinstellen, worüber er straucheln könnte.«* Dazu bringt er Fluch über sein eigenes Haupt, wie es auch heißt: »Verstummen müssen falsche Mäuler, die da reden dreist gegen den Gerechten.«*
Die Weisen sagten dem Raw Aschi: Der Meister Rawina ist ein Mann, der alles erfüllt, was die Weisen vorgeschrieben haben. Da ließ Raw Aschi eines Tages, es war Rüsttag zum Sabbat, zu Rawina senden und ihn bitten: Möge mir der Meister einen Betrag von zehn Sus* schikken; mir ist ein Stück Land untergekommen, das ich kaufen möchte. Rawina aber gab den Boten diese Antwort: Der Meister soll mir erst Zeugen bringen und einen Schuldschein ausschreiben. Darauf ließ Raw Aschi ihm ansagen: Ist das auch bei mir nötig? Rawinas Antwort lautete: Gerade bei dem Meister, der so versunken ist in die Lehre und ganz gewiß die Sache vergessen wird – und ich hätte dann Unheil über mich selbst gebracht.

Richter in eigener Sache

Erster Fall: Bestrafte Scheinehe. Es war einmal ein Mann, der hatte eine Schiffsladung Wein gekauft, fand aber keinen Ort, wo er ihn lagern lassen konnte. Da fragte er eine Frau: Hast du nicht einen Raum, den du mir um Geld überlassen könntest? Sie erwiderte: Nein. Nun ging er hin und traute sie sich an; da räumte sie ihm einen Platz ein, wo er den Wein hinbringen konnte. Hernach aber begab er sich in sein Haus, schrieb ihr einen Scheidebrief und sandte ihn ihr; da dingte sie Lastträger, die holten den Wein aus dem Lager und stellten die Fässer auf die Straße.

Raw Huna, Sohn des Raw Josua, hat dazu gesagt: Wie er getan hat, so tut man mit ihm; die Vergeltung fällt auf sein Haupt.

Zweiter Fall: Chanan, der ›Bösewicht‹. Chanan, den man den ›Bösewicht‹ nannte, versetzte einmal einem Manne einen Schlag. Später erschien er vor Raw Huna, und der sagte ihm: Du mußt dem, den du geschlagen hast, einen halben Sus* Buße zahlen.

Nun hatte Chanan einen abgegriffenen Sus bei sich, den gab er dem Beleidigten und verlangte, daß der ihm einen halben Sus herausgebe; der Mann aber wollte die Münze nicht einlösen.

Da versetzte Chanan ihm einen zweiten Schlag und überließ ihm das ganze Geldstück.

Der Rabbi als Häscher

1. Rabbi Eleasar, der Sohn des Rabbi Simeon ben Jochai, traf einst einen Häscher des Königs, der den Befehl hatte, nach Dieben zu fahnden. Da fragte der Rabbi

den Mann: Wie vermagst du, diesen Gesellen beizukommen? Gleichen sie doch den Tieren des Waldes, die sich tagsüber in ihren Schlupfwinkeln verbergen. Und was bewahrt dich davor, gerade einen Unschuldigen zu fassen und den Schuldigen zu übersehen? Der Amtmann erwiderte: Was soll ich tun? Hat doch der König mir den Befehl erteilt.
Da sagte ihm der Rabbi: Ich will dich belehren, wie du die Sache angreifen sollst. Begib dich um die vierte Tagesstunde* in die Schenke, und siehst du dort Leute, die Wein getrunken haben und, den Becher in der Hand, am Tische eingeschlafen sind, so frage nach ihrem Tagewerk. Du wirst Gelehrte finden, die sich noch in der Nacht zu ihrem Studium erhoben haben und darum eingeschlummert sind; Tagelöhner, die am frühesten Morgen mit der Arbeit begonnen haben und deshalb müde sind; auch Handwerker, die ihr Werk nachts verrichten und deshalb am Tage ruhen – etwa ein Kupferschmied, der die Platten in der Nacht auszieht, eine Arbeit, die keiner hört. Trifft aber nichts von dem allen zu, so ist der Schläfer zweifellos ein Dieb, der in der Nacht auf Raub ausgegangen ist!
Als man am königlichen Hofe von dem klugen Rate des Rabbis hörte, verfügte man: Des Briefes Leser sei der Überbringer auch! Wer da weiß, woran man den Dieb erkennt, sei selber der Häscher!

2. Als Rabbi Eleasar, der Sohn des Rabbi Simeon, zum Diebesfänger eingesetzt worden war, ließ Rabbi Josua ben Korcha ihm sagen: Sohn des Weines, der du Essig geworden bist* – wie lange noch willst du Gottes Volk dem Tode überliefern? Rabbi Eleasar sandte die folgende Antwort: Ich reute nur die Dornen aus dem Weinberge aus. Darauf erwiderte ihm Rabbi Josua: Laß das dessen Sorge sein, der des Weinberges Herr ist!

Eines Tages begegnete dem Rabbi Eleasar ein Walker und rief ihm das Schimpfwort zu: Essig, der du vom Weine stammst! Da sagte der Rabbi: Wer so dreist ist, muß ein Verbrecher sein! Und er befahl den Dienern des Königs: Greift ihn! Also griffen sie den Mann. Wie aber der Rabbi wieder ruhigen Sinnes geworden war, begab er sich zu den Schergen, um den Mann auszulösen, doch es glückte ihm nicht mehr. Da rief er über den Verurteilten den Schriftvers aus: »Wer seinen Mund und seine Zunge bewahrt, der bewahrt seine Seele vor Angst.«*
Der Walker wurde aufgeknüpft, und Rabbi Eleasar stand unter dem Galgen und weinte. Da sagten sie zu ihm: Rabbi, gräme dich nicht um diesen: haben doch er und sein Sohn eine verlobte Jungfrau beschlafen, und zwar am Versöhnungstage! Da er das hörte, legte der Rabbi die Hand auf seinen Leib und sprach: Jubelt, ihr meine Eingeweide! Sind die, bei denen ihr zweifelt, ob sie den Tod verdienen, schon solche Übeltäter, wie erst die, an deren Schuld ihr keinen Zweifel hegt! Ich bin gewiß: kein Wurm wird euch im Grabe versehren!

Der Nackenschlag

Als Rabbi Assi von Babel nach dem Heiligen Lande kam, gelangte er zuerst nach Tiberias. Er ließ sich scheren und wollte ins Badehaus gehen; da begegnete ihm ein Spötter, versetzte ihm einen Schlag auf den Nacken und sagte dazu: Was der Mann doch für einen schlaffen Hals hat! Hernach kam derselbe Frechling an einem Archonten* vorbei, der einen Räuber richtete, und lachte diesem ins Gesicht. Der Archont fragte gerade den Räuber: Wer war dein Spießgeselle? und als der Gefragte die Augen erhob, sah er den Mann, der ihn auslachte, und sagte: Dieser, der da lacht, ist mein Mittäter gewesen! – Also griffen

sie den Spötter, folterten ihn, und er bekannte, einen Menschen umgebracht zu haben.
Als nun die beiden, der Räuber und der Spötter, ihr Galgenholz auf dem Rücken, zur Richtstätte geführt wurden, da kam eben Rabbi Assi aus dem Badehause. Und der, der vormals gespottet hatte, sagte jetzt zu dem Rabbi: Der Hals, der schlaff war, ist nun stark geworden.

Vom Hehler und Stehler

Erste Geschichte: Ein Beispiel aus der Tierwelt. Es war einmal ein Statthalter, der pflegte die Hehler zu töten und die Diebe zu begnadigen, und alle Welt murrte über ihn, weil er nicht recht zu handeln schien.
Was tat er? Er erließ eine Botschaft: Alles Volk versammle sich in der Arena. Nachdem das Volk zusammengekommen war, brachte man auf sein Geheiß einige Wiesel herbei, vor denen er Schätze ausstreuen ließ, und die Tiere nahmen die Kostbarkeiten und schleppten sie in ihre Löcher. Am nächsten Tage ließ er nochmals alles Volk in der Arena sich versammeln und wieder den Wieseln Schätze vorwerfen, aber diesmal sperrte er die Gänge zu ihren Schlupfwinkeln. Die Wiesel nahmen die Kostbarkeiten, schleppten sie bis an den Eingang ihrer Löcher, und als sie diese verschlossen fanden, brachten sie den Raub wieder zurück an die Stelle, wo sie ihn gefunden hatten.
Damit hatte der Statthalter dem Volke zeigen wollen, daß einzig der Hehler für den Diebstahl zu bestrafen ist; ein Dieb, der mit der Beute nichts anzufangen weiß, trägt sie zurück.

Zweite Geschichte: Der Rabbi und der Dieb. Der Meister Raw sagte: Wer einen Einbruch verübt, Gegenstände fortnimmt und unbehelligt davonkommt, der braucht das geraubte Gut nicht wiederzuerstatten; er hat die Dinge gleichsam gekauft durch die Lebensgefahr, in die er sich begeben hat.
Bei dem Meister Raba drangen Diebe ein und stahlen ihm Widder; hernach sandten sie ihm die geraubten Tiere zurück, er aber nahm sie nicht mehr an, denn er sprach: Raw hat nun einmal seinem Munde jene Worte entfahren lassen!

Von Räubern

Erste Geschichte: Werde nicht zum Spießgesellen. Es war einmal ein Mann, der hatte einen Räuber zum Nachbarn; dieser zog nachts auf Beutezüge aus, und von dem, was er heimbrachte, ernährte er Söhne und Töchter bei Tage. Da sprach die Frau des ersten zu ihrem Manne: Wie schlimm ist doch das Los eines Weibes, das dich zum Manne hat! Sieh dir unseres Nachbarn Kinder an, was die zu essen und zu trinken haben! Der Mann erwiderte: Willst du, daß ich dasselbe Handwerk treiben soll, das er betreibt? Die Frau sprach: Was ist schon dabei? Da sprach der Mann: So laß uns gemeinsam zu ihm gehen und ihn mit Worten bewegen, daß er mich zum Genossen annehme. Sie taten so, und der Räuber nahm jenen mit auf den Zug.
Aber gerade in jener Nacht hatte eine andere Räuberbande ihnen einen Hinterhalt gelegt. Der Erfahrene, der alle Pfade kannte, vermochte zu entschlüpfen und brachte sich in Sicherheit; der Neuling aber wurde gefaßt und ans Kreuz geschlagen. Auf ihn wandte man das Sprichwort an: Nachhut der Räuber, Vorhut des Galgens!

Zweite Geschichte: Der Verteidiger als Ankläger. Es war einmal ein Räuber, der lauerte an einem Kreuzweg den Vorübergehenden auf. Einmal kam ein Steuereinnehmer des Weges, den überfiel er und raubte alles, was der Mann mit sich führte.

Nach Jahr und Tag wurde der Räuber gefaßt und ins Gefängnis geworfen. Der Einnehmer hörte davon, suchte ihn auf und sprach zu ihm: Gib mir zurück, was du mir genommen hast; ich will dafür vor dem König für dich sprechen. Der Räuber erwiderte: Von allem, was ich von dir hatte, ist mir nichts geblieben außer dieser Matte, auf der ich hier schlafe. Der Einnehmer sagte: Gib sie mir; ich will dafür vor dem König für deine Freisprechung wirken. Da sagte der Räuber: Nimm die Matte.

Tags darauf stellte man den Räuber vor Gericht. Der König fragte: Hast du einen Zeugen für deine Unschuld? Der Räuber antwortete: Der Steuereinnehmer Soundso wird für mich sprechen. Der König ließ nach dem Einnehmer senden und sprach zu ihm: Weißt du etwas Gutes über diesen Mann zu sagen? Der Einnehmer antwortete: Als man mich ausgesandt hatte, in der und der Landschaft die Abgaben zu erheben, stand dieser Mann wider mich auf, überwältigte mich und raubte mir alles, was ich hatte; und diese Matte hier, die mein Eigentum ist, zeuge wider ihn!

Da schrie alles Volk mit lauter Stimme: Wehe dem, dessen Verteidiger zum Ankläger geworden ist!

Ämterkauf

Rabbi Mana schmähte diejenigen, die sich das Richteramt mit Geld erkauften. Rabbi Ammi sprach über solche Leute den Schriftvers aus: »Ihr sollt euch keine silbernen und keine goldenen Götter machen.«*

Der Meister Raw sagte: Ein Richter, der Geld gegeben hat, damit man ihn wähle – vor ihm erhebt man sich nicht, man ruft ihn nicht ›Meister‹, und das Amtskleid seiner Würde ist soviel wert wie ein Eselssattel.
Rabbi Seera und einer von den Weisen saßen beisammen, als einer von denen vorbeiging, die durch Geld ihr Amt erhalten hatten. Sprach jener Weise zu Rabbi Seera: Tun wir so, als seien wir ganz und gar in die Schrift versenkt; daß wir nicht aufzustehen brauchen vor einem solchen.

Sebulon und Dan

Es war einmal ein Mann, der pflegte, wenn er mit jemandem Händel hatte, ständig zu sagen: Gehen wir vor Gericht! Das Gericht soll entscheiden! Da sagten die Leute: Es ist klar; dieser Mann ist ein Daniter, denn von Dan heißt es im Segen Jakobs: »Dan wird Richter sein in seinem Volk.«*
Ein anderer Mann pflegte, wo er ging und stand, das Gestade des Meeres zu preisen; so sagte er: Die Dornsträuche, die am Strande wachsen, nennt man anderswo Zypressen! Man ging der Abstammung dieses Mannes nach, und es erwies sich, daß er aus dem Stamme Sebulon herkam, von dem es im Segen Jakobs heißt: »Sebulon wird an der Furt des Meeres wohnen.«*

Frauenspiegel

Der Einfluß der Frau

Ein frommer Mann hatte ein frommes Weib, aber sie hatten keine Kinder. Da sprachen sie: Unsere Ehe bringt dem Heiligen, gelobt sei er, keinen Nutzen. Und der Mann gab seiner Frau den Scheidebrief, und sie trennte sich von ihm.
Er heiratete in zweiter Ehe eine böse Frau, und die machte ihn zu einem Bösewicht. Die Geschiedene wiederum heiratete einen bösen Mann und verwandelte diesen in einen frommen.
Ob der Mann gottlos wird, ob der Mann fromm wird – alles bewirkt die Frau.

Auch die böse Frau ist ehrenwert

Das Weib des Rabbi Chija fügte ihrem Gatten viel Pein zu. Er aber, wenn er einen Gegenstand fand, der sich für sie eignete, erwarb er ihn, wickelte ihn in ein Tuch und schenkte ihn ihr.
Da fragte ihn Raw: Fügt sie dir nicht Pein zu? Chija erwiderte: Uns Männern muß es genügen, daß die Weiber unsere Kinder aufziehen und uns selbst vor der Sünde bewahren.

Das doppelte Gesicht des Weibes

Raw Juda ben Ezechiel las seinem Sohne Isaak den Vers des Predigers vor: »Ich fand: bitterer denn der Tod ist ein solches Weib.«* Da fragte Raw Isaak: Wie was für ein Weib? Raw Juda erwiderte: Ein Weib wie deine Mutter.

Aber hat nicht derselbe Raw Juda seinem Sohne Isaak gesagt: Nirgendwo anders findet ein Mann Seelenfrieden als bei seiner ersten Frau, wie denn auch geschrieben steht: »Dein Born sei gesegnet, und freue dich des Weibes deiner Jugend!«* Und als der Sohn fragte: Was für eine Frau meinst du? erwiderte der Vater: Eine wie deine Mutter! Raw Judas Eheweib war nämlich leicht aufbrausend, aber auch leicht wieder zu besänftigen.

Eine Frau wird niemals alt

Eine Frau darf sich schmücken auch am Halbfeiertage*. Es war an einem Halbfeiertage, daß das Weib Raw Chisdas sich in Gegenwart ihrer Sohnesfrau schön machte. Raw Huna, der gerade vor Raw Chisda saß, sprach dazu: Das Recht, sich zu schmücken, gilt nur für eine junge, nicht aber für eine alte Frau. Da entgegnete ihm Raw Chisda: Bei Gott, eine jede hat das Recht, sich zu schmücken, auch deine Mutter, auch deine Großmutter, selbst ein Weib, das schon am Rande des Grabes steht.
Das ists, was die Leute sagen: Wenn die Pauke zum Tanze geschlagen wird, dann hüpft die von sechs Jahren und die von sechzig!

Mann und Weib

Die Jünger fragten den Rabbi Josua: Warum ist der Mann leicht zu überreden, das Weib aber nicht? Er erwiderte ihnen: Adam wurde aus Erde erschaffen, und wenn du einen Erdenkloß mit Wasser benetzest, wird er sogleich geschmeidig; Eva aber wurde aus der Rippe gebildet, und wenn du einen Knochen auch tagelang in Wasser weichst, er löst sich nicht auf.
Sie fragten ferner: Warum heftet der Mann beim Gehen den Blick auf den Boden, das Weib aber blickt empor?

Er antwortete: Der Mann schaut das an, woraus er geschaffen ist, und das Weib schaut den an, aus dem sie geschaffen ist.
Sie fragten weiter: Warum sucht der Mann das Weib und nicht das Weib den Mann? Er gab zur Antwort: Ich will euch ein Gleichnis sagen: Wenn einer etwas verloren hat, so sucht er das, was er verloren hat; nicht aber sucht das Verlorene den Verlierer.*

Das Gleichnis von der alten und der jungen Frau

Rabbi Ammi und Rabbi Assi saßen vor ihrem Lehrer Rabbi Isaak Nappacha, und der eine Schüler bat ihn, ihnen etwas aus der Gesetzeslehre vorzutragen, der andere bat ihn, eine Geschichte zu erzählen. Da fing der Lehrer mit einer Geschichte an, der erste Schüler aber ließ ihn nicht ausreden; danach begann der Meister mit einem Abschnitt der Gesetzeslehre, und der andere Schüler unterbrach ihn. Nunmehr sprach der Rabbi zu den beiden: Ich will euch durch ein Gleichnis sagen, wie ihr mir vorkommt:
Es war einmal ein Mann, der hatte zwei Frauen, die eine war jung, die andre war alt. Die junge Frau rupfte dem Manne die grauen Haare aus, die alte riß ihm die schwarzen Haare aus; am Ende wurde der Mann kahl und gänzlich haarlos!

Weibliche Natur

Rabbi Simeon ben Eleasar erzählt:
Es war einmal eine Frau, die wurde eines Schriftgelehrten Weib, und als solches pflegte sie ihm die Gebetriemen um die Hand zu binden.
In ihrer zweiten Ehe heiratete sie einen Zöllner; dem

band sie Tag um Tag die Kapsel mit den Zollmarken um den Arm – –

Knabe und Mädchen

Dem Rabbi Simeon, Rabbis des Fürsten Sohn, hatte sein Weib ein Mädchen geboren. Rabbi Chija der Große begegnete ihm und sprach zu ihm: Der Heilige, gelobt sei er, hat angefangen, dich zu segnen. Rabbi Simeon fragte: Wer sagt das? Rabbi Chija antwortete: Das steht in der Schrift, wie es denn auch heißt: »Die Menschen begannen sich zu mehren auf Erden, und es wurden ihnen Töchter geboren.«*

Rabbi Simeon begab sich darauf zu seinem Vater. Der fragte ihn: Was für einen Glückwunsch hat dir dieser Babylonier übermittelt? Simeon erwiderte: Er hat mir das und das gesagt. Da sprach Rabbi: Und dennoch: bedarf man auch des Weines wie des Essigs, so ist doch der Wein notwendiger als der Essig; bedarf man auch des Weizens wie der Gerste, so bedarf man doch des Weizens mehr als der Gerste!

Es wird aber auch so erzählt:

Dem Rabbi Simeon, Rabbis Sohn, wurde eine Tochter geboren. Da war er sehr verdrießlich. Aber sein Vater sagte ihm dazu: Die Welt ist um einen Menschen reicher geworden!

Da sprach Bar Kappara zu Rabbi Simeon: Es ist ein eitler Trost, den dir dein Vater zugesprochen hat. Wohl ist es so, daß die Welt ohne Weiber ebensowenig bestehen kann wie ohne Männer; aber wohl dem, dessen Kinder männlich, und wehe dem, dessen Kinder weiblich sind. Der Welt tun Gerber nicht weniger not als Gewürzkrämer; aber wohl dem, dessen Handwerk das Gewürzbereiten, und wehe dem, dessen Kunst das Gerben ist!

Die Pflicht zur Frühehe

Ein Weiser hat gesagt: Wer zwanzig Jahre alt ist und noch kein Weib genommen hat, dessen Leben ist ein Leben der Sünde. Du kannst auch sagen: ein Leben in sündigen Gedanken.

Ein andrer Lehrer überliefert: Bis der Mensch sein zwanzigstes Lebensjahr erreicht hat, schaut Gott ihm zu und wartet darauf, daß er ein Weib nehme; ist er zwanzig Jahre alt geworden und keine Ehe eingegangen, so spricht der Herr: Dieses Mannes Gebeine mögen vergehen!

Raw Chisda sprach von sich selbst: Daß ich meine Gefährten in der Lehre überholt habe, hat darin seinen Grund, daß ich mit sechzehn Jahren geheiratet habe. Wäre ich aber schon mit vierzehn in die Ehe getreten, ich hätte zum Satan sagen können: Einen Pfeil in deine Augen!

Vor Raw Huna wurde Raw Hamnuna als ein großer Gelehrter gerühmt. Da sprach der Meister: Wenn er erscheint, führe man ihn mir vor. Als aber der Gerühmte sich dem Rabbi zeigte, bemerkte dieser, daß der Jünger unverhüllt war; er fragte ihn: Warum hast du kein Tuch umgetan? und Hamnuna erwiderte: Weil ich nicht verheiratet bin. Nunmehr wandte der Meister sein Antlitz von ihm ab und sprach: Du siehst mein Angesicht nicht wieder, es sei denn, daß du in die Ehe trittst.

Theorie und Praxis

Es kam einmal ein Mann vor den Meister Raw und richtete an ihn die folgende Frage: Wenn ein Samariter oder ein Sklave ein israelitisches Mädchen geschwängert hat — wie steht es damit? Raw erwiderte: Ihre Kinder gelten als makellos. Da sprach der Mann: Ich selbst entstamme einer solchen Verbindung; so gib mir denn deine Tochter zur Frau! Aber Raw antwortete ihm: Dir gebe ich sie nicht.

Nunmehr sprach Schimi bar Chija zu Raw: Da behält ja das Sprichwort recht, das da lautet: In Medien tanzte ein Kamel auf einem Fäßchen – hier ist nun ein Fäßchen, hier ein Kamel und hier Medien, und siehe, es tanzt nicht!* Raw sprach dagegen: Und wäre der Mann auch Josua, dem Sohne Nuns, gleich, ich würde ihm meine Tochter nicht geben. Schimi erwiderte: Wäre der Mann wie Josua bin Nun und der Meister wollte ihm seine Tochter nicht geben, es würde sich ein anderer finden, der ihm seine Tochter gäbe; aber, wie der Mann nun ist, so wird ihn, verweigert ihm der Meister die Tochter, auch kein anderer zum Eidam nehmen.

Die wahre Demut

Rabbi Abahu sagte über sich selbst: Anfangs glaubte ich, ich sei ein demütiger Mensch; aber einmal erlebte ich, wie Rabbi Abba aus Akko eine Lehrmeinung sagte, während der Sprecher, der den Vortrag vor dem Volke aramäisch wiederholen muß*, statt dessen eine andre Meinung verkündete, und Rabbi Abba zürnte ihm in keiner Weise. Da erkannte ich, daß nicht ich es bin, der demütig zu benennen ist.

Was ist aber von der Demut Rabbi Abahus zu erzählen? Der Sprecher Rabbi Abahus hatte ein Weib, das sprach eines Tages zu dem Weibe Abahus: Mein Gatte ist auf den deinigen nicht angewiesen, und daß er sich zu ihm herabbeugt, bevor er sich wieder aufrichtet, geschieht nicht, weil er die Worte des Lehrvortrages zu hören nötig hätte, sondern der bloßen Ehre halber. Da begab sich das Weib Abahus zu ihrem Gatten und erzählte ihm, was die Frau des Sprechers ihr gesagt hätte. Rabbi Abahu aber erwiderte ihr: Was ficht dich das an? Wird doch der Höchste verherrlicht durch mich und ihn gemeinsam!

Die zwei Sünderinnen

Einst verhängte das Gericht gleichzeitig über zwei Frauen die Prügelstrafe; die eine wurde wegen üblen Wandels bestraft, die andere, weil sie im Sabbatjahr* unreifes Obst gegessen hatte. Da sprach das Weib, das der unreifen Feigen wegen bestraft wurde, zu den Richtern: Ich bitte euch, tut kund, aus welchem Grunde ich gezüchtigt wurde, damit nicht alle Welt von mir sage, ich hätte für dieselbe Schuld zu büßen wie meine Genossin!
Also holte man unreife Feigen, die im Sabbatjahr gewachsen waren, hängte sie ihr um den Hals und rief vor ihr aus: Diese Frau wird bestraft, weil sie die Bestimmungen des Sabbatjahres nicht gehütet hat.

Mutter und Kind

Erster Fall: Die Säugepflicht. Wird eine Frau von ihrem Manne geschieden, so kann er sie nicht dazu zwingen, daß sie sein Kind weiter säuge. Ist es aber so, daß das Kind nur sie kennen will, so ist sie verpflichtet, es weiter zu nähren.
Eine Frau, der der Mann den Scheidebrief gegeben hatte, wollte ihren neugeborenen Knaben nicht mehr säugen. Man führte sie vor den Meister Samuel. Dieser gab Raw Dime den Auftrag: Prüfe sie.
Der Jünger ließ sie nun unter einer Reihe von Frauen Platz nehmen und führte dann den Säugling an einer nach der andern vorüber. Als das Kind vor seiner Mutter angelangt war, blickte es ihr ins Gesicht. Und die Frau senkte ihre Augen zu Boden.
Da sprach der Rabbi: Erhebe deine Augen, steh auf, nimm deinen Sohn und säuge ihn.

Zweiter Fall: Das Mutterherz. Eine Witwe ging einst zum Richter, sich über ihren Sohn zu beschweren. Als sie aber sah, wie der Richter dasaß und schwere Strafen verhängte, als da waren: Feuer, Pech und Peitsche – sprach sie bei sich selbst: Wenn ich die Untaten meines Sohnes diesem Richter entdecke, wird er ihn töten lassen.
Sie wartete nun, bis der Richter mit Urteilen fertig war. Als er geendet hatte, sprach er zu ihr: Worin hat sich dieser dein Sohn gegen dich vergangen? Sie erwiderte: Als er noch in meinem Leibe war, hat er mich getreten. Er fragte weiter: Und seither hat er dir nichts angetan? Sie gab zur Antwort: Nein.
Da sprach der Richter: Geh deiner Wege; wessen du ihn beschuldigst, das ist keine Sünde.

Rabbi als Richter

Erste Geschichte: Die Genotzüchtigte. Ein Weib kam vor Rabbi, den Fürsten, und klagte vor ihm: Ein Mann hat mir Gewalt angetan. Er erwiderte ihr: Ist es dir kein Genuß gewesen?
Da sprach sie zu ihm: Wenn ein Mann seinen Finger in Honig taucht und ihn dir am Versöhnungstage in den Mund steckt – wird das Übel* dadurch geringer, daß dir der Geschmack süß gewesen ist?
Darauf nahm der Meister ihre Klage an.

*Zweite Geschichte: Zwölffache Schwagerehe.** Es waren ihrer einmal dreizehn Brüder; von denen starben zwölf, ohne Leibeserben zu hinterlassen. Da kamen die zwölf Witwen vor Rabbi, den Fürsten, und baten ihn, dafür zu sorgen, daß die Schwagerehe an ihnen vollzogen werde. Also wandte sich Rabbi an den Überlebenden der dreizehn Brüder und sprach zu ihm: Wohlan, eheliche

diese Frauen! Der Mann aber sagte: Wie könnte ich sie alle ernähren? Darauf sagten die Frauen: Wir nehmen gemeinsam die Sorge für den Hausstand auf uns, und zwar wird jede von uns je einen Monat im Jahr das Haus unterhalten. Aber der Mann gab sich nicht zufrieden und fragte: Und wer kommt mir für den Schaltmonat* auf? Da sagte Rabbi: Diese Sorge nehme ich auf mich. Und er gab ihnen allesamt seinen Segen und entließ sie.
Drei Jahre darauf erschienen die Weiber wieder, zusammen mit sechsunddreißig Kindern beladen, und stellten sich vor dem Hause Rabbis auf. Da sagte man Rabbi an: Eine ganze Stadt von Kindern ist gekommen, dich zu begrüßen. Nun schaute Rabbi durchs Fenster und sah die Besucher. Er fragte: Was wollt ihr von mir? Sie erwiderten: Wir sind gekommen, die Schuld für den Schaltmonat bei dir einzumahnen!

Voreilige Gelübde

Erste Geschichte: Begründete Milde und begründete Strenge. Es war einmal ein Mann, der sprach zu seiner Frau: Ich gelobe, daß du mir so lange verwehrt sein sollst, bis du den Meistern Juda und Simeon zu kosten gegeben hast von dem, was du da gekocht hast!* — Da ging sie zu den beiden Lehrern und bot ihnen von der Speise an.
Rabbi Juda aß davon, denn er sprach bei sich selbst: Wenn die Tora verordnet, sogar den heiligen Namen Gottes mit dem Fluchwasser abzuwaschen, wo es gilt, Frieden zu stiften zwischen Mann und Weib*, um wieviel mehr bin ich verpflichtet, solchem Ziel zuliebe alles auf mich zu nehmen!
Rabbi Simeon aber, der Sohn Jochais, kostete das Essen nicht. Er sprach: Mag die Frau darüber zur Witwe wer-

den, mag sie kinderlos werden; es darf nicht sein, daß es bei den Leuten zur Gewohnheit wird, leichtfertig allerlei Gelübde auszusprechen.

Zweite Geschichte: Sudelchen. Ein Mann sprach einmal zu seinem Weibe: Ich gelobe hiermit, daß du dich nicht an mir erfreuen sollst, es sei denn, du vermöchtest vor dem Meister Ismael ben Josse aufzuzeigen, daß irgend etwas an dir schön ist!
Ismael ben Josse fragte die, die ihm das übermittelten: Vielleicht hat sie einen schönen Kopf? Man antwortete ihm: Ihr Schädel ist rund. – Vielleicht hat sie schönes Haar? – Nein, es gleicht Flachsbündeln. – Vielleicht sind ihre Augen schön? – Nein, sie hat Triefaugen. – Vielleicht hat sie schöne Ohren? – Die sind zusammengerollt. – Vielleicht eine hübsche Nase? – Ihre Nase ist dick. – Vielleicht schöne Lippen? – Ihre Lippen sind wulstig. – Vielleicht der Hals ...? – Ihr Hals ist kurz. – Vielleicht ist sie schönen Leibes? – Ihr Bauch ist gedunsen. – Vielleicht hat sie schöne Füße? – Ihre Füße sind breit wie die einer Gans. – Aber vielleicht hat sie einen schönen Namen?! – Sie heißt Sudelchen*.
Da sprach der Rabbi: Der Name ist schön, denn er drückt das aus, was sie ist: besudelt mit allerlei Makel. Und damit machte er das Gelöbnis unwirksam.

Die Linsenköchin

Erste Geschichte: Die Ungehorsame. Der Lehrer Abba, der Raw genannt wird, hatte ein Weib, das handelte ihm stets zuwider. Sagte er ihr: Bereite mir ein Linsengericht – so kochte sie Kichererbsen; bat er sie um Erbsen, so brachte sie Linsen auf den Tisch.
Als sein Sohn Chija größer wurde, pflegte er der Mut-

ter immer das Gegenteil von dem auszurichten, was der Vater verlangte. Da sagte Raw eines Tages zu seinem Sohne: Deine Mutter ist sanft geworden! Der Sohn antwortete darauf: Ich bin es, der deine Aufträge umkehrt!
Nunmehr sprach Raw: Jetzt verstehe ich, wie recht das Sprichwort hat: ›Der dir entsprossen ist, kann dein Lehrer sein!‹ Doch übe das nicht weiter, denn der Prophet sagt: »Gewöhnen sie ihre Zunge ans Lügenreden, so freveln sie unaufhörlich.«*

Zweite Geschichte: Die Einfältige. Ein Mann aus Babylon zog nach dem Lande Israel und nahm hier ein Weib. Eines Tages sagte er ihr: Koche mir zwei Linsen. Er meinte damit eine geringe Menge, denn so pflegte man sich in seiner Heimat auszudrücken: *zwei* bedeutete *ein wenig.* Da brachte sie ihm zwei einzelne Linsen, gar gekocht. Er geriet in Zorn und gebot ihr am anderen Tage: Koche heute ein Maß Linsen. Er meinte damit: eine ausreichende Menge, sie aber nahm ein großes Hohlmaß voller Linsen und kochte sie ihm.
Danach sagte er zu ihr: Hole mir zwei Gurken. Da kaufte sie zwei Kerzen ein und gab sie ihm; er hatte nämlich *Bozina* gesagt, und dieses Wort bedeutet auf aramäisch Gurke und Leuchte. Wieder geriet er in Wut und rief: Schmeiße die Lichte gegen die Tür! Die Tür heißt aber auf aramäisch *Bawa,* und draußen saß gerade der Lehrer Bawa ben Buta; da warf die Frau die Kerzen dem Bawa an den Kopf.
Der Rabbi fragte die Einfältige: Was tust du da? Sie antwortete: So hat mir mein Mann befohlen. Da sagte Bawa: Weil du deinem Manne so gehorsam warst, möge Gott dir zwei Söhne schenken, die seien Bawa ben Buta gleich.

Laß deine Kleider immer weiß sein

Bar Kappara und Isaak bar Kappara sprachen einst zu der Frau eines königlichen Eilboten, die sich in Gegenwart ihrer Nachbarinnen schmückte: Dein Ehemann ist doch nicht hier; für wen also machst du dich schön? Das Weib erwiderte: Mein Gemahl ist wie ein Steuermann, der übers Meer fährt; auf einmal kann sich ein Wind erheben, ihn in den Hafen zurücktreiben, und unvermutet steht er mir zu Häupten. Ist es da nicht besser, er sehe mich in meiner Würdigkeit als in Unwürdigkeit?
So hat auch Salomo gesagt: »Laß deine Kleider immer rein sein!«*

Gold und Ton

Dem edlen Geschlecht Tawrinos gehörte ein Weib an, das mit einem geringen Manne die Ehe eingegangen war. Als die Weisen davon hörten, verdroß es sie, und sie begaben sich zu ihr, um sie zu schelten.
Da trat ihnen die Frau entgegen, in der Hand einen goldenen Leuchter mit einem tönernen Licht darauf; sie wollte damit dartun, daß sie ihrem Gatten in Liebe zugetan sei, obzwar er nur wie ein irdenes Gerät, sie aber wie ein goldenes gelte.
So erfüllte sich an ihr der Spruch: »Deine Liebe sei auf deinen Mann gerichtet, und er soll dein Herr sein.«*

Das Weib Akiwas und das Weib Gamliels

Rabbi Akiwa hatte seinem Weibe eine ›goldene Stadt‹ zum Geschenk gemacht: ein Diadem aus Gold, auf welchem die Stadt Jerusalem zu sehen war. Die Frau Rabban Gamliels sah dies und wurde von Neid erfüllt; sie

Zum dritten Mal erzählten sie: Wir lasen im Traume, was da geschrieben steht: »Alle Völker auf Erden werden sehen, daß du nach dem Namen des Herrn genannt bist, und werden sich vor dir fürchten.«* Da sprach Bar-Hedja zu Abbaje: Von dir wird sich der Ruf verbreiten, daß du Haupt des Lehrhauses geworden bist, und alle Welt wird Ehrfurcht haben vor dir. Zu Raba aber sprach er: In der Schatzkammer des Königs wird eingebrochen werden, und man wird dich des Diebstahls bezichtigen und festnehmen, also daß alle Welt um deinetwillen sich fürchten wird und sprechen: Ein Raba sogar ist in Verdacht geraten; um wieviel leichter kann das uns widerfahren!

Am Tage darauf wurde die Schatzkammer des Königs aufgebrochen; die Häscher zogen aus und ergriffen Raba.

2. *Die Träume Rabas.* Nunmehr ging Raba allein zu dem Traumdeuter und erzählte: Ich sah im Traume die Haustüre einfallen. Bar-Hedja deutete: Deine Hausfrau wird sterben. Raba erzählte weiter: Ich sah im Traume, wie mir die Backenzähne und die Vorderzähne ausfielen. Bar-Hedja erwiderte: Deine Söhne und Töchter werden sterben. Raba erzählte ferner: Ich erblickte im Traume ein Taubenpaar, das davonflog. Bar-Hedja erklärte: Das bedeutet, daß du zwei Frauen den Scheidebrief übergeben wirst.

Endlich gab Raba, da er bei dem Deuter erschien, diesem den üblichen Lohn. Er erzählte darauf: Ich sah im Traume einen Palast, der mir gehörte, zusammenstürzen, und alle Welt lief herbei und holte sich Ziegel um Ziegel aus den Trümmern. Der Deuter erklärte: Deine Lehre wird Verbreitung finden in der ganzen Welt. Raba sagte ferner: Ich sah einen Palast, der Abbaje gehörte, zusammenstürzen, und der Schutt bedeckte mich. Bar-Hedja gab zur Antwort: Abbaje wird sterben, und sein Lehrhaus wird das deine werden. Schließlich sprach Raba: Mir geschah im Traume, daß mein Schädel gespalten wurde und das Hirn herausquoll. Bar-Hedja sagte: Dein Kopfkissen reißt, und das Werg quillt heraus . . .

3. Der Fluch Rabas. Raba hatte geträumt, man läse ihm den Psalm vor, der von den Wundertaten Gottes in Ägypten berichtet*, und Bar-Hedja deutete es ihm: Wunder werden dir widerfahren. Danach geschah es, daß Bar-Hedja mit Raba in ein Schiff stieg. Dann aber besann sich der Deuter und sprach bei sich selbst: Was soll ich mit einem Manne zusammen reisen, an dem Wunder getan werden? Ihn wird ein Wunder vom Untergang retten, mich aber nicht. Als er nun dabei war, das Schiff zu verlassen, entfiel ihm sein Traumbuch. Raba hob es auf und fand darin geschrieben: Alle Träume gehen so aus, wie man sie auslegt – –

Da sprach Raba zu Bar-Hedja: Du Frevler! In deiner Macht hat es gestanden, und du hast so viel Böses über mich verhängt. Alles kann ich dir vergeben, nur das eine nicht, daß mein Weib, die Tochter Raw Chisdas, hat sterben müssen. Es sei der Wille Gottes, daß dieser Mensch in die Hände der Obrigkeit falle, die sich seiner nicht erbarmen möge.

Nunmehr sprach Bar-Hedja bei sich selbst: Was fange ich an? Ist uns doch überliefert, daß eines Weisen Fluch in Erfüllung geht, auch wenn er ohne Grund ausgesprochen wurde; um wieviel mehr denn hier, wo Raba mir doch mit Fug geflucht hat. Ich will darum, sprach er, mich aufmachen und außer Landes gehen, denn ein Weiser hat gesagt: Verbannung sühnt das Vergehen.

4. Das Ende Bar-Hedjas. Und Bar-Hedja begab sich weit fort, zu den Römern. Hier setzte er sich auf die Schwelle des Hauses, wo der Amtmann waltete, der über die kaiserlichen Prunkgewänder Aufsicht zu führen hatte. Dieser Aufseher hatte einen Traum und sprach zu Bar-Hedja: Mir träumte, daß eine Nadel in meinen Finger fuhr. Bar-Hedja sagte: Gib mir zuvor einen Sus. Das tat der Amtmann nicht, und so erteilte ihm Bar-Hedja auch keine Auskunft. Wieder erzählte der Aufseher: Mir träumte, daß ein Wurm auf zwei meiner Finger fiel. Bar-Hedja sagte: Gib mir einen Sus. Das tat der Amtmann wieder nicht, und Bar-Hedja erklärte ihm auch dieses Mal nicht den Traum. Schließlich sagte der Amtmann: Mir träumte, daß der Wurm auf meine ganze Hand fiel. Da erklärte Bar-Hedja: Die Motten haben alle Prachtgewänder des Kaisers befallen!

Die Sache ward im Schlosse ruchbar, und man wollte den Aufseher zum Tode führen. Da sagte der Mann: Warum verurteilt ihr mich? Richtet doch den, der davon gewußt, es aber nicht zur rechten Zeit offenbart hat! Nun holte man Bar-Hedja, und man sprach zu ihm: Um des Sus willen, den du nicht bekommen hast, mußten die kaiserlichen Prunkgewänder verderben!

Man band die Wipfel zweier Zedern mit einem Strick zusammen, fesselte den einen Fuß Bar-Hedjas an den einen Baum, den andern an den anderen, und löste danach den Strick: da schnellte jeder der beiden Wipfel zurück, und der Leib des Mannes wurde in zwei Teile zerrissen.

Wahrträume

Erste Geschichte: Die verscherzte Traumwarnung. Ein Mann trat vor den Lehrer Ismael ben Josse und erzählte ihm: Mir wurde im Traume gesagt: Du wirst mit

dem Finger auf den Boden zeigen. Der Lehrer antwortete: Zahle mir den Deuterlohn, und ich sage dir, was dein Traum bedeutet. Der Besucher aber wollte nicht.
Er kam darauf ein zweites Mal zu dem Lehrer und sprach: Dieses Mal wurde mir im Traume gesagt: Du wirst mit dem Munde blasen. Wieder sagte der Lehrer: Gib mir meinen Lohn, und du erfährst, was dein Traum besagt. Der Fremde aber wollte nichts geben.
Schließlich erschien er zum dritten Male vor dem Meister und sprach: Mir wurde im Traume gesagt: Du wirst mit dem Finger nach oben zeigen. Der Rabbi antwortete: Habe ich dir nicht gesagt, du sollest mir den Deuterlohn bezahlen? Nun, da es zu spät ist, sollst du erfahren, was deine Träume besagten:
Als man dir verkündete, dein Finger solle nach unten zeigen, da warnte man dich vor dem Sturzregen, der deinen Weizen treffen sollte; als man dir sagte, du würdest mit dem Munde blasen, sagte man dir voraus, daß die Körner vom Regen aufquellen würden; und als man dir mitteilte, dein Finger müsse nach oben weisen, hieß das, daß das Korn längst angefangen hat zu keimen und nichts mehr taugt.

Zweite Geschichte: Kappadokien. Ein Mann kam zu Rabbi Ismael und erzählte: Mir träumte, daß man zu mir sagte: Dein Vater hat dir Schätze hinterlassen in Kappadokien.
Da fragte jener: Besitzest du Güter in Kappadokien? Der erwiderte: Nein. Der Rabbi fragte weiter: Ist dein Vater jemals in Kappadokien gewesen? Der Mann sagte: Nein. Da sprach der Rabbi: Wenn dem so ist, so bedeutet *Kappa* einen Balken, und *deka* heißt zehn*, untersuche also den vordersten der zehn Balken deines Hauses, und du wirst ihn voller Münzen finden.

Der Mann tat so, und es erwies sich, daß der Balken mit Geld gefüllt war.

Dritte Geschichte: Zwei Rüben. Rabba sah im Traume zwei Rübenköpfe. Da sagte ihm der Traumdeuter: Das bedeutet, daß du zwei Schläge mit einem Knüppel erhältst.

Rabba ging ins Lehrhaus und traf dort zwei blinde Männer, die miteinander rauften. Er versuchte, sie zu trennen, und da versetzten sie ihm zwei Hiebe.

Als sie noch weiter auf ihn einschlagen wollten, rief er ihnen zu: Haltet ein! Ich habe im Traum nicht mehr als zwei Rüben gesehen!

Die Kreatur

Die Tiere als Lehrmeister

Es heißt im Buche Hiob: »Der uns Unterweisung gibt durch das Vieh auf Erden und Weisheit durch die Vögel unter dem Himmel.«*

Wäre uns die Tora nicht zuteil geworden, wir hätten von den Tieren lernen können: Anstand von der Katze, als welche sich nie in Gegenwart eines Menschen entleert und ihren Kot stets verscharrt; daß man nicht raube, von den Ameisen, die im Sommer ihre Speise für den Winter sammeln, und keine rührt den Vorrat ihrer Genossin an; daß man nicht ehebreche, von der Taube, denn ein Taubenpaar läßt es sich aneinander genug sein und schaut nicht nach fremden Taubern oder Tauben aus; Sitte vom Hahn, als welcher seine Henne erst umwirbt und danach befruchtet.

Wie spricht der Hahn zur Henne? Bevor er sie besteigt, sagt er zu ihr: Ich kaufe für dich ein Kleid, das dich bis zu den Füßen bedeckt. Hernach spricht er zu ihr: Ich möge meinen Kamm verlieren, wenn ich die Mittel habe und es dir nicht kaufe! – Mit herabhängenden Flügeln besteigt der Hahn die Henne; hernach schüttelt er seinen Kamm.

Weisheitsfragen aus der Naturgeschichte

Rabbi Sera traf den Raw Juda bar Hesekiel vor der Tür des Hauses seines Schwiegervaters, und zwar war Rabbi Juda so fröhlicher Laune, daß man ihn um alle Rätsel der Welt hätte fragen können, er würde sie beantwortet haben.

Und Rabbi Sera fragte: Weshalb gehen in der Herde die Ziegen voran, und die Lämmer folgen ihnen? Raw Juda antwortete: Es ist wie bei der Weltschöpfung: Das Dunkel war zuerst, und das Licht folgte nach – den schwarzen Ziegen folgen die weißen Lämmer.
Warum sind diese geschwänzt und jene nicht geschwänzt? – Die, die uns bekleiden helfen, die Schafe, sind selbst bekleidet: mit einem Schwanz.
Warum hat das Kamel einen kurzen Schwanz? – Weil es Disteln frißt und sich sonst im Dorngestrüpp verfinge.
Warum hat der Ochse einen langen Schwanz? – Weil er auf der Wiese weidet und die Mücken damit vertreiben muß.
Warum hat die Ameise zarte Fühler? – Weil sie zwischen Weiden nistet; wären die Fühler hart, sie brächen leicht ab, und das Tierchen müßte erblinden.
Warum ragt das untere Augenlid des Hahnes über das obere? – Weil der Hahn zumeist auf dem Herde sitzt, und wären die Lider anders, der Rauch dränge ihm ins Auge, und er würde blind ...

Vom gelben Wolf

Ein Löwe, ein Hund und ein gelber Wolf trafen einst zusammen. Der Löwe wollte den Hund zerreißen, aber er sah den gelben Wolf und bekam Furcht; denn es ist so, daß der Löwe den gelben Wolf fürchtet, und wiederum fürchtet der gelbe Wolf den Hund. Also blieben sie beieinander, und keiner versehrte den anderen.
Als Rabbi Akiwa das sah, rief er den Schriftvers aus: »Wie groß sind deine Werke, o Herr! Du hast sie alle weislich geordnet.«*

Von Gott gespeist

Erste Geschichte: Die jungen Raben. Rabbi Assi untersuchte die Lebensweise der Tiere. Einmal beobachtete er einen Raben, der sich ein Nest gebaut und Eier gelegt hatte, aus denen Junge ausschlüpften; da fing er die Kleinen und sperrte sie in ein ungebrauchtes Gefäß, das er abdichtete und verschloß. Nach drei Tagen öffnete er den Behälter, um zu sehen, was aus den Tierchen geworden wäre; da fand sich, daß sie Kot ausgeschieden hatten, und in dem Kot hatten sich kleine Fliegen entwickelt, die den unflüggen Vögeln zur Speise dienten . . .
Als der Rabbi das sah, sprach er den Schriftvers aus: »Wer bereitet dem Raben seine Nahrung . . .?«*

Zweite Geschichte: Die jungen Löwen. Rabbi Simeon ben Chalafta ging seines Weges, als er auf Löwenjunge stieß, die ihm entgegenbrüllten. Da sprach er den Schriftvers: »Die jungen Löwen brüllen nach Raub und suchen ihre Speise von Gott.«* – Sogleich fiel ein Schenkelpaar vom Himmel, die Tiere sättigten sich an dem einen Schenkel und ließen den anderen übrig.
Der Rabbi nahm die zweite Tierkeule, trug sie nach dem Lehrhause und fragte: Ist dieses nun reines oder unreines Fleisch? Man erwiderte ihm: Was vom Himmel kommt, kann nicht unrein sein.

Heimat des Wildes

Wild, das auf Bergen lebt, kann im Tal nicht gedeihen; Wild, das in der Niederung haust, kann im Gebirge nicht leben.
Der Kaiser Diokletianus bedrückte die Einwohner von Panias* durch schwere Steuern. Da ließen sie ihm sa-

gen: Wir wandern aus. Aber ein Sophist sagte dem Kaiser: Sie wandern nicht aus, oder, wenn sie's tun, so kehren sie zurück. Willst du einen Versuch machen, so laß Gazellen fangen und setze sie in einem fernen Lande aus; sie werden am Ende doch zu ihrem Heimatort zurückkommen. Der Kaiser tat so, ließ einige Gazellen fangen und ihre Hörner mit Silber überziehen, worauf er sie nach Afrika bringen ließ. Nach Verlauf von drei Jahren kehrten sie dorthin zurück, woher sie gekommen waren.

Von der Natur der Schlange

Ein heidnischer Weiser wollte einmal ermitteln, wie viele Zeit bei der Schlange zwischen Zeugung und Geburt vergeht. Als er also einmal ein Schlangenpaar sah, das sich begattete, griff er die beiden und tat sie in ein Faß; er gab ihnen Tag für Tag Nahrung, bis die Jungen ausgeschlüpft waren — eine lange Zeit.

Einst begaben sich die Ältesten der Juden nach Rom, und da stellte dieser Philosoph an Rabban Gamliel die Frage: Wieviel Zeit braucht das Schlangenjunge zur Entwicklung, bis es ausschlüpfen kann? Der Rabbi wußte ihm nicht zu erwidern, und sein Antlitz wurde gelb. Rabbi Josua traf ihn und bemerkte, daß sein Gesicht kränklich aussah. Er fragte ihn: Warum ist deine Miene so betrübt? Rabban Gamliel erwiderte: Mir wurde eine Frage gestellt, auf die ich keine Antwort weiß. — Was für eine Frage? — Wieviel Zeit eine Schlange braucht ... Da sagte Rabbi Josua: Antworte: sieben Jahre. Rabban Gamliel fragte: Woher weißt du das? Rabbi Josua sagte: Der Hund ist ein unreines Tier, und seine Frist sind fünfzig Tage; beim unreinen Vieh wiederum beträgt die Frist zwölf Monate; da es nun von der Schlange heißt: »Verflucht sollst du sein vor allem Vieh und vor allen Tieren

des Feldes!«* und das Vieh, wie wir sehen, siebenmal mehr verflucht ist als die Tiere, so wird die Frist der Schlange auch siebenmal länger sein als die des Viehs: also sieben Jahre.
Gegen Abend begab sich Rabban Gamliel zu dem Heiden und sagte ihm diesen Bescheid. Da schlug der Römer sein Haupt gegen die Wand und rief aus: Das, was zu erfahren mich sieben Jahre gekostet hat, das reicht mir dieser da auf einem Halme dar!

Ob sie schon keinen Herrscher über sich hat ...

Erste Geschichte: Unrechtlichkeit. Es heißt in den Sprüchen Salomos: »Geh hin zur Ameise, du Fauler, sieh ihre Weise an und lerne daraus: ob sie schon keinen Fürsten, Hauptmann und Herrscher über sich hat, so bereitet sie doch im Sommer ihr Brot.«*
Ein Weiser sprach bei sich: Ich will ausziehen und schauen, ob es wahr ist, daß die Ameisen keinen König haben. Also ging er an einem Hochsommertage aus und breitete seinen Mantel über einen Ameisenhaufen. – Die Ameisen lieben aber den Schatten und mögen die große Hitze nicht. – Nun kam ein Tierchen herausgekrochen, das merkte er sich genau an einem Zeichen, um es hernach wiederzuerkennen. Die Ameise kroch zurück in den Bau und sagte ihren Genossinnen an: Es ist ein Schatten gefallen. Da krochen alle Ameisen heraus. Indes hatte der Mann seinen Mantel hochgehoben, und die Sonne brannte wieder auf das Ameisennest. Da fielen die anderen Ameisen über das Tierchen her, das sie genasführt hatte, wie sie wähnten, und töteten es.
Darauf sprach der Weise: Es ist klar, die Ameisen haben keinen König. Hätten sie einen, sie hätten an ihrer Genossin nicht Gericht geübt ohne seine Erlaubnis.

Zweite Geschichte: Rechtlichkeit. Rabbi Simeon ben Chalafta erzählt:
Es war einmal eine Ameise, die ein Weizenkorn, das sie hatte bergen wollen, unterwegs verloren hatte. Viele Ameisen kamen an dem Korn vorbei, rochen daran und ließen es liegen; da war auch nicht eine, die es für sich genommen hätte. Endlich kam auch die Eigentümerin herzu und nahm sich das Körnchen.
Das ist es, was der König Salomo an der Ameise rühmt: »Ob sie schon keinen Fürsten, Hauptmann und Herrscher über sich hat . . .«* Sie hält von selbst auf Ordnung.

Mückenweibchen und Mückenmännchen

Es war einmal ein Mückenweibchen, das quälte sein Mückenmännchen sieben Jahre lang mit einem Vorwurf und sprach zu ihm: Du hast einmal einen Mann aus der Stadt Machosa gesehen, wie er badete, das Wasser verließ und sich in ein Leintuch wickelte; dann hast du dich auf ihn gesetzt und hast sein Blut gesogen, und mich hast du nicht darum wissen lassen!
Nun heißt es doch aber: Keine Mücke wird auch nur einen Tag alt, keine Fliege erlebt ein volles Jahr! – Es sind eben Mückenjahre gemeint . . .

Treue Haustiere

Erste Geschichte: Des Hundes Mal. Hirten hatten Milch gemolken; da kam eine Schlange herzu und trank davon, und einzig der Hund hatte dem zugesehen. Als hernach die Hirten von der Milch trinken wollten, bellte der Hund sie an, sie aber achteten nicht auf ihn. Da stellte sich der Hund auf seine Hinterbeine, trank als erster von der Milch und verendete.

Die Hirten begruben den Hund und setzten ihm einen Denkstein; den nennt man bis auf den heutigen Tag: des Hundes Mal.

Zweite Geschichte: Die großmütige Schlange. Es steht geschrieben: »Wenn eines Menschen Wege dem Herrn wohlgefallen, so läßt er auch seine Feinde mit ihm Frieden halten.«*
Ein Mann hatte geriebenen Knoblauch in seinem Hause bereitet. Da kam eine Bergschlange herangekrochen und fraß davon. Die zahme Hausschlange* aber hatte das mit angesehen. Als nun die Hausbewohner mit Essen beginnen wollten, fing die Hausschlange an, sie mit Staub zu bewerfen; aber sie verstanden nicht, was das bedeuten sollte. Da warf sie sich selbst in das vergiftete Gericht, damit keiner von den Leuten im Hause davon genieße.

Die Ziegen des Rabbi Chanina ben Dossa

1. Rabbi Chanina ben Dossa hielt Ziegen. Da sagten die Leute zu ihm: Deine Ziegen stiften Schaden. Er erwiderte: Wenn sie wirklich Verlust verursachen, so mögen Bären sie verzehren; wenn aber nicht, so möge eine jede am Abend einen Bären auf ihren Hörnern heimtragen. Als es Abend ward, kamen die Ziegen heim, und jede trug einen Bären auf ihren Hörnern.

2. Wieso hatte Rabbi Chanina ben Dossa Ziegen zu eigen? War er doch arm! Dazu erzählt Rabbi Pinehas:
Eines Tages fand die Frau des Rabbi Chanina ben Dossa Hühner vor ihrer Haustür; die waren einem Vorbeiziehenden verlorengegangen. Da sprach der Rabbi: Von den Eiern dieser Hühner darfst du nichts genießen. Als sich aber Eier und Hühner bei ihm zu mehren began-

nen und es ihm lästig wurde, verkaufte er sie und erwarb Ziegen für den Erlös. Da begab es sich wieder auf einen Tag, daß jener Mann, dem die Hühner abhanden gekommen waren, vorüberging und zu seinem Begleiter sprach: An dieser Stelle habe ich meine Hühner gelassen. Das hörte Rabbi Chanina und sagte zu dem Mann: Waren deine Hühner mit einem Merkmal versehen? Jener sagte: Jawohl – und gab das Zeichen an. Darauf überließ ihm der Rabbi die Ziegen.
Das aber waren die Ziegen, die Bären auf ihren Hörnern getragen haben!

Der Hund und der Bannfluch

Der Bannfluch vernichtet, selbst wenn du ihn auf den Schwanz des Hundes wirfst ...
Es war einmal ein Hund, der fraß den Gelehrtenjüngern die Sandalen weg; sie aber wußten nicht, daß ihnen ein Hund das antat, und belegten den vermeintlichen Dieb mit dem Bann. Da fing der Schwanz jenes Hundes Feuer, und das Tier verendete.

Der Rabbi und der Löwe

Eines Tages begegnete Rabbi Chanina ben Dossa auf dem Felde einem Löwen. Da schrie er ihn an: O du schwächlicher König! Habe ich dich nicht längst beschworen, daß du dich nicht mehr sehen lassest im Lande Israel? – Sogleich ergriff der Löwe die Flucht.
Da rannte Chanina ben Dossa dem Löwen nach, erreichte ihn und sprach zu ihm: Ich habe dich gekränkt, indem ich dich einen Schwächling genannt habe, dich, den dein Schöpfer einen Mächtigen geheißen hat, wie auch geschrieben steht: »Der Löwe, mächtig unter den Tieren.«*

Erste Geschichte: Die überführte Maus. Ein sarazenischer König verlor einst eine Perle, und eine Maus verschluckte sie. Da wandte sich der König an Rabbi Pinehas ben Jair. Der Rabbi sprach: Meinst du, ich sei ein Tierbeschwörer? Der König antwortete: Ich bin zu dir gekommen, weil du ein Frommer von Ruf bist.
Da gebot der Rabbi den Mäusen, und sie liefen allesamt herbei; eine von ihnen aber war geschwollenen Leibes. Der Rabbi sprach: Diese ist die Diebin. Und er zwang sie, die Perle auszuspeien.

Zweite Geschichte: Die klugen Mäuse. Rabbi Pinehas ben Jair kam in eine Ortschaft, deren Bewohner vor ihm darüber klagten, daß die Mäuse ihnen das ganze Getreide auffräßen. Da gebot der Fromme den Mäusen, und sie liefen allesamt herbei und fingen an zu pfeifen. Rabbi Pinehas fragte die Leute: Versteht ihr, was diese da sagen wollen? Man antwortete ihm: Nein! Da sprach er: Die Mäuse sagen, daß ihr von eurem Getreide keinen Zehnten entrichtet habt.*
Nunmehr baten die Einwohner den Rabbi, die Abgaben abzusondern. Er tat es, und von Stund an taten die Mäuse keinen Schaden mehr.

Dritte Geschichte: Der Fluß beschämt den Rabbi. Rabbi Pinehas ben Jair unternahm eine Wanderung, und sein Ziel war, Gefangene auszulösen. Da kam er an den Strom Ginnai, und er sprach zu dem Flusse: Ginnai, zerteile deine Fluten, daß ich durch dich hindurchschreite.
Der Strom gab zur Antwort: Du gehst im Auftrage dessen, der dich schuf, und auch ich ströme dahin nach dem

Auftrage meines Schöpfers; ob du das Deinige ausführst, steht noch im Zweifel; doch daß ich das Meinige ausführe, ist außer allem Zweifel!

Aus der Tierfabel

Erste Fabel: Rabe und Krähe. In den Tagen des Meisters Chija des Großen flog zum ersten Male eine Krähe in das Land Israel. Man fing sie und brachte sie vor den Meister mit der Frage: Womit füttern wir diesen Vogel? Denn sie wußten nicht, ob es sich um einen reinen oder unreinen Vogel handelte. Der Rabbi erwiderte: Bringt den Vogel auf euer Dach, und welcher von den einheimischen Vögeln hinzufliegt und sich zu ihm gesellt, der ist von derselben Art. Sie taten so, und da kam ein ägyptischer Rabe geflogen und tat sich zu der Krähe. Nunmehr entschied Rabbi Chija: Der Vogel ist unrein, denn er ist einer Art mit dem Raben.
Das Sprichwort lautet: Der Rabe käme niemals zur Krähe, wäre er nicht von derselben Sippe.

Zweite Fabel: Löwenhäute. Der Löwe gab einst den wilden und den zahmen Tieren ein Mahl, und zwar richtete er es ihnen in einer Hütte zu, die war mit Löwenfellen gedeckt. Als sie nun gegessen und getrunken hatten, sprachen die Gäste untereinander: Wer singt uns jetzt ein Lied? und schauten dabei den Fuchs an. Der antwortete ihnen und sprach: Werdet ihr auch Wort für Wort wiederholen, was ich euch vorspreche? Sie sagten: Jawohl.
Da blickte der Fuchs empor zu den Löwenhäuten, die an der Decke hingen, und rief: Wer uns diese da oben hat sehen lassen, der lasse uns dergleichen auch unten sehen!

Dritte Fabel: Das Füllen, die Eselin und die Sau. Es war einmal ein Heide, der hatte ein Eselsfüllen, eine Eselin und eine Sau. Dem Schwein gab er zu fressen, so viel es fressen wollte; der kleinen und der großen Eselin aber maß er das Futter knapp genug zu. Da sprach das Eselsfüllen zu der Eselin: Wie töricht verfährt dieser Mensch mit uns! Wir, die wir für den Hausherrn arbeiten, erhalten die Nahrung in abgemessenen Mengen, und bei der Sau, die faulenzt, spart er nichts. Die Eselin erwiderte: Der Tag wird kommen, da wirst du ihren Fall erleben; man mästet sie nämlich nicht zu ihrem Besten, sondern zu ihrem Unheil.
Wie nun der nächste Monatserste kam, nahmen die Leute das Schwein und stachen es ab. Als man an demselben Tage dem Jungen der Eselin Gerste vorwarf, steckte dieses zwar die Schnauze in das Getreide, fraß aber nicht. Da sprach die alte Eselin zu dem Jungtier: Kind, nicht die Speise hat jene umgebracht, sondern ihr Nichtstun.

Die zwei Palmen

Nahe bei Tiberias stand eine Dattelpalme, die wollte keine Früchte tragen. Da sagte ein erfahrener Palmengärtner zu den Leuten daselbst: Diese Palme sehnt sich nach einem Palmbaum, der zu Jericho steht. Man holte ein Reis von jenem Baum, pfropfte es auf die Dattelpalme, und hinfort trug sie Frucht.

Sechstes Buch

Gleichnisse

Die zehn Dinge

Zehn Dinge gibts in der Welt, davon ist eines immer stärker als das andere. Mächtig ist der Berg, aber das Eisen gräbt sich in ihn ein. Hart ist das Eisen, aber das Feuer schmelzt es. Glühend heiß ist das Feuer; das Wasser löscht es. Gewaltig ist das Wasser; die Wolke saugt es auf und trägt es. Schwer und drohend hängen die Wolken am Himmel; der Wind zerstreut sie. Groß ist die Kraft des Windes; aber der Mensch bezwingt ihn. Stark ist der Mensch; aber der Schmerz zerbricht ihn. Furchtbar ist der Schmerz; der Wein vertreibt ihn. Berauschend ist der Wein; der Schlaf läßt den Rausch vergehen.
Es gibt aber eines, das stärker ist als alle zehn: das ist der Tod. Allein die Tugend überwindet den Tod.

Vom frühen und späten Leide

Man erzählt von einem Manne, der seines Weges ging und unversehens von einem Wolfe angefallen wurde, der Bestie aber glücklich wieder entkam; wohin er nun gelangte, dort berichtete er, was ihm mit dem Wolf widerfahren war. Es begab sich darauf, daß er einmal auf einen Löwen stieß, sich aber noch rechtzeitig retten konnte; hinfort pflegte er überall zu erzählen, wie er dem Löwen entronnen war. Schließlich wurde ihm eines Tages eine Schlange gefährlich, doch glückte es ihm ebenfalls, sich in Sicherheit zu bringen. Da vergaß er, was ihm mit dem Wolf und dem Löwen geschehen war, und sprach von nichts anderem mehr als von der Schlange.

Dieses ist ein Gleichnis für Israels Geschick: Die Trübsal vergangener Zeit wird verdrängt vom späteren Leid.

Der Weinstock Israel

Rabbi Simeon ben Lakisch sagte: Das Volk Israel ist mit einem Weinstock zu vergleichen: die Reben sind der Stand der Bürger, die Trauben sind die Jünger der Lehre, die Blätter sind das einfache Volk, die Auswüchse sind die unnützen Buben.
Dieses entspricht dem Worte, das von Babel nach Israel übermittelt wurde: Die Trauben haben für das Gedeihen der Blätter zu beten, denn ohne Blätter müßten die Trauben verkümmern.

*Die Hindin der Morgenröte**

Es ergab sich einst ein Gespräch zwischen den zwei Lehrern Rabbi Chija dem Älteren und Rabbi Simeon ben Chalafta. Sie wanderten gegen Tagesanbruch durch die Ebene von Arbel in Galiläa und sahen die Hindin der Morgenröte am Horizont hervorbrechen.
Da sagte Chija zu Simeon: Gelehrtensproß! Diese Morgenröte ist mir ein Sinnbild für die künftige Erlösung Israels; sie kommt erst strich- und strahlenweise, dann aber leuchtet sie heller und heller, bis der ganze Osten erglänzt und die Sonne aufgeht.

Die Rose unter den Dornen

Es war einmal ein König, der hatte einen Fruchtgarten, in dem waren die Obstbäume reihenweise gepflanzt: erst Feigen, dann Trauben, danach Granaten und am Ende Äpfel. Diesen Garten vertraute er einem Gärtner an.

Nach Jahr und Tag besuchte der König den Garten, um zu sehen, was der Gärtner verrichtet hätte, und fand ihn voller Dornen und Disteln. Da ließ er Männer kommen, die die Pflanzung niederlegen sollten, aber auf einmal entdeckte er mitten in dem Gestrüpp eine blühende Rose: er roch den Duft, und seine Seele wurde erquickt. Und der König sprach: Um dieser Rose willen soll der Garten erhalten bleiben!
»Wie eine Rose unter den Dornen ...«*, heißt es im Hohenlied.

Die schmachtende Seele

»Wer Gnaden übt, der erweist Gutes auch der eigenen Seele«*, heißt es in den Sprüchen Salomos.
Man erzählt von Hillel, daß er täglich, wenn er seine Schüler verabschiedete und sie ihn noch auf dem Wege fragten, wohin er ginge, die Worte sprach: Ich muß Gnade erweisen dem Gaste, der in meinem Hause weilt. Einmal fragten sie ihn darauf: Hast du denn Tag um Tag einen Gast im Hause? Er erwiderte: Ist nicht die schmachtende Seele einem Gaste gleich, der heute noch in meinem Leibe weilt und morgen nicht mehr?

Der Blinde mit der Laterne

Rabbi Josse erzählt:
Mein Lebtag mühte ich mich, um hinter den Sinn des Verses zu kommen, der da lautet: »Du wirst tappen am Mittag, wie ein Blinder im Dunkeln tappt«*; denn was macht es, so meinte ich, einem Blinden aus, ob er im Finsteren weilt oder im Hellen? Dann aber begegnete es mir, daß ich die Richtigkeit jenes Wortes erkannte.
Eines Tages nämlich ging ich in dunkler Nacht meines

Weges und sah einen Blinden mir entgegenkommen, der trug eine brennende Laterne in der Hand. Ich fragte ihn: Mein Sohn! Wozu bedarfst du einer solchen? Er erwiderte: Solange ich die Laterne halte, können die Menschen mich sehen und mich vor Gruben warnen, vor Dornen und Disteln, die auf meinem Wege sind.

Blind und sehend

Zwei Männer gingen einst durch die Gassen von Tiberias; der eine von ihnen war blind, der andre war sehend, und der Sehende führte den Blinden. Dann lagerten sie am Rand einer Straße, um etwas auszuruhen, und es fügte sich, daß sie ein Kraut, das da wuchs, ausrissen und aßen. Von diesem Kraut aber wurde der Blinde wieder sehend, während der Sehende erblindete.
Als sie sich erhoben, um weiterzugehen, bedurfte der, der erst dem anderen zur Stütze gedient hatte, nun selbst jenes andern zur Stütze . . .

Der Blinde und der Lahme

Antoninus stellte an Rabbi die folgende Frage: Können nicht Körper und Seele des Menschen nach seinem Tode, jedes für sich, der göttlichen Strafe entgehen? Und zwar so: der Körper sagt: Meine Seele ists, die gesündigt hat, denn siehe, mit dem Augenblick, da sie von mir geschieden ist, liege ich in meinem Grabe stumm wie ein Stein. Die Seele wiederum spricht: Der Körper ists, der Sünde getan hat, denn siehe, seit dem Augenblick, da ich mich von ihm löste, fliege ich umher, dem Vogel in den Lüften gleich.
Rabbi antwortete: Ich will dir ein Gleichnis erzählen, das auf deine Frage paßt. Ein König auf Erden hatte

einst einen schönen Fruchtgarten und herrliche Frühfeigen darin. Zu Wächtern bestellte er zwei Männer, von denen war der eine lahm, der andere blind. Da sprach der Lahme zu dem Blinden: Ich sehe feine Frühfeigen in diesem Obstgarten; komm, laß mich auf dir reiten, und ich pflücke sie, daß wir sie essen. Also stieg der Lahme auf den Rücken des Blinden, holte die Früchte herunter, und sie verzehrten sie gemeinsam. Nach Tagen kam der Herr des Gartens herzu und fragte: Wo sind meine schönen Frühfeigen hingekommen? Da antwortete der Lahme: Habe ich denn die Füße, um sie mir zu holen? Und der Blinde sprach: Habe ich denn Augen, mit denen ich sie erblicken könnte?!
Was tat der König? Er setzte den Lahmen auf den Blinden und strafte sie beide zusammen.

Der Baum in der Einöde

Als einmal Raw Nachman sich von dem Lehrer Raw Isaak verabschiedete, tat er das mit den Worten: Möge der Meister mich segnen! Dieser erwiderte: Ich will dir darauf ein Gleichnis sagen:
Ein Mann wanderte einst durch die Wüste. Hunger, Durst und Müdigkeit quälten ihn. Da stieß er auf einen Baum, der trug süße Früchte und spendete lieblichen Schatten, auch fand sich hart an seinem Stamme ein Wasserlauf. Also aß der Mann von den Früchten, trank von dem Wasser und ruhte im Schatten des Baumes aus. Als er sich wieder zum Gehen anschickte, sprach er zu dem Baum: O Baum, was für einen Segen soll ich dir noch wünschen? Wollte ich sagen: Mögen deine Früchte süß werden – sie sind ja süß! Oder: Möge dein Schatten labend sein – er ist es ja schon jetzt! Oder: Möge ein Wassergraben an dir vorbeiziehen – das ist ja bereits der

Fall! So möge es denn der Wille Gottes sein, daß alle deine Schößlinge so werden wie du!

Unterschiedliche Belohnung

Erstes Gleichnis: Die Weinwächter. Ein König hatte einen Weinkeller, für den bestellte er Wächter; unter diesen waren solche, die dem Wein abgesagt hatten, und solche, die dem Weinrausch zu frönen pflegten. Als es Abend ward, zahlte er ihnen ihren Lohn aus, und zwar gab er den Trinkern einen doppelten, den Nichttrinkern nur einen einfachen Anteil. Da fragten ihn diese: Unser Herr und König! Haben wir nicht alle in gleicher Weise Wacht gehalten? Warum gibst du jenen jeweils zwei Anteile und jedem von uns nur einen?
Der König erwiderte: Jene Männer sind Trinker, deren Weise sonst ist, Wein zu trinken, und so gebe ich ihnen, die gleichwohl den Keller getreu gehütet haben, den doppelten, euch aber, die ihr kein Opfer gebracht habt, nur den einfachen Lohn.

Zweites Gleichnis: Der geschickte Arbeiter. Als Rabbi Bun, der Sohn Rabbi Chijas, starb, hielt Rabbi Seera über ihn die Trauerrede. Er sprach: Es war einmal ein König, der hatte viele Lohnarbeiter gedungen; es war aber unter ihnen einer, der seine Arbeit weitaus besser leistete als alle anderen. Was tat der König? Er hob ihn heraus aus der Schar und erging sich mit ihm. Am Abend kamen die Arbeiter, um ihren Lohn entgegenzunehmen, und er entlohnte auch diesen wie die anderen. Da fingen die Arbeiter an zu murren und sprachen: Wir haben uns den ganzen Tag geplagt und dieser nur zwei Stunden; du aber hast ihm den gleichen Lohn gegeben wie uns! – Der König gab zur Antwort: Der Mann

hat in zwei Stunden mehr geschafft als ihr am ganzen Tage.
So hat auch Rabbi Bun mit achtundzwanzig Jahren eine Wissensstufe erreicht, die sonst ein Gelehrtenjünger nicht mit hundert Jahren erklimmt.

Die Schätze des Königs Monobazos

König Monobazos* verteilte einst, zur Zeit einer Hungersnot, alle seine Schätze an die Armen. Da ließen seine Brüder ihm sagen: Deine Väter haben Güter gesammelt und noch das Gut ihrer Ahnen vermehrt; du aber hast dein und deiner Väter Gut mit eins verschwendet.
Der König gab ihnen zur Antwort: Meine Ahnen haben hienieden Schätze gesammelt; ich habe da droben Schätze gesammelt. Meine Vorfahren häuften Güter an einem Ort, den des Menschen Hand erreicht; ich aber häufte Güter an einem Ort, da des Menschen Hand nicht hinreicht. Meine Väter trugen Reichtümer zusammen, die keinen Nutzen brachten; ich aber trug Reichtümer zusammen, die Nutzen brachten. Sie gewannen sich Gold; ich gewann mir Seelen. Sie taten es für andere; ich tat es für mich. Die vor mir waren, sammelten sich Schätze für dieses Leben; ich aber sammelte mir Schätze für das künftige Leben!

Straße und Feld

Ein Mann hatte ein Feld und war damit beschäftigt, es von den Steinen zu säubern; er hob die Steine einzeln heraus und warf sie auf die Straße. Da kam einer vorbei, der zu den Frommen zählte, und sprach: Törichter Mensch! Was wirfst du Steine aus einem Bezirk, der dir nicht gehört, in einen Bezirk, der dir gehört? – Der Getadelte spottete über diese Rede.

Es begab sich aber danach, daß die Not ihn zwang, sein Feld zu verkaufen; er mußte die Straße durchqueren und stolperte über die Steine, die er selber dorthin geworfen hatte. Nun rief er aus: Wie richtig hat doch damals der Fromme gesprochen: Von einem Platze, der nicht dein eigen ist, wirfst du Steine auf den Platz, der dein eigen ist!

Die Grube und der Haufe

Es gab einst zwei Männer; der eine hatte auf seinem Acker einen wüsten Haufen, mit dem er nichts anzufangen wußte. Der andre wiederum hatte in seinem Garten eine Grube, die zugeschüttet werden sollte. Der den Sandhügel hatte, dachte bei sich: Ach, wenn ich doch eine Grube wüßte, ich würde sie dem Besitzer um Geld abkaufen! Der Herr der Grube wiederum sprach in seinem Herzen: Wenn ich doch Sand hätte, um das Loch zu füllen!

Da begab es sich nachmals, daß die beiden Männer zusammenkamen. Der eine bat den andern: Verkaufe mir deinen Sandhaufen. Der andre gab zur Antwort: Wie froh bin ich, daß du ihn haben willst! Nimm ihn umsonst, ohne Geld.

Vom Hahn und der Fledermaus

»Weh denen, die den Tag des Herrn herbeisehnen! Was soll euch der Tag des Herrn? Ist er doch Finsternis und nicht Licht«* – so spricht der Prophet zu den Frevlern.

Dazu ein Gleichnis. Es waren einmal ein Hahn und eine Fledermaus, die harrten beide mit Ungeduld auf den Anbruch des Tages. Da sprach der Hahn zur Fledermaus: Ich harre des Tages, denn der Tag ist mein Leben; du aber – was frommt dir das Tageslicht?

Stroh, Stoppel und Spreu

Das Stroh, die Stoppel und die Spreu rechteten miteinander. Ein jedes von ihnen sprach: Um meinetwillen ist das Feld besät worden. Da sprachen die Weizenkörner zu den dreien: Wartet, bis ihr in die Scheuer kommt; dann werden wir erfahren, um wessentwillen das Feld besät worden ist.

Sie kamen auf die Tenne, und der Bauer worfelte das Getreide; da zerstob die Spreu in alle Winde. Dann nahm der Landmann das Stroh und streute es auf die Erde. Die Stoppeln verbrannte er.

Und die Körner schichtete er zu Haufen auf.

Feist und dreist

Nicht ein Korb Stroh, ein Korb Fleisch macht den Löwen brüllen.

Ein Mann hatte eine hagere Kuh, deren Knochen zu sehen waren; er mästete sie mit Wicken, sie aber schlug mit den Hufen nach ihm. Da sprach er zu ihr: Was ist der Grund, daß du nach mir ausschlägst? Doch nur das gute Futter, das ich dir zukommen lasse.

Ein Vater hatte einen Sohn: den badete und salbte er und gab ihm gut zu essen und zu trinken. Dann hängte er ihm einen Beutel voller Geldstücke um den Hals und setzte ihn vor die Türe eines Hurenhauses. Was konnte dieser Sohn anders tun als zum Sünder werden?

Das Sprichwort sagt: Voller Bauch, böser Brauch.

In der Schrift heißt es: »Da Jeschurun feist ward, ward es dreist.«*

Der Bärenreiter

Einst wurde eine Bärin auf den Markt geführt, die war mit Perlen und Edelsteinen geschmückt, und vor ihr wurde ausgerufen: Der Tapfere, der sich als Reiter auf sie schwingt, erhält ihren Schmuck zum Lohne.

Da war ein weiser Mann, der sprach zu den anderen: Ihr schaut auf den Rücken des Tieres, ich auf seinen Rachen.

Von der Zunge

Rabban Gamliel sagte einst seinem Sklaven Tabi: Geh auf den Markt und besorge mir etwas Gutes zu essen. Da brachte ihm der Sklave eine Zunge. Ein anderes Mal sprach der Rabbi zu ihm: Geh auf den Markt und hole mir etwas, was nicht gut ist. Da brachte ihm der Sklave wieder eine Zunge. Nun sprach Rabban Gamliel: Was soll das heißen? Wenn ich dir sage: etwas Gutes – so bringst du mir eine Zunge, und sage ich: etwas nicht Gutes – so bringst du mir wieder eine . . . Der Sklave erwiderte: Von der Zunge kommt das Gute, von der Zunge kommt das Böse; ist sie gut, so kommt nichts ihrer Güte, ist sie schlecht, so kommt nichts ihrer Schlechtigkeit gleich.

Rabbi, der Fürst, gab einst seinen Jüngern ein Mahl, und zwar setzte er ihnen Zungen vor, einige weich gesotten, einige, die waren zäh geblieben. Sie aber suchten sich aus der Schüssel die gargekochten aus und ließen die halbrohen unberührt. Da sprach Rabbi zu ihnen: Versteht wohl, was ihr tut, und handelt danach; eure eigenen Zungen, wenn ihr miteinander redet, sollen sanft sein.

Weisheitsgeschichten

Josua ben Chananja und die klugen Kinder

Erste Geschichte: Zwei Knaben und ein Mädchen. Rabbi Josua ben Chananja begegnete auf dem Wege nach einer Stadt einem Knaben, der ein verdecktes Gefäß in der Hand hielt. Der Meister fragte: Was steckt in dem Gefäß, das du in der Hand hältst? Der Knabe erwiderte: Hätte meine Mutter gewollt, daß du wissest, was in dem Gefäß enthalten ist, sie hätte mir nicht befohlen, es zuzudecken!

Weitergehend fand er einen zweiten Knaben, den er fragte: Wie ist das Wasser dieser Stadt – bitter oder süß? Der Knabe erwiderte: Sorge dich nicht um den Geschmack; es gibt genug Knoblauch und Zwiebeln!*

In der Stadt traf der Rabbi ein Mädchen, das schöpfte Wasser aus dem Brunnen. Er bat sie: Gib mir etwas Wasser zu trinken! Sie antwortete: Ich tränke dich und dein Reittier. Nachdem sie ihm und seinem Esel zu trinken gegeben hatte, sprach er zu ihr: Töchterchen, du hast an mir gehandelt wie Rebekka an Elieser! Sie erwiderte: Wohl habe ich wie Rebekka getan, du aber hast nicht wie Elieser getan!*

Zweite Geschichte: Die Frau, das Mädchen und der Knabe. Rabbi Josua ben Chananja sprach: Mein Lebtag hat mich keiner überwunden, mit Ausnahme einer Frau, eines Mädchens und eines Knaben.

Wie war es mit der Frau? Einmal, so erzählt der Rabbi, herbergte ich bei einer Wirtin. Sie bereitete mir Bohnen. Den ersten Tag aß ich alles auf, ohne etwas übrigzulassen, und ebenso den zweiten Tag. Am dritten Tage versalzte sie die Speise, und sobald ich nur davon gekostet hatte, ließ ich meine Hände davon. Sie fragte: Meister, warum issest du nicht? Ich erwiderte: Ich habe heute bereits gespeist. Da sagte sie: Dann hättest du auch das Brot unberührt lassen sollen!

Wie war es mit dem Mädchen? Einmal verfolgte ich einen Weg, der über ein Feld führte, und ging hindurch. Da rief mir ein Mädchen zu: Rabbi, das ist doch ein Feld! Ich erwiderte: Nein, es ist ein Weg, den man ausgetreten hat. Sie sagte nunmehr: Ja, solche Räuber wie du haben ihn ausgetreten!

Wie war es mit dem Knaben? Einmal wollte ich eine Stadt aufsuchen, und da, wo der Weg sich gabelte, saß ein Knabe. Ich fragte ihn: Welcher Weg führt nach der Stadt? Er antwortete: Dieser Weg ist der kürzere und längere, jener der längere und kürzere. Ich wählte den, den er als den kürzeren und längeren bezeichnet hatte; wie ich aber an die Stadt herankam, fand ich sie an dieser Stelle von Kraut- und Obstgärten umgeben und mußte umkehren. Da sprach ich zu dem Knaben: Du hast mir doch gesagt, dieser Weg sei der kürzere. Er erwiderte: Ich habe dir doch gesagt, daß er zugleich auch der längere ist! – Da küßte ich ihn auf die Stirn und sprach: Heil euch, ihr Söhne Israels; ihr seid alle, vom Ältesten bis zum Jüngsten, an Weisheit überreich!

Die drei Weisheitsproben des rechten Erben

Ein Jerusalemiter zog in eine fremde Stadt; hier schlug seine Stunde, und er mußte sterben. Auf dem Totenbette vertraute er dem Herrn des Hauses, in dem er wohnte, seinen Besitz an und sprach: Wenn mein Sohn aus Jerusalem zu dir kommt und dir drei Proben seiner

Weisheit gibt, so liefere ihm meinen Reichtum aus; wo nicht, so gib ihm nichts. – Mit den Leuten in der Stadt aber wurde ausgemacht, daß keinem Fremden die Wohnung jenes Mannes gezeigt werden sollte. – Und der Jerusalemiter starb und ging heim in das Haus der Ewigkeit.

Nach einiger Zeit langte der Sohn des Verstorbenen an. Vor dem Stadttore traf er einen Mann, der eine Last Holz trug. Er fragte den Holzschläger: Willst du mir das Holz verkaufen? Der antwortete: Gern. Da sprach der Fremde: So empfange hier den Preis dafür und trage das Holz bis zu dem Hause des Mannes Soundso. Der Holzhauer nahm das Geld und trug die Last zu dem Hause jenes Mannes; der Fremde aber ging hinter ihm drein, bis er ebenfalls dieses Haus erreicht hatte. Nun sprach der Holzhauer zu dem Hausherrn: Komm und nimm die Last Holz in Empfang! Der Hausherr erwiderte: Was soll mir das Holz? Habe ich dir etwa gesagt, du sollst es mir bringen? Der Träger sprach: Es ist wahr, du hast mir nichts davon gesagt; es gehört auch nicht dir, sondern dem Manne, der mir gefolgt ist. Nunmehr öffnete der Hausherr dem Fremden die Tür, der trat ein, und sie begrüßten einander mit dem Friedensgruße*. – Das aber war die erste Weisheitsprobe.

Nun fragte der Hausvater den Gast: Wer bist du? Der Ankömmling sagte: Ich bin der Sohn des Mannes, der in deinem Hause verschieden ist. Der Besitzer lud den Fremdling ein, Platz zu nehmen, und machte Anstalten, ihn zu bewirten. – Er hatte aber zwei Söhne und zwei Töchter. – Als die Stunde der Mahlzeit gekommen war, trug man ein Gericht von fünf Hühnern auf. Zu Beginn des Mahles sagte der Gastfreund zu dem Gaste: Teile du das Fleisch! Der Fremde gab zur Antwort: Diese Pflicht liegt dir ob. Der Hausherr aber sprach: Ich wünsche,

daß du die Teilung vornimmst. Da teilte der junge Jerusalemiter die Hühner wie folgt: eins gab er dem Hausherrn und der Hausfrau, das zweite den beiden Söhnen, das dritte den beiden Töchtern, und die beiden übrigen Hühner tat er auf seinen Teller. Die Leute verzehrten ihre Mahlzeit und sagten ihm kein Wort. Das aber war die zweite Weisheitsprobe.
Am Abend wurde bei Tisch eine gemästete Henne aufgetragen. Wieder forderte der Hausherr den Fremden auf, das Fleisch zu teilen. Der weigerte sich zunächst und fügte sich dann dem ausdrücklichen Willen des Familienoberhauptes. Er teilte aber die Henne wie folgt: den Kopf gab er dem Manne, die Eingeweide der Frau, die Keulen den Söhnen, die Flügel den beiden Töchtern; den ganzen Leib des Tieres aber nahm er sich selbst, und das war die dritte Probe seiner Weisheit.
Jetzt fragte der Hausherr: Teilt man solcherart in der Stadt, aus der du kommst? Bei der ersten Teilung habe ich dir nichts gesagt, und nun tust du wieder desgleichen?!
Der Jerusalemiter antwortete: Ich sagte dir doch, daß diese Pflicht nicht eigentlich mir obliege, und doch, wie ich geteilt habe – das war schon recht geteilt. Das erste Mal trug man fünf Hühner auf. Du und dein Weib, ihr seid zwei, und dazu ein Huhn, das macht drei; die beiden Söhne und ein Huhn, das macht ebenfalls drei; die beiden Töchter und ein Huhn, das macht wieder drei. Ich aber bin nur einer, und zwei Hühner dazu, erst das macht wieder drei. Habe ich also etwas von dem genommen, was euch zugekommen wäre? – Heute abend hatte ich eine Henne zu teilen. Dir gab ich den Kopf, denn du bist des Hauses Haupt; dem Weibe die Eingeweide, denn aus ihren Eingeweiden kommen die Kinder hervor; die Söhne erhielten die Keulen, denn sie sind die Säulen des Hauses; die Töchter wiederum die Flügel,

weil sie, wenn sie heiraten, fortfliegen aus deinem Hause. Ich aber nahm mir den Rumpf, der dem Rumpf eines Schiffes gleicht; denn mit einem Schiff traf ich hier ein, und auf einem Schiff werde ich wieder abfahren! – Und nun, gib mir das Vermögen, das mein Vater dir zu treuen Händen übergeben hat, und ich mache mich auf den Heimweg.
Der Hausherr gab dem Erben des Jerusalemiters, was diesem zukam, und der schied von ihm in Frieden.

Athener in Jerusalem und Jerusalemer in Athen ...

Erste Geschichte: Das Rätsel vom Neugeborenen. Ein Athener kam nach Jerusalem und trat in ein Schulhaus ein; hier fand er die Schüler versammelt, aber der Lehrer war nicht da. Da stellte er Fragen an die Knaben, und sie antworteten ihm. Schließlich sagten sie zu dem Athener: Wir wollen folgende Abrede treffen: wer von uns eine Frage stellt, mit der er den anderen in der Weisheit besiegt, der darf dem Unterlegenen die Kleider wegnehmen. Der Athener sprach: Ich bin damit einverstanden, aber zuerst sollt ihr befragt werden, denn ihr seid ortsansässig und habt als solche den Vorzug. Nein, sprachen sie, zuerst kommst du daran, denn du bist ein ehrwürdiger Mann. Also fragten sie ihn: Was ist das? Neun ziehen aus, acht kehren ein, zwei mischen den Trunk, einer trinkt, und vierundzwanzig bedienen ... Darauf wußte der Mann keine Antwort, und die Knaben nahmen ihm seine Kleider.
Der Athener begab sich zu Rabbi Jochanan, dem Lehrer der Knaben, und sprach zu ihm: Rabbi, was herrscht bei euch für eine böse Sitte! Wenn ein Fremdling zu euch kommt, beraubt ihr ihn seiner Kleider! Der Rabbi erwiderte: Vielleicht haben sie dir ein Rätsel aufgegeben,

und du wußtest die Lösung nicht. Der Athener sprach: so war es – und gab die Frage wieder, die ihm gestellt worden war. Da sprach der Rabbi: Die neun, die da ausgehen, sind die Monate der Schwangerschaft, und die acht, die da einziehen, sind die Tage bis zur Beschneidung; die zwei, die da mischen, sind die Brüste der Mutter, und der eine, der da trinkt, ist das saugende Kind; vierundzwanzig bedienen: vierundzwanzig Monate währt es, bis der Säugling entwöhnt wird.
Hiernach ging der Athener in die Schule zurück, sagte die Lösung und erhielt seine Kleider zurück. Die Schüler aber sprachen zu ihm mit Simsons Worten: »Hättet ihr nicht mit meinem Kalbe gepflügt . . .«*

Zweite Geschichte: Der geflickte Mörser. Ein Athener kam nach Jerusalem, stieß hier auf einen Knaben, gab ihm ein paar Kupfermünzen und sprach: Kaufe mir dafür etwas zu essen, wovon ich satt werde, noch übriglasse und sogar auf den Weg mitnehmen kann. Das Kind ging zum Krämer und kaufte *Salz*. Da sprach der Athener: Habe ich dich geheißen, Salz zu kaufen? Der Knabe erwiderte: Du trugst mir auf, etwas zu besorgen, was dich sättigt, wovon du noch übrigläßt, und was dir sogar für den Weg bleibt. Siehe, das habe ich dir gebracht!
Ein anderer Athener traf in Jerusalem einen anderen Knaben, gab diesem einige Münzen und sprach: Kaufe mir dafür Eier und Käse. Als der Knabe das Verlangte gebracht hatte, deutete der Athener auf die Käschen und sagte: Jetzt zeige mir, welcher Käse aus der Milch einer schwarzen Ziege und welcher aus der einer weißen bereitet ist. Der Knabe erwiderte: Du bist ein alter, erfahrener Mann; weise mir zuerst, welches Ei von einem weißen und welches von einem schwarzen Huhne stammt!
Wieder erzählt man von einem Athener, der nach Jeru-

salem kam und hier, auf der Erde, einen zerbrochenen Mörser fand. Er hob ihn auf, trug ihn zu einem Schneider und sprach zu diesem: Nähe mir den Mörser wieder zusammen! Der Schneider hob eine Handvoll Sand vom Boden auf und sagte: Drehe mir daraus einen Faden, und ich flicke den Mörser damit.

Dritte Geschichte: Der genasführte Sandalenhändler. Ein Athener, der Jerusalem besucht hatte, verspottete die Jerusalemer sehr. Da sprachen die Jerusalemer: Wer nimmt es auf sich, diesen Mann wieder hierherzulocken? Einer trat vor und sprach: Ich bringe euch den Mann, und zwar mit kahlgeschorenem Haupte.

Der Jerusalemer begab sich nach Athen und wurde von jenem Manne als Gast aufgenommen. Am nächsten Morgen gingen sie gemeinsam auf den Markt. Da löste sich der Riemen einer Sandale bei dem Manne aus Jerusalem, und der rief einem Schuster und sprach zu ihm: Nimm diese Münze als Arbeitslohn und mache den Schuh wieder brauchbar. Am Tage darauf gingen sie wieder auf den Markt, und da löste sich der Riemen der zweiten Sandale. Wieder gab der Jerusalemer einem Schuster eine Münze, und der machte ihm den Schuh wieder ganz. Jetzt fragte der Athener den Mann aus Jerusalem: Sind Sandalen bei euch ein so kostbarer Gegenstand? Der antwortete: Ja. – Und wie hoch stehen sie im Preise? – Der Gast sagte: Etwa neun bis zehn Dinare das Paar, und die wohlfeilen kosten sieben bis acht. Da fragte der Athener: Wenn ich mit dieser Ware zu euch komme, werdet ihr sie mir abkaufen? Der Mann aus Jerusalem erwiderte: Freilich, doch laß mich deine Ankunft zuvor wissen.

Der Athener kaufte nun eine Menge Sandalen ein und zog nach Jerusalem. Am Tore der Stadt angelangt, ließ

er nach seinem Gastfreund senden. Der erschien vor ihm und sprach: Die Jerusalemer haben untereinander ausgemacht, daß keiner bei uns einkehren und Ware verkaufen darf, wenn er nicht zuvor sein Haupt kahlgeschoren und sein Antlitz vom Barte befreit hat. Der Athener sagte darauf: Was verschlägt es mir, mich zu scheren, wenn ich nur verkaufen kann. Also schor er sich kahl, und der Gastfreund ließ ihn ein und führte ihn mitten auf den Markt. Wenn nun ein Käufer kam und nach dem Preise eines Paars Sandalen fragte, der Händler aber antwortete: Sie kosten zehn oder neun Dinare, keines aber weniger als acht – da schlug der Frager dem Athener die Sandale ins Gesicht und ging seines Weges, ohne gekauft zu haben.
Nunmehr sprach der Mann aus Athen zu dem Manne in Jerusalem: Habe ich dir so Böses angetan, als du in meiner Stadt zu Gaste warst? Der Jerusalemer antwortete: Du wirst künftig keines Jerusalemers mehr spotten.

*Vierte Geschichte: Die drei Sprünge.** Ein Jerusalemer reiste zu einem Kaufmann nach Athen. Hier kehrte er in einem Bazar ein, wo er Gäste beim Weine traf; er aß und trank mit ihnen, aber als er sich schlafen legen wollte, sagten die Leute zu ihm: Wir haben untereinander ausgemacht, daß wir keinen bei uns übernachten lassen, er habe denn zuvor drei Sprünge ausgeführt. Der Mann aus Jerusalem antwortete: Woher soll ich wissen, welche Art von Sprüngen ihr verlangt? Einer von euch mache mir es vor, und ich tue hernach desgleichen. Da erhob sich einer der Zechkumpane und vollführte drei Sprünge: nach dem ersten Satz befand er sich in der Mitte des Bazars, nach dem zweiten an der Tür, und nach dem dritten stand er draußen.*
In diesem Augenblick schloß der Jerusalemer die Türe zu

und sprach zu den Leuten: Bei eurem Leben, ich tue an euch, wie ihr an mir zu tun gedachtet!

Fünfte Geschichte: Die scharfsinnigen Gäste. Vier Männer aus Jerusalem kamen einst nach Athen; hier nahm sie ein Bürger auf, veranstaltete ihnen zu Ehren ein Mahl, und nachdem sie gegessen und getrunken hatten, ließ er ihnen vier Betten zum Nachtlager rüsten, aber eines davon war schadhaft und hielt sich nur durch das Bett, das daneben stand. Als die Männer sich erhoben, um schlafen zu gehen, sprach der Hausherr bei sich: Ich habe gehört, daß die Jerusalemer überaus weise sind; ich will darum belauschen, was sie sagen. – Und er wählte sich sein Nachtlager in einem der inneren Gemächer, von dem aus er sie hören konnte.

In der Nacht erhob sich der Mann, der auf dem zerbrochenen Bett gelegen hatte, und sprach zu seinen Gefährten: Was dünkt euch von dieser Bettstatt? Ich schlafe auf der bloßen Erde und hänge zugleich in der Luft! Da sprach der eine von den drei anderen: Auch das Fleisch, das wir zu Abend aßen ... Es schmeckte nach Hund! Der zweite sagte: Der Wein, den man uns vorgesetzt hat, hatte einen Grabesgeruch. Der letzte sagte schließlich: Was wundert ihr euch über diese Dinge? Ist doch der Mann selbst, der Hausherr, nicht seines Vaters Sohn!

Als der Horcher diese vier Aussprüche vernahm, sprach er: Das erste war Wahrheit, die drei anderen Lüge! Am Morgen begab er sich zum Schlächter und sprach: Gib mir von dem Fleische, das du mir gestern verkauft hast. Der Fleischer antwortete: Ich habe nichts mehr davon übrig. Der Hausherr sprach: Was hatte es damit für eine Bewandtnis? Der Metzger erwiderte: Wir hatten ein säugendes Lamm; das Muttertier ging ein, und so ließen wir es die Milch einer Hündin trinken. Gestern abend wurde uns das Fleisch knapp, und du kamst noch, welches zu kaufen; da hatten wir nichts anderes und gaben dir davon. – Da sprach der Mann: Zwei Dinge sind wahr, und zweie sind Trug.

Er begab sich zu dem Weinhändler und sprach: Gib mir von dem Wein, den du mir gestern verkauftest. Der Verkäufer antwortete: Er ist mir ausgegangen. Der Mann fragte: Was hatte es damit für eine Bewandtnis? Der Händler erwiderte: Wir hatten einen Weinstock, der wuchs auf unseres Vaters Grab; ich kelterte die Trauben und verwahrte den Wein, aber gestern abend wurde uns der Wein knapp, und du kamst noch, welchen zu kaufen. Da hatten wir nichts anderes und gaben dir von diesem. – Nun sprach der Mann: Dreimal Wahrheit, einmal Lüge!

Er ging zu seiner Mutter und sprach zu ihr: Wessen Sohn bin ich? Sie erwiderte: Du bist deines Vaters Sohn. Er sprach: Sage mir in Wahrheit, wessen Sohn ich bin, sonst schlage ich dir das Haupt ab. Da antwortete sie: Mein Sohn, dein Vater konnte nicht zeugen; da fürchtete ich, das Erbe könne an die Verwandtschaft fallen, und handelte übel, trieb Hurerei und brachte dich zur Welt, der du aller dieser Reichtümer Herr geworden bist.

Nunmehr sprach der Mann: Wenn noch weiterhin Jerusalemer zu uns kommen, werden sie uns am Ende allesamt für Bastarde erklären! Treffen wir also die Abrede, daß wir niemals wieder einem von ihnen Herberge gewähren!

Der Salzhändler

In einer Stadt mangelte es an Salz. Da war eine Schar von Eseltreibern, die sprachen zueinander: Laßt uns an den und den Ort ziehen und dorther Salz holen, daß wir

es verkaufen, ehe andre uns zuvorkommen. Sie hatten aber einen Anführer, der sagte ihnen: Ich muß morgen mein Feld pflügen; wartet, bis ich es umgepflügt habe, und dann laßt uns ziehen. Die Gefährten willigten ein.
Was tat jener Mann? Er sprach zu seiner Frau: Merke dir dieses Zeichen: wenn ich dir sage: Bringe das Joch – so gib mir den Sattel, und wenn ich dir sage: Bring mir den Pflugsterz – so gib mir den Sack. Und so tat er, legte den Sack auf den Esel und ritt davon, während seine Genossen bis zum Morgen schliefen. Als sie sich erhoben, riefen sie nach ihm; da antworteten die Nachbarn: Sucht ihr den und den? der ist schon seit gestern abend fort.
Also zogen sie am Tag ihre Straße und begegneten ihm unterwegs, da er schon zurückkehrte. Sie sprachen: Warum hast du uns das angetan? Er erwiderte: Wißt ihr nicht, warum? Seht an, wären wir alle zusammen mit dem Salz erschienen, so wäre der Preis gefallen, und wir hätten billig verkaufen müssen; nun habe ich vorerst meinen Teil gebracht, und bis ihr zurück seid, habe ich meines verkauft, so daß auch ihr hernach das eure zu einem guten Preise losschlagen werdet.
Das ists, was die Leute sagen: Wenn du nicht das Joch zum Sattel machst und den Sterz zum Sack, kannst du nicht bestehen!

Deutung der Spur

Auf dem Karmel wurden einst zwei Männer gefangen fortgeführt; der Gefangenenwärter ging hinter ihnen drein. Da sprach der eine der beiden zu seinem Genossen: Vor uns muß ein Kamel vorbeigezogen sein, das ist auf einem Auge blind; seine Traglast besteht aus zwei Schläuchen, von denen der eine Wein enthält, der andere

Öl; und von den beiden Männern, die es führen, ist der eine ein Jude, der andre aus fremdem Stamm.
Der Gefangenenwärter sagte: Ihr Söhne eines halsstarrigen Volkes! Woher wißt ihr das? Sie erwiderten ihm: Das Kamel hat das Kraut auf dem Wege nur auf der einen Seite abgeweidet, nämlich auf der, wo es sah; auf der, wo es nicht sehen konnte, ließ es das Gras stehen. Es trug zwei Schläuche, einen mit Wein und einen mit Öl; wo Wein herabtropft, dringt er in die Erde ein, wo aber Öl herabtropft, bleibt es auf der Oberfläche. Von den beiden Treibern muß der eine ein Jude sein, und der andere ist es nicht; denn ein Heide entleert sich mitten auf der Straße, ein Jude wiederum verrichtet die Notdurft am Rande, zur Seite des Weges.
Der Gefangenenwärter eilte den Treibern nach, erreichte sie und fand alles so, wie sie es beschrieben hatten. Da küßte er sie auf ihr Haupt, führte sie in sein Haus, bereitete ihnen ein Mahl und tanzte voller Freuden vor ihnen her, indem er sprach: Gelobt, der den Samen Abrahams erwählt hat!
Und er schenkte ihnen die Freiheit, daß sie in Frieden heimkehren konnten.

Der Pfefferhändler

oder Die zahllose Bevölkerung Jerusalems. Ein reisender Kaufmann zog nach Jerusalem und führte zweihundert Kamellasten Pfeffer mit sich. Unterwegs, an der Pforte der Stadt Tyras, sah er einen Schneider sitzen, der ihn nach seiner Ladung fragte. Der Händler sagte: Ich führe Pfeffer. Der Schneider fragte: Willst du mir ein wenig davon ablassen? Der Händler sagte: Das kann ich nicht tun. Da sprach der Schneider: So mußt du deine Lasten in einer anderen Stadt verkaufen.

Am Eingangstor zu Jerusalem saß wieder ein Schneider, der fragte den Kaufmann: Was bringst du für Ware? Der Reisende erwiderte: Bleibe du lieber bei Nadel und Zwirn! – Hernach stieß er auf einen dritten Schneider, der ihn gleichfalls fragte: Was für Ware hast du geladen? Der Kaufmann sprach: Nähe ruhig weiter. Der Schneider jedoch ließ sich nicht abweisen; er sagte: Sage es mir nur an! Kann ich es brauchen, kaufe ich es; wenn nicht, führe ich dir jemand anderen zu, der dir alles abkauft. Nunmehr sprach der Kaufmann: Ich bringe Pfeffer. Da führte der Einheimische den Fremden in sein Haus und wies ihm da ein Maß voller Goldstücke. Er sprach zu ihm: Beschaue diese Münzen, ob sie in deinem Lande gelten, und nimm davon so viel, wie dein Pfeffer wert ist.

Am nächsten Morgen erging sich der Kaufmann auf den Straßen und traf da einen seiner Freunde. Der fragte ihn auch: Was hattest du geladen? Und der Kaufmann sagte: Pfeffer. Da sprach der Freund: Möchtest du mir für hundert Dinare davon verkaufen? Ich habe an dem und dem Abend eine Mahlzeit zu geben. Der Kaufmann antwortete: Ich habe die Ware bereits dem Manne Soundso verkauft. Nun wandte sich der Freund an den Käufer und sprach zu ihm: Du hast doch gestern Pfeffer gekauft; gib mir etwas davon ab, für mein Gelage. Der Angeredete erwiderte: Was soll ich dir antworten? Ich habe bereits alles an einen anderen Schneider weiterverkauft. Aber ich will ihm Bescheid geben, und er wird dir geben, was du brauchst. Also gingen der erste Käufer des Pfeffers und der Freund des Kaufmanns in den Hof, wo jener Schneider wohnte. Da fanden sie diesen von drei Reihen Menschen umringt, die allesamt Pfeffer kauften: die in der ersten Reihe erhielten jeder eine Unze Pfeffer, die in der zweiten nur noch je eine halbe, und auf die in der

dritten kam so wenig, daß es sich nicht einmal mehr abwiegen ließ – die Ware war ausverkauft.
Diese Begebenheit bestätigt, was da von Jerusalem ausgesagt ist: »Die Stadt, die voll Volkes war.«*

Der Ölhändler aus Giskala

Eines Tages benötigten die Einwohner von Laodicea eine große Menge Öl. Da wählten sie aus ihrer Mitte einen Mann und gaben ihm den Auftrag: Zieh aus und bringe uns Öl für einen Betrag von hundert Myriaden. Der Mann begab sich dieserhalb nach Jerusalem; da sagten sie ihm: Geh nach Tyrus. Er reiste nach Tyrus, und da wurde ihm der Bescheid: Frage in Giskala* nach.
Dortselbst angelangt, erhielt er die Auskunft: Begib dich zu dem Manne Soundso, der auf dem Felde weilt. Also suchte er den Bezeichneten auf und traf ihn dabei, wie er das Erdreich unter den Ölbäumen auflockerte. Er fragte den Landmann: Hast du Öl für den Kaufwert von hundert Myriaden? Der Gefragte erwiderte: Gedulde dich, bis ich meine Arbeit beendet habe.
Der Abgesandte wartete so lange, bis der Mann sein Tagewerk verrichtet hatte, und dieser, nach getaner Arbeit, nahm sein Gerät auf die Schulter, wie ein Tagelöhner, räumte noch die Steine von dem Felde fort und begab sich auf den Heimweg. Da dachte der Beauftragte: Dieser arme Mann soll für hundert Myriaden Öl besitzen? Die Judäer haben wohl ihren Spott mit mir getrieben! Als sie aber die Stadt und das Haus jenes Mannes erreicht hatten, brachte die Magd dem Gast ein Becken heißen Wassers, darin er sich Hände und Füße wusch, und danach eine goldene Schale voller Öl, damit er Hände und Füße hineintauche, wie denn auch geschrieben steht: »Und tauche seinen Fuß in Öl.«* Nachdem sie

gegessen und getrunken hatten, maß der Besitzer dem Laodiceer für hundert Myriaden Öl ab und fragte danach: Vielleicht brauchst du noch mehr? Der Bevollmächtigte erwiderte: Doch, aber ich habe kein Geld mehr mit mir. Da sagte der Ölhändler: Willst du, so gebe ichs dir; ich begleite dich dann und ziehe mein Geld ein. Und er maß ihm noch für weitere achtzehn Myriaden Öl ab.

Man erzählt: Der Käufer des Ölvorrates mietete, seine Last zu führen, alle Pferde, Maultiere und Kamele, die es damals im Lande Israel gab, und ließ auch nicht eines übrig. Als er damit nach Laodicea kam, zog ihm die ganze Stadt entgegen, um ihn zu preisen. Da sagte er: Nicht mir gebührt der Ruhm, sondern diesem Manne hier, der mir nicht nur für hundert Myriaden Öl verkauft, sondern noch für weitere achtzehn Myriaden welches geliehen hat. So wurde erfüllt, was da geschrieben steht: »Mancher scheint arm bei großem Gut.«*

Rätselwort und Rätseltat

Abba Chilkija

1. *Rätselhaftes Handeln.* Abba Chilkija war ein Sohnessohn des Kreisziehers Choni*. Wenn nun die Welt des Regens bedurfte, so pflegten die Rabbinen zu ihm zu senden; er betete, und Regen kam.

Einmal, als es die Welt wieder nach Regen verlangte, schickten die Weisen ein Gelehrtenpaar zu ihm, damit er zu Gott um Regen flehe. Die beiden Männer gingen in sein Haus, trafen ihn aber nicht an und gingen hinaus aufs Feld; hier trafen sie ihn dabei, wie er die Erde hackte. Sie entboten ihm den Friedensgruß, er aber sah zu ihnen nicht auf. Gegen Abend, als er sich auf den Heimweg machte und eine Last Reisig mitnahm, lud er das Holz und das Grabscheit auf die eine Schulter, während er den Überwurf auf die andere nahm. Den ganzen Weg über ging er unbeschuht; als er aber an ein Wasser gelangte, das er durchwaten mußte, legte er die Schuhe an. Danach hatte er durch ein Dorngestrüpp seinen Weg zu nehmen und hob dabei die Kleider hoch.

So kam er in die Stadt, und hier ging ihm sein Weib entgegen, in all ihrem Schmuck prangend. Sie begaben sich gemeinsam in sein Haus, wobei zuerst die Frau eintrat, er hinter ihr drein, und beiden folgten die Rabbinen. Er setzte sich nieder und hielt seine Mahlzeit, sagte aber den Rabbinen nicht: Haltet mit! Als er den Kindern die Speise zuteilte, gab er dem Älteren einen Teil, dem Jüngeren zwei.

Hernach sprach er zu seinem Weibe: Ich weiß, die Gelehrten sind zu mir gekommen, damit ich um Regen bete;

laß uns denn auf das Dach des Hauses steigen und gemeinsam um Erbarmen flehen: vielleicht, daß der Heilige, gelobt sei er, gnädig ist und Regen spendet, und der Dank gebührt dann nicht uns.
Sie stiegen auf das Dach, der Mann stellte sich in einer Ecke auf, die Frau in der anderen. Da erschienen die Regenwolken am Himmel zuerst über dem Platze, wo das Weib stand.

2. *Die Auflösung.* Abba Chilkija stieg vom Dach herab und sprach zu den Rabbinen: Warum habt ihr mich aufgesucht? Sie erwiderten: Die Weisen haben uns zu dir entsandt, damit du betest, daß Regen komme. Er antwortete: Gelobt sei der Herr, der es gefügt hat, daß ihr des Abba Chilkija hierzu nicht mehr bedürft. Sie sprachen hierauf: Wir wissen, daß der Regen nur um deinetwillen gekommen ist.
Sie fuhren fort: Bitte, sage uns an, was die Dinge bedeuten, die uns so erstaunen ließen. Zum ersten: als wir dich begrüßten, erhobst du nicht dein Gesicht. Warum? Er erwiderte: Ich bin Tagelöhner und darf nicht müßig sein.
Warum tatest du die Holzlast auf die eine, das Gewand auf die andere Schulter? — Es ist ein geborgter Rock; ich darf ihn wohl tragen, aber sonst zu nichts gebrauchen.
Warum gingst du den ganzen Weg über barfuß und legtest die Schuhe erst an, als du ins Wasser tratest? — Den ganzen Weg über sehe ich, wohin ich trete, im Wasser aber kann ich es nicht sehen.
Warum schürztest du dein Gewand, als du durch die Dornen und Disteln gingst? — Die Haut verheilt wieder, ein zerrissenes Kleid wird nicht ganz.
Warum trat dir dein Weib, als du in die Stadt kamst, geschmückt entgegen? — Damit ich mein Auge auf keine andere Frau richte.

Warum trat sie zuerst ins Haus, hernach du und als letzte wir? – Weil ich noch nicht erprobt habe, ob ihr auch züchtige Männer seid.
Warum hast du, da du die Mahlzeit begannst, uns nicht gesagt: Eßt mit uns? – Die Speise hätte nicht für alle ausgereicht, und da ihr doch wohl abgesagt hättet, wollte ich mir euren Dank nicht um nichts verdienen.
Warum gabst du dem älteren Knaben nur *einen* Anteil an der Speise, dem jüngeren aber zwei? – Weil dieser zu Hause bleibt, der andre aber ins Lehrhaus geht.
Warum zogen die Wolken zuerst von der Seite auf, wo dein Weib gestanden ist, und hernach erst auf deiner Seite? – Weil das Weib, welches das Haus hütet, einem Bettler Brot gibt und sofort seinen Hunger stillt, während ich da draußen einem Bettler nur Geld geben kann.*

Vermeintliche Verwünschung, erteilter Segen

Erste Geschichte. Rabbi Jonathan ben Asmai und Rabbi Juda ben Gerim ließen sich von Rabbi Simeon ben Jochai in dem Traktat von den Gelübden* unterweisen. Eines Abends nahmen sie Abschied von ihm, aber am Morgen darauf kamen sie abermals zu ihm und baten ihn noch einmal, sie zu entlassen. Er sagte darauf: Habt ihr euch nicht bereits am Abend von mir verabschiedet? Sie erwiderten: Meister, du selbst hast uns gelehrt, daß, wer von seinem Lehrer Abschied nimmt, die Nacht aber noch an demselben Orte zubringt, ihm noch einmal Lebewohl sagen muß.
Da sagte Rabbi Simeon ben Jochai zu seinem Sohne: Diese Männer sind Männer von Ansehen; suche sie auf und laß dich von ihnen segnen!
Also begab sich der Jüngling zu den Weisen. Sie fragten ihn: Was begehrst du von uns? Er erwiderte: Mein Va-

ter hat mir gesagt: Geh zu ihnen, daß sie dich segnen! Da sprachen sie zu ihm: Es sei Gottes Wille, daß du säest und nicht erntest, einführst und nicht ausführst, ausführst und nicht einführst; daß dein Haus leerstehe und du eine Notherberge bewohnen müssest; daß an deinem Tische Verwirrung herrsche; daß du das neue Jahr nicht erlebst!

Der Jüngling kehrte zu seinem Vater zurück und sprach: Nicht nur, daß die Männer mich nicht gesegnet haben, sie haben mir Böses gewünscht. Der Vater fragte: Was haben sie dir denn gesagt? Der Sohn erwiderte: Das und das haben sie mir gesagt.

Da sagte der Vater: Alle diese Wünsche waren Segenswünsche. Säe, aber ernte nicht: Söhne sollst du zeugen, die nicht bei deinen Lebzeiten sterben. Führe ein, aber nicht aus: Schwiegertöchter sollst du ins Haus bringen, aber deine Söhne sollen am Leben bleiben, damit diese dich nicht wieder verlassen. Führe aus, aber nicht ein: Töchter sollst du zeugen, deren Männer nicht sterben und die folglich nicht mehr zurückkehren in dein Haus. Dein Haus wird veröden, will sagen: das Grab wird dich nicht behalten, weil du das ewige Leben haben wirst; die Herberge wirst du belegen, will sagen: dein irdisches Leben wird nur wie das Weilen in einer Herberge sein. An deinem Tisch wird Verwirrung herrschen: lustiges Treiben nämlich der vielen Söhne und Töchter, die dich umgeben werden. Ein neues Jahr sollst du nicht erleben – das ist: ein neues erstes Ehejahr; denn das Weib deiner Jugend wird dir erhalten bleiben!

Zweite Geschichte. Rabban Gamliel verheiratete seine Tochter. Da sprach sie zu ihm: Vater, sprich für mich ein Gebet! Und der Rabbi sprach: Möge es dir nicht beschieden sein, in mein Haus zurückzukehren! Als sie ihren ersten Sohn gebar, sprach sie wiederum: Vater,

sprich für mich ein Gebet! Und der Rabbi sprach: Mögest du niemals aufhören, Wehe zu rufen.
Da sprach die Tochter zu ihrem Vater: Vater, beide Male, wo ich Freudenfeste feiern durfte, hast du mir geflucht! Er erwiderte ihr: Beide Male sind es Segenswünsche gewesen. Weil es dir wohl ergehen sollte in deines Mannes Hause, wünschte ich dir, niemals mehr zurückzukehren in deines Vaters Haus; und weil dein Sohn am Leben bleiben sollte, wünschte ich dir, daß du unaufhörlich klagen solltest, nämlich so: Ach, mein Sohn hat heute das und das zu tun versäumt . . .

Bar Kappara und Juda ha-Nassi

1. Als Rabbi Juda ha-Nassi seinem Sohne die Hochzeit ausrichtete, ließ er alle Rabbinen zum Mahle bitten; nur den Bar Kappara vergaß er zu laden. Da ging der hin und schrieb an die Tür des Hauses: Der Tod ist das Ende aller Freuden; was bleibt dir für Gewinn von deinen Freuden? Rabbi fragte: Wer hat mir das getan? Man sagte ihm: Das war Bar Kappara, den du als einzigen versäumt hattest einzuladen.
Nunmehr veranstaltete Rabbi ein zweites Mahl, zu dem er alle Rabbinen, mit Einschluß des Bar Kappara, lud. Der aber erzählte zu jeder Schüssel, die man auftrug, dreihundert Fuchsfabeln*; indes wurde das Gericht kalt, und keiner konnte es mehr genießen. Da fragte Rabbi seine Diener: Wie kommt es, daß die Schüsseln unberührt wieder herausgetragen werden? Die Diener antworteten: Ein Greis sitzt unter den Gästen; der trägt, sobald ein neues Gericht gebracht wird, so viele Fuchsfabeln vor, bis die Speise kalt ist. Da trat Rabbi an ihn heran und sagte: Was tust du da? Laß doch die Leute ihr Mahl in Ruhe genießen! Bar Kappara antwortete: Du sollst nicht den-

ken, ich sei deiner Speisen wegen gekommen; aber ich trug es dir nach, daß du mich damals darum gebracht hast, mit meinen Studiengefährten beisammen zu sein!

2. Durch die Leiden, die er ertrug, sühnte Rabbi die Sünden der Welt; lachte er einmal, so erlitt die Welt Strafe. Darum sprach er zu Bar Kappara: Bringe mich nicht zum Lachen! Ich gebe dir dafür vierzig Maß Weizen zum Lohne.

Bar Kappara antwortete: Der Meister schaue nur zu; ich will ein Maß bringen, wie es mir gefällig ist. Und er nahm einen Riesenkorb, den er von außen verpichte, stülpte sich ihn über den Kopf und begab sich damit zu Rabbi; er sprach: Nun fülle mir der Meister mein Maß vierzigmal mit dem Weizen, den ich mir verdient habe!

Rabbi brach in Gelächter aus und sagte: Ich habe dir doch verboten, mich zum Lachen zu bringen! Bar Kappara erwiderte: Ich bin nur gekommen, den Weizen zu holen, auf den ich Anspruch habe.

3. Rabbi Simeon, der Sohn von Rabbi, und Bar Kappara saßen einst selbander über der Lehre. Da stießen sie auf eine schwierige Gesetzesfrage, und Rabbi Simeon sprach zu Bar Kappara: Hierzu wäre Rabbi nötig! Aber Bar Kappara antwortete: Was könnte Rabbi in dieser Sache sagen?

Rabbi Simeon erzählte seinem Vater davon, und dieser vermerkte es übel. Und als Bar Kappara eines Tages bei Rabbi erschien, sagte der Meister: Bar Kappara, ich kenne dich nicht und habe dich nie gekannt. Bar Kappara begriff, daß der Lehrer den Vorfall im Gedächtnis bewahrt hatte; er nahm die Worte so entgegen, als habe er einen strengen Verweis erhalten, und hielt sich dreißig Tage fern.

4. Rabbi ehrte den Bar Elassa hoch; dieser war sein Eidam, wenn auch kein Schriftgelehrter. Eines Tages sprach Bar Kappara zu Bar Elassa: Alle Welt stellt Rabbi Fragen, nur du legst ihm keine vor. Der erwiderte: Was sollte ich ihn denn fragen? Bar Kappara sagte: Frage ihn dies:

Sie schaut vom Himmel hoch herab,
sie braust in ihres Hauses Winkeln,
sie schreckt, was da geflügelt ist,
der Jüngling sieht sie und verbirgt sich,
der Greis erhebt sich und bleibt stehn,
wer fliehen kann, ruft zweimal: Oh!
Im Netz gefangen steckt der Sünder.*

Bar Elassa gab Rabbi dieses Rätsel auf, der aber blickte sich um und sah Bar Kappara lächeln. Da sprach er zu ihm: Ich kenne dich nicht, Alter!

Und Bar Kappara begriff den Sinn dieser Worte: Er würde niemals als Ältester, als Rabbi, anerkannt sein.

Das rätselhafte Testament

Erste Geschichte: Drei Fässer. Ein Mann, der im Sterben lag, sprach als Letzten Willen aus: Meinem ältesten Sohne werde das Faß mit Erde zuteil, meinem zweiten das Faß mit Knochen, meinem jüngsten das Faß mit Werg. Die Söhne wußten aber nicht, was ihr Vater ihnen damit hatte sagen wollen, und fragten Rabbi Benaa um Rat. Der fragte sie: Besitzt ihr Grund und Boden? Sie antworteten: Jawohl. Er fragte: Habt ihr Vieh? Sie erwiderten: Auch das. Er stellte die Frage: Hinterließ der Vater euch Gewänder? Sie bejahten es ebenfalls.

Nunmehr sprach der Rabbi: Wenn dem so ist, so hat euer Vater diese drei Besitztümer gemeint, welche ihr nach seinen Worten unter euch teilen sollt.

Zweite Geschichte: Zum Narren werden. Ein Mann bestimmte einst in seinem Testamente: Mein Sohn soll mich nicht eher beerben, als bis er ein Narr geworden ist. Da begaben sich die Gelehrten Josse bar Juda und Rabbi zu dem Lehrer Josua ben Korcha, um ihn zu fragen, was diese Bestimmung zu bedeuten habe. Als sie aber sein Haus erreicht hatten und von außen hineinblickten, sahen sie ihren Meister auf allen vieren kriechen, einen Strohhalm zwischen den Zähnen, und sein Söhnchen stand vor ihm und zog ihn daran. Wie sie ihn so sahen, verbargen sie sich; hernach traten sie ein und stellten ihm ihre Frage. Da begann er zu lachen und sprach: Das, worum ihr mich fragen wollt, ist gerade bei mir jetzt der Fall gewesen!
Sobald der Mensch *Kinder* hat, wird er gleichsam närrisch.

Bildersprache

Die Magd im Hause des Rabbi Juda ha-Nassi pflegte sich einer Sprache zu bedienen, die nur Eingeweihten verständlich war.
So sagte sie bei Tische, wenn die Gelehrtenjünger geladen waren: Der Heber schlägt an den Krug; die Adler schweben zu ihren Nestern. Das sollte besagen: Das Weinfaß ist leer, denn der Weinheber erreicht schon den Boden; mögen also die Jünger in ihre Behausungen zurückkehren.
Wollte sie aber ausdrücken, die Jünger möchten bei Tische verbleiben, und man würde ihnen neuen Wein einschenken, so sagte sie: Man öffne ihre Gefährtin, und er schwimme wie ein Schiffchen auf dem Meere. Nämlich, man solle ein neues Faß anstechen, wobei der Weinheber, weil es voll sei, obenauf schwimmen würde.

Die zum Festmahl liefen ...

Eines Feiertags saß Rabbi Elieser im Lehrhaus und hielt, ohne abzubrechen, Vortrag über die Satzungen des betreffenden Festes. Indem verließ eine Schar von Schülern den Raum, und der Meister rief über sie aus: Die trinken den Wein aus der Tonne! Eine zweite Schar zog davon, und der Rabbi sagte: Die trinken ihn aus dem Fasse. Als die dritte Reihe das Lehrhaus verließ, sprach Rabbi Elieser: Die trinken ihn aus dem Kruge. Die vierte Reihe der zum Mahle sich Begebenden hieß er: die Männer der Kanne, die fünfte – die Männer des Bechers.

Als den Ausziehenden sich auch die letzten Schüler angeschlossen hatten, rief der Meister aus: Die sind alle Träger des Fluches! Dazu schaute er die an, die bis zu Ende ausgeharrt hatten, und ihre Stirnen bewölkten sich. Aber jetzt sprach der Meister zu ihnen: Kinder, nicht über euch sage ich diese Worte, sondern über alle, die vor euch weggegangen sind, als welche das ewige Leben lassen und sich dem zeitlichen hingeben.

Als sie nun von ihm Abschied nahmen, segnete er sie mit den Worten der Schrift: »Gehet hin und esset das Fette und trinket das Süße! Bekümmert euch nicht, denn die Freude am Herrn ist eure Stärke.«*

Gewini ben Charson

»Es ist ein Einzelner, und nicht selbander, und hat weder Kind noch Bruder; doch ist seines Arbeitens kein Ende, und sein Auge wird Reichtums nicht satt ... Wem arbeite ich doch und breche meiner Seele ab?!«* Also heißt es im Buche des Predigers.

Er meint damit den Gewini ben Charson. Der war ein Einzelner. Selbander war er nicht; er war unvermählt.

Er hatte weder Kind noch Bruder; er war seiner Mutter einziger Sohn. Seines Arbeitens war kein Ende — an dem, was sein Vater ihm hinterlassen hatte. Sein Auge wurde Reichtums nicht satt; er war blind auf einem Auge . . . Wem arbeitete er doch und brach seiner Seele ab? Man erzählt: In der Stunde, da sein Vater starb, sprach er zu seiner Mutter: Zeige mir all das Silber und Gold, das mein Vater mir hinterlassen hat. Da führte sie ihn zu einem Haufen Dinare; sie stellte sich an die eine Seite des Schatzes, und er ihr gegenüber, und beide vermochten einander nicht zu sehen, so hoch lag das Geld geschichtet.

Wort und Wortspiel

Erste Geschichte: ›Jubel‹ und ›Freude‹. Es waren einmal zwei Sadduzäer*, der eine hieß *Jubel,* der andre hieß *Freude.* Der, der Jubel hieß, sagte zu dem, der Freude hieß: Ich bin mehr wert als du, denn es heißt: »Jubel und Freude werden sie ergreifen . . .«* Aber der, der Freude hieß, sagte zu dem, der Jubel hieß: Ich habe den Vorrang vor dir, denn es heißt: »Da ward Freude und Jubel unter den Juden.«* Da sprach der, der Jubel hieß, zu dem, der Freude hieß: Eines Tages wird man dich lassen, und du wirst ein Briefbote werden, wie es auch heißt: »Denn ihr sollt mit Freuden ausziehen.«* Aber der, der Freude hieß, sagte zu dem, der Jubel hieß: Eines Tages wird man dich lassen, und du wirst ein Wasserschöpfer werden, wie es auch heißt: »Ihr werdet mit Jubel Wasser schöpfen!«*

Zweite Geschichte: Wein und Geheimnis. Juda und Hiskia, die Söhne des Rabbi Chija, saßen beim Mahle vor Rabbi, dem Patriarchen, und sprachen nichts. Da sagte Rabbi den Aufwartenden: Man gebe den Knaben reichlich Wein zu trinken, damit sie uns ein Wörtchen sagen. Als nun der Rausch sie zu umfangen begann, öffneten sie den Mund und sprachen: Der Messias wird nicht früher erscheinen als nach dem Untergang zweier vornehmer Häuser in Israel: dem des Exilfürsten in Babel und dem des Patriarchen im Lande Israel. Da sprach Rabbi, der Patriarch, zu ihnen: Kinder, ihr treibt ja Dornen in meine Augen! Aber der Vater der beiden, Rabbi Chija, sprach: Rabbi, laß dich diese Worte nicht verdrießen, sind doch ›Wein‹ und ›Geheimnis‹ zwei Wörter von gleichem Zahlenwert*, das eine macht siebzig, und das andre macht siebzig: tritt der Wein hinein, geht das Geheimnis heraus.

Dritte Geschichte: Deutlichkeit. Ein Weiser hat gesagt: Den Bewohnern von Judäa, als welche sich in ihrer Sprache genau ausdrücken, blieb erhalten, was man sie gelehrt hatte; den Galiläern, die es mit der Aussprache nicht so genau nehmen, kam, was man ihnen beigebracht hatte, abhanden.

Die Judäer pflegen eine genaue Ausdrucksweise. So sagte einmal ein Judäer: Ich habe ein Obergewand zu verkaufen. Und als man ihn fragte: Welche Farbe hat es? erwiderte er: Die des Spinats auf dem Felde – er sagte nicht einfach: es ist grün.

Wie steht es mit der undeutlichen Mundart der Galiläer? Da war ein Mann, der rief: Ich suche ein *Ammar* – wer hat ein *Ammar**? Man erwiderte ihm: Du törichter Galiläer, was willst du? Etwas zum Reiten, etwas zum Trinken, etwas zum Anziehen, etwas zum Schlachten? Suchst du einen Esel* oder Wein*, Wolle* oder ein Lamm*?

Der Wink des Stummen

Eines Jahres herrschte im Lande Israel eine trockene Zeit, und man wußte nicht, woher am zweiten Tage des Passahs die Schwingegarbe* zu nehmen; war das Getreide reif, so brachte man sie nämlich stets aus der nächsten Nähe Jerusalems. Da war ein Stummer, der deutete mit der einen Hand auf die Dächer, mit der anderen auf die Hütten. Man brachte ihn vor den weisen Petachja, und dieser sagte: Er meint einen Ort, der ›Dachhütte‹ oder ›Hüttendach‹ heißt. Die Boten gingen dahin und fanden daselbst reife Gerste.

Ein anderes Mal waren alle Felder rings um Jerusalem verbrannt, und man wußte wieder nicht, woher die Schwingegarbe nehmen. Da war da ein Stummer, der bedeckte mit der einen Hand sein Auge, während er mit der anderen den Türriegel faßte. Man führte ihn vor Petachja, und dieser fragte: Gibt es nicht einen Ort, der Augenriegel oder Riegelauge heißt? Es erwies sich, daß dem so war, und man brachte dorther die Schwingegarbe.

Der Leuchtturm

Eines Tages sandte das römische Reich eine Botschaft an die Rabbinen und ließ ihnen sagen: Schickt uns einen eurer Leuchttürme herüber. Da sprachen die Rabbinen: Wie viele Leuchttürme haben sie doch und begehren noch einen von uns dazu?! Welch eine Unzahl von Laternen besitzen sie, wie viele leuchtende Edelsteine, glänzende Perlen! Es dünkt uns, sie wollen, daß einer von uns zu ihnen komme, der dem Gesetz das Gesicht zu erleuchten versteht!

Und sie sandten nach Rom den Rabbi Meir, den Erleuchtenden*.

Rätsel vom Fischessen

Der Fischer Adda sagte zu Raw: Den Fisch brate mit seinem Bruder, lege ihn in seinen Vater, verspeise ihn mit seinem Sohn, und trinke darauf seinen Vater!
Des Fisches Vater ist das Wasser, sein Bruder ist das Salz, das auch im Meere ist, sein Sohn der Saft, der beim Kochen herauskommt.

Gleichnisreden vom Alter

Der Kaiser fragte einmal den Rabbi Josua ben Chananja, warum er zu einem Streitgespräch nicht erschienen sei. Der Rabbi erwiderte: Auf dem Gipfel des Berges liegt Schnee, und die Landschaft ringsum ist mit Reif bedeckt; die Hunde wollen nicht mehr bellen, die Müller mahlen nicht mehr.*
Rabbi Josse bar Kisma sprach: Besser sind zwei denn drei*; wehe um das, das da schwindet und nicht wiederkehrt!*
Raw Dime sprach: Die Jugend ist ein Kranz von Rosen, das Alter ein Dornenkranz.

Antwortn

Fächer und Wind

Rabbi Simeon ben Chalafta war ein beleibter Mann. Eines Tages empfand er die Hitze besonders schwer; er stieg auf die Spitze eines Berges und sprach zu seiner Tochter: Fächle mir mit deinem Fächer Kühlung zu; ich gebe dir zum Dank einen Nardenstrauß.
Indem erhob sich ein Wind. Da rief der Rabbi aus: Wie viele Nardensträuße gebührten nun Ihm, der des Windes Herr ist!

Gegen die Überpeinlichkeit

Eines Tages wurden in der Holzkammer des Tempelhofes zu Jerusalem Totengebeine entdeckt. Die Weisen wollten darauf ganz Jerusalem für unrein erklären.*
Da stellte sich Rabbi Josua ben Chananja auf seine Füße und rief: Wäre das nicht Schmach und Schande für uns, als unrein bestimmen zu müssen die Stadt unsrer Väter? Wo sind die Leichname der Sintflut hingekommen? Wohin die Schlachtopfer Nebukadnezars? Wohin alle die, die in Kriegen geblieben sind – bis auf den heutigen Tag?!

Rabbi Josse und Elia

Rabbi Josse sagte in Sepphoris bei einer Predigt: Väterchen Elia ist ein Jähzorniger!
Nun pflegte der Prophet Elia den Meister tagtäglich zu besuchen, aber nach diesem Ausspruch blieb er drei Tage lang aus.
Als er wieder erschien, fragte der Rabbi ihn: Warum bist

du nicht gekommen? Elia antwortete: Weil du mich jähzornig genannt hast. Da sagte Rabbi Josse: Nun sieh, wie jähzornig du diesmal gewesen bist!

Der Dattelkorb

Ulla kam nach dem Lande Babel und sah, daß man dort einen Korb Datteln nur um einen Sus* verkaufte; da rief er aus: Einen Korb voll Honig kriegt man hier um einen Sus, und doch wollen die zu Babel sich nicht mit der Tora befassen!
Als aber zur Nacht die Früchte ihm Leibweh bereiteten, sprach er: Hier kriegt man einen Korb voller Messer um einen Sus, und doch sind die zu Babel der Tora beflissen!

Gestiftetes Geld

Rabbi Chama ben Chanina und Rabbi Hoschaja gingen einst an dem schönen Bethause von Ludd vorbei, welches die Eltern Rabbi Chamas gestiftet hatten. Und Rabbi Chama rief aus: Wieviel Geld hat mein Vater hierfür geopfert! Rabbi Hoschaja antwortete: Wie viele Seelen von Schriftbeflissenen hat dein Vater dafür umkommen lassen!
Er meinte, Geld dürfe nur so angewandt werden, daß man es den Gelehrtenjüngern schenke, die sich mit der Tora befassen.

Der Weise ist glaubwürdig

Dem Abbaje entlief einst ein Esel in der Landschaft der Kutäer*. Da ließ er ihnen sagen: Schickt mir meinen Esel wieder! Sie erwiderten ihm: Gib uns ein Zeichen an. Er schrieb zurück: Das Tier hat einen weißen Bauch.

Da sandten sie ihm den Esel und schrieben ihm dazu: Wärest du nicht Abbaje, wir hätten ihn dir nicht zurückgesandt, denn sind nicht die Esel allzumal am Bauche weiß?!

Der umgangene Bescheid

Jochanan aus Chikkuk ging einst auf die Dörfer. Als er heimkehrte, fragte man ihn: Ist der Weizen gut geraten? Er antwortete: Die Gerste ist gut geraten. Da riefen sie aus: Diese gute Nachricht magst du den Pferden und Eseln überbringen, deren Futter Gerste und Stroh sind!
Was hätte er ihnen denn sagen sollen, wenn er nun einmal keinen bösen Bescheid geben wollte? Er hätte sagen sollen: Voriges Jahr stand der Weizen gut! Oder auch: Die Linsen sind heuer gut geraten – denn Linsen gehören zur menschlichen Nahrung.

Verspäteter Trost

Einst begab sich ein schwangeres Weib in das Haus eines Nachbarn, um zu backen. Da bellte der Hund des Hauses sie an, und vor Schrecken löste sich die Frucht in ihrem Leibe.
Der Hausherr sprach zu ihr: Fürchte dich nicht vor dem Hund; die Zähne sind ihm ausgebrochen und die Pfoten gestutzt. Die Frau gab zur Antwort: Deine Güte kannst du dir sparen und auf die Dornen werfen.

Leben um Leben

Ein Mann kam einmal vor den Meister Rabba und erzählte ihm, das Oberhaupt der Stadt, in der er wohne, habe ihm den Befehl erteilt, einen Einwohner umzubringen; tue er es nicht, so werde er selbst getötet.

Darauf erwiderte Rabba dem Mann: Laß dich lieber töten, als daß du tötest! Bist du denn gewiß, daß dein Blut röter ist als das des Mannes, den du töten solltest? Vielleicht ist das seine röter!

Undank des Enkels

Raw Acha zog seinen Enkel Jakob, den Sohn seiner Tochter, bei sich auf. Als der Knabe herangewachsen war, sprach Raw Acha eines Tages zu ihm: Gib mir Wasser zu trinken! Der Enkel aber erwiderte: Ich bin doch nicht dein Sohn!
Das Sprichwort sagt: Zieh mich nur auf, spricht der Enkel zum Ahn; ich bleibe für dich nichts anderes als deines Kindes Kind!

Die zwei Dicken

Rabbi Ismael, Sohn des Rabbi Josse ben Chalafta, und Rabbi Eleasar, Sohn des Rabbi Simeon ben Jochai, waren so beleibt, daß, wenn sie Bauch an Bauch voreinander standen, ein Paar Rinder zwischen ihnen hindurchschreiten konnten, ohne sie zu streifen.
Eine hohe Römerin sprach eines Tages zu ihnen: Eure Kinder können nicht von euch gezeugt sein. Sie erwiderten: Unsere Weiber haben noch dickere Bäuche als wir selbst!
Aber, dann wäre es ja erst recht nicht möglich gewesen?! Nein, entweder haben sie gesagt: »Danach der Mann ist, ist auch seine Kraft!«* Oder sie haben gesagt: Die Liebe läßt das Fleisch zurücktreten.
Aber, warum haben sie überhaupt eine Antwort gegeben, wo es doch heißt: »Antworte dem Narren nicht nach seiner Narrheit!«* – Sie wollten nicht, daß ihre Kinder als Bastarde gälten.

Der Schriftvers als Verräter

Es war einmal ein Mann, der las, in Anwesenheit Rabbi Eliesers, mit lauter Stimme das Kapitel in der Schrift, das mit den Worten beginnt: »Verkünde der Stadt Jerusalem ihre Greuel!«* Da sprach der Rabbi: Bevor du die Greueltaten Jerusalems untersuchst, untersuche die deiner eigenen Mutter! Man forschte nach, und es erwies sich, daß der Mann ein Bastard war.

Dreimal herausgefordert

Erste Geschichte: Der Gotteslästerer und der Rabbi. Rabbi Simeon ben Lakisch zog seiner Straße, da gesellte sich ihm ein Kutäer*. Dieser stieß eine Gotteslästerung aus, und der Rabbi zerriß sein Gewand; der Kutäer lästerte abermals, und wieder zerriß der Rabbi sein Kleid.
Als der Kutäer aber zum dritten Male zu seiner Rede ansetzte, stieg der Meister vom Esel, versetzte dem Kutäer einen Schlag aufs Herz und sprach zu ihm: Du Bösewicht! Hat deine Mutter genug Kleider, mir die meinen zu ersetzen?

Zweite Geschichte: Der Holzfäller und der Rabbi. Rabbi Ismael, Sohn des Rabbi Josse, war unterwegs. Da begegnete ihm ein Mann, der eine Last Holz trug und sie absetzte, um etwas Atem zu schöpfen. Danach sprach der Mann zu dem Rabbi: Hilf mir die Last wieder aufladen! Der Meister fragte dagegen: Wieviel ist dir das ganze Holz wert? Der Holzsammler erwiderte: Einen halben Sus*. Da kaufte ihm der Meister für das Geld die Holzlast ab, erklärte sie aber auf der Stelle wieder für herrenloses Gut.
Weil nun das Holz niemandem gehörte, nahm der Holz-

sammler aufs neue davon Besitz. Also zahlte ihm der Rabbi nochmals einen halben Sus und gab die wiedergekaufte Last zum zweiten Male preis.
Wie er aber sah, daß der Holzfäller daran ging, sich das Holz zum dritten Mal anzueignen, sprach der Rabbi zu ihm: Als ich das Holz für herrenlos erklärte, erlaubte ich damit aller Welt, davon Besitz zu ergreifen, nur dir nicht.

Ormuzd und Ahriman

Ein Magier* sagte einmal zu dem Meister Ammemar: Vom Nabel aufwärts gehörst du Ormuzd, vom Nabel abwärts bist du Ahrimans Teil.
Der Lehrer erwiderte: Steht es so, wie erlaubt dann Ahriman dem Ormuzd, das Wasser, das da getrunken wird und ausgeschieden, herunterfließen zu lassen in seinen Bereich?

Auf einen Zug

Rabbi Ismael ben Josse kam zu Rabbi Simeon ben Josse zu Besuch; man reichte ihm einen Becher Wein, und er nahm ihn augenblicks und leerte ihn mit einem Zuge.
Die Tischgenossen fragten ihn: Ist der Meister denn nicht der Meinung dessen, der da gesagt hat: »Wer den Weinbecher auf einen Zug austrinkt, ist ein Gierschlund«? Der Gast erwiderte, zum Hausherrn gewandt: Von uns beiden gilt das nicht, denn dein Becher ist klein, dein Wein ist süß, und mein Wanst ist groß.

Besteck

Zwei Männer aßen Grütze aus *einer* Schüssel; der eine nahm den Brei mit den bloßen Fingern, der andre gebrauchte einen Holzlöffel.

Der den Löffel benutzte, sprach zu dem, der mit den Fingern aß: Wie lange willst du mich noch den Schmutz deiner Nägel mitessen lassen!
Darauf antwortete der andere: Wie lange willst du mich noch deinen Speichel schlucken lassen!

Scherzhafte Geschichten

Der Faulpelz

»Der Faule spricht: es ist ein junger Löwe auf dem Wege«*, so heißt es in den Sprüchen.

Es war einmal ein träger Schüler, dem wurde gesagt: Sieh, dein Meister weilt in der Stadt; laß dich von ihm in der Lehre unterweisen. Der Faulpelz antwortete: Ich habe Angst, mir könnte unterwegs ein Löwe begegnen, wie es auch heißt: »Es ist ein junger Löwe auf dem Wege.«* Die Leute sagten darauf: Er wohnt ja in derselben Stadt wie du! Der Unlustige erwiderte: Ich fürchte den Löwen auf der Straße, wie es auch heißt: »Es ist ein Löwe auf den Gassen.«* Die Leute sagten ihm: Der Lehrer wohnt doch im Nebenhause! Die Ausrede des Schülers lautete: Ich fürchte den Löwen, der draußen ist, wie es auch heißt: »Es ist ein Löwe draußen.«* Die Leute sagten: Er weilt doch im Innern des Hauses. Der Faule entgegnete: Wenn ich zu ihm gehe, finde ich die Tür verschlossen. Die Leute sagten: Sie ist doch offen! Wie es auch heißt: »Die Tür dreht sich in der Angel gleich dem Faulen im Bette.«*

Als nun der Arbeitsscheue nichts mehr zu entgegnen hatte, sagte er: Die Türe sei nun offen oder zugesperrt — ich begehre noch ein wenig zu schlafen, wie es auch heißt: »Ja, schlafe noch ein wenig!«*

Die erschlichene Mahlzeit

Die Kutäer* sind geschickt im Betteln.

Einer von ihnen begab sich einmal zu einer Hausfrau und fragte sie: Hast du vielleicht eine Zwiebel im Hause? So

schenke sie mir. Als sie ihm die Zwiebel gegeben hatte, sprach er: Kann man eine Zwiebel ohne Brot essen? Sie reichte ihm Brot, und er sprach: Gibt es eine rechte Mahlzeit ohne etwas zum Trinken?
Also bekam er von ihr zu essen und zu trinken.

Gebratene Euter

Einst sprach Jalta zu ihrem Gatten Rabbi Nachman: Weil die Tora allemal, wenn sie etwas verbietet, das dem Verbotenen Ähnliche gestattet – untersagt sie doch den Genuß des Blutes, erlaubt aber den der Leber, die ebenso schmeckt; sie verbietet das Fett des Viehs und gestattet das Fett des Wildes; sie verpönt den Genuß des Schweinefleisches und gibt den des Störhirnes* frei; sie bestraft den Ehebruch und läßt es zu, eine Geschiedene bei Lebzeiten ihres früheren Mannes zu heiraten; sie verwehrt das Eheweib des Bruders und fordert die Schwagerehe – also möchte ich Fleisch mit Milch essen!*
Da befahl der Rabbi den Köchen: Bratet ihr Kuheuter am Spieße!

Keine Frage ist müßig

Pelemo stellte dem Meister Juda ha-Nassi die folgende Frage: Wenn ein Mann zwei Köpfe hat – an welchem der beiden hat er die Gebetriemen* zu tragen? Der Meister erwiderte: Entweder du begibst dich jetzt freiwillig in die Fremde, oder du verfällst dem Bann!
In diesem Augenblick kam ein Mann zu dem Meister und sprach: Mir ist soeben ein Knabe geboren worden, der zwei Häupter hat, und so komme ich dich fragen – denn es ist mein Erstgeborener –, um welche Summe ich ihn beim Priester auszulösen habe.

Der Blutkenner

Ifra Ormuzd, die Mutter des persischen Königs Sapor, sandte dem Meister Raba eine Probe Blut, und er sollte bestimmen, welcher Art es sei. Raba roch daran und sagte: Das ist Blut, welches dem Weibe entfließt, wenn es einen Mann begehrt. – Da sagte Ifra Ormuzd zu ihrem Sohne: Schau, wie weise die Judäer sind. Er erwiderte ihr: Auch ein Blinder, der durch die Dachluke starrt, sieht zuweilen was . . .
Also schickte die Königin dem Meister sechzig verschiedene Arten von Blut, und alle bezeichnete er ihr richtig, ausgenommen die letzte; das war Läuseblut, und er kannte es nicht. Aber da kam ihm der Zufall zu Hilfe, denn er schickte ihr zugleich mit seiner Antwort einen Kamm zum Läusetöten . . .
Nunmehr sprach die Königin: Die Judäer stecken wohl in den Kammern des Herzens!

Der Trug des Sklaven

Es war einmal ein uralter Knecht, aus kanaanitischem Stamm; der färbte sich, um jung zu erscheinen, Haupthaar und Bart, ging danach zu dem Meister Raba und sprach zu ihm: Kaufe mich, daß ich dein Knecht sei. Aber Raba erwiderte: Unter meinem Volke gibt es arme Leute genug, und es heißt in den Sprüchen der Väter: »Die Armen sollen dein Hausgesinde sein.«*
Da begab sich der Kanaaniter zu Raw Papa bar Samuel, und dieser kaufte ihn sich zum Knechte. Eines Tages befahl ihm sein neuer Herr: Hole mir Wasser zu trinken. Der Knecht gehorchte, dabei wurde er naß, die Farbe wusch sich ab, und sein Haupthaar und Bart erschienen wieder weiß. Als solcher trat er vor den Meister und

sprach: Schau mich an, ich bin noch älter als dein Vater! – Da mußte Raw Papa an Raba denken, der des Knechtes rechtzeitig ledig geworden war, und rief den Spruch Salomos aus: »Der Gerechte wird aus der Not erlöst.«*

Der Hämling

Ein Ketzer, der ein Entmannter war, fragte einst spöttischerweise Rabbi Josua den Kahlen: Wie weit ist der Weg von hier nach Haarlos? Der Rabbi erwiderte: Genausoweit wie die Straße nach Halbmannsdorf.
Der Glaubensleugner sprach weiter: Ein Ziegenbock ohne Wolle wird um vier Münzen verkauft. Der Rabbi antwortete: Ein Hammel, den man verschnitten hat, gilt auch nur achte.
Nun sah der Eunuch, daß der Lehrer keine Schuhe trug. Da sprach er: Wer hoch zu Rosse sitzt, ist ein König; wer den Esel reitet, ein Edelmann; wer beschuht einhergeht, noch immer ein Mensch; aber, wer weder dies hat noch das, noch das dritte – da hat es schon der besser, der eingescharrt ist und begraben!
Darauf gab der Rabbi zur Antwort: Du Hämling! Drei Worte hast du gesagt, und drei Worte sollst du hören: Des Hauptes Zierde ist der Bart, des Herzens Wonne ist das Weib, und ein Erbteil von Gott sind die Kinder; gelobt sei der Herr, der diese drei dir vorenthalten hat!

Kitow

Im Süden des Landes Israel war ein Herbergswirt, der pflegte mitten in der Nacht aufzustehen, seine Kleider anzutun und zu seinen Gästen zu sagen: Erhebt euch und zieht eures Weges, ich werde euch geleiten. Brachen nun die Gäste auf, so lag bereits eine Räuberschar im Hinterhalt, plünderte sie aus und teilte den Raub mit dem Wirt.

Eines Tages begab es sich, daß Rabbi Meir in dieser Herberge übernachtete. Wieder stand der Wirt in der Nacht auf, kleidete sich an und sprach zu dem Rabbi: Steh auf, daß du deine Straße ziehest, ich gebe dir das Geleit. Rabbi Meir erwiderte: Ich muß hier noch auf meinen Bruder warten. Der Wirt fragte: Wo befindet er sich denn jetzt? Der Rabbi sagte: Er weilt im Bethause. Da fragte der Wirt: Wie heißt er? Ich will ihn holen. Rabbi Meir sagte: Sein Name ist *Kitow.*

Die ganze Nacht hindurch rief der Wirt mit lauter Stimme an der Pforte des Bethauses: Kitow! Kitow! Aber keine Menschenseele antwortete ihm. Wie es Morgen ward, stand Rabbi Meir auf und führte den Esel aus dem Stall, um seine Reise anzutreten. Da fragte ihn der Wirt: Und wo ist dein Bruder, von dem du mir erzählt hast? Rabbi Meir sprach: Sieh, er ist schon gekommen. Es heißt in der Schrift: »Und Gott sah das Licht, *ki tow,* daß es gut war.«* Das Tageslicht, das gute, ist da!

Die Zwillingsbrüder

Es waren einmal Zwillingsbrüder in einer Stadt, von denen wurde der eine zum König erhoben, der andere wandte sich dem Räuberhandwerk zu.

Nun gab der, der König geworden war, Befehl, den Räuber zu henken. Aber, wer jetzt an dem Galgen vorüberkam, der rief aus: Hier hängt der König!

Da ordnete der König an, den Leichnam zu begraben.

Quellen und Anmerkungen

Zu jeder Geschichte wird die jeweilige Hauptquelle, aus der übersetzt ist, gelegentlich auch die eine oder andere Parallelstelle, angegeben. Die angeführten Talmud-Traktate bzw. Midraschim sind, nach Namen und Inhalt, im Verzeichnis der Quellenschriften spezifiziert, das dem eigentlichen Quellennachweise vorangestellt ist.
Die Anmerkungen, auf die im Text durch einen Stern (*) verwiesen ist, beschränken sich auf den Nachweis der zitierten Bibelverse (die in Anführungsstriche gesetzt sind) und auf die notwendigsten Sacherklärungen, wobei, zum Nutzen des Lesers, Wiederholungen nicht vermieden sind.
Vielfach ist von einer Geschichte auf eine andere, ebenso auf den ›Born Judas‹ und ›Die Sagen der Juden‹ verwiesen; gehört doch alles, vor allem in der Geisteshaltung, letztlich in *einen* Zusammenhang. Die gelegentlichen Verweisungen auf verwandte Stoffe bzw. Motive in der allgemeinen Volks- und Weltliteratur wollen wiederum nicht mehr sein als eine Anregung zu weiterem, vergleichendem Forschen.

Verzeichnis der Quellenschriften

Talmudisches Schrifttum

Hauptwerke:
Mischna, die kanonische Grundschrift des Talmuds.
Tossefta, außerkanonisches Parallelwerk zur Mischna.
Talmud Bawli, der babylonische Talmud (abgekürzt: b.)
Talmud Jeruschalmi, der jerusalemische Talmud (abgekürzt: j.).

Einzeltraktate:

Arachin (›Schätzungen‹): über die Auslösung des Gottgeweihten (3. Buch Mose, 27).

Awoda Sara (›Götzendienst‹): über Heiden, deren Kulte und das Verhältnis zu ihnen.

Awot (›Väter‹), oder *Pirke Awot* (›Sprüche der Väter‹): ausgewählte Aussprüche der Talmudweisen.

Awot de-Rabbi Nathan: Paralleltraktat zu ›Awot‹, außerkanonisch, in zwei Rezensionen.

Baba Batra (›Letzte Pforte‹): dritter und letzter Teil der Bestimmungen des talmudischen Zivilrechts.

Baba Kamma (›Erste Pforte‹): erster Teil der Bestimmungen des talmudischen Zivilrechts.

Baba Mezia (›mittlere Pforte‹): zweiter Teil der Bestimmungen des talmudischen Zivilrechts.

Bechorot (›Erstgeburten‹): über die Erstgeburt von Vieh und Mensch.

Berachot (›Segnungen‹): über Segensprüche und Gebete.

Beza (›Ei‹), auch *Jom-Tow* (›Festtag‹): was am Festtag erlaubt bezw. verboten ist (im Anschluß an die Streitfrage über das Ei, das am Sabbat oder am Festtag gelegt worden ist).

Bikkurim (›Erstlinge‹): über Erstlingsfrüchte und Verwandtes.

Chagiga (›Festfeier‹): über die Erscheinungspflicht an den drei Wallfahrtsfesten zu Jerusalem. – Vgl. Born Judas, Nr. 113.

Chullin (›Profanes‹): Bestimmungen über das rituelle Schlachten.

Demmaj (›Zweifelhaftes‹): über Früchte, deren Verzehntung Zweifeln unterliegt.

Derech Erez (›Wandel‹): Regeln über den rechten Lebenswandel; einer der außerkanonischen kleinen Traktate (in zwei Rezensionen: rabba – der große, und sutta – der kleine).

Edujot (›Zeugnisse‹): Sammlung von Gesetzesentscheidungen und grundlegenden Kontroversen in Fragen des Religionsgesetzes.

Eruwin (›Vermischungen‹): über die – fiktive – Vermischung von Grenzen bezw. Höfen, damit am Sabbat der private Bereich, mit den Erleichterungen, die für ihn gelten, gleichsam auf den öffentlichen mit ausgedehnt wird.

Gittin (›Scheidebriefe‹): über Ehescheidung.

Horajot (›Lehren‹): über irrige Entscheidungen in Fragen des Religionsgesetzes.

Jewamot (›Schwagerehe-Verpflichtete‹): über die Leviratsehe.

Joma (›Der Tag‹): über den Versöhnungstag.

Kalla (›Braut‹): über Ehefragen; einer der außerkanonischen kleinen Traktate.

Ketubbot (›Verschreibungen‹): über den Ehebrief, den der Mann der Frau bei der Hochzeit übergibt.

Kidduschin (›Verlöbnisse‹): über Verlobung und Heirat.

Kilajim (›Heterogenes‹): über das Verbot der Vermischung verschiedener Arten (3. Buch Mose 19, 19; 5. Buch Mose 22, 9–11).

Maasserot (›Zehnten‹): über den Zehent der Leviten (4. Buch Mose 18, 21 ff.).

Maasser scheni (›Zweiter Zehent‹): über die Bestimmungen in 5. Buch Mose 14, 22 ff.

Megilla (›Buchrolle‹): über die Lesung des Estherbuches am Purimfeste.

Menachot (›Opfergaben‹): über die Speisopfer in der Tora.

Moed katan (›Kleiner Festtag‹): über die Zwischenfeiertage in der Festwoche des Passah- und Laubhüttenfestes.

Nasir (›Nasiräer‹): über das Nasirat (4. Buch Mose, 6).

Nedarim (›Gelobungen‹): über Gelübde und deren Aufhebung.

Nidda (›Unreinigkeit‹): über Menstruation und die Menstruierende.

Para (›Kuh‹): über die Rote Kuh (4. Buch Mose, 19).

Peah (›Ecke‹): vom Ackerwinkel (5. Buch Mose 24, 19–22 u. ö.) und Armenrecht.

Pessachim (›Passah-Feiern‹): über die Feier des Passah.

Rosch ha-Schana (›Jahresbeginn‹): über das Neujahrsfest.

Sanhedrin (›Synedrion‹): über Gericht und Rechtsprechung in Dingen des öffentlichen Rechts.

Schabbat (›Sabbat‹): über den Sabbat und insbesondere die an ihm verbotenen Handlungen.

Schekalim (›Sekels‹): von der Steuer des ›halben Sekel‹ zum Unterhalt des Heiligtums.

Schewiit (›Sabbatjahr‹): über das Sabbat- und Erlaßjahr.

Schewuot (›Schwüre‹): über den Eid und die Eidesleistung.

Semachot (›Freuden‹): euphemistische Bezeichnung des Traktats von der Totentrauer, eines der außerkanonischen kleinen Traktate.

Sewachim (›Schlachtungen‹): über die Schlachtopfer, von denen die Tora handelt.

Sota (›Die Abirrende‹): über die des Ehebruchs verdächtigte Frau (4. Buch Mose 5, 11 ff.).

Sukka (›Laubhütte‹): über das Laubhüttenfest.

Taanit (›Fasten‹): über Fasttage und besondere Anlässe zum Fasten.

Terumot (›Abgaben‹): über die Hebe zugunsten der Priester (4. Buch Mose 18, 8 ff.) und ähnliche Gaben.

Midraschisches Schrifttum

Midrasch Rabba (rabba abgekürzt: r.): der sogenannte ›Große Midrasch‹ zu den fünf Büchern Mose und den fünf kleinen Hagiographen, im einzelnen (alphabetisch geordnet):

Bamidbar r., zum 4. Buche Mose.

Bereschit r., zum 1. Buche Mose.

Dewarim r., zum 5. Buche Mose.

Echa r., zu den Klageliedern.

Esther r., zum Buche Esther.

Kohelet r., zum Prediger.

Ruth r., zum Buche Ruth.
Schemot r., zum 2. Buche Mose.
Schir ha-Schirim r., zum Hohenlied.
Vajikra r., zum 3. Buche Mose.

Weitere Midrasch-Werke und zusätzliche Quellen:

Mechilta (›Maß‹): sogen. ›halachischer‹ Midrasch zum 2. Buche Mose.

Megillat Taanit (›Fastenrolle‹): ein Verzeichnis von Feiertagen, an welchen nicht gefastet wird; noch aus vortalmudischer Zeit.

Midrasch Bereschit rabbati: späterer Midrasch zum 1. Buche Mose.

Midrasch Mischle: Midr. zu den Sprüchen Salomos.

Midrasch Tanchuma: dem Rabbi Tanchuma zugeschriebener Midr. zu den fünf Büchern Mose.

Midrasch Tehillim: Midr. zu den Psalmen.

Pessikta (›Festsetzung‹): Homilien über ausgewählte Bibelabschnitte, die im Jahresturnus, im Anschluß an die wöchentliche Vorlesung aus der Tora, vorgetragen werden; in zwei Rezensionen überliefert: P. de-Raw Kahana, und P. rabbati.

Sifre (›Bücher‹): sogen. ›halachischer‹ Midrasch zum vierten (Bamidbar) und fünften (Dewarim) Buch Mose.

Tanna de-Be Elijahu (›Aus Elias Lehrhaus‹), oder: Seder Elijahu r. (›die große Sammlung Elias‹), Homilien, die mit dem Namen des Propheten Elia verbunden wurden.

Kompendien und Kommentare:

Ejn Jaakow (›Brunnen Jakobs‹), ein Kompendium der agadischen Partien des babylonischen Talmuds.

Jefe Mar'eh (›schön von Angesicht‹), Sammlung agadischer Partien des jerusalemischen Talmuds.

Raschi: des Rabbi Salomo ben Isaak (1040–1105) Kommentar zum babylonischen Talmud.

Tossafot (›Zusätze‹): Beiträge zur talmudischen Diskussion, in Form eines Parallelkommentars zu Raschi, von verschiedenen Autoritäten des 12.–14. Jahrhunderts.

aus Furcht vor dem bösen Auge, untersagt (vgl. 2. Buch Samuel 24 u. ö.), und so verfuhr man indirekt, um die Zahl zu ermitteln.

32 *Zwei Turteltauben und tausend Opfertiere:* Midr. Vajikra r. 3, 4.

33 *Die Opfergabe der armen Frau:* Ds. Zum Thema vgl. Born Judas, Nr. 324.

Auf unterirdischen Wegen: j. Maassar Scheni 5, 56a (umgestellt) u. ö. Der Talmud bringt häufig Parallelgeschichten neben- und nacheinander.

Wochenabschnitt: d. i. der Tora, die in jährlichem Turnus, jede Woche ein Abschnitt, gelesen wird.

34 *Das lange Gebet:* b. Joma 53 b.

Der Stellvertreter: j. Joma 1, 38 d; b. Megilla 72 a u. ö. Die Urquelle bei Josephus (Arch. 17, 6, 4).

35 *Die Mutter der Hohenpriester:* b. Joma 47 a.

die Flechten meines Haares: Die Verheiratete trägt ihr Haar verhüllt, wenn sie sich in der Öffentlichkeit zeigt; die keusche Kimchit aber ließ nicht einmal die Wände ihres Hauses ihre Haarpracht sehen.

Der Tod Simeons des Gerechten (1-2): b. Joma 39 a-b u. ö. Simeon der Gerechte, der älteste mit Namen genannte Tradent der mündlichen Lehre (Sprüche der Väter 1, 2), wird auch bei Josephus (Arch. 12, 2, 5) als der Gerechte (hebr. ha-Zaddik; griechisch: dikaios) angeführt. An einer anderen Stelle berichtet Josephus (Bellum 5, 5, 7) von dem besonderen Feierkleid, das der Hohepriester am Versöhnungstag anlegte.

Nach dem Ende des Festes: d. i. das Laubhüttenfest, das fünf Tage nach dem Versöhnungstage beginnt.

den unverstellten Namen Gottes auszusprechen: das Tetragramm (Jahve) auszusprechen, ist verboten (nach 2. Buch Mose 20, 7); nur er, der Gerechte, hatte es gedurft.

Sündenbock: nach 3. Buch Mose 16, 8.

Karmesinstreifen: ein Wollstreifen, den man dem Sündenbock um die Hörner band und dessen Weißwerden ein günstiges Zeichen bedeutete.

Gersten-Erstlingsgabe, Opferbrote und Schaubrot: Priestergaben (vgl. 3. Buch Mose 23, 9; 24, 5; 2. Buch Mose 25, 30).

37 *Issachar aus Kefar Barkai:* b. Pessachim 57a–b. Mit König und Königin sind offenbar Alexander Jannai und Salome gemeint (vgl. oben, S. 26 f.); zur Streitfrage vgl. die griechische Tiresias-Mythe (Apollodorus, Myth. Bibl. 3, 6, 7).

38 *Das Schisma:* Awot de-Rabbi Nathan I, 5. Bei Josephus (und im Neuen Testament) erscheinen als Sekte nur die Sadduzäer, aber ohne Ableitung ihres Namens von einem Stifter.

»Seid nicht den Knechten gleich«: Sprüche der Väter 1, 3.

Auf den Spuren der Söhne Aarons: b. Joma 19b (eine andere Version: j. Joma 1, 39b). Noch ausgesprochener als die vorige Erzählung mit antisadduzäischer, propharisäischer Tendenz.

»ich will in einer Wolke erscheinen«: 3. Buch Mose 16, 1–2.

39 *Der Neumondssegen:* Tossefta, Rosch ha-Schana 1, 15; j. ds. 2, 57d. Zum Thema vgl. auch weiter unten ›Rabban Gamliel und Josua ben Chananja‹, S. 120 ff.

den Neumond gesehen: Von diesem Zeugnis hing die Bestimmung der Fest- und Fasttage ab.

Sus: kleine Münzeinheit.

40 *Das Haus Garmo:* b. Joma 38a. Siehe auch die folgende Geschichte.

Schaubrote: 2. Buch Mose 25, 30 u. ö.

»Ihr sollt unschuldig sein«: 4. Buch Mose 32, 22.

41 *Das Haus Awtinas* (1–2): Ds. (unter Hineinarbeitung der älteren Version j. Joma 3, 41 a–b). Zum gleichzeitigen Lachen und Weinen vgl. Thompson, Motif Index, F 1041. 11.

»Ihr sollt unschuldig sein«: 4. Buch Mose 32, 22.

Wundertäter

44 *Der Kreiszieher:* Mischna, Taanit 3, 8; j. ds. 3, 66 d; b. ds. 23a. Der historische Choni (griech. Onias) lebte zur Zeit

des Bruderkrieges zwischen den Hasmonäern Hyrkanos II. und Aristobulos II. und wurde, da er sich weigerte, Partei zu ergreifen, gesteinigt (Josephus, Arch. 14, 1, 2).
Adar, der 6. Monat des jüd. Jahres (etwa März), schließt den Winter, die eigentliche Regenzeit im Lande Israel, ab.

45 *Der Siebenschläfer:* Ds. u. ö. Älteste jüd. Version der Siebenschläferlegende, wobei die Zahl Sieben, in der verbreiteten christl. Legende die der Schläfer, hier als Zahl der Dekaden des langen Schlafes erscheint.

47 *Nakdimon der Sohn Gorions und der Heide:* b. Taanit 15b, 20 a u. ö. Der Eigenname Nakdimon entspricht griech. Nikodemus. N., der Sage nach einer der drei reichsten Männer Jerusalems (vgl. weiter unten, S. 56, die Geschichte seiner Tochter) ist zugleich, nach dem bibl. Josua (vgl. Josua 10, 12–14) und Hiskia (2. Könige 20, 9–11), einer der drei Frommen, denen zuliebe Gott den Sonnenuntergang hinausschob.
Festfeier: gemeint ist das Laubhüttenfest, das der Regenzeit unmittelbar vorangeht.
Talent: größte Geldeinheit der griech.-römischen Antike; ein Barren Gold.

Die Heimsuchung

49 *Ein Totschlag vor dem Tempel:* Mischna, Joma 2, 1–2 und b. ds. 23 a. Befleckung des Tempels mit unschuldigem Blut wird schon von Josephus (Bellum, 4, 5, 2 u. ö.) als Ursache der künftigen Zerstörung bezeichnet.
Fettasche: vgl. 3. Buch Mose 6, 3–4.
»Wenn man einen Erschlagenen findet«: 5. Buch Mose 21, 1 ff.

50 *Der verborgene Toraschrein:* b. Joma 53b–54a (mit Kommentar).
»Sie waren daselbst«: 1. Könige 8, 8.
Tränen: b. Gittin 58a. Die krönende in einer Reihe von Legenden, die menschlichem Verschulden die Schuld an der Zerstörung des Tempels zuschreiben. Zum Tränenmotiv vgl. Born Judas, Nr. 211.

51 *Kamza und Bar Kamza* (1–2): Ds. 55b–56a. Zur ersten Geschichte vgl. eine der bezeichnendsten unter den ethischen Lehren des Talmuds (b. Baba Batra 58b): »Wer das Angesicht seines Nächsten in Gegenwart andrer erbleichen läßt, der vergießt gleichsam Menschenblut.«

53 *Von den Ursachen der Zerstörung:* Ds. 57a. Der Fall des Königsberges (s. w. u.) und der Festung Bethar gehört der Zeit der Erhebung des Bar Kochba an.

Königsberg: Bezeichnung des Gebirges Juda, dessen Städte dem Könige gehörten.

Bethar: die Burg Bar Kochbas. Vgl. weiter unten, S. 77.

Josse Meschitta: Midr. Bereschit r. 65, 22. Die Sage bezieht sich vielleicht noch auf die Verfolgung durch die Griechen (Syrer) in der Frühzeit des zweiten Tempels.

54 *Martha:* b. Gittin 56a.

»ihre Fußsohle ... zu setzen«: 5. Buch Mose 28, 56.

55 *Mirjam:* Midr. Echa r. 1,47. 49. Über die Schrecken der Hungersnot im belagerten Jerusalem siehe Josephus (Bellum 5, 10, 2–3; 6, 3, 3–5).

Der zerbrochene Wasserkrug: Ds. 4, 5.

»Die edlen Kinder Zions«: Klagelieder 4, 2.

56 *Die Tochter Nakdimons:* Awot de-Rabbi Nathan I, 17; b. Ketubbot 66b–67a.

»Das Salz des Geldes ...«: talmudisches Sprichwort.

»tritt in die Fußstapfen der Schafe«: Hoheslied 1, 8.

57 *Das Haus des Wohltäters:* b. Berachot 58a.

58 *Die Herrentochter in der Knechtschaft:* Awot de-Rabbi Nathan 1, 17. Ein Gudrun-Motiv.

Zofnat, die Tochter Peniels: b. Gittin 58a.

»O Tochter meines Volkes«: Jeremia 6, 26.

59 *Bruder und Schwester:* Ds.

Gottes Zorn: Awot de-Rabbi Nathan I, 17.

Unter den römischen Herrschern

61 *Jochanan ben Sakkai vor Vespasian* (1–6): Midr. Echa r. 1, 31; Awot de-Rabbi Nathan I, 4; b. Gittin 56a. Die Legende

von der Stiftung Jawnes, als des neuen geistig-religiösen Zentrums des Judentums, welches an die Stelle des der Zerstörung geweihten national-religiösen Zentrums, des Tempels zu Jerusalem, zu treten berufen war, ist der autobiographischen Erzählung des Josephus von seinem Übergang ins Lager Vespasians, seiner Weissagung der künftigen Kaiserwürde des Römers und seiner Freilassung nach Erfüllung der Prophezeiung (Bellum 3, 8, 7–9; 4, 10, 7) nachgebildet; nur daß das spätere Judentum das Verhalten des Josephus verurteilte, jedoch das des Jochanan ben Sakkai guthieß.

Messerstecher (Sikarier), Angehöriger einer Bewegung von Freiheitskämpfern, die terroristische Mittel anwandten (vgl. Josephus, Bellum 2, 13, 3 u. ö.).

63 »Der Libanon wird ... fallen«: Jesaja 10, 34.

64 »Frohe Botschaft gibt Mark«: Sprüche 15,30.

»Betrübter Mut vertrocknet«: Sprüche 17, 22.

Jawne, in der Bibel als Philisterstadt genannt, wurde, mit Jochanan ben Sakkai, geistiges Zentrum des Judentums; heute ein Sammelname mehrerer jüd. Siedlungen.

»Er hat die Weisen rückwärts gewendet«: Jesaja 44, 25.

65 *Pangar* (1–2): Midr. Echa r. 1, 31.

Westmauer, die ›Klagemauer‹ in der Jerusalemer Altstadt. Vgl. die Legende von der Grundmauer, Born Judas, Nr. 311.

67 *Rabbi Zadoks Rettung und Heilung:* Zusammengesetzt aus b. Gittin 56b und Midr. Echa r. 1, 31. Die Trockenfeige des Rabbi Zadok wurde sprichwörtlich.

68 *In die Tiefen des Meeres:* Midr. Echa r. 1, 45 u. ö.; Prototyp von Born Judas, Nr. 224.

»Aus der Tiefe des Meeres«: Psalm 68, 23.

»Wenn wir ... vergessen hätten«: Psalm 44, 21.

»Um deinetwillen werden wir ... erwürgt«: ds. 23.

»Gott aber wird dies ergründen«: ds. 22.

»Um diese ists, daß ich weine«: Klagelieder 1, 16.

Titus: b. Gittin 56b u. ö.

schwemmte der Strom ... hinweg: nach Richter 5, 21.

Sela: ein bestimmtes Gewicht.

70 *Das Gemetzel Trajans:* Midr. Echa r. 1, 46; 4, 22; j. Sukka 5, 55b u. ö. Siehe Graetz, Geschichte, Teil 4, Note 14.
neunter Aw, der Tag der Zerstörung (des ersten wie des zweiten) Tempels (der Monat Aw, 11. Monat des jüd. Kalenderjahres, etwa August), Tag der Volkstrauer.
Chanukka, Einweihungsfest des Tempels und Lichtfest, Freudenfest (am 25. Kislew – etwa um die Zeit der Wintersonnenwende). Siehe oben, S. 23.
»wie ein Adler fliegt«: 5. Buch Mose 28, 49.

71 *Luljanos und Pappos:* Megillat Taanit 12; b. Taanit 18b. Vgl. Graetz a. a. O.; Schürer I[5], 668. Die Namen der Helden (vgl. auch die übernächste Geschichte ›Vom dritten Tempel‹) sind legendär.
Chananja, Mischael, Asarja, die ›drei Männer im Feuerofen‹ (Daniel, Kap. 3).
Der Opfertod des edlen Römers: b. Taanit 29a. Vgl. Born Judas, Nr. 83 (b).
Der Mann mit der großen Nase: verhüllte Redeweise, um den Großen des Zeitalters zu bezeichnen (Raschi).

72 *Vom dritten Tempel* (1–2): Midr. Bereschit r. 64, 10. Die Fabel vom Löwen und Rebhuhn ist die talmudische Version der äsopischen Fabel vom Wolf und Kranich.
Kutäer: Samaritaner.

73 *Haß sucht Ursache:* Midr. Echa r. 3, 20. Vgl. die äsopische Fabel vom Wolf und Lamm.

74 *Hadrian und der Lebensmüde:* Midr. Kohelet r. 2, 16. Der ungewöhnliche Name des Helden (Imikantron) meint offenbar einen Denunzianten.
Ismaeliter, die Söhne Ismaels, als Abkömmlinge Abrahams, halten den Abrahambund der Beschneidung.
Samaritaner, die von der Bibel nur die Tora anerkennen, in der Sabbatobservanz noch strenger als die Juden.

75 *Kein Feuer am Sabbat:* Midr. Kohelet r. 9, 4; Ruth r. 3, 2. Typisches Streitgespräch (siehe weiter unten, S. 257 ff.).
»Besser ein lebender Hund«: Prediger 9, 4.
»Ihr sollt kein Feuer anzünden«: 2. Buch Mose 35, 3.
Kaiser Hadrian und der Feigenzüchter: Midr. Vajikra r. 25,

5 u. ö. (etwas gekürzt). Eine Weisheitsgeschichte, mit dem Eingang zur Legende vom Siebenschläfer (oben, S. 45) verwandt, später ein allgemeines Märchenmotiv abwandelnd (vgl. Grimm, Nr. 146: Die Rübe), die Schlußpointe auch als Schwank des Nasreddin bekannt (von Emil Gött in seinen Kalendergeschichten ›Was ein guter Rat wert sein kann‹ bearbeitet).

77 *Bar Kochbas Ende* (1–2): j. Taanit 4, 68d; Midr. Echa r. 2, 2. Über den Bar Kochba-Aufstand (um 135 n. Chr.), mit dem die jüdische Selbständigkeit im Altertum endgültig abschließt, sind nur fragmentarische Zeugnisse erhalten; die Legende muß auch als Geschichtsquelle dienen.

Kutäer: Samaritaner.

Ben Kosewa, der Herkunftsname des Helden (nach dem Orte Kosewa in Juda); Bar Kochba (›Sternensohn‹) ist messianischer Beiname.

»Weh über die gottlosen Hirten«: Sacharja 11,17.

»Ists nicht so, daß ihr Fels sie verkauft hat«: 5. Buch Mose 32, 30.

78 *Diokles und Diokletian:* j. Terumot 8, 46b–c (ausführlicher im Midr. Bereschit r. 63, 8). Zu *Panias* vgl. Anm. zu S. 390.

Märtyrer

80 *Die Weissagung Samuels des Kleinen:* Tossefta, Sota 13, 2–4.

Urim und Tummim, ›Licht und Recht‹, ein vom Priester in biblischer Zeit befragtes Orakel (vgl. 4. Buch Mose 27, 21).

Hillel, einer der Großmeister der mündlichen Lehre (s. weiter unten, S. 111, 119, 163).

Esra, der Held des biblischen Buches Esra, Ahnherr der Schriftgelehrsamkeit.

Simeon (ben Gamliel) und Ismael (ben Elisa) sind die beiden ersten in der Reihe der sogenannten Zehn Märtyrer, die die jüd. Tradition aus der Zeit der römischen Verfolgungen anführt.

81 *Schuld und Sühne:* Mechilta, Nesikin 18; Awot de-Rabbi Nathan II, 41. Ein Leitmotiv in der jüd. Martyriologie, daß das Leiden, gleichsam selbstverschuldet, die eigene, dem Henker durchaus unbekannte, Schuld zu sühnen berufen ist. Im nachtalmudischen Midrasch der Zehn Märtyrer wird die alte Schuld der Söhne Jakobs, die ihren Bruder Joseph verkauften, von den späteren Märtyrern eingemahnt.

»So du den Fremdling ... peinigst«: 2. Buch Mose 22, 22.

82 *Sie warfen Lose:* Seder Elijahu r. 28. Die Authentizität einer solchen Situation mag durch eine späte Parallele, aus Büchners ›Dantons Tod‹, beleuchtet werden: »Willst du grausamer sein als der Tod? Kannst du verhindern, daß unsere Köpfe sich auf dem Boden des Korbes küssen?« (Danton zum Henker).

»Ich will Hand gegen Hand schlagen«: Ezechiel 21, 22.

Ein römischer Festbrauch: b. Awoda Sara 11b.

die Haut vom Antlitz Ismaels: Eine nachtalmudische Legende erzählt von der Liebe der römischen Kaiserstochter zu Rabbi Ismael, dem sie die Gesichtshaut abziehen ließ, um sich an seinem Anblick noch nach seinem Tode erfreuen zu können – ein Gegenstück zur Geschichte von Salome und dem Haupt Johannes' des Täufers.

... von seiner Fälschung: In diesen dunklen Worten wird der Antagonismus zwischen Esau und Jakob, den feindlichen Zwillingsbrüdern, und ihren Nachfahren umschrieben.

83 *Nach dem Ende:* Semachot, 8.

»Die Gerechten werden hinweggerafft«: Jesaja 57, 1.

Jakim und Josse: Midr. Bereschit r. 65, 22; Midr. Tehillim 11, 7. Das Martyrium des Josse fällt wohl in die Zeit der syrisch-griechischen Verfolgungen im 2. vorchristl. Jhd.; mit Jakim ist offenbar der Hohepriester Alkimos gemeint, über dessen unrühmliche Taten und plötzliches Ende die jüd.-hellenistischen Quellen berichten (1. Buch der Makkabäer 9, 54; Josephus, Arch. 12, 10, 6).

Dieser ritt am Sabbat ein Pferd: was unter die Sabbatverbote fällt.

84 *Juda ben Bawa* (1–2): Mischna, Sota 9, 10; Tossefta, Baba Kamma 8, 13; b. Sanhedrin 14a. J. erscheint im allgemeinen als der letzte in der Reihe der Zehn Märtyrer.
»Keine Traube ist da«: Micha 7, 1.

86 *Chanina ben Teradion* (1–5): b. Awoda Sara 17b–18a, mit kleinen Kürzungen und Umstellungen. Chanina ist eine der Hauptfiguren im Legendenkreis der Zehn Märtyrer. Auch hier kehrt das Motiv von der persönlichen oder allgemeinen Schuld wieder, die der Märtyrer direkt oder stellvertretend sühnt.

88 »Der Fels unsträflich«: 5. Buch Mose 32, 4.
»Ein Gott der Treue ist er«: Ds.
»Der Herr . . . groß an Rat«: Jeremia 32, 19.
Purim oder Losfest, am 15. Adar (etwa März) begangen, zur Erinnerung an die Errettung der persischen Juden zur Zeit der Esther; üblicherweise auch mit Gabensendungen verbunden.
Die Schergen nahmen wollene Lappen: das Motiv mag mit dem Essigtrank in der Leidensgeschichte Jesu (Matth. 27, 34 u. ö.) zusammenhängen.

90 *Mose und Akiwa:* b. Menachot 29b. Akiwa, der in den hadrianischen Verfolgungen umgekommen sein soll, ist Prototyp des jüd. Glaubenszeugen und der hervorstechendste unter den Zehn Märtyrern.
da Mose in die Höhe stieg: 2. Buch Mose 19 ff.; Sagen der Juden IX, 5.

91 *Akiwa und Pappos:* b. Berachot 61b. Die Fabel vom Fuchs und den Fischen, in der äsopischen Fabel nicht belegt, gilt als jüdisch genuin.
»Leben und lange Daseinsdauer«: 5. Buch Mose 30, 20.

92 *Zwei Weissagungen:* Midr. Echa r. 5, 18; b. Makkot 24 a–b (gekürzt und umgestellt).
Urija und Sacharja: Vgl. Jesaja 8, 2.
»Darum wird Zion wie ein Acker gepflügt«: Micha 3, 12 (vgl. Jeremia 26, 18–20).
»Es sollen noch fürder wohnen«: Sacharja 8, 4–5.

93 *Im Gefängnis:* b. Eruwin 21a. Akiwas Gefängnishaft steht

in der jüd. Heiligenlegende zu den neutestamentl. Überlieferungen von Petrus und Paulus im Gefängnis in Parallele.

94 *Der Tod Akiwas:* j. Berachot 9, 14b.
»Höre Israel«: das Glaubensbekenntnis (5. Buch Mose 6, 4).
»Du sollst den Ewigen, deinen Gott, lieben«: Ds. 5.

95 *Die Weisheit bereitet ihren Tisch:* Midr. Mischle 9, 1–2.
Die – entfernte – christl. Parallele: das Verschwinden des Leichnams Jesu aus seiner Gruft.
»Die Weisheit bereitet«: Sprüche 9, 2.

Entronnene

96 *Elisa mit den Taubenflügeln:* b. Sabbat 49a.
Gebetriemen, Phylakterien an Kopf und Hand (vgl. 5. Buch Mose 6, 8). Zum Thema vgl. die Geschichte von der heiligen Elisabeth und den Rosen.
Raw und die Römer: j. Berachot 9, 13a.
Sophianus: Gemeint ist vielleicht Vespasian, oder Severus.
»Wer des Herrn Namen anruft«: Joel 3, 5.

97 *Rabbi Meirs Flucht:* Midr. Kohelet r. 7, 11 (durch Kommentar erweitert).
Die Auslieferung eines Verfolgten: j. Terumot 8, 46b, ergänzt durch Midr. Bereschit r. 94, 9.
Habe ich nicht getreu einer Lehre gehandelt: An der betr. Textstelle ist stipuliert: wird die Auslieferung eines bestimmten Menschen verlangt, so dürfe man ihn preisgeben, damit die anderen nicht getötet werden.

98 *Von Simeon ben Jochai und seinem Sohne Eleasar* (1–4): b. Sabbat 33b–34a (gegen Schluß gekürzt). Eine der klassischen jüd. Heiligenlegenden, die man, gattungsmäßig, als jüd. Evangelien bezeichnen könnte, – in diesem Falle sogar mit einer ›Judas‹-Figur. An den Höhlenaufenthalt der beiden Gelehrten knüpft die jüd. Mystik an, deren Hauptwerk, ›Sohar‹, das Buch der Leuchte, Simeon ben Jochai zugeschrieben wird. Über den Wundertäter Pinehas ben Jair siehe weiter unten (S. 135 f., 396 f.).

100 »Gedenke des Sabbattages«: 2. Buch Mose 20, 8 (erster Dekalog).

»Hüte den Sabbattag«: 5. Buch Mose 5, 12 (zweiter Dekalog).

101 *Die Auslösung des Ismael ben Elisa:* b. Gittin 58a u. ö. Diese Legende kennt offenbar nicht die Überlieferung vom Märtyrertode Ismaels (oben, S. 81 ff.).

»Wer hat Jakob . . .«: Jesaja 42, 24.

»Hats nicht der Herr getan«: Ds.

Trauer und Hoffnung

102 *Vom nächtlichen Weinen:* b. Sanhedrin 104b und Midr. Echa r. 1, 24.

»Sie weint des Nachts«: Klagelieder 1, 2.

Die Stimme in der Ruine: b. Berachot 3a. (Vgl. ›Gottes Trauer um sein Volk‹: Sagen der Juden XI, 25.)

103 *Das Messiasknäblein und Elia:* Fragment des Midrasch Bereschit rabbati, zitiert im ›Jeschuot Meschicho‹ des Don Isaak Abravanel. – Diese – und die folgende – Geburtsgeschichte des jüd. Messias mag ältere Überlieferungsstufen reflektieren, in denen die Evangelien ihre heutige Gestalt noch nicht hatten.

wo die Kinder Korahs schmachten: 4. Buch Mose 16, 32–33.

105 Menahem ben Amiel: j. Berachot 2, 5a; Midr. Echa r. 1, 51 u. ö.

Menahem, wörtl. Tröster.

106 *Von den Tagen des Messias:* b. Sanhedrin 98a; Midr. Echa r. 1, 41. Die dunkle Weissagung des sterbenden Meisters gibt die Zeichen einer Notzeit an, welche für die Ankunft des Erlösers unerläßlich ist.

107 *Vor den Toren Roms:* b. Sanhedrin 98a. Zur Höhle Rabbi Simeons siehe oben S. 98 ff.

Zweites Buch

Die Lehre

111 *Die vier Ellen der Halacha:* b. Berachot 8a. – Gemeint ist der enge Raum, der für das Studium des Gesetzes (= Halacha) benötigt wird, aber auch ausreicht und, wo auch immer, die Stelle des Heiligtums vertritt.
Wort und Tat: b. Kidduschin 40b. Vgl. Goethes ›Geschrieben steht: im Anfang war das Wort ...‹ im Faust, mit seinem Versuch einer Rückverbindung des Johannesevangeliums mit ›Wort und Tat‹ der Schöpfungsgeschichte.
Hillel und Schewna: b. Sota 21a.
miteinander teilen: Schewna glaubte fälschlicherweise, das Streben nach Gewinn wie das nach Erkenntnis ließen sich miteinander vereinen.
»Wenn einer alles Gut ... geben wollte«: Hoheslied 8, 7.

112 *Handwerk und Lehre:* Midr. Tanchuma, Wajelech, 2; Tanna debe-Elijahu, 14.
»Gar nahe bei dir ist das Wort«: 5. Buch Mose 30, 14.
Gnade an Toten: j. Pessachim 3, 30b (umgestellt).
Barmherzigkeit an Toten: Die Pflicht, den Toten würdig zu bestatten, obliegt nicht nur den Verwandten, sondern der Gemeinschaft.
Gab es etwa in Cäsarea keine Gräber: nachgebildet 2. Buch Mose 14, 11.

113 *Heilsamkeit der Lehre:* j. Taanit 1, 64a.
»Heilsam der Zunge«: Sprüche 15, 4.
Sechstagewerk und Vierzigtagewerk: Midr. Vajikra r. 30, 1 u. ö.

114 *Tag- und Nachtstudium:* b. Eruwin 65a.

115 *Ablenkung:* Ds.
Die Sünde wider den Geist: j. Chagiga 1, 76c; Midr. Echa r., Prooemium 2.
»Warum wird das Land verderbt«: Jeremia 9, 11–12.

116 *Wahrer Adel:* b. Menachot 53a.
Esra, der Schreiber, Held der bibl. Bücher Esra und Nehemia, war gleichsam Ahn der Schriftgelehrsamkeit.

Draußen und Drinnen: Midr. Schir ha-Schirim r. 1, 20.
Die Stätte der Tora (1): Awot 6, 10. Zum Schlußsatz vgl. die Geschichte von den drei Freunden (Born Judas, Nr. 164).

117 *Die Stätte der Tora* (2): Midr. Kohelet r. 7, 2; b. Schabbat 147 b.

118 *Die Herberge der Schriftgelehrsamkeit:* b. Baba Mezia 85a.
»Meine Worte ...«: Jesaja 59, 21.

Um den rechten Sinn

119 *Die Berufung Hillels* (1–2): Tossefta, Pessachim 4; j. ds. 6, 33a; b. ds. 66a. Vgl. Born Judas, Nr. 57.
der 14. Nissan: der Rüsttag zum Passahfeste. Nissan, 7. Monat des jüd. Kalenderjahres, etwa April.
Passah-Opfer: 2. Buch Mose 12, 3 ff.
der aus Babel kommt: Die Gelehrten in Israel verachteten die aus Babel, und Hillel war aus Babel.
Oberhaupt: hebr. Nassi, ›Fürst‹ des Lehrhauses.

120 *Rabban Gamliel und Josua ben Chananja* (1–7): Hauptquellen j. Berachot 4, 7c–d; b. ds. 27b–28a; der Eingang aus Mischna, Rosch ha-Schana 2, 8–9. Die Situation ist in Moritz Heimanns ›Weib des Akiba‹ dramatisiert (Akt II, Szene 4).
den neuen Mond: vor Beginn des Neujahrstages, dem 1. Tischri; auf Grund glaubwürdiger Zeugenaussage bestätigte der Patriarch den Monats- und Jahresbeginn.
»Dies sind die Feste«: 3. Buch Mose 23, 4.

122 Abendgebet: das dritte der drei Hauptgebete des Tages.
Dolmetscher, oder Sprecher: der Funktionär, der die Vorträge im Lehrhause laut zu wiederholen hatte.
»Über wen ist nicht deine Bosheit ergangen«: Nahum 3, 19.

124 die waren mit Asche gefüllt: Das blanke Äußere der Krüge täuschte über den unwerten Inhalt; das Innere entsprach eben dem Äußeren nicht.

125 »Es soll kein Sohn Ammons«: 5. Buch Moses 23, 4.
Sanherib hat die Völker durcheinandergebracht: vgl. Jesaja 10, 13.

»Die Gefangenen der Kinder Ammon«: Jeremia 49, 6.
»Ich werde zurückführen«: Amos 9, 14.
wie sie sich mühen müssen um ihr Brot: Die Gesetzeslehrer, wenn nicht reich wie Gamliel, verdienten sich ihr Brot mit Handwerk und Arbeit; Lehre und Lehramt trugen keinen Sold ein.

126 *Rückführung zum Gehorsam:* b. Berachot 63a–b.

127 *Der Bannspruch gegen Rabbi Elieser* (1–4): b. Baba Mezia 59b; j. Moed katan 3, 81c–d. Über die Anfänge Rabbi Eliesers siehe auch Born Judas, Nr. 63; über sein Ende weiter unten, S. 180.
Reinheit oder Unreinheit eines Backofens: In der Tora ist stipuliert, was, im levitischen Sinne, verunreinigt, und was nicht, aber der Zweifelsfragen, wie in dem hier diskutierten Fall, blieben viele.

128 »Nicht ist sie im Himmel«: 5. Buch Mose 30, 12.
»Der Mehrheit hat man zu folgen«: 2. Buch Mose 23, 2.

130 *Andere sagen* (1–2): b. Horajot 13b–14a (etwas gekürzt).
Fruchtstiele (Ukzin), der Schlußtraktat der Mischna, handelt von der Reinheit oder Unreinheit des Äußeren einer eßbaren Frucht.

132 Rabbi: der Patriarch, Juda ha-Nassi, wird auch ›Rabbi‹ schlechthin genannt.
»es ist alles längst dahin«: Prediger 9, 6.
»Ihr Gedächtnis ist umgekommen«: Psalm 9, 7.

Weise untereinander

133 *Raw Chisda und Raw Huna:* b. Baba Mezia 33a.
Zwei Rabbi Nachman: b. Taanit 21b.
Mine: Gewicht bzw. Münze hohen Wertes und Gehalts.

134 *Rabbi und Rabbi Chija* (1–2): j. Kilajim 9, 32 b.

135 *Rabbi und Rabbi Pinehas ben Jair:* Zusammengesetzt aus j. Taanit 3, 66b–c (u. ö.) und b. Chullin 7b.
Sabbatjahr: Jedes siebente Jahr war ein Ruhejahr des Bodens (3. Buch Mose 25, 1–7).
»Du sollst vor den Blinden ...«: 3. Buch Mose 19, 14.

»Du sollst nichts umkommen lassen«: 5. Buch Mose 20, 19.

137 *Rabbi und Rabbi Meir:* j. Beza 5, 63a (zum Schluß vgl. auch b. Eruwin 13b).

weil es Sabbat war: Ausdruck ausgelassener Freude ist am Sabbat verpönt.

»Und deine Augen schauen«: Jesaja 30, 20.

138 *Josse Meonaa:* Midr. Bereschit r. 80, 1, ergänzt durch j. Sanhedrin 2, 20c–d.

»Höret nun dies, ihr Priester«: Hosea 5, 1.

vierundzwanzig Gaben: Gesamtzahl der verschiedenen Abgaben für die Priester, die an verschiedenen Stellen der Tora spezifiziert sind.

»wie die Mutter so die Tochter«: Ezechiel 16, 44.

»Als Jakob vom Felde heimkam«: 1. Buch Mose 30, 16.

»Dina, die Tochter Leas, zog aus«: Ds. 34, 1.

139 *Raw Scheschet und der Exilarch* (1–2): b. Gittin 67b–68a (um eine Zwischenepisode gekürzt).

Exilsfürst (Exilarch, Resch Galuta): Titel des Oberhauptes der Juden Babels in talmudischer und nachtalmudischer Zeit. Vgl. Born Judas, Nr. 210–211.

Fleisch von einem noch lebenden Tier: zum Genuß verboten.

»Wende dich zur Rechten . . .«: 2. Buch Samuel 2, 21.

141 *Raw und Chanina:* b. Joma 87b. Ein Schulbeispiel dafür, wie in der talmudischen Überlieferung Zeitliches und Ewiges ungeschieden nebeneinanderstehen.

142 *Die Abbitte:* b. Eruwin 54a.

ihm abbitten: Den Beleidigten versöhnen, rechtzeitig vor dem Sühnetag, ist Gebot.

»von der Wüste zur Gabe . . .«: 4. Buch Mose 21, 18–20; die in diesem Verse genannten Ortsnamen Matana (= Gabe), Nachliel (= Gotteserbe), Bamot (= Höhen) werden nach ihrer Wortbedeutung ausgelegt.

»Alle Täler . . .«: Jesaja 40, 4.

Lehre und Lehrpflicht: b. Baba Mezia 85b (gekürzt).

143 *Der Mann in den schwarzen Schuhen:* b. Baba Kamma 59a–b (zum Schluß gekürzt).

144 *Hahnenruf und Heroldsruf:* b. Joma 20b.
des Ausrufers: Das hebr. Wort *Gewer* bedeutet sowohl Hahn wie Mann.

145 *Simeon bar Abba:* Erstes Stück: j. Bikkurim 3, 65d (umgestellt). Zweites Stück: Midr. Bereschit r. 84, 2.
»Die Weisen haben kein Brot«: Prediger 9, 11.
Möchte doch jemand den Staub von deinen Augen fortnehmen: Rabbi Jochanan war inzwischen verstorben.
Simeon aus Sichnin: Midr. Kohelet r. 4, 17.
»Aufmerken ist besser«: Prediger 4, 17.

146 *Awdan und Ismael:* b. Jewamot 105b.
Der Gastgeber: b. Kidduschin 32b; Sifre, Dewarim, 38 u. ö.
»dastand vor ihnen«: 1. Buch Mose 18, 8.

147 *Zwei Studiengenossen:* Awot de-Rabbi Nathan I, 1. Vgl. dazu die Geschichte von Hillel und Schewna (oben, S. 111).

148 *Gangbare und seltene Ware:* b. Sota 40a.
Verdienst und Glück: b. Moed katan 28a.

Lehrer und Schüler

149 *Äußerer und innerer Rang:* j. Sanhedrin 1, 19a.
Lehrer und Schüler: b. Pessachim 112a.
Akiwa im Gefängnis: Siehe oben, S. 93 f. (die Geschichte gehört zum Überlieferungskreis vom Martyrium Akiwas).
»hänge dich an einen hohen Baum«: d. h. berufe dich auf ein großes Vorbild.

150 *Lehrpflicht und Armenpflicht:* b. Eruwin 54b.
Umgang mit Lehrern: b. Joma 53a–b.

151 *Mißdeutung und Deutung:* j. Berachot 2, 4b.
»Die Jungen sahen mich«: Hiob 29, 8.

152 *Vom Wasser, von der Lehre und vom Recht:* b. Gittin 60b.

153 *Der gewissenhaftere Meister:* b. Sewachim 96b.
Was bei wem zu lernen: b. Awoda Sara 19a–b (in freierer Wiedergabe).

154 *Alles ist Lehre* (1): b. Berachot 62a. Diese und die folgende

Geschichte – Variationen zum Thema ›Naturalia non turpia‹.

Alles ist Lehre (2): b. Schabbat 82a.

155 *Selbstbescheidung:* b. Chagiga 13a.

Lehre vom göttlichen Thronwagen (vgl. Ezechiel, Kap. 1) gehört, in ihrer nachbiblischen Weiterführung, zum Bereich der Mystik, die selbst dem Eingeweihten gefährlich werden kann.

Der ängstliche Schüler: b. Berachot 60a.

»Erschrocken zu Zion«: Jesaja 33, 14.

»Wohl dem, der sich ... fürchtet«: Sprüche 28, 14.

Der unbotmäßige Schüler: j. Schewiit 6, 36c; b. Eruwin 63a.

156 *Wenn ein Eisen stumpf wird:* Midr. Kohelet r. 10, 10.

»Wenn ein Eisen«: Prediger 10, 10.

Vom rechten Aufmerken: Tossefta, Peah 4, 7.

Rote Kuh: Vgl. 4. Buch Mose, Kap. 19.

157 *Das Buch der Ahnenfolge:* b. Pessachim 62b.

Buch der Ahnenfolge: eine apokryphe, nicht erhaltene, Schrift mit den Deutungen schwieriger Stellen in den Genealogien der bibl. Bücher der Chronik.

158 *Vom Geheimnis des göttlichen Thronwagens* (1–2): j. Chagiga 2, 77a; b. ds. 14b.

Thronwagen Gottes: Siehe oben zu ›Selbstbescheidung‹ (S. 155).

»Dann müssen jauchzen«: 1. Chronik 16, 33.

Jahreszeit des Tammus: die Hochsommerzeit, in der kein Regen niedergeht.

159 *Innerhalb und außerhalb:* Tossefta, Chagiga 2, 3.

Schöpfungsgeschichte: d. h. deren mystische Interpretation, die selbst den Eingeweihten gefährden kann.

»Und der Geist Gottes«: 1. Buch Mose 1, 2.

160 *Der Knabe:* b. Chagiga 13a-b.

Chaschmal: Ezechiel 1, 4 u. ö. (von Luther mit ›lichthell‹ übersetzt).

Der Walker: b. Nedarim 41a.

161 *Die Stummen:* b. Chagiga 3a.

Der Ferge: b. Megilla 28b. Ein Christophorus-Motiv.
Des Enkels Lehre: j. Schabbat 1, 3a.
»Du sollst deinen Kindern«: 5. Buch Mose 4, 9–10.
162 *Die weisen Knaben:* b. Berachot 48a.

Sprüche und Aussprüche

163 *Jochanan ben Sakkai und seine fünf Schüler:* Awot de-Rabbi Nathan I, 17.
»die dreifache Schnur«: Prediger 4, 12.
Der Schädel: Mischna, Awot 2, 6. Das Gesetz der Vergeltung, auf die knappste Formel gebracht.
164 *Von der Mühsal des Lebens:* Tossefta, Kidduschin 5, 15.
»Eure Übeltaten«: Jeremia 5, 25.
Alles arbeitet für den Weisen: j. Berachot 9, 13c; b. ds. 58a.
165 *Eigenschaften:* b. Pessachim 113b.
in mir vereinigt: Die drei schließen ja einander nicht aus, und ich bin mit allen dreien geplagt.
Jungsein und Altsein: b. Chullin 24b.
Der Streit um die Macht der Toten: j. Berachot 2, 4c–d (vgl. b. ds. 18a).
»Der Tote weiß von nichts«: Prediger 9, 5.
»wohl wissen die Lebenden«: Ds.
166 *Die Unschuld des Kindes:* b. Schabbat 119b. Vgl. hierzu: »Aus dem Munde der jungen Kinder« (Psalm 8, 3) und »Es sei denn, daß ihr ... werdet wie die Kinder« (Matthäus 18, 3).
Tränenlose Trauer: b. Schabbat 132a (umgestellt).
167 *Der Rabenvater:* b. Eruwin 21b–22a. Vgl. Heine in den ›Zwei Grenadieren‹: Was schert mich Weib, was schert mich Kind?
»Seine Locken sind kraus«: Hoheslied 5, 11.
Drei Aussprüche: b. Berachot 17a (umgestellt).
Buch Hiob: Pflichtlektüre des Trauernden.
168 *Gedämpfte Freude:* b. Berachot 30b–31a. Zur Handlung des Mar bar Rawina vgl. die Geschichte vom Ring des Polykrates.

»Und frohlockt unter Zittern«: Psalm 2, 11.
»Dann ...«: d. h. in der zukünftigen Welt.
»... wird unser Mund voll Lachens sein«: Psalm 126, 2.
Bereitschaft: j. Kilajim 9, 32b.

169 *Der letzte Segen:* b. Berachot 28b.
Die sechsunddreißig Gerechten: b. Sanhedrin 97b; Sukka 45 b.
»Selig alle, die seiner harren«: Jesaja 30, 18.
Sechsunddreißig: Die im jüd. Volksglauben bewahrte Überlieferung von den namenlosen sechsunddreißig Gerechten, die durch ihr Vorhandensein die Welt erhalten, beruht auf einer Zahlenspekulation (die hebr. Buchstaben sind zugleich Zahlzeichen, und die Quersumme des einzelnen Wortes hat ihre mystische Deutung und Bedeutung).

Tod und Vermächtnis

170 *Siehe es war sehr gut:* Midr. Bereschit r. 9, 5.
»Und Gott sah an alles«: 1. Buch Mose 1, 31.
Der Feigenleser: b. Chagiga 5a (mit Kommentar).
»seinen Heiligen vertraut er nicht«: Hiob 15, 15.
Der Herr des Feigenbaums: j. Berachot 2, 5c.

171 *Die Trübsal der Lehrer:* b. Berachot 5b (mit Kommentar).

172 *Das schlichte Leichenkleid:* b. Schabbat 114a u. ö.
wie es die Bademeister tragen: Die Stelle ist unklar; hier unter Benutzung des Kommentars von Raschi verstanden.
Wo dem Menschen zu sterben bestimmt ist: j. Kilajim 9, 32c.
nach dem Süden – des Landes Israel.

173 *Die Todesnachricht:* b. Moed katan 20a–b, u. ö.
Der edle Trauerbote: b. Pessachim 3b. Vgl. die Geschichte von Rabbi und Bar Kappara (weiter unten, S. 430 ff.). Das Motiv in seiner radikalsten Form in Fontanes Ballade ›Gorm Grymme‹.
»Wer eine böse Kunde ausspricht«: Sprüche 10, 18.
Der Myrtenzweig: j. Peah 1, 15d u. ö. Eine der Abwand-

lungen des vielfach begegnenden Legenden-Motivs von der naiven, menschlichen Guttat, die die Zünftigen verachten, die aber vor Gott wohlgefällig ist.

174 *Raw Hunas Tod:* b. Moed katan, 25b u. ö.

175 *In der Gruft Rabbi Chijas* (1–2): Fortsetzung einer Variante der obigen Geschichte, zusammengesetzt aus j. Kilajim 9, 32b und b. Moed katan 25a.

176 *Von Rabbi Chijas Tode* (1): b. Moed katan 28a.
will er sich nicht erbarmen: Der Todesengel hat keine Macht über den Gerechten, es sei denn, er überliste ihn (vgl. die Legende von Davids Tod: Sagen der Juden X, 26), oder dieser überantworte sich ihm freiwillig.
Von Rabbi Chijas Tode (2): b. Baba Mezia 85b.
von Priestern betreten: Ein Priester darf keinen Friedhof betreten (vgl. 3. Buch Mose 21, 1).

177 *Eine Traumerscheinung des Meisters Chija* (1–2): j. Kilajim 9, 32b.

178 *Rabbi Chijas Herrlichkeit im Paradiese* (1–2): b. Baba Mezia 85b.
wo Funken sprühen: Wortspiel. Der Vatersname Rabbi Jochanans ist Bar Nappacha, d. i. Sohn des Schmiedes.
das himmlische Lehrhaus: Die talmudische Konzeption setzt auch im Himmel ein Lehrhaus, parallel dem irdischen, voraus.

179 *Rabban Gamliels Ende* (1–2): b. Baba Mezia 59b; b. Eruwin 41a. Beides ursprünglich Fortsetzung und Abschluß des Zyklus von Rabban Gamliel und Rabbi Josua (oben, S. 120 ff.).
ihr Mann in Bann gelegt: Wie oben, S. 127 ff., erzählt.
auf sein Antlitz zur Erde: Bei dieser Gebetshaltung wird der Bittende erhört.
Bittgebet gegen Feinde: Psalm 6, der im täglichen Gebete rezitiert wird.
Tor der Demütigung: durch das die Not des Gedemütigten vor Gott kommt und am Demütiger heimgesucht wird.
Purim, das Losfest (Esther 9, 20 ff.).
Rabbi Josua: Siehe oben, S. 120 ff.

180 *Der Tod des Rabbi Elieser ben Hyrkanos* (1–2): b. Sanhedrin 68a (umgestellt, etwas gekürzt). Fortsetzung und Abschluß der Bann-Erzählung (oben, S. 127 ff.).

Gebetriemen, Phylakterien (5. Buch Mose 6, 8).

weißer Fleck beim Aussätzigen: 3. Buch Mose, Kap. 13.

»Wagen Israels und seine Reiter«: 2. Könige 2, 12.

182 *Der Tod des Raw Adda bar Ahawa* (1–2): b. Baba Batra 22a.

Rieche an seinem Kruge: prüfe seine Gelehrsamkeit.

ein Vergehen an dem Könige von Edom: siehe Amos 2, 1.

Ehe ihr Knochen bei Abbaje benagt: d. h. sein Lehrstoff hat nichts Sättigendes.

184 *Von Rabbi Abun:* Zusammengesetzt aus Midr. Bereschit r. 58, 2; j. Kidduschin 1, 61b u. ö.; j. Berachot 5, 9a; j. Moed katan 3, 83b; Midr. Bereschit r. 58, 2.

185 *Vom Heimgang und Begräbnis des Eleasar ben Simeon* (1–3): Midr. Kohelet r. 11, 2, umgestellt und ergänzt durch b. Baba Mezia 84b.

Er entblößte seinen Arm: dasselbe Motiv wie in ›Die Trübsal der Lehrer‹ (oben, S. 171); der Arm blendete durch seine Schönheit.

Gusch-Chalaw, Stadt im galiläischen Gebirge; bei Josephus: Giscala.

Meron, Bergstadt in Galiläa; Wallfahrtsort bis zum heutigen Tag.

187 *Vorauswissen der Todesstunde:* Midr. Kohelet r. 10, 5.

Antoninus fragte: Zu Antoninus und Rabbi vgl. auch Born Judas, Nr. 95–96.

»wie ein Versehen«: Prediger 10, 5.

188 *Vom Tode Rabbis* (1–2): b. Ketubbot 104a.

Nun kämpfen die Überirdischen ...: Engel und Menschen. Vgl. hierzu auch Goethes ›Über Moses Leichnam stritten ...‹.

189 *Vom Tode Rabbis* (3): j. Kilajim 9, 32b.

Vom Tode Rabbis (4): b. Ketubbot 103a. Zum Thema vgl. Born Judas, Nr. 80.

190 *Der Tod des Rabba bar Nachmani* (1–4): b. Baba Mezia 86a.
bekommen die Geister Gewalt: vgl. unten, S. 365 f.
im himmlischen Lehrhause: dem Lehrhause auf Erden entspricht auch eines im Himmel, wo die verstorbenen Großen disputieren.
zeigt sich ... ein weißes Haar: vgl. 3. Buch Mose 13, 20.

193 *Der Tod des Sohnes Akiwas* (1–2): Semachot 8; b. Moed katan 21b.
Gebetriemen, Phylakterien (5. Buch Mose 6, 8).
»Das Gesetz seines Gottes ...«: Psalm 37, 31.

195 *Trostworte* (1): j. Sanhedrin 6,23d–24a.
Trostworte (2): Awot de-Rabbi Nathan I, 14. Zu ben Sakkai und seinen fünf Schülern vgl. auch oben, S. 163. Zum anvertrauten und zurückgeforderten Pfand vgl. Born Judas, Nr. 86.
»Und Adam erkannte abermals sein Weib«: 1. Buch Mose 4, 25.
»Der Herr hats gegeben ...«: Hiob 1, 21.
»Und Aaron verstummte«: 3. Buch Mose 10, 1–3.
»Und David tröstete sein Weib«: 2. Samuel 12, 15–24.

197 *Die traurige Hochzeit:* Midr. Kohelet r. 2, 2.
»Ich sprach zum Lachen«: Prediger 2, 2.

198 *Trauerreden:* b. Ketubbot 8b.
Dolmetscher, oder Sprecher, der den Lehrvortrag wiederholt.
»Der Herr sahs, und er haderte«: 5. Buch Mose 32, 19.

199 *Die Trauerrede des namenlosen Alten:* Midr. Echa r. 1, 37.
die achtundneunzig Fluchworte der Strafrede: 5. Buch Mose 28, 15–68.
»... wunderlich mit dir umgehen«: ds. Vers 59.
»zwiefach wunderlich«: Klagelieder 1, 9.
»aufs Wunderlichste«: Jesaja 29, 14.

200 *Der Unersetzliche:* j. Berachot 2, 5c.
»Das Silber, welches seine Gänge hat«: Hiob 28, 1–2.
Die Tora schweigt im Trauerhaus: Midr. Kohelet r. 3, 7.
»Reden hat seine Zeit«: Prediger 3, 7.

Drittes Buch

Geschichten der Liebe

203 *Die Nichte des Rabbi Elieser:* Awot de-Rabbi Nathan, 16.
Ben Asais Gefährtin: Zusammengesetzt aus b. Ketubbot 63a; Midr. Schir ha-Schirim (ed. Grünhut) 1 (S. 5b); b. Jewamot 63b. Ben Asai ist einer der vier Mystiker, die in den ›Garten‹ der Geheimlehre hineingingen, und kam dabei von Sinnen; nach einer anderen Überlieferung endete er als einer der Zehn Märtyrer der hadrianischen Verfolgungen.
Höre Israel: das Glaubensbekenntnis im täglichen Gebete (5. Buch Mose 6, 4).
»Wer hat das Wasser ...«: Jesaja 40, 12.

204 *Der Eintagsrabbi:* b. Chagiga 5b, unter Hinzuziehung des Kommentars.
Zum Laubhüttenfeste wieder daheim: Zwischen dem Passah im Frühjahr und dem Laubhüttenfest im Herbst liegt genau ein halbes Jahr.
»Der ich Gott anrief«: Hiob 12, 4.
»Diesen Tag suchen sie mich«: Jesaja 58, 2.

205 *Das Versäumnis:* b. Ketubbot 62b. Diese und die folgenden Geschichten gehören einer talmudischen Geschichtenreihe an, durch das Thema der wartenden Frau vereinigt, die in der Urfassung des Akiwa-Romans (vgl. Born Judas, Nr. 67) gipfelt.
»ein Versehen, das dem Gewaltigen entschlüpft«: Prediger 10, 5.
Die Strafe: Daselbst. Um die Träne der vergeblich Wartenden wurde über den Rabbi der Tod verhängt, der ihn gleichwohl, solange er in der lebenserhaltenden Tora forschte, nicht überwältigen konnte; da aber der Boden plötzlich unter ihm nachgab, ließ ihn der Schrecken sein Studium einen Augenblick unterbrechen, und da gewann der Tod Macht über ihn.

206 *Chanina ben Chachinai:* Daselbst. Hier, wie in den beiden

folgenden Geschichten, handelt es sich um volle zwölf Jahre Studienzeit, fern von der Ehefrau, wie im Akiwa-Roman.

Chama bar Bissa: Daselbst.

207 *Die Sohnesfrau Juda Hanassis:* Daselbst.

sein Heiligtum ... in der Wüste gebaut: siehe 2. Buch Mose 15, 17 und 25, 8.

208 *Rabbi Tarphons Enkel:* b. Baba Mezia 85a (mit Raschis Kommentar). Zu Rabbi Tarphon vgl. Born Judas, Nr. 77.

Die erste Frau des Rabbi Josse: j. Ketubbot 11, 34a; vgl. Midr. Bereschit r. 17, 3; Vajikra r. 34, 14. Über Rabbi Josse und seine zweite Frau siehe Born Judas, Nr. 80. Der Stoff der Talmudgeschichte ist in Moritz Heimanns ›Weib des Akiba‹ verwoben.

209 *Das Liebste:* Pessikta de-Raw Kahana 22, 147a. u. ö. Stoff der Weltliteratur (vgl. ›Die Weiber von Weinsberg‹ in Grimms Sagen und Bürgers Gedicht).

Von der Keuschheit

211 *Der fromme Eseltreiber:* j. Taanit 1, 64b. Zum Themenkreis vgl. Born Judas, Nr. 71 (Der Mann mit dem Glorienschein), Nr. 138 (Der Fromme aus Laodicea) und Nr. 140 (Rabbi Beroka und Elia).

Der fromme Hurenwächter: Daselbst.

Pentakaka: ›pentakakos‹, griechisch, bedeutet etwa: der fünffache Sünder.

212 *Rabbi und Verführerin* (1–3): b. Kidduschin 39b–40a. (Die drei Geschichten stehen auch im Original nebeneinander, aber in anderer Reihenfolge).

Zwei kaiserliche Wächter ...: Die überirdischen Retter hatten die Gestalt von Wächtern angenommen.

213 *Der vermeintliche Hurenlohn:* b. Berachot 23a.

Gebetriemen: Phylakterien, die der Betreffende mit sich führte, damit sie für die Gebetzeit bereit seien.

214 *Alter schützt vor Sünde nicht:* Zusammengesetzt aus Awot 2, 5 und j. Schabbat 1, 3b.

Der unschuldige Sünder: b. Kidduschin 81b.

Charuta: offenbar ein Beiname, aber unverständlich, dafür wird die Lesart Chedweta (d. i. Freude) vorgeschlagen; die Verkleidete sagte also: Ich bin die Lust.

215 *Klugheit der keuschen Frau:* Midr. Bamidbar r. 9, 3 und Kommentar. Zum Thema vgl. die Legende von Davids Geburt (Sagen der Juden X, 19).

216 *Der Scheideweg:* b. Awoda Sara 17a–b.
»Klugheit wird dich beschützen«: Sprüche 2, 11.
Wer seinen Mitmenschen überragt: b. Sukka 52a.

217 *Bräutigam und Braut:* b. Gittin 57a. Thematisch verwandt mit der Geschichte ›Bruder und Schwester‹ (oben, S. 59). Ehebrief (Ketubba), vor Zeugen ausgestellt, und erst mit ihm wird die Ehe gültig.
Joseph bezähmte seinen Trieb (1. Mose 39, 7–12), ebenso Boas (Ruth 3, 1–10).
Die Wassersucht: b. Schabbat 33a (umgestellt).

218 *Josse aus Jokeret:* b. Taanit 23b–24a. Obwohl im Eingangssatz ein verhüllter Tadel über den grausamen Vater ausgesprochen ist, steht diese kompromißlose Moralauffassung, die sich mit urchristlichen Postulaten berührt (vgl. Matthäus 5, 28–30), im Talmud nicht allein.

219 *Der Nasiräer:* Tossefta Nasir 4; b. Nedarim 9b. Vgl. auch hierzu Matthäus 5, 29 (»So dich dein Auge ärgert ...«). Nasiräer: siehe 4. Buch Mose 6, 2 ff.

Ethische Geschichten

220 *Denke stets das Beste von deinem Nächsten* (1–3): b. Schabbat 127b. Ein bezeichnender Leitsatz talmudischer Ethik, durch drei Beispiele belegt, die auch im Original unmittelbar aufeinander folgen.
den Zehnten entrichtet: Vgl. 3. Buch Mose 27, 30–32 u. ö. Gelübde, unter bestimmten Voraussetzungen gegebenes, wird erst dann unwirksam, wenn es von autorisierter Seite gelöst wird.

223 *Desgleichen:* b. Taanit 21b–22a. Abba Ummana (›der Aderlasser‹) war für sein rechtschaffenes Tun bekannt.

223 *Zahle den Zoll:* b. Sukka 30a. (Im Original als Gleichnis zur Verdeutlichung von Jesaja 61, 8).

224 *Baum um Baum:* b. Baba Batra 60a–b.

225 *Arzneimischung am Sabbat:* j. Berachot 1, 3a. (Variante: b. Schabbat 134a).

für einen Kranken Salbe zu bereiten: Es handelt sich um Arbeit, welche am Sabbat verboten ist; wiederum ist die Durchbrechung des Verbotes gestattet, wenn es um Rettung menschlichen Lebens geht.

Gesetz und Brauch: j. Pessachim 4, 30b.

man habe ihn gekauft: Handel jeder Art ist am Sabbat verboten.

226 *Vom Entgegennehmen der Priestergabe:* b. Chullin 133a (zum Schluß gekürzt).

Priestergaben: spezifiziert in 5. Buch Mose 18, 1 ff.

»daß man sie dem Priester gebe«: ds. 3.

»sie waren auf Gewinn aus«: 2. Buch Samuel 8, 3.

Der Zahnstocher: j. Demmaj 3, 23b.

227 *Bienenhonig und Dattelsaft:* j. Peah 7, 20b.

Der Acker der Schriftgelehrten: b. Kidduschin 59a.

bis er zum Festtage kommt: bei dem jährlichen Pilgerzug nach Jerusalem, woselbst das ganze Volk sich versammelt.

»wer Geschenken abhold ist«: Sprüche 28, 16.

228 *Vom Anspruch auf Lohn:* b. Baba Mezia 83a.

»Auf daß du wandelst ..., auf daß du hütest«: Sprüche 2, 20.

229 *Vom Anspruch auf Sporteln:* b. Berachot 5b.

Prüfe der Meister seine Taten: d. h. der Schaden kam nicht von ungefähr.

Stiehl etwas vom Diebe ...: Auch wer den Dieb gleichsam bestiehlt, verwirkt Strafe.

Das Verdienst des Raw Adda bar Ahawa: b. Taanit 20b. Über diesen wunderwirkenden Mann siehe auch oben, S. 182.

230 *Die aufgehobene Todesstunde:* b. Rosch ha-Schana 17a.

Selbstbezichtigung: b. Sanhedrin 11a.

231 *Selbsterniedrigung:* b. Joma 87a.
»Gott erhebt den Armen«: 2. Buch Samuel 2, 8; Psalm 113, 7.
Awime der Sohn Abahus: b. Kidduschin 31b. Vgl. Born Judas, Nr. 65.
»Ein Psalm Asaphs«: Psalm 79.

232 *Die Mutter Rabbi Ismaels:* j. Peah 1, 15c.
Rabbi Tarphon und seine Mutter: Daselbst. Beide Geschichten stehen im Original nebeneinander.

Lehrhafte Geschichten

233 *Vorsicht und Gottvertrauen:* j. Terumot 8, 45d. Eine ähnliche Situation wird in Born Judas Nr. 74 vorausgesetzt.
»der der Einfältigen Hüter ist«: Psalm 116, 6.
Was Gott tut, ist wohlgetan: b. Berachot 60b. Zum Verständnis der Situation am Schluß: die Einwohner der Stadt wurden für ihre Ungastlichkeit gestraft, der Rabbi wiederum war gerettet; so hatte Gott, im Hinblick auf beide, wohlgetan.

234 *Rabbi Meirs Wochenlohn:* Midr. Kohelet r. 2, 17. Vgl. die Moral des Gedichtes ›Der Informator‹ von Gellert.
»oder seinen Samen nach Brot gehen«: Psalm 37, 25.
Der Honigkuchenverkäufer: j. Joma 6, 8c.
Der Obstgärtner: j. Peah 7, 20a. Zum Thema dieser und der vorigen Geschichte vgl. ›Die Geschichte vom König Kisra Anuscharwan und der jungen Bäuerin‹ (1001 Nacht, N. 389–390).
»Daß ein fruchtbares Land zur Salzwüste werde«: Psalm 107, 34.

235 *Das Messer:* Midr. Bereschit r. 78, 12.
Allzu habgierig: durch die harte Besteuerung.

236 *Ein Krug Öl:* Tanna debe-Elijahu 16.
»Du sollst deinem Nächsten nicht Unrecht tun«: 3. Buch Mose 19, 13.
Die Kaisertochter und der häßliche Rabbi: b. Nedarim 50b

(Variante: Taanit 7a). Das Motiv von der Häßlichkeit des Weisen (z. B. des Sokrates) kehrt in der Volksüberlieferung vielfach wieder.

237 *Der Schriftgelehrte und der häßliche Mann:* b. Taanit 20b (zum Schluß gekürzt).
Der Teilhaber am Erbe: Midr. Vajikra r. 9, 3.
»Mose hat uns die Tora geboten«: 5. Buch Mose 33, 4.

238 *Der Vielesser:* Midr. Schir ha-Schirim r. 5, 14. Ein mythologisches Residuum, auf den Sohn eines Rabbis bezogen; die Verherrlichung der Körperstärke ist im Talmud ungewöhnlich. Vgl. Born Judas, Nr. 203 (gegen übermäßiges Essen), aber auch Nr. 281, 2 (dafür).

239 *Die Mahlzeit nach dem Mahle:* Midr. Echa r. 3, 6.
Schlußmahlzeit: die letzte Mahlzeit vor dem Eintritt des Versöhnungstages wird üppiger gehalten, um das Fasten zu erleichtern.
Je mehr du ihr gibst: unübersetzbares Wortspiel.

240 *Der Rohling:* j. Berachot 2, 5c.
fünfzig Minen: hoher Geldbetrag (eine Mine beträgt hundert Sus.)

241 *Die ungebärdigen Kinder:* Midr. Kohelet r. 3, 2–3. Zum Thema vgl. 2. Buch der Könige 2, 23–25.

242 *Abba und der Schlächter:* b. Joma 87a.
Um ihm abzubitten: wie vor Eintritt des Versöhnungstages geboten.
Opfer der Hartherzigkeit: Awot de-Rabbi Nathan I, 38. Vgl. die Kinderlegende ›Gottes Speise‹ im Anhang zu Grimms Märchen.
»Beraube den Armen nicht«: Sprüche 22, 22–23.

243 *Von der übermäßigen Trauer:* b. Moed katan 27b. Die Zahl der Söhne entspricht der der Söhne Niobes; die Vorstellung von der Sündhaftigkeit übermäßiger Trauer findet sich eindrücklich bei Grimm, Nr. 109 (›Das Totenhemdchen‹).

244 *Der Baustein:* Midr. Kohelet r. 1, 1.
»Siehst du einen Mann behend in seiner Arbeit«: Sprüche 22, 29.

Die zwei Brüder zu Askalon: j. Peah 3, 17d; Schir ha-Schirim r. 7, 2.
Wallfahrtsfest, wenn nicht besonders bezeichnet, das dritte der drei W.-Feste, das der Laubhütten.

245 *Die Tochter des Brunnengräbers:* j. Demmaj 1, 22a; j. Schekalim 5, 48d.

246 *Der fromme Abba Tachana:* Midr. Kohelet r. 9, 4. Wohin die Verzögerung führt, zeigt Born Judas, Nr. 74.
»Sonne der Gerechtigkeit«: Maleachi 3, 20.

247 *Das Gewand des Lehrers:* b. Eruwin 54b.
»Laß dich allerwege«: Sprüche 5, 19.
Flucht vor der Armut und Rückkehr: b. Taanit 21a.
»Es sollte ... kein Armer unter euch sein«: 5. Buch Mose 15, 4.
»Es werden allezeit Arme sein«: ds. 11.

248 *Die Rohrmatte:* b. Berachot 18b.
hinter dem himmlischen Vorhang: In der Nacht zum Neujahrstage wird hinter dem himmlischen Vorhang beschlossen und verkündet, welche Schicksale sich im neuen Jahre vollziehen werden.
in eine Rohrmatte: Die Beisetzung der Toten in einer Rohrmatte und nicht im Sterbekleid machte es ihrer Seele unmöglich aufzufliegen.

250 *Die goldene Taube:* b. Berachot 53b.
Tischsegen: der Speisesegen, der nach beendeter Mahlzeit gesprochen wird.
Der Affe und die Perlen: b. Nedarim 50b. Ein Sindbad-Motiv.
Vier Sus: ein geringfügiger Betrag, der die Armut des Meisters unterstreicht.
Das Tal voller Goldstücke: Midr. Schemot r. 52, 3; j. Berachot 9, 13d. Zum Thema vgl. Born Judas, Nr. 59.

251 *Werkzeuge des Todes:* Midr. Bereschit r. 10, 7; Vajikra r. 22, 4; Kohelet r. 8, 5 (umgestellt; zur mittleren Geschichte vgl. auch b. Nedarim 41a).

252 *Des Mörders Strafe:* b. Sanhedrin 37b.
»Nur durch zweier Zeugen Mund«: 5. Buch Mose 17, 6 u. ö.

Die Wasserschlange: b. Berachot 33a. Über den Wundertäter Chanina ben Dossa vgl. auch Born Judas, Nr. 59–61; zum Thema als solchem ds. Nr. 53.

253 *Die Stadt der Wahrheit:* b. Sanhedrin 97a.
Kuschta, aram. Wahrheit; der symbolische Name der Stadt.

Viertes Buch

Streitgespräche

257 *Gottes Ort:* Midr. Tehillim 103, 5 (gekürzt).

3500 Jahresreisen entfernt, d. h. die Entfernung zwischen Himmel und Erde; die Rabbinen pflegten das Unendliche an Raum und Zeit mit Hilfe hyperbolischer Zahlen zu fixieren.

Gottes Verborgenheit: b. Sanhedrin 39a.

der Kaiser: Mit dem Kaiser ist allemal ein beliebiger Vertreter des römischen Kaiserhauses gemeint, dessen Heidentum gegenüber ein Rabbi den jüd. Eingottglauben erweist.

Gottes Allgegenwärtigkeit: Daselbst.

Zehn Männer (hebr. Minjan, Zahl, Zählung) bilden, nach rabbinischer Auffassung, die Mindestzahl einer Gemeinde (vgl. Born Judas, Nr. 316).

die göttliche Majestät, hebr. Schechina, die (im Tempel) Wohnende: sozusagen die ins Weibliche übersetzte Göttlichkeit Gottes.

258 *Gottes Angesicht:* b. Chullin 59b–60a.

Jahreszeit des Tammus: Hochsommerzeit. Tammus, der 10. Monat des jüd. Kalenderjahres, etwa Juli.

Vom Ehestiften: Midr. Bereschit r. 68, 4 u. ö.

schwer wie der Durchzug ... durchs Rote Meer (2. Buch Mose 14, 15 ff), sprichwörtlich für eine Schwierigkeit, die nur durch ein göttliches Wunder überwunden werden kann.

260 *Alles Geschaffene bedarf der Veredelung:* Midr. Bereschit r. 11, 6.

die Beschneidung, als Bundeszeichen, wurde nicht Adam auferlegt, sondern erst Abraham (1. Buch Mose 17), in der 20. Generation nach Adam, und heißt darum auch der Abrahambund.

Die Welt geht ihren Gang: b. Awoda Sara 54b.

261 *Um die Auferstehung* (1–2): b. Sanhedrin 90b–91a.

»Sie sprossen aus der Stadt«: Psalm 72, 16.

262 *Esau und Jakob:* Midr. Bereschit r. 63, 9.

Esau und Jakob: Von Isaaks Zwillingssöhnen versinnbildlicht Esau, der auch Edom heißt, den Rabbinen die weltliche Herrschaft, der der Jude in der Diaspora untertan ist.

»Danach kam sein Bruder«: 1. Buch Mose 25, 26.

Jeder sei, was er ist: j. Schewiit 4, 35 a.

Aas werde ich nicht essen: grundlegendes Speiseverbot (vgl. 2. Buch Mose 22, 30 u. ö.).

263 *Die Jünger und der Soldat:* Midr. Bereschit r. 82, 8 (gekürzt; im Original stellt der Römer noch zwei weitere Fragen).

Überwurf: der Tallit (heute: Gebetmantel) des Juden, der durch sogen. Schaufäden (vgl. 4. Buch Mose 15, 37 ff.) gekennzeichnet war.

»Wer seinen Acker baut«: Sprüche 28, 19.

Menschen- und Gottesfurcht: j. Baba Mezia 2, 8c.

264 *Juda ben Nakossa und die Minäer:* Midr. Kohelet r. 1, 8.

Minäer: Häretiker, Sektierer.

ein Sack ... ausgebrannter Kohlen: Der gleichnishafte Satz soll besagen, daß der Weise sich in dem Disput völlig verausgabt hatte.

Raw Scheschet und der Spötter: b. Berachot 58a.

»im sanften Säuseln«: 1. Könige 19, 12.

265 *Der Heide Bar-Scheschach:* b. Awoda Sara 65a.

266 *Vom Genuß in dieser Welt:* Pessikta rabbati 82 b; Midr. Mischle 21, 20 u. ö.

»Der Gottlosen Bauch«: Sprüche 13, 25.

In der Löwengrube: b. Sanhedrin 39a. – Die Geschichte erweist die Abhängigkeit der Dispute zwischen Heiden und Juden von bibl. Vorbildern. Vgl. Daniel in der Löwengrube (Daniel, Kap. 6).

267 *Die drei Neubekehrten* (1–3): b. Schabbat 31a. Hillel und Schammai, zu ihrer Zeit gemeinschaftlich Träger der Tradition, sind in der Kontroverse über das Gesetz Antipoden: Schammai vertritt die starre und strenge, der sanftmütige Hillel (vgl. Born Judas, Nr. 58) die mildere Auffassung.

Über Hillels Berufung siehe oben S. 119 wie auch Born Judas, Nr. 57. – Zur mittleren Geschichte: Hillels Regel – in einer anderen Überlieferung (siehe unten, S. 270) dem Akiwa zugeschrieben –, zu der die Fassung der Bergpredigt (Matthäus 7, 12) ein Gegenstück bildet, lebt als solche im Volksmunde fort (»Was du nicht willst, daß man dir tu, das füg auch keinem andern zu«).
»Das sind die Kleider«: 2. Buch Mose 28, 4.
»Wo ein Fremder sich dazumacht«: 4. Buch Mose 1, 51.
Israel – seinen erstgeborenen Sohn: nach 2. Buch Mose 4, 22.
269 *Das Alphabet:* Midr. Kohelet r. 7, 8.
270 *Die goldene Regel:* Awot de-Rabbi Nathan II, 26. Vgl. die Anmerkung zur vorvorigen Geschichte.
Glaube und Aberglaube: j. Schabbat 6, 8 d.
271 *Rabbi Meir antwortet den Kutäern* (1): Midr. Bereschit r. 4, 4.
Kutäer, absprechende Bezeichnung der Samaritaner als aus Kuta (vgl. 2. Könige 17, 24) quasi Repatriierten. Für den Erzähler selbst gilt es im Grunde gleich, ob der Rechtgläubige mit Römern oder Persern, Ketzern oder Sektierern disputiert; die Streitfragen sind keineswegs spezifisch.
»Obere Wasser«: vgl. 1. Buch Mose 1, 7.
»Der da Himmel und Erde füllt«: Jeremia 23, 24.
aus dem engen Raume ... gesprochen habe: vgl. 2. Buch Mose 40.
»daß Gottes Brünnlein«: Psalm 65, 10.
272 *Rabbi Meir antwortet* (2): Midr. Bereschit r. 70, 7.
»Du wirst dem Jakob die Wahrheit verleihen«: Micha 7, 20.
»Ich will dir den Zehnten geben«: 1. Buch Mose 28, 22.
»Ephraim und Manasse«: 1. Buch Mose 48, 5.
273 *Rabbi Meir antwortet* (3): Midr. Kohelet r. 5 (10,1).
274 *Segen und Fluch:* j. Sukka 3, 54c.
»Gesegnet sei ..., verflucht sei ...«: 4. Buch Mose 24, 9.
Dorn und Hecke: b. Eruwin 101a.
»wie ein Stacheldorn«: Micha 7, 4.
»der schützenden Hecke gleich«: Ds.

275 *Greise in Babel:* b. Berachot 8a. Zwischen der Judenheit des Landes Israel und der zu Babel (Babylon) bestand eine Rivalität; gerade auch der babylonische (und nicht der jerusalemische) Talmud erlangte kanonische Geltung.
»daß du und deine Kinder«: 5. Buch Mose 30, 20.
Der Abkömmling des Hauses Eli: j. Sukka 2, 58 b (vgl. auch die folgende Geschichte).
»Seine Missetat ...«: 1. Buch Samuel 3, 14 (vgl. ds. 2, 32: »Und soll keiner alt werden in deinem Hause«).

276 *Zweierlei Gebet:* b. Berachot 34a.
»vierzig Tage und vierzig Nächte«: 5. Buch Mose 9, 25 ff.
»Ach, Gott, heile sie«: 4. Buch Mose 12, 13.
Der zurechtgewiesene Beter: b. Berachot 33b.
Männer der Großen Synode: Träger der Überlieferung nach dem Abgang der Propheten und als solche unmittelbare Vorgänger der mündlichen Lehre.

277 *Gebet und Vorherbestimmung:* b. Moed katan 18b (und Kommentar).
Gebet und Gruß: b. Berachot 32b–33a. Vgl. Born Judas, Nr. 53 (2).

278 *Der irdische und der himmlische Vater:* b. Taanit 23b.
Choni, der Kreiszieher und Regenbeschwörer (oben, S. 44), vererbte die Wundergabe seinen Kindeskindern.
Das Regengebet des Chama bar Chanina: Ds. 25a. Zu Josua ben Levi vgl. Born Judas, Nr. 102–103.

279 *Ehemals und heute:* Ds. 24a.
Wie groß ist der Abstand: Samuel aus Rama ist der biblische Prophet Samuel, und Juda, obwohl Fürst des Lehrhauses und Sohn des großen Gamliel, ist nur ein Epigone.
Vom wunderwirkenden Gebete Chanina ben Dossas (1–2): b. Berachot 34b. (Zu Chanina vgl. Born Judas, Nr. 59–61).
»Ich bin kein Prophet«: Amos 7, 14.
einem Obersten gleich: Der Kammerdiener, obwohl an Rang dem Kriegsobersten nachstehend, ist dem Könige vertrauter, weil er immer um ihn ist.

280 *Die zwei Regenfasten Samuels des Kleinen:* b. Taanit 25b.

»Der da den Wind wehen läßt ..., der da den Regen herabsendet«: Zitate aus dem Gebetbuch.

281 *Des Meisters Größe:* j. Taanit 3, 66 d.

»Ein Narr bleibt ungestraft«, »ein Leichnam spürt nicht«: talmudische Sprichwörter.

282 *Von der Schuld derer zu Sepphoris:* j. Taanit 3, 66c.

Mose vermochte es nicht abzuwenden: 4. Buch Mose 25.

im Süden, d. i. im Süden des Landes Israel; das galiläische Sepphoris liegt im Norden.

mahne deine Schuld nicht ein: Die Dürre wird als göttliche Strafe angesehen, die der Gläubiger Gott als Heimsuchung für den Sünder schickt.

283 *Hunger und Pest:* b. Taanit 8b.

284 *Sünder und Sünde:* b. Berachot 10b.

»Der Sünden müsse ein Ende werden«: Psalm 104, 35. – ›der Sünde*r*‹, ›der Sünde*n*‹: im unvokalisierten hebr. Text werden beide Wörter gleichgeschrieben.

Elias Vergehen: b. Baba Mezia 85b.

Der Prophet Elia, der lebendig in den Himmel gefahren ist, kehrt immer wieder auf die Erde zurück.

Abraham ... aufzurichten: diese tägliche Pflicht obliegt Elia im Himmel.

»Der den Wind wehen läßt«, »der den Regen herabströmen läßt«: Zitate aus dem Gebetbuch.

285 *Stehen und Lehnen:* Mischna, Berachot 1, 3; b. ds. 11a.

»Höre Israel«: das Gottesbekenntnis des Israeliten (5. Buch Mose 6, 4).

»Wenn du dich niederlegst ..., und wenn du auf dem Wege gehst«: 5. Buch Mose 6, 7.

286 *Der rechte Segensspruch:* b. Berachot 39a (umgestellt).

Segensspruch: Für den Genuß verschiedener Speisearten sind jeweils verschiedene Segenssprüche festgelegt, und gelegentlich ist deren richtige Anwendung umstritten.

287 *Schlichter Segen, tiefer Segen:* b. Moed katan 9b.

»Mein Volk soll nicht zuschanden werden«: Joel 2, 26–27.

Der Segen des Blinden: b. Chagiga 5b.

288 *Im Allerheiligsten:* b. Berachot 7a.

Achteriel-Jah, Engelname und Beiname Gottes, hier offenbar eingesetzt, um den Anthropomorphismus zu mildern.

Sabbatgeschichten

289 *Zu Ehren des Sabbats (1–2):* b. Megilla 27b; j. Peah 8, 21b und b. Schabbat 113a.
Einweihungssegen: (›Kiddusch‹, Heiligung), wird über einen Becher Wein gesprochen.
290 *Die Sabbatmahlzeit* (1–2): b. Schabbat 119a–b.
Ein Gewürz, Sabbat benannt: möglicherweise Wortspiel zwischen dem Namen des Sabbattages und einem Homonym, welches ›Dill‹ bezeichnet.
291 *Feuersbrunst am Sabbat:* j. Schabbat 16, 15d; b. ds. 121a.
Der Kapernstrauch: j. Schabbat 15, 15a–b; b. ds. 150b u. ö.
292 *Das Beispiel der Väter:* Midr. Tanchuma, Massej, 1.
Als Jakob ... die Flucht ergriff: vgl. zu Jakob 1. Buch Mose 28, 43; zu Moses 2. Buch Mose 2, 15; zu David 1. Samuelis 19, 10.

Von Geboten und Satzungen

293 *Die Pfostenschrift:* j. Peah 1, 15d; Midr. Bereschit r. 35, 3.
Kapsel mit der Pfostenschrift, hebr. Mesusah, wird – in Befolgung von 5. Buch Mose 6, 9 – am Türrahmen jüd. Häuser und Wohnräume befestigt.
Vom Bundesblut: b. Schabbat 134a.
Kein Bundesblut: der Beschneidungsbund wird rechtskräftig erst mit einem Tropfen Blut, der bei der Zirkumzision entfließt.
294 *Vom Zehnten:* j. Demmaj 1, 21d–22a.
Unverzehntet, d. h. die Pflichtabgabe war noch nicht entrichtet. Ein ganzer Talmudtraktat (dem auch diese Geschichte entnommen ist) handelt von Fällen, wo Zweifel darüber besteht, ob der Zehnte abgesondert wurde.
295 *Die Eselin des Rabbi Pinehas ben Jair:* b. Chullin 7a. Zum Motiv der frommen Eselin vgl. auch die Bileam-Erzählung im 4. Buch Mose 22, 21 ff.

296 *Stummer Wink:* j. Schewiit 9, 39a.
Getreide, welches verboten war, und zwar im Zusammenhang mit den Bestimmungen über den Genuß der Frucht im Sabbatjahr. (Vgl. die folgende Geschichte.)
Die Feldfrucht im Sabbatjahr: j. Berachot 1, 3a.
Sabbatjahr, das Brachjahr des Feldes (3. Buch Mose 25, 1–7).
»Wer den Zaun durchbricht«: Prediger 10, 8.
297 *Die vermeintliche Guttat:* Semachot 4; j. Nasir 7, 56a–b.
wie man am Sabbat gehen darf: Am Sabbat darf man nur bis zu 2000 Ellen außerhalb des Wohnsitzes gehen, und dieser Grenzbegriff wird auch als Maßeinheit für Entfernungen verwandt.
wo man ihn (den Erschlagenen) gefunden hat: Die Bestimmung bezieht sich auf das in 5. Buch Mose 21, 1–9 Dargelegte.
Joseph ben Pachsas ha-Kohen: Semachot 4, 23.
Ein Priester würde sich verunreinigen: in Weiterführung der Festlegung, daß er sich an einem Toten verunreinigt (vgl. 3. Buch Mose 21, 1).
»Ich trage meine Seele«: Psalm 119, 109.
298 *Der Berufene entscheidet:* b. Pessachim 88b.
erklärte die Mahlzeit für rein: weil das Tier lebte.
Lösung vom Gelübde: b. Nedarim 22b.
Gelübde: voreilige Gelübde, können nur dann aufgehoben werden, wenn sich herausstellt, daß die Prämisse falsch oder lückenhaft war.
»wohlgefällig vor den anderen Menschen«: Sprüche der Väter 2, 1.
299 *Vom vorbeugenden Sinn eines Verbotes:* j. Schabbat 3, 6a.
des naturheißen Wassers: Die Thermen zu Tiberias, seit dem Altertum bis auf heute wegen ihrer Heilkraft berühmt.
am Feiertag erwärmt: quasi in Übertretung des Arbeitsverbotes.
300 *Ansicht und Haltung:* b. Eruwin 93b–94a. Die Pointe ist,

daß der Rabbi, ohne der eigenen Ansicht zu vergeben, der abweichenden Praxis nicht entgegenhandelt.
Lasten bewegen: Die strengen Sabbatbestimmungen unterscheiden zwischen privatem und öffentlichem Bereiche, und der Einsturz der Mauer hatte die natürliche Grenze zwischen beiden verwischt.

301 *Grenze der Ehrerbietung:* b. Eruwin 63a.
»Keine Weisheit, kein Rat«: Sprüche 21, 30.
Der ungebärdige Esel: b. Schabbat 51b–52a (etwas erweitert und umschrieben).

302 *Die Kuh des Rabbi Eleasar:* j. Schabbat 5, 7c u. ö.
»mit meinem Kalbe gepflügt«: Richter 14, 18.
Gebüßte Gier: j. Terumot 8, 45c.

303 *Krankenbesuch:* b. Nedarim 39b–40a. Der talmudische Volksglaube lehrt auch, daß jeder Besucher die Krankheit des Leidenden um den sechzigsten Teil vermindert.
Das Verdienst der kleinen Leute: b. Taanit 21b.

304 *Die beiden Eseltreiber:* Midr. Tanchuma, Mischpatim 1, u. ö.
»Wenn du den Esel ...«: 2. Buch Mose 23, 5.
»Du begründest Rechtlichkeit«: Psalm 99, 4.

305 *Die zwei Nachbarsfrauen:* j. Eruwin 7, 24c.
zu einer einzigen Wohnung machen: eine gebräuchliche, unschuldige ›List‹, um die strenge Sabbatbestimmung zu erleichtern.

Von der Armenpflege

306 *Gütigkeit – nicht Opfer:* Awot de-Rabbi Nathan I, 4.
»Gütigkeit heische ich«: Hosea 6, 6.
Himmelslohn: j. Peah 8, 21a.
Armenschatz: eigentlich der für die Armen bestimmte Speisekorb, aus dem sie verpflegt werden.
Die Taten des Raw Huna: b. Taanit 20b–21a.

308 *Ben Mewi Jajin:* j. Pessachim 4, 31b–c u. ö.
Ben Mewi Jajin, ein poetischer Name: Sohn des Weinbringers; in Parallelstellen Bar Bohin genannt.

Eheverschreibung, hebr. Ketubba: das Dokument, in welchem der Ehemann bei der Hochzeit seiner Ehefrau einen bestimmten Betrag (für den Fall der Scheidung oder seines vorzeitigen Todes) verschreibt.

309 *Drei Beispiele:* j. Peah 8, 21b.

»Verrücke nicht deines Nächsten Grenze«: 5. Buch Mose 19, 14. (D. h. komm deinem Nächsten nicht ins Gehege, denn die Nacht gehört uns, den Dämonen).

»Eine heimliche Gabe beschwichtigt«: Sprüche 21, 14.

Der listige Wohltäter: Ds.

»Wohl dem, der des Armen gedenkt«: Psalm 41, 2.

310 *Zartsinn:* j. Baba Mezia 2, 8c.

Das Mindestvermögen: j. Peah 8, 21c; j. Sota 3, 19a. Armenzehnten: 5. Buch Mose 14, 28–29.

Mar Ukba und sein Nachbar: b. Ketubbot 67b.

jedes Jahr ... zu schenken: Er wählte als Datum den Tag vor dem Versöhnungstag, an welchem milde Gaben insbesondere geboten sind.

311 *Gerechtfertigte Unbescheidenheit:* Ds.

»Aller Augen warten«: Psalm 145, 15.

Nechemja aus Sichin und der arme Mann: j. Peah 8, 21b und b. Ketubbot 67b.

312 *Der irdene Topf:* j. Peah 8, 21a.

Die Heißhungrigen: b. Joma 83b.

313 *Kein Unfall geschieht von ungefähr:* b. Baba Batra 10a. Zum Thema vgl. auch Born Judas, Nr. 74.

Almosen und Betrug: j. Peah 8, 21b.

314 *Gegen Armut ist man nicht gefeit:* b. Schabbat 151b.

»Um deswillen wird der Herr dich segnen«: 5. Buch Mose 15, 10.

Das Glücksrad dreht sich: talmudisches Sprichwort, dessen Heranziehung und Rückbeziehung auf den obigen Vers auf einem Wortspiel beruht: ›bi-gelal‹ (d. i. um deswillen) als Hinweis auf ›galgal‹ (d. i. Rad, Glücksrad) gedeutet.

Der wohlfeile Kauf: Kalla, 2 u. ö.

eine Stadt: vermutlich ein kostbares Schmuckstück mit dem

Abbild der Stadt Jerusalem; jedenfalls mochte Rabbi Tarphon es so verstehen.
»Er streut aus und gibt«: Psalm 112, 9.

315 *Verlust und Spende:* b. Baba Batra 10a.
Neujahrsfest, jüdisches, am 1. Tischri (etwa Oktober), leitet die zehn Bußetage ein, die mit dem Versöhnungstag (10. Tischri) abschließen.
Wirf dein Brot aufs Wasser: Awot de-Rabbi Nathan I, 3.
»Wirf dein Brot ...«: Prediger 11, 1. (Vgl. Goethes Paraphrase im Buch der Sprüche des Divans: »... ins Wasser wirf deine Kuchen«). Wörtliche Auslegung des Verses liegt Born Judas Nr. 169 zugrunde.
»Wohltun rettet vom Tode«: Sprüche 10, 2. Wörtlich: »Gerechtigkeit rettet ...«; der Bedeutungswandel datiert aus talmudischer Zeit. Zum Thema vgl. auch die übernächste Geschichte; ferner Born Judas, Nr. 129, 132–133.

316 *Der Arme rettet den Mißgünstigen:* j. Terumot 8, 450.

317 *Die Tochter Akiwas:* b. Schabbat 156b. Zum Thema vgl. die Anmerkungen zur vorvorigen Geschichte. Ein Märchen mit der Tochter Akiwas als Heldin findet sich im Born Judas, Nr. 73.
»Wohltun rettet«: Sprüche 10, 2.
Der gerechte Benjamin: Awot de-Rabbi Nathan I, 3; b. Baba Batra 11a.
Armenschatz: der sogen. Spendenkorb, aus dem die Armen vorzugsweise Lebensmittel für ihren Unterhalt erhielten.

318 *Leichtes Gepäck:* b. Ketubbot 67b.

Das Heilige Land

319 *Milch und Honig:* b. Ketubbot 111b.
»da Milch und Honig innen fließt«: 2. Buch Mose 3, 8 u. ö.
Honig und Öl: Sifre, Dewarim, Nr. 316; j. Peah 7, 20b.
»Er spendete ihm Honig ... und Öl«: 5. Buch Mose 32, 13.
Chaninas Schüler: j. Moed katan 3, 81c.

320 *Ein Priester und seine Frau:* Midr. Tanchuma, Tasria, 6.

Von Rabbi Eleasar und Rabbi Jochanan: Sifre, Dewarim, Nr. 80.

Nisibis, Stadt in Syrien, d. i. außerhalb des Heiligen Landes, Wirkungsstätte des Rabbi Juda ben Betera.

Sidon, die phönizische Hafenstadt, im Grenzland gelegen.

»Daß ihr das Land einnehmet«: 5. Buch Mose 11, 31–32.

321 *Mutter und Stiefmutter:* j. Berachot 2, 5c.

von Babel nach dem Heiligen Lande: Der Rabbi glaubte, im Sinne der Lehre zu handeln, da er vom Exilsland ins Heilige Land zog.

322 *Wie die Mühe, so der Lohn:* Awot de-Rabbi Nathan II, 27.

zu den Wallfahrtsfesten: die drei großen Jahresfeste – Passah, Wochen- und Laubhüttenfest –, zu denen das Volk zum Heiligtum pilgerte (vgl. 2. Buch Mose 23, 14; 3. Buch Mose 23, 4).

»Je nach der Mühe«: Sprüche der Väter 5, 23.

Begründete Hast: b. Ketubbot 112a.

mit dem Munde geschwinder als mit den Ohren: Anspielung auf den Satz, mit dem die Kinder Israel die Tora auf sich nahmen: »Alles, was der Herr gesagt hat, wollen wir tun und hören« (2. Buch Mose 24, 7).

den nicht einmal Mose und Aaron erreicht haben: beide sind gestorben, bevor Israel den Jordan überschritt.

323 *Rabbi Meirs Tod:* j. Kilajim 9, 32c (umgestellt); j. Ketubbot 12, 35b.

Asia: Kleinasien bzw. eine der dortigen Küstenstädte.

»Er hat es über Meeren gegründet«: Psalm 24, 2.

Der Tod des Ulla Nachota: j. Kilajim 9, 32c.

Fünftes Buch

Von Recht und Gericht

327 *Amt ist Pflicht:* Midr. Tanchuma, Mischpatim, 2.
»Ein König richtet ... durchs Recht«: Sprüche 29, 4.
Bestechung durch Werke: b. Ketubbot 105b.
»Bestechung sollst du nicht nehmen«: 2. Buch Mose 23, 8.
328 *Das Recht der Magd:* Midr. Bereschit r. 48, 3.
»Hab ich verachtet«: Hiob 31, 13.
Raw Nachman der Richter: b. Schewuot 30b (und Raschi).
329 *Der Sklave zweier Herren:* b. Gittin 40a–b.
Verteilung der Erbschaft: b. Baba Batra 133b–134a.
mit Stab und Mantelsack: mit seiner ganzen Autorität.
330 *Das Zeugnis des Einzelnen:* b. Pessachim 113b.
»kein einzelner Zeuge«: 5. Buch Mose 19, 15.
Tyrann und Bruder: b. Baba Mezia 39b.
»Joseph erkannte«: 1. Buch Mose 42, 8.
331 *Ohne Ausnahme:* b. Baba Mezia 75b (mit Kommentar).
»Du sollst vor den Blinden nichts hinstellen«: 3. Buch Mose 19, 14.
»Verstummen müssen falsche Mäuler«: Psalm 31, 19. Der Sinn: fordert er einmal die Schuld ein, und der Schuldner leugnet sie ab, so gilt der Gläubiger als Dieb.
Sus: kleine Silbermünze.
332 *Bestrafte Scheinehe:* b. Baba Mezia 101b.
Chanan der ›Bösewicht‹: b. Baba Kamma 37a. Der Beiname ›Bischa‹ (d. i. Bösewicht) ist nicht wörtlich, sondern als Schelm zu verstehen. Der Stoff – ein bekannter Schwank.
Ein halber Sus war die kleinste gangbare Münze.
Der Rabbi als Häscher (1–2): b. Baba Mezia 83b (teilweise unter Benutzung des Kommentars).
um die vierte Tagesstunde: zehn Uhr vormittags (die Zählung der Tagesstunden beginnt mit 6 Uhr früh).
Sohn des Weines: Anspielung auf seine rühmliche Abkunft und dieses unrühmliche Amt.

»Wer seinen Mund bewahrt«: Sprüche 21, 23.

334 *Der Nackenschlag:* j. Berachot 2, 5c.
Archont bezeichnet, als griechisches Lehnwort im Talmudischen, einen Mann, der Herrschergewalt ausübt.

335 *Vom Hehler und Stehler* (1): Midr. Vajikra r. 6, 2. Ein talmudisches Sprichwort sagt: Nicht die Maus, das Mauseloch ist der Dieb.

336 *Vom Hehler und Stehler* (2): b. Sanhedrin 72a.
Werde nicht zum Spießgesellen: Midr. Kohelet r. 7, 26.

337 *Der Verteidiger als Ankläger:* Midr. Vajikra r. 30, 6.
Ämterkauf: j. Bikkurim 3, 65d.
»keine silbernen und goldenen Götter«: 2. Buch Mose 20, 23.

338 *Sebulon und Dan:* b. Pessachim 4a.
»Dan wird Richter sein«: 1. Buch Mose 49, 16.
»Sebulon an der Furt des Meeres«: ds. 13.

Frauenspiegel

339 *Der Einfluß der Frau:* Midr. Bereschit r. 17, 7.
Auch die böse Frau ist ehrenwert: b. Kidduschin 63a–b.
Das doppelte Gesicht des Weibes: b. Jewamot 63b.
»bitterer denn der Tod«: Prediger 7, 26 (vgl. Born Judas, Nr. 16–17).
»freue dich des Weibes deiner Jugend«: Sprüche 5, 18.

340 *Eine Frau wird niemals alt:* b. Moed katan 9b.
Halbfeiertage, oder Zwischenfeiertage: die mittleren Tage bei den jeweils eine volle Woche währenden großen Jahresfesten (Passah, Laubhütten).
Mann und Weib: Midr. Bereschit r. 17, 8 (umgestellt und gekürzt).
nicht such das Verlorene: d. h. der Mann sucht seine Rippe, nicht die Rippe den Mann.

341 *Das Gleichnis von der alten und der jungen Frau:* b. Baba Kamma 60b. Der bekannte Fabelstoff ist hier durch einen letztlich gezwungenen Vergleich mit einer zwiespältigen Situation im Lehrhaus gleichsam judaisiert.

Weibliche Natur: b. Awoda Sara 39a; Bechorot 30b. Schriftgelehrte und Zöllner gelten als Antipoden, und Zöllner waren verrufen (vgl. Matthäus 9, 9–13; Lukas 15, 1–2; Born Judas, Nr. 137).

342 *Knabe und Mädchen:* Midr. Bereschit r. 26, 4 und b. Baba Batra 16b.

»Die Menschen begannen sich zu mehren«: 1. Buch Mose 6, 1.

343 *Die Pflicht zur Frühehe:* b. Kidduschin 29b–30a (umgestellt).

Theorie und Praxis: b. Jewamot 45a.

es tanzt nicht: talmudisches Gegenstück zu ›hic Rhodos, hic salta‹.

344 *Die wahre Demut:* b. Sota 40a.

der Sprecher ...: Dieses Amt verpflichtete zur Authentizität des Gesagten, bei freier, allgemeinverständlicher Wiedergabe.

345 *Die zwei Sünderinnen:* b. Joma 86b.

Sabbatjahr: in jedem siebenten Jahr, dem Ruhejahr des Ackers, ist die Bodenbestellung verboten und der Genuß wildwachsender Frucht begrenzt. (Vgl. 3. Buch Mose 25, 1–7).

Die Säugepflicht: b. Ketubbot 60a.

346 *Das Mutterherz:* Midr. Vajikra r. 27, 6.

Die Genotzüchtigte: Midr. Bamidbar r. 9, 10.

wird das Übel: nämlich der Genuß von Speise am Fasttage.

Zwölffache Schwagerehe: j. Jewamot 4, 6b.

Schwagerehe, oder Levirat, wie im 5. Buch Mose 25, 5–12, in der Geschichte von Juda und Tamar (1. Buch Mose 38) und im Buche Ruth, Kap. 4, ausgeführt.

Schaltmonat: im jüd. Kalender, der nach Mondmonaten rechnet, wird etwa alle drei Jahre (genauer: sieben Mal in 19 Jahren) ein Schaltmonat eingefügt, um die aufgelaufene Differenz gegenüber dem Sonnenjahr auszugleichen.

347 *Begründete Milde und begründete Strenge:* b. Nedarim 66b.

was du da gekocht hast: der Mann, im Zorn über das

schlechte Essen, sprach ein voreiliges Gelübde aus, zu dessen Einlösung es eines Dritten bedurfte.

Frieden ... zwischen Mann und Weib: Anspielung auf 4. Buch Mose 5, 23.

348 *Sudelchen:* b. Nedarim 66b.

Sudelchen: im Original Lichluchit, die Schmutzige (vgl. Aschenbrödel, Pechmarie usw.).

Die Ungehorsame: b. Jewamot 63a.

»Gewöhnen sie ihre Zunge«: Jeremia 9, 4.

349 *Die Einfältige:* b. Nedarim 66b. Die Erklärung des Wortspiels ist in die Übersetzung hineingearbeitet.

350 *Laß deine Kleider immer weiß sein:* Midr. Kohelet r. 9, 8.

»Laß deine Kleider ...«: Prediger 9, 8.

Gold und Ton: Midr. Bereschit r. 20, 8 (mit Kommentar und unter Benutzung einer Emendation bei Jakob Levy, Wörterbuch, Bd. 2, 482).

»Deine Liebe sei auf deinen Mann gerichtet«: 1. Buch Mose 3, 16.

351 *Das Weib Akiwas und das Weib Gamliels:* j. Schabbat 6, 7d.

damit er weiter in der Tora forschen konnte: vgl. Born Judas, Nr. 67 (Der Akiwa-Roman) und Moritz Heimann, Das Weib des Akiba, Szene 3, Ende.

Die Ehe des Sohnes Akiwas: Tossefta, Ketubbot 4, 7; j. ds. 5, 29d.

Jalta: b. Berachot 51b.

»Er wird die Frucht ... segnen«: 5. Buch Mose 7, 13.

352 *Die Tochter des Raw Chisda:* b. Baba Batra 12b.

Die Frau Rabbi Chijas: b. Jewamot 65b.

353 *Die Vatermilch:* b. Schabbat 53b.

Die Frau ohne Arme: Ds.

Sitte und Unsitte

354 *Das Merkmal der edlen Abkunft:* b. Kidduschin 71b.

»Sie haben die Weiber geschwächt«: Klagelieder 5, 11.

»Die ihr schlaft auf elfenbeinernen Lagern«: Amos 6, 7.

Das Zuwenig und das Zuviel: j. Berachot 5, 9c.
vor das Vorbeterpult zu treten: um vorzubeten.

355 *Nach des Erzvaters Vorbild:* Midr. Bereschit r. 73, 5. – Rabbi Juda ha-Nassi (der ›Fürst‹) und der Kaiser Antoninus (Pius?) waren der Sage nach Altersgenossen und Freunde (vgl. Born Judas, Nr. 95–96).
»Dein Knecht Jakob«: 1. Buch Mose 32, 3.
Achtung vor dem Stand: b. Megilla 28a.

356 *Schabernack statt Rüge:* b. Arachin 16b.
Ehrfurcht vor Greisen: j. Bikkurim 3, 65c (umgestellt).
Sinai: im Talmud geläufige Bezeichnung des Hochgelehrten, der gleichsam den Berg der Gesetzgebung versinnbildlicht.

357 *Rabbi und Rabbi Josua ben Korcha:* b. Megilla 28a (gekürzt). Patriarch: der Fürst (Nassi) des Lehrhauses, Oberhaupt der Gelehrten, eine erbliche Würde, die auch ›Rabbi‹ seinem Sohne vererben sollte.

358 *Rabbi und der Diener:* j. Terumot 8, 46c; j. Kidduschin 1, 61 a u. ö.
»Süß ist der Schlaf dem Arbeiter«: Prediger 5, 11.
Angeberei: Midr. Tehillim 50, 3.
Lästerung: Midr. Schir ha-Schirim r. 1, 39.
»Schaut mich nicht an«: Hoheslied 1, 6.

359 *Rede hinter dem Rücken:* j. Peah 1, 16a.
Vorwitz und Bescheidung: b. Baba Batra 23b und ds. 165b.

360 *Der Unedle und der Edle:* b. Pessachim 3a–b.

361 *Die Würdigen und der Unwürdige:* Ds. (um einen Satz gekürzt).
Schaubrote: das hochheilige Priesterbrot (3. Buch Mose 24, 5–9; 2. Buch Mose 25, 30; 1. Buch Samuel 21, 2–7; vgl. Born Judas, Nr. 324).
Überspitzte Schlußfolgerung: Derech Erez r. 1.
Frevlerreden: b. Schabbat 30b.
»Antworte dem Narren nicht«: Sprüche 26, 4.

362 *Macht wandelt den Sinn:* b. Menachot 109b.
Vom Betragen des Gastes: b. Pessachim 86b (mit einer Umstellung).

363 *Drei Eier, drei Gäste, drei Tote:* b. Chullin 94a; der Einleitungssatz aus Derech Erez sutta 8, 9.
Kinderselbstmord: Semachot 2, 4–6.
wie mit dem Leichnam zu verfahren: Selbstmörder wurden gemeinhin abseits von den anderen Toten beerdigt.

Von mancherlei Glauben und Aberglauben

365 *Gerade Zahlen bringen Unglück* (1–2): b. Pessachim 109b–110b (Zusammenfassung und freie Anordnung verschiedener Stücke).
Asmodäus, hebr.-aram. Aschmedai (Name wahrscheinlich persischen Ursprungs), in der jüd. Dämonologie der König der Teufel (vgl. Born Judas, Nr. 25, 153; Sagen der Juden, XI, 4).
366 *Die Brosamen:* b. Chullin 105b (vgl. einen Ausspruch in b. Pessachim 111b: Der ›Engel‹ der Armut heißt Unsauberkeit).
367 *Mit bedecktem Haupt*: b. Schabbat 156b.
Abgeschnittene Nägel: b. Moed katan 18a. Der Trauernde schneidet Haar und Nägel nicht; doch sind in bezug auf das letztere die Meinungen geteilt.
einem Fehlurteil gleich: vgl. Prediger 10, 5.
368 *Der Kranz:* j. Sota 9, 24b–c; Midr. Echa r. 5, 16 u. ö.
wie ein Versehen: vgl. Prediger 10, 5.
»Die Krone ist gefallen«: Klagelieder 5, 16.
Belauschte Worte als Orakel: j. Schabbat 6, 8c.
»Deine Ohren werden hören«: Jesaja 30, 21.
»Ist er ledig gekommen«: 2. Buch Mose 21, 3.
»Und Samuel starb«: 1. Buch Samuel 25, 1.
369 *Gespräch mit der Hexe:* b. Sanhedrin 67b und Kommentar.
»Daß der Herr allein Gott ist«: 5. Buch Mose 4, 35.
Der Dämon macht den Schlag zum Totschlag: Midr. Echa r. 1, 29; Vajikra r. 12, 3.
370 *Die Teufel im Vogelbeerbaum:* b. Pessachim 111b.
Pelemo und der Satan: b. Kidduschin 81a–b.

371 *Die zwei Seiten der Zaubermacht:* b. Taanit 23b.
Ihr Name ist Anmut: Wortspiel zwischen dem Vornamen Channa (Hanna, Anna) und dessen Wortbedeutung: die Anmutige.

372 *Der Augenarzt:* b. Baba Mezia 85b–86a (mit Raschis Kommentar).
das Buch Adams: gnostisch-mystische Schrift, dem ersten Menschen zugeschrieben oder geoffenbart (vgl. Sagen der Juden II, 22).

373 *Der rettende Seufzer:* b. Chullin 56b–57a (mit Kommentar).
Das Zauberkraut: Midr. Bereschit r. 10, 7; Vajikra r. 22, 4 u. ö.

374 *Die Springwurzel:* Midr. Vajikra r. 22, 4 u. ö. In der abendländischen Überlieferung (vgl. auch Musäus' Märchen vom Schatzgräber) ist der Vogel gemeiniglich der Specht.
Homunculus: b. Sanhedrin 65b (vgl. die Golemsage – Born Judas, Nr. 283–287).
Buch der Schöpfung (Sefer Jezira): im Talmud genanntes legendäres mystisches Buch, das einem kabbalistischen Traktat des Mittelalters den Namen gegeben hat.

375 *Die scheingerechten Töchter Raw Nachmans:* b. Gittin 45a.
»Unter Tausenden ...«: Prediger 7, 28.
Israel – mit einer Taube ins Gleichnis gesetzt: vgl. Psalm 68, 14 (hierzu ein bezeichnendes Gedicht von Michael Sachs [1808–64]: Du wirst, mein Volk, der Taube gleich genannt).
zu Nehardaa: ein Zentrum talmudisch-rabbinischer Gelehrsamkeit im Lande Babel.

376 *Blendwerk:* b. Sanhedrin 67b (und Kommentar).

377 *Der Tote bestraft den Räuber:* b. Baba Batra 58a.

378 *Fernwirkung des Bannspruchs:* b. Moed katan 17a–b.
Antwort: b. Berachot 18b.
ins himmlische Lehrhaus: nach rabbinischer Auffassung besteht eine Pflanzstätte der mündlichen Lehre auch im Himmel, die selbst von den Frommen der biblischen Zeit

besucht wird, mit dem Namen Jeschiwa schel Ma'ala – das Obere Lehrhaus.

Träume und Deutungen

380 *Guter und böser Traum:* b. Berachot 55b.
»Träume sind Schäume« (wörtlich: Träume reden Trug): Sacharja 10, 2.
»Im Traume spreche ich mit ihm«: 4. Buch Mose 12, 6.
Woher die Träume kommen: b. Berachot 55b–56a.

381 *Der Traum vom Balken:* j. Maassar scheni 4, 55c (Jefe Mar'eh, 87a–b) u. ö.
der Balken ... zerbrach: das Traumbild, in seiner konkreten Gestalt, soll ein Türsparren gewesen sein, der als Anspielung auf den Gebärstuhl gedeutet wird; die Schüler deuten den wiederholten Traum bildlich in übertragenem Sinne: der Ehemann ist der Tragebalken des Hauses.
Böse Träume, zum Guten gedeutet: b. Berachot 56b.
daß dein Zorn gewichen ist: Wortspiel. ›Aph‹ bedeutet sowohl Nase wie Zorn (wörtlich: Wutschnauben).
Im Adar ..., im Nissan: Zwei Wortspiele: einmal zwischen dem Monatsnamen Adar (etwa März) und dem Wort Hadar (Ehre, Herrlichkeit), und einmal zwischen dem Namen des darauffolgenden Monats, Nissan (etwa April) und dem Worte Nissajon (Versuchung).

382 *Der Traumdeuter Bar-Hedja* (1–4): b. Berachot 56a–b. (Gekürzt und teilweise umgestellt).
Sus, kleine Silbermünze.
»Dein Ochse wird ... geschlachtet werden«: 5. Buch Mose 28, 31.
»Deine Söhne ... werden überantwortet werden«: Daselbst 32.
»Alle Völker auf Erden werden sehen«: Daselbst 10.

384 den Psalm von den Wundertaten: Psalm 113–114.

385 *Die verscherzte Traumwarnung:* j. Maassar scheni 4, 55c u. ö.

386 *Kappadokien:* b. Berachot 56b.
und Deka heißt zehn: griechische und lateinische Wörter, in lautgetreuer Umschrift oder auch abgewandelt, sind im talmudischen Sprachschatze häufig.
387 *Zwei Rüben:* b. Berachot 56b (selbständiges Stück aus dem Bar-Hedja-Zyklus).

Die Kreatur

388 *Die Tiere als Lehrmeister:* b. Eruwin 100b (und Raschi).
»Der uns Unterweisung gibt«: Hiob 35, 11.
Weisheitsfragen aus der Naturgeschichte: b. Schabbat 77b.
389 *Vom gelben Wolf:* Midr. Tehillim zu Psalm 104.
»Wie groß sind deine Werke«: Psalm 104, 24.
390 *Die jungen Raben:* Midr. Vajikra r. 19, 1.
»Wer bereitet dem Raben ...«: Hiob 38, 41.
Die jungen Löwen: b. Sanhedrin 59b.
»Die jungen Löwen brüllen«: Psalm 104, 21.
Heimat des Wildes: j. Schewiit 9, 38b.
Panias, Ortschaft an der Jordanquelle. Nach der talmudischen Sage war der spätere Kaiser, der bekanntlich einfacher Herkunft war, Schweinehirt in Tiberias gewesen (oben, S. 78).
391 *Von der Natur der Schlange:* Midr. Bereschit r. 20, 4.
»Verflucht sollst du sein«: 1. Buch Mose 3, 14.
392 *Unrechtlichkeit:* b. Chullin 57b.
»Geh hin zur Ameise«: Sprüche 6, 6–7.
393 *Rechtlichkeit:* Midr. Dewarim r. 5, 2.
»Ob sie schon keinen Fürsten ... über sich hat«: Sprüche 6, 7.
Mückenweibchen und Mückenmännchen: b. Chullin 58b.
Des Hundes Mal: Pessikta de-Raw Kahana, 10.
394 *Die großmütige Schlange:* j. Terumot 8, 46a u. ö.
»Wenn eines Menschen Wege ...«: Sprüche 16, 7.
die zahme Hausschlange – als solche auch in der europäischen Volkskunde bezeugt (vgl. die Anmerkungen von Bolte-Polivka zu Grimms Märchen von der Unke).

Die Ziegen des Rabbi Chanina ben Dossa (1–2): b. Taanit 25a.

395 *Der Hund und der Bannfluch:* b. Moed katan 17a.

Der Rabbi und der Löwe: Midr. Tanchuma, Vajigasch, 3.

»Der Löwe, mächtig ...«: Sprüche 30, 30.

396 *Die überführte Maus:* j. Demmaj 1, 22c.

Die klugen Mäuse: Ds.

Zehnte: Pflichtabgaben von Feld- und Baumfrucht, wie in 3. Buch Mose 27, 30 ff.; 5. Buch Mose 14, 22 ff. ausgeführt.

Der Fluß beschämt den Rabbi: b. Chullin 7a (der Schluß des lapidaren Textes sinngemäß ergänzt). Eines der bezeichnenden mythischen Residuen im Talmud. Den ungewöhnlichen Stoff hat Moritz Heimann dichterisch bearbeitet (›Der Rabbi und der Fluß‹, in ›Die Spindel‹, 1937, S. 216–218).

397 *Rabe und Krähe:* Midr. Bereschit r. 65, 3; vgl. b. Baba Kamma 92b.

Löwenhäute: Midr. Esther r. 7, 1.

398 *Das Füllen, die Eselin und die Sau:* Ds. (zu Esther 3, 1).

Die zwei Palmen: Midr. Bereschit r. 41, 1; Midr. Tehillim 92, 13 u. ö. Von Heine frei bearbeitet (›Ein Fichtenbaum steht einsam ... Er träumt von einer Palme‹).

Sechstes Buch

Gleichnisse

401 *Die zehn Dinge:* b. Baba Batra 10a. (In einer Parallele – Midr. Kohelet r. 7, 26 – sind es 14 Dinge). Der vielleicht nachträglich eingefügte Schlußsatz bedeutet im talmudischen Sprachgebrauch: Wohltätigkeit rettet vom Tode. Zum Hauptmotiv vgl. Born Judas, Nr. 166.
Vom frühen und späten Leide: b. Berachot 13a.

402 *Der Weinstock Israel:* b. Chullin 92a.
Die Hindin der Morgenröte (zur Metapher vgl. Psalm 22, 1; die Hörner der Hirschkuh werden mit den Strahlen des anbrechenden Morgens verglichen): j. Berachot 1, 2c; j. Joma 3, 40b u. ö.
Die Rose unter den Dornen: Midr. Schir ha-Schirim r. 2, 2.
»Wie eine Rose ...«: Hoheslied 2, 2.

403 *Die schmachtende Seele:* Midr. Vajikra r. 34, 3.
»Wer Gnaden übt ...«: Sprüche 11, 17.
Der Blinde mit der Laterne: b. Megilla 24b.
»Du wirst tappen am Mittag«: 5. Buch Mose 28, 29.

404 *Blind und sehend:* Midr. Vajikra r. 22, 4 u. ö.
Der Blinde und der Lahme: b. Sanhedrin 91a–b. Die Anwendung des bekannten Fabelstoffes (Thompson, Motif Index N 886) auf eine metaphysische Frage kann für den Weg der Judaisierung als bezeichnend gelten.

405 *Der Baum in der Einöde:* b. Taanit 5b.

406 *Die Weinwächter:* Midr. Vajikra r. 24, 8. Eines der zahllosen ›Königsgleichnisse‹ im Midrasch, die, wie die des Neuen Testaments, häufig dem Leben des Landmannes entnommen sind.
Der geschickte Arbeiter: j. Berachot 2, 5c.

407 *Die Schätze des Königs Monobazos:* Tossefta Peah 4, 18; j. ds. 1, 15b; b. Baba Batra 11a.
Monobazos, König von Adiabene am Tigris im 1. Jhd., war zum Judentum übergetreten (Josephus, Arch., 20, 2).
Straße und Feld: Tossefta, Baba kamma 2, 13; b. ds. 50b.

408 *Die Grube und der Haufe:* b. Megilla 14a. (Vgl. Sagen der Juden XII, 9, S. 757).

Vom Hahn und der Fledermaus: b. Sanhedrin 98b; Midr. Bereschit r. 83, 5. Diese wie die folgende gehören zu den gezählten talmudischen Fabeln, für die bisher keine andere Quelle bzw. Parallele nachgewiesen ist.

»Weh denen, die den Tag«: Amos 5, 18.

409 *Stroh, Stoppel und Spreu:* Midr. Bereschit r. 83, 5 u. ö.

Feist und dreist: b. Berachot 32a.

»Da Jeschurun feist ward«: 5. Buch Mose 32, 15.

410 *Der Bärenreiter:* Midr. Bereschit r. 86, 4.

Von der Zunge: Midr. Vajikra r. 33, 1. Vgl. auch das biblische »Tod und Leben steht in der Zunge Gewalt« (Sprüche 18, 21) und Born Judas, Nr. 22.

Weisheitsgeschichten

411 *Zwei Knaben und ein Mädchen:* Midr. Echa r. 1, 19.

Knoblauch und Zwiebeln: nach der gewöhnlichen Erklärung: der Lauch hebt den Geschmack des bitteren Wassers auf.

... nicht wie Elieser getan: Der Knecht Abrahams hatte der Jungfrau Rebekka goldenen Schmuck geschenkt (1. Buch Mose 24, 22).

Die Frau, das Mädchen und der Knabe: b. Eruwin 53a u. ö.

412 *Die drei Weisheitsproben des rechten Erben:* Midr. Echa r. 1, 4. Besonders die letzte Probe (Teilung des Huhns) bildet ein geläufiges Schwankthema (vgl. Pauli, Schimpf und Ernst, Nr. 58).

mit dem Friedensgruß: das hebr. Grußwort, in bibl. Zeit ›Gott mit euch‹ (vgl. Ruth 2, 4), lautet im Nachbiblischen, bis auf heute: Friede mit dir.

415 *Das Rätsel vom Neugeborenen:* Midr. Echa r. 1, 11. (Dasselbe Rätsel gilt auch als eines, das die Königin von Saba dem König Salomo aufgegeben hat). Diese, wie die folgenden Erzählungen sollen die Superiorität der Jerusalemiter über die athenischen Weisen dartun, deren Weisheit weltberühmt war.

»Hättet ihr nicht ...«: Richter 14, 18.

416 *Der geflickte Mörser:* Ds. 1, 7–9 (umgestellt). Geläufige Schwankmotive.

417 *Der genasführte Sandalenhändler:* Ds. 1, 13. Eine entfernte Parallele hierzu bildet O. Henry's Kurzgeschichte ›Shoes‹.

418 *Die drei Sprünge:* Ds. 1, 5. Die Gastgeber wollten den Gast aussperren, indem sie von ihm drei Weitsprünge verlangten, die ihn mit drei Sätzen vom Haus auf die Straße bringen sollten; doch war er listiger als sie und ließ sie es ihm zuvortun.

419 *Die scharfsinnigen Gäste:* Ds. 1, 4. Eine letztlich auf indische Quellen zurückgehende, vielfach abgewandelte Geschichte von den mit besonders feinen Sinnen Begabten – gemeinhin sind es drei Brüder.

420 *Der Salzhändler:* Midr. Tehillim 12, 1.

421 *Deutung der Spur:* b. Sanhedrin 104a–b u. ö. – die talmudische Version einer gemein-orientalischen Weisheitserzählung, die ihrerseits die Literatur beeinflußt hat (Hauff, Abner der Jude, der nichts gesehen hat; Loerke, Deutung der Hufspur).

422 *Der Pfefferhändler:* Midr. Echa r. 1, 2.
»Die Stadt, die voll Volks war« (d. i. Jerusalem): Klagelieder 1, 1.

424 *Der Ölhändler aus Giskala:* b. Menachot 85b.
Giskala (hebr. Gusch-Chalaw), Stadt in Galiläa. Laodicea liegt in Syrien, Tyrus in Phönizien, und die Geschichte soll den Überfluß im Lande Israel zur gedachten Zeit dartun.
»Und tauche seinen Fuß«: 5. Buch Mose 33, 24.
»Mancher scheint arm«: Sprüche 13, 7.

Rätselwort und Rätseltat

426 *Abba Chilkija* (1–2): b. Taanit 23a–b; j. ds. 1, 64b.
der Kreiszieher Choni (siehe oben, S. 44): die Fähigkeit, Regenwunder zu wirken, war in der Familie erblich.

während ich ... nur Geld geben kann: das Wohltun der Frau ist geschwinder und unmittelbar und wird darum auch schneller belohnt.

428 *Vermeintliche Verwünschung, erteilter Segen* (1): b. Moed katan 9a–b.

Traktat von den Gelübden: der Talmudtraktat Nedarim, der, wie jeder Talmudtraktat, einem bestimmten, im Namen ausgedrückten Thema gewidmet ist.

429 *Vermeintliche Verwünschung, erteilter Segen* (2): Midr. Bereschit r. 26, 4.

430 *Bar Kappara und Juda ha-Nassi* (1): Midr. Vajikra r. 28, 2; Kohelet r. 1, 4 (vgl. b. Nedarim 50b).

Fuchsfabeln: die talmudische Bezeichnung für die Tierfabel als solche.

Bar Kappara usw. (2): b. Nedarim 50b–51a.

Bar Kappara usw. (3): b. Moed katan 16a.

Bar Kappara usw. (4): j. Moed katan 3, 81c.

Sie schaut vom Himmel ... der Sünder: Diese Strophe – übrigens eine der gezählten rhythmischen Stellen im durchweg ›prosaischen‹ Talmud – wird von Graetz als ein Rätsel bezeichnet, »das bis heute nicht die Lösung gefunden hat.« D. J. Bornstein (Encyclopaedia Judaica, s. v. Bar Kappara) spricht von einem Spottgedicht oder Epigramm, mit dem die Unwissenheit von Rabbis Schwiegersohn persifliert werden sollte.

432 *Drei Fässer:* b. Baba Batra 58a.

433 *Zum Narren werden:* Midr. Tehillim 92, 13. Gewissermaßen das »So ihr nicht werdet wie die Kindlein« ins Buchstäbliche gewandt.

Bildersprache: b. Eruwin 53b (und Kommentar).

434 *Die zum Festmahle liefen:* b. Beza 15b (und Raschi).

»Gehet hin und esset«: Nehemia 8, 10.

Gewini ben Charson: Midr. Kohelet r. 3, 8. Gewini ist offenbar der römische Name Gabinius; inwieweit hier eine Anspielung auf eine historische Figur vorliegt, bleibt dahingestellt.

»Es ist ein Einzelner ...«: Prediger 3, 8.

435 *Jubel und Freude:* b. Sukka 48b.
Sadduzäer (Zadokiten): Angehörige einer jüd. Sekte, die, im Gegensatz zu den Pharisäern, die mündliche Lehre nicht anerkannten.
»Jubel und Freude«: Jesaja 35, 10.
»Da ward Freude und Jubel«: Esther 8, 17.
»Denn ihr sollt mit Freuden ...«: Jesaja 55, 12.
»Ihr werdet mit Jubel ...«: Jesaja 12, 3.
Wein und Geheimnis: b. Sanhedrin 38a.
von gleichem Zahlenwert: Die hebr. Buchstaben sind zugleich Zahlzeichen; so haben die Wörter Jajin (d. i. Wein) und Sod (d. i. Geheimnis) die gleiche Quersumme (siebzig), womit, für den Zahlenmystiker, ihre Wechselbeziehung erwiesen ist.
436 *Deutlichkeit:* b. Eruwin 53a–b.
ein Ammar – bei der undeutlichen, nivellierenden Aussprache der Galiläer klangen vier lautähnliche aramäische Wörter: Chamar (Esel), Chemar (Wein), Ammar (Wolle), Immar (Lamm) lautgleich.
437 *Der Wink des Stummen:* j. Schekalim 5, 48d.
Schwingegarbe: Siehe 3. Buch Mose 23, 15.
Der Leuchtturm: Midr. Kohelet r. 1, 9 (gekürzt).
Dem Erleuchtenden: Wortbedeutung des Namens Meir.
438 *Rätsel vom Fischessen:* b. Moed katan 11a (und Kommentar).
Gleichnisreden vom Alter: b. Schabbat 152a.
Auf dem Gipfel des Berges ...: Haupthaar, Wangen- und Kinnbart sind ergraut, die Stimme versagt, die Zähne kauen nicht mehr. Vgl. zum Eingangsbild auch Born Judas, Nr. 176.
Besser sind zwei: besser ein Gehen auf zwei Beinen, als mit der Krücke als drittem Fuß.
das da ... nicht wiederkehrt: die Jugend.

439 *Fächer und Wind:* b. Baba Mezia 86a.
Gegen die Überpeinlichkeit: Tossefta Edujjot 3, 3; vgl. b. Sewachim 113a.
für unrein erklären, weil nämlich Priester keine Grabstätten betreten dürfen, da sie sich sonst verunreinigen (3. Buch Mose 21, 1).
Rabbi Josse und Elia: b. Sanhedrin 113b.
440 *Der Dattelkorb:* b. Taanit 9b (ähnlich Pessachim 88a).
Sus: Silbermünze geringen Wertes.
Gestiftetes Geld: j. Peah 8, 21b; j. Schekalim 5, 19b.
Der Weise ist glaubwürdig: b. Gittin 45a.
Kutäer: absprechende Bezeichnung der Samaritaner.
441 *Der umgangene Bescheid:* b. Pessachim 3a.
Verspäteter Trost: b. Schabbat 63b.
Leben um Leben: b. Pessachim 25b.
442 *Undank des Enkels:* b. Sota 49a.
Die zwei Dicken: b. Baba Mezia 84a.
»Danach der Mann ist«: Richter 8, 21.
»Antworte dem Narren nicht«: Sprüche 26, 4.
443 *Der Schriftvers als Verräter:* b. Megilla 25b.
»Verkünde der Stadt Jerusalem ...«: Ezechiel 16.
Der Gotteslästerer und der Rabbi: j. Moed katan 3, 83b; j. Sanhedrin 7, 25b.
Kutäer, Schimpfbezeichnung für die Samaritaner, die, als Folge der religiösen Zwietracht zwischen beiden Lagern, im Talmud insgemein negativ geschildert werden.
Der Holzfäller und der Rabbi: b. Baba Mezia 30b.
Einen halben Sus – ein Pfennigbetrag.
444 *Ormuzd und Ahriman:* b. Sanhedrin 39a.
ein Magier, d. h. Bekenner des Parsismus, mit dem das talmudische Judentum in religiösem Widerstreit lag.
Auf einen Zug: b. Pessachim 86b.
Besteck: b. Nedarim 49b.

446 *Der Faulpelz:* Midr. Dewarim r. 8, 6 (zum Schluß gekürzt).
»Es ist ein junger Löwe«: Sprüche 26, 13.
»ein Löwe auf den Gassen«: Ds.
»ein Löwe draußen«: Ds. 22, 13.
»Die Tür dreht sich«: Ds. 26, 14.
»Ja, schlafe noch«: Ds. 6, 9.
Die erschlichene Mahlzeit: Midr. Vajikra r. 5, 8. Verbreitetes Schwankmotiv.
Kutäer: Samaritaner.
447 *Gebratene Euter:* b. Chullin 109b.
Störhirn: der Fisch Schibbuta, der unter die zum Genuß erlaubten Fische fällt, soll den Geschmack des Schweinefleisches haben.
Fleisch mit Milch: Fleisch- und Milchspeisen dürfen, nach dem jüd. Speisegesetz (in kasuistischer Auslegung des Bibelverses: »Du sollst das Zicklein nicht kochen in seiner Mutter Milch« [2. Buch Mose 23, 19 u. ö.]), nicht zusammen genossen werden.
Keine Frage ist müßig: b. Menachot 37a. (Zum Motiv des Zweihäuptigen vgl. Born Judas, Nr. 23).
Gebetriemen, Phylakterien, an Kopf und Arm zu tragen (vgl. 5. Buch Mose 6, 4).
448 *Der Blutkenner:* b. Nidda 20b. Das Schlußmotiv gehört zu der Motiv-Reihe des Doktor Allwissend (Grimm, Nr. 98).
Der Trug des Sklaven: b. Baba Mezia 60b.
»Die Armen sollen ...«: Sprüche der Väter 1, 5.
»Der Gerechte wird ... erlöst«: Sprüche 11, 8.
449 *Der Hämling:* b. Schabbat 152a.
Kitow: Midr. Bereschit r. 92, 6. (Zum Motiv vom Eigennamen, der, unwissentlich warnend, ein Zitat in Erinnerung bringt, vgl. auch Born Judas, Nr. 91: Kidor).
»Und Gott sah das Licht«: 1. Buch Mose 1, 4.
450 *Die Zwillingsbrüder:* b. Sanhedrin 46b.

Inhalt

Lehrer und Schüler

Sprüche und Aussprüche

Drittes Buch

Von Gebet und Segen

Sabbatgeschichten

Von Geboten und Satzungen

Weisheitsgeschichten

Rätselwort und Rätseltat

Antworten

Weitere Ausgaben
von Emanuel bin Gorion
im Insel Verlag

Born Judas. Legenden, Märchen und Erzählungen
Gesammelt von Micha Josef bin Gorion. Übersetzt von Rahel bin Gorion. Neu herausgegeben und mit einem Nachwort versehen von Emanuel bin Gorion. 1959. 796 S. Leinen- oder Leder-Ausgabe
– insel taschenbuch 529. (Auswahl) 1981. 275 S.

Born Judas. Zweiter Teil
Gesammelt von Micha Josef bin Gorion. Übersetzt von Rahel bin Gorion. Neu herausgegeben von Emanuel bin Gorion. 1973. 644 S. Leinen-Ausgabe

Sagen der Juden
Gesammelt von Micha bin Gorion. Neu herausgegeben und mit einem Nachwort von Emanuel bin Gorion. Übertragen von Rahel bin Gorion. 1962. 792 S. Leinen- oder Leder-Ausgabe
– insel taschenbuch 420. (Auswahl) 1980. 287 S.

Tolstoj. Nach vierzig Jahren. Volkserzählung
Aus dem Russischen von Rahel bin Gorion. Mit einem Nachwort von Emanuel bin Gorion und Illustrationen von Günter Knuhr. 1984. 96 S. insel taschenbuch 691

insel taschenbücher
Alphabetisches Verzeichnis